FILMBUSINESS

FILME ERFOLGREICH FINANZIEREN, BUDGETIEREN UND AUSWERTEN

PATRICK JACOBSHAGEN

PPVMEDIEN

Verlag, Herausgeber und Autor machen darauf aufmerksam, dass die im vor-
liegenden Buch genannten Namen, Marken und Produktbezeichnungen in
der Regel namens- und markenrechtlichem Schutz unterliegen. Trotz größter
Sorgfalt bei der Veröffentlichung können Fehler im Text nicht ausgeschlossen
werden. Verlag, Herausgeber und Autor übernehmen deshalb für fehlerhafte
Angaben und deren Folgen keine Haftung. Sie sind dennoch dankbar für Ver-
besserungsvorschläge und Korrekturen.

© 2008
PPVMEDIEN GmbH, Bergkirchen
ISBN 978-3-937841-54-0

Über dieses Buch

Filmbusiness beleuchtet die andere Seite der glamourösen Filmwelt: Das Business. Denn Filme entstehen nicht aus Träumen allein. Hinter der Leinwand ist eine ganze Branche damit beschäftigt, Milliardenumsätze zu verdienen.

Wie finanziert sich ein Film? Was kostet ein Film? Wie wird ein Film ausgewertet? Wer verdient was? Wer wird Produzent oder Agent? Wer macht ein Vermögen? Wer verliert es?

Antworten auf diese und alle anderen Fragen liefert Patrik Jacobshagen gemeinsam mit führenden Vertretern der Branche. In 32 persönlichen Stellungnahmen berichten Produzenten, Verleiher, Intendanten, Marketingexperten und viele andere, wie sie ihr Geld verdienen. Mit Witz und Sachverstand bietet dieses Buch erstmalig einen vollständigen Überblick von den Finanzierungsmöglichkeiten über die Kalkulation der Produktionskosten bis hin zur Auswertung des fertigen Films.

Filmbusiness ist damit das unverzichtbare Handbuch für Produzenten, Regisseure, Agenten, Schauspieler, Kinoverleiher und alle, die in der Branche Geld verdienen wollen.

Über den Autor

Patrick Jacobshagen begann seine berufliche Laufbahn in der Filmindustrie bei Studio Babelsberg und war dann Justitiar der Multimedia Film- und Fernsehproduktion GmbH, Vorstand und Geschäftsführer des Norddeutschen Film- und Fernsehproduzentenverbandes sowie im Justitiariat der KirchMedia und der ProSiebenSat.1 Media AG. Als Anwalt vertritt er heute Regisseure, Schauspieler und Autoren.

Inhalt

Über dieses Buch 3

Über den Autor 3

Einführung 13

Teil I: Finanzierung 17

1. Kinofilm 18
   1.1 TV-Sender 19
   1.2 Filmförderungen 25
   1.3 Filmfonds und Private Equity 25
      1.3.1 So funktionierte ein Filmfonds 27
      1.3.2 So funktioniert Private Equity 28
   1.4 Presales, Minimumgarantien von Kinoverleihern
      und Weltvertrieben 35
   1.5 Koproduzenten und Kofinanziers 37
      1.5.1 Koproduzent 37
      1.5.2 Kofinanzierung 40
      1.5.3 Beistellung, Rückstellung, Sachleistungen 41

2. TV-Film 43
   2.1 Werbefinanziertes TV 43
   2.2 Gebührenfinanziertes TV 48
   2.3 Aufträge von TV-Sendern 53

3. Werbefilm 58

4. Pornofilm 58

5. Industriefilm 59

6. Verschiedene Geldquellen **60**
6.1 Banken 60
6.2 Sponsoring, Schleichwerbung. 66
6.3 Product Placement 67
6.4 Quellen der internationalen Filmfinanzierung. 69
6.5 Tax Shelter 70
    6.5.1 Belgien 70
    6.5.2 Frankreich. 71
    6.5.3 Ungarn 72
    6.5.4 Irland. 73
    6.5.5 Luxemburg 73
    6.5.6 Malta. 74
    6.5.7 Großbritannien 74
    6.5.8 Australien 75
    6.5.9 Neuseeland 77
    6.5.10 Südafrika 77
    6.5.11 Spanien 77
    6.5.12 Serbien 78
    6.5.13 Norwegen. 78
    6.5.14 Island 78
    6.5.15 Taiwan 78
    6.5.16 Puerto Rico. 78
6.6 Filmfinanziers. 78
6.7 Landeszentralbanken. 79
6.8 Eigenmittel. 79
6.9 Blocked Funds. 80
6.10 Bartering 80
6.11 Werbung. 81

7. Filmförderungen **81**
7.1 Regionale Förderungen 83
    7.1.1 Der Bayerische FilmFernsehFonds (FFF Bayern). 84
    7.1.2 Die Filmstiftung Nordrhein-Westfalen 85
    7.1.3 Das Kultusministerium Rheinland-Pfalz 86
    7.1.4 Das Medienboard Berlin-Brandenburg 86
    7.1.5 Filmbüro Bremen 96
    7.1.6 Die Medien- und Filmgesellschaft Baden-Württemberg (MFG) 96
    7.1.7 Filmförderung Hamburg Schleswig-Holstein GmbH 97
    7.1.8 Hessische Filmförderung (HFF-Land) 99
    7.1.9 Kulturelle Filmförderung Mecklenburg-Vorpommern 99
    7.1.10 Medienförderung Schleswig-Holstein (MSH) 100

7.1.11 Nord Media – Niedersachsen 100

7.1.12 Saarland Medien GmbH 101

7.1.13 MDM – Mitteldeutsche Medienförderung 101

7.1.14 DFFF – Deutscher Filmförderfonds 101

7.2 Bundesweite Förderungen 104

7.2.1 FFA – Filmförderungsanstalt 104

7.2.2 BKM – Kulturstaatsminister 107

7.2.3 Kuratorium Junger Deutscher Film 107

7.2.4 Referenzmittel 108

7.3 Europäische Förderungen 110

7.3.1 Media 110

7.3.2 Eurimage 111

7.4 Weltweite Förderungen 113

7.4.1 Österreich 113

7.4.2 Luxemburg 114

7.4.3 Irland 115

7.4.4 Schweiz 115

7.4.5 Schweden 116

7.4.6 Dänemark 116

7.4.7 Kanada 117

7.4.8 Singapur 118

7.4.9 Ungarn 118

Teil II: Produktion   119

1. Machen Filme reich? **124**

1.1 Wieso wird man in den USA mit demselben Job reich? 125

1.2 Warum werden wir in Deutschland nicht reich beim Filmemachen? 127

1.3 Ausländische Filmemacher und Steuern .131

2. Vorkosten **131**

2.2 Underlying Rights 132

2.3 Autoren 134

3. Drehbuchautor **134**

3.1 Reiche und manchmal glückliche Autoren, Teil I 135

3.2 Manchmal reiche und glückliche Autoren, Teil II 136

3.3 Was verdient ein Drehbuchautor? 136

3.4 Raten, Steps und Step Deals 142

3.5 Honorar für den Kinofilm 143
    3.5.1 Prozente vom Budget. 144
    3.5.2 Escalator. 144
    3.5.3 Netto-Beteiligung (Net-Profit). 145

4. Produktionsfirma und Produzent. 147
    4.1 Wie wird man Produzent? 149
    4.2 Was verdient ein Produzent?. 152
    4.3 Das Versagen der Produzenten 155
    4.4 Der Erfolg der deutschen Produzenten 156
    4.5 Die Geschichte der TV-Produzenten in Deutschland. 156
    4.6 Kino und TV 160
    4.7 Animation. 160

5. Agent 169
    5.1 Was verdient ein Agent? 173
    5.2 Packaging 174

6. Crew 175
    6.1 Regiestab. 175
        6.1.1 Wer wird Regisseur? 175
        6.1.2 Was wird verdient?. 177
        6.1.3 Der Kinofilm 178
        6.1.4 Regieassistenz 180
        6.1.5 Script/Continuity 180
        6.1.6 Realisator 181
        6.1.7 Werbung. 182
    6.2 Kamera. 182
        6.2.1 Wie wird man Kamerafrau/-mann?. 183
        6.2.2 Was wird verdient?. 183
        6.2.3 Kameraassistent. 183
        6.2.4 Preise für das Material für den 90-Minuten-Film: 188
    6.3 Ton 189
    6.4 Beleuchter 191
    6.5 Produktionsleitung. 192
    6.6 Art Director 194
    6.7 Kostüm. 195
    6.8 Szenenbild/Filmarchitekt 196
    6.9 Maske 197
    6.10 Catering und Feiern 198

7. Drehteam **198**

8. Schauspieler **200**
    8.1 Wie wird man Schauspieler? 200
    8.2 Was verdient ein Schauspieler? 205

9. Caster **210**

10. Post Production **210**
    10.1 Cutter 210
    10.2 Toncutter und Effekte, Atmosphären und Sprache 215
    10.3 Kopierwerk 216
    10.4 Production Services 216

11. Filmkomponist **220**
    11.1 Wie wird man Filmkomponist? 220
    11.2 Was verdient ein Filmkomponist? 221

12. Weitere Kostenfaktoren **222**
    12.1 Studios 222
    12.2 Versicherungen 225
    12.3 Rechtsanwälte 226
    12.4 Steuern 227
    12.5 Musik 227

13. Beispielkalkulationen **227**
    13.1 Low-Budget-Film 228
    13.2 TV-Film, deutscher Standard 230
    13.3 Der deutsche Kinofilm 239
    13.4 Cashflow-Plan 240

Teil III: Auswertung   243

1. Kino. 247
  1.1 Die Zahlen 247
  1.2 Zur Geschichte 248
  1.3 Kino heute 252
  1.4 Das Prinzip. 255
  1.5 Das Geschäftsmodell. 256
    1.5.1 Der Kinobetreiber 256
    1.5.2 Der Kinoverleih 257
    1.5.3 Der Produzent 273
  1.6 Was bringt die Zukunft?. 278

2. Video-on-Demand (VoD) 283
  2.1 Das Prinzip. 284
  2.2 Das Geschäftsmodell. 286
  2.3 Was bringt die Zukunft?. 291

3. Pay-TV 295
  3.1 Das Prinzip. 296
  3.2 Das Geschäftsmodell. 298
  3.3 Was bringt es dem Filmemacher? .299
  3.4 Was bringt die Zukunft?. 302

4. Basic-TV 303

5. Free-TV 304
  5.1 Das Prinzip 304
  5.2 Das Geschäftsmodell. 308
  5.3 Was bringt die Zukunft?. 309

6. Filmrechtehandel. 314

7. Mobil 315
  7.1 Das Prinzip. 320
  7.2 Das Geschäftsmodell. 322
  7.3 Was bringt es dem Filmemacher und was bringt die Zukunft? 322

8. Video, Videogramm, DVD **323**
   8.1 Das Prinzip. 325
   8.2 Das Geschäftsmodell. 326
   8.3 Was bringt es dem Filmemacher? 330
   8.4 Was bringt die Zukunft?. 331

9. Soundtrack **338**

10. Das Buch zum Film **340**

11. Merchandising **342**
   11.1 Das Prinzip. 344
   11.2 Das Geschäftsmodell. 345
      11.2.1 Buy-Out 345
      11.2.2 Beteiligungsmodell. 346

12. Auslandsverkauf **346**

13. Weltvertrieb **347**
   13.1 Das Prinzip. 348
   13.2 Das Geschäftsmodell. 349
   13.3 Was bringt es dem Filmemacher? 351
   13.4 Was bringt die Zukunft?. 351

14. Internet. **352**
   14.1 Was bringt es dem Filmemacher? 353
   14.2 Was bringt die Zukunft?. 353

15. Games. **354**

16. Filmfest. **358**

17. Verwertungsgesellschaften **358**

Conclusio **359**

Literaturliste. **362**

Gewidmet Dr. Johannes Wogatzki und Felix Bodmann,
ohne die dieses Buch nie entstanden wäre,
obwohl sie eigentlich Gegner des Projekts waren.

Special Thanks to
Mira

„Ein Produzent kann keine Verluste machen.
Wer das glaubt, versteht das Geschäft nicht.
Alles ist durch Presales finanziert,
lange bevor die Produktion beginnt.“

Don Simpson
(Produzent von Flashdance, Beverly Hills Cop,
Top Gun, The Rock, Bad Boys.)

Einführung

„Filmbusiness" erklärt das Filmgeschäft. Wie verdient man Geld? Wer verdient Geld? Wie viel und wofür? Wie und woran verdient ein Produzent, ein Agent, ein Regisseur? Kurz: Habe ich mehr davon als reine Leidenschaft? Macht es reich? Oder wenigstens satt?

Daneben ist „Filmbusiness" geschrieben, um die drei finanziellen Fragen beim Filmemachen zu klären:

Woher bekomme ich das Geld für einen Film?
Wofür muss ich es beim Filmemachen wieder ausgeben?
Wie bekomme ich es durch die Auswertung des Filmes wieder?

Alles in allem also drei Hauptkapitel: Filmfinanzierung, Filmproduktion und Filmauswertung. En passant werden die Businessmodelle der Menschen und Unternehmen sowie ganzer Branchen erklärt, die Film produzieren, verwerten oder von Film leben.

Film ist alles, solange Bilder laufen. Brancheninsider sprechen gerne von „Film" als reinem „Kinofilm", aber das Gesetz versteht darunter auch die Auswertung einer Webcam. Das macht auch Sinn, denn die Businessmodelle sind oft erstaunlich, mitunter skurril und trotzdem zweifelsohne Filmbusiness: So existiert zum Beispiel ein Unternehmen, das Kameras auf allen wichtigen Plätzen der Welt aufgestellt hat, von Peking bis Abu Dhabi. Die Kameras filmen einfach alles. Passiert dort etwas – Demonstrationen, Unfälle, Paraden oder Premieren –, verkauft das Unternehmen die Bilder weltweit an jeden Nachrichtensender und macht Gewinn dabei.

Während viele Bücher zu einzelnen Fragen der Filmästhetik geschrieben wurden, zahllose Biografien und inzwischen etliche Bücher zum Filmrecht, so ist doch überraschend wenig zum Filmgeschäft und der Filmfinanzierung – kurz: dem Filmbusiness – veröffentlicht worden. Auch zur Produktion und zur Auswertung findet sich nur wenig Literatur.

Wieso kenne ich das Filmbusiness?
Ich habe als Jurist begonnen und war Mitarbeiter der
- Studio Babelsberg (Studiobetrieb, Kinokoproduktion, TV Daily Geschäft)
- Studio Hamburg Gruppe (Film-Archiv, Dokumentationen, Comedy („Quatsch Comedy Club"), Talkshows („Beckmann"), Serie, Weekly

("alphateam"), TV-Filme, Kino-Filme ("Obsession" Daniel Craig, Heike Makatsch)
- Producers AG (Bewertung und Kauf sowie M&A von Filmproduktions-unternehmen)
- Kirch (Film-Produktion, Lizenzen, internationaler Filmrechtehandel, Musik)
- ProSiebenSat.1 (Produktion und Koprodktion für TV Sender)

Seit zehn Jahren bin ich Rechtsanwalt, sieben Jahre davon parallel und drei Jahre hauptberuflich ausschließlich auf Film und TV spezialisiert, und vertrete die gesamte Bandbreite der Filmemacher: Autoren, Regisseure, Cutter, Agenten, Produzenten, Verleiher und Filmverwerter bis hin zu VoD-Diensten.

Inzwischen gehören auch dazu Finanziers, Film-Internetportale und Communities und Mobilfunk-Unternehmen soweit es Film betrifft.

Mein Herz schlägt für die Begleitung von Filmprojekten vom Anfang bis zum Ende (z.B. „Wer früher stirbt ist länger tot") und die Vertretung von Filmemachern.

Der Stellenwert der Branche wird immer wieder überschätzt, aber immerhin reden wir über eine 20-Mrd.-Euro-Industrie . Sieht man sich Teilbereiche genauer an, zum Beispiel die Fernsehindustrie, so muss wohl zugegeben werden, dass Hewlett Packard allein mit Computer-Druckern in Europa mehr erlöst.

Die Kinobranche in Deutschland verdient den Namen „Industrie" nicht, wie jeder Beteiligte gerne zugeben wird. Während im TV von einer großen und ständig vorhandenen Ansammlung von Beschäftigen, Unternehmen und Produktionen ausgegangen wird, gibt es nur einzelne Betriebe, die zumindest teilweise mit der Produktion für das Kino beschäftigt sind.

Der wirklich spannende Teil spielt sich zurzeit auch woanders ab: YouTube und Web 2.0 bringen das „Bewegtbild", also „Film", ins Internet. Endlose Textstrecken auf Webpages werden abgelöst durch einfachere, verständliche Filmsequenzen.

Völlig unklar ist, wohin der Mobilfunk mit dem Film driftet. Klar ist nur eines: Es entstehen riesige neue Betätigungsfelder für junge Produzenten und Filmemacher. Der Hunger nach laufenden Bildern (ein unschönes Modewort ist „Bewegtbilder") kommt erst richtig in Fahrt. Einige meinen sogar, Web 2.0 sei nichts anderes als: Internet goes Film.

Wir bilden zur Zeit 9.000 Filmstudenten aus, zählt man alle Studiengänge zusammen, die zumindest auch Film (wie z.B. der Studiengang Druck- und Medientechnik in Stuttgart, der früher sogar eine Art Alternativ-Filmschule war) lehren. Die klassische Filmkarriere als „Anlernberuf" hat ausgedient. Im hoch industrialisierten Deutschland war das einer der letzten Bereiche, der noch eine ziemliche Durchlässigkeit gewährte für Quereinsteiger. Sanitäter wurden Produktionsleiter, Tontechniker und Polizisten sind Geschäftsführer von Filmproduktionen geworden und Fahrer Redakteure. Das ist vorbei, man mag es bedauern oder begrüßen. Die neue Generation hat sich im Studium vier bis fünf Jahre ausschließlich mit Film beschäftigt und bringt einen kaum einzuholenden Wettbewerbsvorteil mit, der sich auf die ganze Branche auswirken wird. Auch auf das Filmbusiness.

Es herrschen recht krude Vorstellung über die Art und Weise, wie Filme finanziert werden und wie das Filmbusiness funktioniert. Alles falsch. Tatsächlich existieren eingefahrene Wege, die jeder nutzt, der mit Film Geschäfte macht. Ich stelle diese „beaten tracks" vor. Nicht, weil es die einzig selig machenden Pfade sind, sondern um zu erklären, wie das Geschäft eigentlich funktioniert. Es bleibt jedem selbst überlassen, neue Ideen zu entwickeln, aber der Filmemacher tut sich leichter, wenn er die traditionellen Wege kennt.

Patrick Jacobshagen

Teil I: Finanzierung

Die 6 Stufen eines Projekts:
1. Begeisterung
2. Ernüchterung
3. Panik
4. Suche nach Schuldigen
5. Bestrafung Unschuldiger
6. Auszeichnung Nicht-Beteiligter

Wie wird aus einem Plan ein Film? Warum werden manche Projekte zu Filmen und die meisten nicht? Das Filmbusiness kann eine nüchterne Erklärung liefern. Nur die Pläne werden zu Filmen, die zwei starke Elemente haben:

Einen Auswertungskanal, einen TV-Sender, einen Kinoverleiher, etwas oder jemand, der das erste Geld gibt und der andere Filminvestoren anzieht. Ohne sie bleibt es beim Projekt.

Es braucht ein inhaltliches überzeugendes Argument. Solange ein Film nur ein Plan ist, muss es etwas geben, was die Investoren überzeugt. Das kann ein gutes Drehbuch sein, ein Schauspieler, ein Regisseur. Manchmal ist es auch nur ein Thema.

Ohne diese beiden Elemente bleiben Pläne meist Pläne.

Nach jahrelangem Hinschauen fällt aber etwas anderes auf. Meist sind es zwei Menschen, die den Unterschied machen. Menschen, die für die Idee, den Plan, das Projekt glühen. Meist ist es einer vor und ein Mensch hinter der Kamera. Das gilt für alle Filmarten. Diese Menschen machen den Unterschied zwischen „Wer wird Millionär" und einer uninspirierten „Quizshow". Sie sind die Triebkraft hinter „Gute Zeiten, schlechte Zeiten" und ihren zahllosen, längst vergessenen und längst eingestellten Konkurrentinnen.

Diese Menschen kümmern sich meist um nicht viel anderes als dieses Projekt. Alles andere ist ihnen oft ziemlich egal. Sie sind sehr hartnäckig. Böse Zungen sagen manchmal: penetrant. Aber das ist es, was diese Menschen am wenigsten interessiert: Es sind halt nur böse Zungen.

Es fällt auf, dass die Biografie großer Filmemacher die Eigenschaft „Hartnäkkigkeit" ziemlich oft, wenn nicht immer enthält. Manche sind erst später im Leben so relaxed, nett und entspannt geworden, wie sie heute in der Presse erscheinen, manche haben sich auch die Mühe gespart, nach all der Zeit sich noch zu ändern.

Ein guter Tipp: Sollten Sie einer dieser Menschen sein, suchen Sie sich den anderen. Der Filmemacher braucht jemand für die Businessseite, die Businessseite funktioniert erst recht nicht ohne den Filmemacher. Niemand kann alles.

1. Kinofilm

Die Quellen der Kinofilm-Finanzierung sind überschaubar. Letztlich läuft es auf gerade einmal fünf unterschiedliche Geldströme hinaus:

1. Koproduktionsbeiträge von TV-Sendern
2. Filmförderung
3. Filmfonds/Private Equity
4. Minimumgarantien von Kinoverleih und/oder Weltvertrieb
5. Koproduzenten

Die klassische Filmfinanzierung eines deutschen Kinospielfilms mit dem üblichen Budget von drei bis vier Millionen Euro sieht deshalb so aus:

40 % Filmförderung
40 % Koproduktionsbeitrag eines deutschen TV-Senders
10 % Minimumgarantie eines Kinoverleihs
10 % Eigenes Geld des Produzenten, Minimumgarantie eines Weltvertriebs, Rückstellungen der Gagen der Regie, der Schauspieler und weiterer Filmemacher

Wahrscheinlich fällt dem einen oder anderen ein Film ein, der anders finanziert wurde, aber die Ausnahme bestätigt die Regel. Selten kann auf einen zweiten Film verwiesen werden, für den diese andersartige Finanzierung auch funktionierte.

Es gibt Beispiele für Ausnahmen:

„Moon 44" von Roland Emmerich wurde durch 500.000 Euro von seinem Vater finanziert, der den Film auch heute noch vertreibt. Der Vater, ein Industrieller, hat ein gutes Geschäft gemacht. Sicherlich gibt es auch andere Beispiele, in denen Verwandte geholfen haben, meist waren das aber keine Filme, von denen man spricht (nicht wenige Menschen verfügen über nie veröffentliche Filmrollen im heimischen Regal – in 35-mm-Kinoqualität).

Till Schweiger hat mit einem größeren Betrag „Knockin' on Heaven's Door" mitfinanziert und ein gutes Geschäft gemacht. Aber das ist riskant: Andere Schauspieler haben auch eigenes Kapital aufgewandt und alles verloren. Ein anderes erfolgreiches Beispiel aus jüngerer Zeit, in dem jemand seinen Film selbst finanziert und dann erfolgreich ausgewertet hatte, ist auch nach einiger Recherche nicht bekannt, angeblich gab George Clooney immer mal wieder gerne eigenes Geld zu seinen Filmen hinzu.

„Cascadeur" wurde durch ein Modell finanziert, das wie eine Aktiengesellschaft funktionierte, Privatanleger kauften Anteile. Das Beispiel hätte Schule machen können, allerdings floppte der Film an der deutschen Kinokasse und die späteren Verkäufe ins Ausland konnten den schlechten Eindruck nicht wettmachen.

1.1 TV-Sender

Die TV-Sender sind die größten Investoren in die Filmindustrie Deutschlands. Sie wenden von dem finanziellen Volumen der gesamten Film- und Fernsehbranche den absoluten Großteil auf. Die Zahlen, die kursieren, sind nicht ganz zuverlässig, da alle Film- und TV-Produktionsleistungen nur geschätzt werden können, aber ein Anteil von 80 % ist realistisch. Der Großteil dieses Geldes geht wiederum in die Auftragsproduktionen. Das heißt, 80 % aller Produzenten leben voll und ganz von den Aufträgen der TV-Sender.

Ein wesentlicher Faktor sind die TV-Sender auch für die Kinofilmproduktion: Ihre Beteiligung an Kinofilmproduktion sind die Kinokoproduktionen (abgekürzt oft KinoKo genannt). TV-Sender zahlen allerdings mehr für Filme, die allein ihnen „gehören", an denen sie alle Rechte erwerben und die sie redaktionell von A–Z begleiten. Diese Filme werden Auftagsproduktionen genannt und sind den Sendern etwa zwischen 1,1 Mio. (öffentlich-rechtliche Sender) bis 1,35 Mio. Euro (RTL, Sat.1, ProSieben) wert.

Der von dem TV-Sender gezahlte Betrag sinkt zwar auf etwa 1 Mio. Euro pro Kino-Film-Koproduktion. Das wundert den einen oder anderen, aber die Gründe sind verständlich: Zwar bekommt der Sender einen höherwertigen Film, der meistens mehr kostet und damit mehr wert ist (Experten sagen gerne: dessen „Production Value" höher ist), denn ein durchschnittlicher Kinofilm kostet meist doch 3–4 Mio. Euro und damit das Dreifache eines Fernsehfilms, der als Auftragsproduktion hergestellt wird.

Jedoch sind zwei Nachteile für die TV-Sender zu beachten: Erstens ist der Film dem alleinigen Einfluss des Senders entzogen und wird damit oft nicht „passgenau" hergestellt und die Kinoverwertung sowie die sich immer anschließende Video-/DVD-Verwertung ziehen durch Bestimmungen der Filmförderung sowie vertragliche Festlegung der Auswerter eine Sperrfrist für die Auswertung im TV nach sich, meist komplette zwei Jahre ab Kinopremiere. Das hat einen klaren betriebswirtschaftlichen Nachteil: Das Geld ist zwei Jahre „gebunden" in dem Filmprojekt und wird erst durch Ausstrahlung nach zwei Jahren wieder „investiert". Das sind zwei Jahre Zinsverlust und da TV-Sender in Jahresbudgets denken, ist es Geld, das dieses Jahr „weg" ist und erst in ferner Zukunft als „Haben-Posten" wirksam wird.

Auch ist der zusätzliche Jubel durch die Kinoauswertung nur garantiert, wenn sie ein großer Erfolg wird – das wird sie aber zu oft nicht und viele TV-Sender sehen in einer missglückten Kinoauswertung eher eine Minderung des Films als eine Aufwertung. Tatsächlich haben die Sender Recht: Nur selten vergisst eine TV-Zeitung darauf hinzuweisen, dass der Film schon erfolglos im Kino war, und welcher Zuschauer will den dann noch sehen?

Auch wenn 1 Mio. Euro in einem Budget von 3–4 Mio. Euro nicht wirklich die Probleme löst, ist die Beteiligung der Sender essentiell, denn sie schließt oft die Lücke zwischen Filmförderung und erforderlichem Budget und viele andere Finanziers u. a. Förderungen steigen überhaupt erst ein, wenn ein TV-Sender sein Engagement zugesagt hat.

Die Gegenleistung des Kinoproduzenten an den TV-Sender für die Kino-Kobeteiligung sind fast immer alle TV-Auswertungsrechte. Produzenten, die geschickt verhandeln, erreichen es oft, dass die TV-Auswertungsrechte für das Ausland bei ihnen verbleiben, aber ab und zu will dann ein TV-Sender allerdings eine Beteiligung an den Erlösen im Ausland.

Leider werden in der Regel auch die Pay-TV-Rechte vom Sender gewollt, die in Spitzenzeiten 150.000 bis 200.000 Euro wert waren. Der Pay-TV-Markt ist so sehr in Bewegung, dass zuverlässig nur gesagt werden kann, dass das Marktsegment für den Kinofilmproduzenten als Auswertungskanal viel zu interessant ist, um leichtfertig vergeben zu werden – was überraschend oft geschieht. Auch die Video-on-Demand–Rechte für den Film werden des Öfteren mit den Senderechten vergeben, die gerade jetzt einen messbaren Wert bekommen, nachdem ein paar Video-on-Demand-Anbieter am Markt sind und Filmrechte kaufen. Ebenso werden die Online- und Streaming-Rechte gerne gleich „mitkassiert". Alles, was im Internet passiert, teilt sich in zwei Arten von geldwerten Rechten auf und nur separierbare Rechte sind Geld wert:

Genau genommen gibt es keine Online-Rechte, sondern rechtlich existieren nur Streaming (reines Angucken im Internet) und Download (Video-on-Demand z. B. gehört dazu). Entweder der Zuschauer kann die Filme nur im Internet angucken oder sie zu seiner Verfügung herunterladen und nutzen, wann er will.

Der Geldwert dieser Rechte ist schwer einzuschätzen, da die kommerzielle Auswertung immer noch nicht wirklich funktioniert, aber auf vollen Touren läuft. Die Nachfolgegesellschaft der Telekom war der erste aktive reine Video-on-Demand-Anbieter, Premiere war allerdings schon zuvor aktiv (mehr Details im Buch unter III. Auswertung, 2. Video-on-Demand). Nach meinem Kenntnisstand gibt es niemand, der kommerziell im großen Stil Streaming-Rechte verwertet, was dazu führt, dass diese Rechte wertlos werden und im Augenblick besteht die Gefahr, dass sie kostenlos hergegeben werden müssen. Jedoch wären Produzenten gut beraten, zumindest eine Beteiligung zu verhandeln.

Von ganz wenigen Ausnahmen abgesehen, wären die meisten deutschen Kinofilme der letzten Jahre ohne Unterstützung eines TV-Senders nicht denkbar gewesen.

Verschiedentlich ist beklagt worden, dass die TV-Sender darauf bestehen, eine Fülle von zusätzlichen Rechten zu erhalten, mit denen sie zum Teil gar nichts anfangen können. Einige mutmaßen, es hätte damit zu tun, dass die zuständigen Abteilungen denselben Vertragsentwurf benutzen wie für Auftragsproduktionen und nur „Gemeinschaftsproduktion" über das Formular schreiben.

Da TV-Sender bei Auftragsproduktionen alle Rechte erhalten, wäre es ihnen nur schwer verständlich zu machen, dass es gegen einen Teil des Geldes bei Koproduktionen auch nur begrenzte Rechte geben kann.

In der Regel ist das aber auch eine Sache der individuellen Verhandlungen. Es besteht ein berechtigtes Interesse der Sender, an einem Erfolg als Koproduzent/Kofinanzierer adäquat teilhaben zu können.

Ein Beispiel: Das Angebot einer Beteiligung des Senders statt einer Übertragung der Pay-TV-Rechte, die der Sender vielleicht sowieso nicht selbst auswerten kann, und etwas Flexibilität und Verhandlungsgeschick auf Seiten des Kinofilmproduzenten wären sicherlich auch eine Möglichkeit, sich mit dem Sender im beiderseitigen Vorteil zu einigen.

Die Verhandlungen mit den Sendern sind schwierig und langwierig. Wer die internen Abläufe eines Senders nicht kennt, die Komplikationen in der Entscheidungsfindung, der wird die Reaktionen oft nicht (sofort) lesen können. Sehr viele, meist unerfahrene Produzenten kommen dann auf die Idee, den Film erst einmal zu produzieren und dann an den Sender zu verkaufen. Ein gutes Geschäft ist grundsätzlich nur bei großen Erfolgen der Verkauf der TV-Rechte als Lizenz, also nach Fertigstellung und Kinoauswertung. Meistens ist es keine gute Idee auf diese Option zu hoffen, denn häufig bekommt der Produzent gar nichts und wird den Film nicht mehr los, was oft genug passiert ist. Ist der Film hingegen kein Erfolg, aber der Sender war zuvor beteiligt, stehen die Sender erfahrungsgemäß mannhaft zu dem Misserfolg und zumindest die Beteiligung und die Auswertung im TV – die weitere Auswertungen möglich macht – sind ungefährdet.

Wie Jack Nicholson die Branche veränderte

Ich bin nicht sicher, ob es Jack war, aber überliefert ist, dass er zur Oscar-Verleihung für „Einer flog über das Kuckucksnest" dem Agenten dankte, der ihm riet mit der Schauspielerei aufzuhören. Das will sich natürlich keiner sagen lassen. Jeder hat sich schon mal geirrt und lag in seiner Einschätzung falsch, keiner hat immer Recht. Der Ton in der Branche änderte sich und auf der Suche nach dem Turning Point, ist diese Oscar-Verleihung vielleicht der Schlüssel, weshalb ich es Jack zuschreibe.

Vorher ging es handfest zu. Die Buchtitel „Welche Lüge habe ich gerade erzählt (which lie did I tell)?" und „You will never eat lunch in this town again" waren Kriegserklärungen, die es wörtlich so gegeben haben soll und die einen rüden Umgang miteinander verrieten. Frühere Berichte überliefern Faustkämpfe und das Rufen der Werkspolizei als übliche Taktiken der Vertragsverhandlung.

Heute ist das Schlimmste, was jemand von sich gibt: „Großartiges Drehbuch, der mittlere Teil ist vielleicht etwas schwach." Übersetzt heißt das: Das Drehbuch ist kompletter Mist und ich werde das niemals unterstützen.

Es ist wie in der Diplomatie, im Japanischen oder bei den Äußerungen des britischen Königshauses. Ein „We are not amused" heißt, sie haben sich so danebenbenommen, dass auch ihre Ahnen nicht mehr zum Tee in den Buckingham Palace eingeladen werden. Verschiedene Abstufungen der Zustimmungen heißen „Ja" oder „Nein". Im Filmbusiness ist nur der absolute Superlativ ein Ja. „Es ist das großartigste Drehbuch, das ich je gelesen habe." Alles andere ist ein „Vielleicht". Eher ein Nein. Gerade Neulinge warten nach einem „Nicht schlecht!" jahrelang darauf, dass es nun weitergeht mit ihrem Film und wundern sich, dass sie nichts hören. Echte Ablehnungen sind selten.

Ein Rechtsanwalt hat einmal aus Absicht einem bekannten Filmproduzenten ein so unmögliches Angebot so penetrant vorgetragen, bis dieser das Wort „Nein" benutzte, nur um einmal zu hören, dass dieser Produzent das Wort auch tatsächlich kannte.

Warum ist das so und ist die Branche damit nicht unehrlich? Nun ja, unsere arabischen Nachbarn haben zurzeit eine Kultur entwickelt, in der sie eher sehr drastisch ihre Verstimmung ausdrücken und die Drohung mit Tod, Gewalt und Zerstörung ist nicht gerade geeignet, das Verhältnis zu stabilisieren, dabei ist es oft Ausdruck einer anderen Mentalität, zu welchen Worten man so greift.

Es ist genauso ehrlich wie jede andere Sprache oder jeder Kodex, den Menschen benutzen, und alle Menschen tun das, derjenige, der neu in eine Welt tritt, tut sich am Anfang nur schwer.

Deutsche Filme als Lizenz den TV-Sendern anzubieten ist nur selten ein Erfolg: „Knockin' on Heaven's Door" soll unbestätigten Berichten zufolge 3 Mio. DM als Lizenzgebühren eingebracht haben. Ein Flop oder ein mäßig beachteter Film dagegen – und das sind wohl alle unter 1,5 Mio. Zuschauer – hat Lizenzgebühren nur im Bereich von etwa hunderttausend Euro zu erwarten, und davon kann keine Kinofilmproduktion finanziert werden.

Folgende deutsche TV-Sender kofinanzieren Kinofilmproduktionen:

1. ARD

Die ARD selbst finanziert keine Kinofilme, die Finanzierung läuft über die Ländersendeanstalten. Am aktivsten sind die großen Sender WDR, BR, begrenzt der NDR. Die Auswahl der Projekte erfolgt durch die jeweilige Person, die auch für die TV-Movies/Fernsehspiele zuständig ist, oft in enger Abstimmung mit dem Intendanten. Eine gewisse persönliche Prägung ist deshalb nicht auszuschließen. Finanziert werden gerne Projekte, die in dem jeweiligen Bundesland produziert werden. Eine inhaltliche Ausrichtung an den Filmstoffen, die umgesetzt werden, sieht wohl eher die Unterstützung namhafter kreativer Regisseure, Schauspieler und Autoren und „ernst zu nehmender" Themen vor als reine Unterhaltungsfilme.

2. ZDF

Das ZDF unterstützt seit Langem Kinoproduktionen. Eines der bekanntesten Projekte war „Stadtgespräch" – der Durchbruch von Katja Riemann. Verantwortlich ist die Redaktion Fernsehspiel. Das ZDF mochte sich auch auf Nachfrage nicht auf einen thematischen Schwerpunkt festlegen lassen. Nicht ganz zu Unrecht, denn die bisher koproduzierten Filme sind thematisch recht weit gespannt. Ein inhaltlicher Hinweis ist der Blick auf das ZDF-Programm: Wenig Chancen wird haben, was thematisch völlig aus dem ZDF-Programm heraussticht.

3. RTL

RTL kofinanziert Kinospielfilme, meist rein deutscher Prävention wie „Bluthochzeit", „Männer wie wir", gelegentlich auch US-amerikanische Produktionen wie „Apokalypse Eis". Die Programmdirektion entscheidet im Einzelfall über eine Kofinanzierung. Eine eigene „Strategie" ist eher nicht zu erkennen, aber die Einzelfallförderung geht oft danach, wie RTL selbst freimütig bekennt, ob das Projekt den Zuständigen gefällt, und ist deshalb auch „freier" als die Entscheidungen anderer TV-Sender.

4. ProSiebenSat.1

ProSiebenSat.1 kofinanziert Kinofilme über ihre Tochter SevenPictures, München. Die Kofinanzierung setzt grundsätzlich voraus, dass die jeweilige Fach-Redaktion von ProSieben oder Sat.1 das Projekt mitfinanzieren möchte. Es ist die starke Tendenz zu erkennen, nur wenige namhafte Filmemacher zu unterstützen, die oft den Sendern auch verbunden sind. So sind die Bully-Filme („Der Schuh des Manitou", „Traumschiff Periode I"), die Helmut-Dietl-Filme und die Detlev-Buck-/Leander-Hausmann-Filme oft kofinanziert worden. Des

Weiteren liegt ein Schwerpunkt auf rein deutschen Filmen, internationale Ko-produktionen sind eher selten bis nicht vorhanden.

5. ARTE

ARTE ist ein bedeutender Kinokoproduzent des Arthouse-Kinos geworden und finanziert Kinofilme grundsätzlich nur mit einem anderen Sender zusammen. Legendär sind die WDR/ARTE-Koproduktionen, die einige der bedeutendsten deutschen Filme im Arthouse-Segment hervorgebracht haben.

Natürlich möchte keiner der Sender Angaben dazu machen, welche Summen in wie viele Filme pro Jahr investiert werden. Also muss man selber rechnen:

Die Sender finanzieren je 2–4 Filme pro Jahr mit. Die Summen schwanken zwischen 400.000 Euro (ARTE auch gerne mal weniger) und 1 Mio. (Michael „Bully" Herbig bekommt auch mal mehr). Bei fünf Sendern kommt man im Ergebnis auf einen Schnitt von ca. 9 Mio. Euro Gesamtbudget per annum.

Die Gelder werden grundsätzlich in Tranchen gezahlt, meist bei Unterschrift, einer Zwischenstufe und Abnahme. Die Summe muss also von einem Produzenten zwischenfinanziert werden (s. auch Cashflow). Die Zwischenfinanzierung übernehmen nur wenige Banken, zunehmend aber die Landeszentralbanken von Bundesländern, die sich aktiv um die Filmindustrie bemühen (Berlin, Bayern, NRW), und hin und wieder auch die Filmförderungen direkt.

1.2 Filmförderungen

Förderungen sind ein so entscheidendes Mittel zur Finanzierung von Filmen, dass ihnen ein eigenes Kapitel gewidmet ist (s. Teil I 7 Filmförderungen). Generell sind zu beachten: Einreichtermine, Auszahlung der Darlehen (Cashflow-Plan), Erzielung des Regionaleffekts (i. d. R. müssen 150 % der geförderten Summe im jeweiligen Bundesland ausgegeben werden).

1.3 Filmfonds und Private Equity

Die Rolle der Filmfonds wurde maßlos überschätzt. Sie waren ständig präsent in der Film- und Finanzpresse und doch spielten sie in der deutschen Filmfinanzierung keine Rolle. Das oft zitierte Beispiel „7 Zwerge", das die VIP-Fonds, die größten deutschen Fonds (mit fast einer halben Milliarde Einlage) koproduzierten, war nicht mehr als ein Feigenblatt.

Nach Schiffsbeteiligungen und geschlossenen Immobilienfonds waren Filmfonds als Steuersparmodell aus dem Boden geschossen, bis auch diese
Steuerlücke geschlossen wurde. Eine Bestimmung im Steuerrecht erlaubt
die hundertprozentige Abschreibung immaterieller Vermögensgegenstände
im Jahr der Investition. Also auch noch im Dezember eines Jahres, für Menschen oder Institutionen, die feststellen, dass sie in diesem Jahr zu viel verdient haben.

Einzig und allein der GFP-Fonds, der sich auf deutsche Produktionen verlegt
hat, gab Geld zu deutschen Produktionen, der gesamte Rest hatte sich in
Richtung Hollywood orientiert. Dafür gibt es einige gute Gründe und es sind
nicht Ignoranz oder Herablassung, die die deutschen Fonds dazu trieben,
sondern schlicht Kalkül:

Die unglaublichen Summen, die Filmfonds von den Anlegern einsammeln,
waren in Deutschland für Film nicht auszugeben. Eine kurze Rechnung: Die
Fonds haben Milliarden allein in einem Jahr eingesammelt. Um dieses Geld
in Deutschland auszugeben, müssten die Fonds beim durchschnittlichen
Budget von 3,5 Mio. Euro tausende Filme produzieren. Selbst mit den jetzt
490 Filmen pro Jahr ist der deutsche Kinomarkt hoffnungslos überfordert.

Dazu kam: Der „Name Value" US-amerikanischer Schauspieler erhöht die
Verwertungsaussichten eines Filmes weltweit und über viele Jahre und lässt
den Fonds auch gegenüber den eigenen Anlegern gut dastehen, auch wenn
das Investment verloren geht. Wer gibt nicht gerne sein letztes Hemd für An-
gelina Jolie? Natürlich steckt dahinter der Ansatz sagen zu können, der Film
war zwar ein Misserfolg, aber wir haben einen bekannten Star eingekauft, also das Mögliche getan, um einen erfolgreichen Film zu prognostizieren.

Die Fonds wurden Ende 2005 durch den Beschluss der Bundesregierung
„getötet", so dass die Ausgaben für einen Medienfonds nicht mehr steuer-
sparend abgesetzt werden konnten. Wir werden sehen, welche neuen Steu-
ersparmodelle im Zusammenhang mit Film entwickelt werden.

Es sind aber zwei interessante Modelle entstanden, die wir den Fonds verdanken. Wie bei den Schiffsbeteiligungen und weiteren Ex-Steuersparmo-
dellen haben die Betreiber über die Jahre das Geschäft „gelernt" und sind
tatsächlich in der Lage, heute diese Fonds ohne Steuersparanreize profitabel
zu betreiben. Der erste Filmfonds, der ohne Steuersparanreiz auskommt und
als reine Kapitalanlage fungiert, ist der sog. GFP IV. Der Fonds der German
Film Productions, die ausschließlich deutsche Filme koproduziert, ist zur

Drucklegung dieses Buches aufgelegt worden. Wir werden sehen, ob auch hier der Sprung gelingt.

Das zweite Modell ist interessanter: Private Equity – einst nur ein Schlagwort – ist auf einmal tatsächlich da, zwar noch eine zarte Pflanze, aber immerhin wert, ein eigenes Kapitel zu bekommen.

Den Fonds ist es zu verdanken, dass sich eine größere Schicht der Anleger mit der Filmfinanzierung beschäftigte oder überhaupt erst darauf aufmerksam wurde. Allen Anlegern gemein war zuvor nur die Erkenntnis, dass man dort sein Geld verliert, betrogen wird und das Ganze halbseiden bis unseriös ist. Tatsächlich gibt es aber auch in der Filmfinanzierung die „Beaten Tracks", die üblichen Wege der Finanzierung und die gängigen Erlösmodelle, die auch als Anleger genutzt werden können.

Private Equity bezeichnet privates Geld, das in Filme investiert wird. Ein Begriff, der zurzeit häufig in den Medien auftaucht. Die verstehen aber darunter auch das Geld der Hedgefonds und anderer Publikumsfonds. Der private Investor muss strikte rechtliche Vorgaben beachten, die zuvor auch für den Fonds galten, und nur dann ist seine Investition auch steuerfrei, was es doppelt süß macht, in Film zu investieren.

1.3.1 So funktionierte ein Filmfonds

Die Filmfonds mussten selbst produzieren, also Produzent sein, ansonsten wurde ihnen der notwendige „Herstellerstatus" vom Finanzamt aberkannt. Hersteller war nur, wer selbst alles entschied. Genauer: Die Anleger selbst mussten produzieren. Eine steuerlich abschreibbare Investition lag nur vor, wenn steuerlich eine „Unternehmerschaft" gegeben war. Diese Maßgabe gilt weiter, aber sie ist nur noch zu erfüllen, wenn nur ein Investor Geld zu einem Film gibt, da „Gruppen" jetzt von der Finanzierung von Filmen ausgeschlossen sind. Es gibt „Todsünden" für den echten Koproduzenten und die heben die steuerliche Absetzbarkeit auf:

Insbesondere mussten Fonds – und das Gleiche gilt jetzt für private Investoren – sich davor hüten, Geschäfte abzuschließen, die ihnen

- nur ein Territorium zuwiesen (rechtlich ein Lizenzkauf) und etwa
- Umsatzsteuer auf ihre Zahlungen zu leisten oder
- nur zu finanzieren (Kofinanzierung).

Letzteres ist bereits dann der Fall, wenn der Fonds nicht Filmhersteller im Sinne des Gesetzes wurde. Das führte dazu, dass der Fonds umfangreiche Mitspracherechte haben muss und auch ausübt. Und das erfordert wieder geschultes Personal, was für eine recht hohe Kostendecke sorgte. In den Besprechungen der Wirtschaftszeitungen wurden deshalb immer wieder die hohen Verwaltungskosten der Fonds bemängelt. Auch die gut geführten Fonds konnten wegen der hohen gesetzlich vorgeschriebenen Verwaltungstätigkeit nur im Zusammenhang mit der steuerlichen Abschreibung Gewinne erwirtschaften.

1.3.2 So funktioniert Private Equity

Auch eine Investition von Private Equity bleibt beratungsintensiv, deshalb muss der Gewinn schon üppig ausfallen, damit sich die Geschäfte lohnen. Dazu muss sich der Produzent wiederum absichern und wissen, wer in welcher Form Einfluss auf die Produktion nehmen kann und berechtigt ist, Entscheidungen für den Investor zu treffen. Ein geregeltes Verfahren zu jeder Frage und die Verpflichtung, am Ende ein gemeinsames Ergebnis schriftlich festzuhalten, sind für alle Geschäfte mit Investoren zu empfehlen.

Der einzelne Investor kann nach wie vor sein Investment voll steuerlich abschreiben. Er ist dann Koproduzent und hat unmittelbare Vorteile aus der Finanzierung: Er kann bestimmen und er kann alles der Steuer in Rechnung stellen.

Für einen einzelnen – gut beratenen (!) – Investor kann eine Filmfinanzierung attraktiv sein. Die größere Transparenz der Filmfinanzierungen ermöglicht es, leichter Gewinne zu erzielen und zu realisieren (also das Geld auch wirklich zu bekommen) als noch vor einigen Jahren. Die Erlösszenarien sind heute immer mehr Menschen bekannt, es können Rückflusspläne und Controlling-Instrumente eingesetzt werden. Früher wurde alles „unter Freunden geregelt": Viele der bislang recht undurchsichtigen „Buddy-Geschäfte", die unter Freunden Filme hin- und herschoben, wurden ersetzt durch professionell arbeitende Abteilungen – oft von Großkonzernen –, die sich nichts zuschulden kommen lassen wollen und deren primäres Interesse nicht die Selbstbereicherung, sondern die Profiterzielung ist.

Es gibt aber auch sinnloses Gerede, dem einmal entgegengetreten werden muss: Immer wieder erzählt ein meist frustrierter Filmemacher – aber man hört es auch von gestandenen Wirtschaftsprüfern –, dass so viel Geld im Land und insbesondere bei Erben ist, dass sie doch mal einen Teil für Film ausgeben könnten. Sie tun es aber nicht. Reiche Leute sind reich, weil sie kein Geld ausgeben. Wer einen privaten Investor findet, sollte ihn hegen und pflegen. Gibt es viel Private Equity im deutschen Filmmarkt, so dass eine Zahl genannt werden könnte oder eine Summe? Nein. Es bleibt die absolute Ausnahme.

David Groenewold, Vorstandsvorsitzender Odeon AG, Berlin, Filminvestor, Geschäftsführer GFP

 Meine Familie stammt aus Berlin und mein Vater war schon in den 70ern als Finanzmanager an der Finanzierung von „Wir Kinder vom Bahnhof Zoo" beteiligt.

Nach meinem Studium der Volkswirtschaft in England war ich im Produktionsstab der „David Letterman-Show" in den USA beschäftigt und habe mir erste Sporen im Entertainment-Geschäft verdienen können.

Zurück in Deutschland, gründete ich meine erste eigene Entertainment-Gesellschaft und beriet Filmproduktionsfirmen als „outgesourcter Finanzgeschäftsführer".

Wir bereiteten Börsengänge vor, sicherten Fremd-Kapital und schlossen Finanzierungen für Filme. Nach dem Crash der Aktienmärkte 2000/201 retteten wir zunächst in Not geratene Filmunternehmen.

Der zaghaft beginnende Trend zu Filmfonds, dank der Möglichkeit Filminvestments von der Steuer abzuschreiben, war für mich die Möglichkeit 2001 einen Filmfonds nur für deutsche Filme aufzulegen. Alle rieten damals ab, aber mich interessierte ein sehr spannendes Filmsegment, das aus meiner Sicht – trotz aller Unkenrufe – gute Renditen versprach. Mit den GFP Fonds finanzierten wir die – aus Investorensicht – interessantesten deutschen Filme: Große TV-Events.

Es gelang mir mutige, auch etwas patriotische und nüchtern rechnende Investoren zu gewinnen, die nicht wollten, dass die hier ersparten Steuern vollständig nach Hollywood gegeben wurden und wir unterstützen die deutsche Filmwirtschaft mit insgesamt drei Fonds (GFP I–III).

Wir waren nicht bei jedem Film erfolgreich, aber hatten auch sehr lukrative Deals darunter. Auf die Filme, die wir mit ProSieben, Sat.1 dem ZDF und anderen Partnern und hervorragenden Produzenten hergestellt haben, sind die Investoren und ich bis heute sehr stolz.

Nachdem das Fonds-Geschäft von der Regierung durch Änderung der Steuergeschäfte in seiner bisherigen Form beendet wurde, taten wir zwei Dinge:

Wir entschieden mit den Investoren zusammen, dass die aus den ersten drei Fonds erwirtschafteten Rückflüsse und Gewinne in ein großes börsennotiertes und erfolgreiches Filmproduktionsunternehmen zu investieren waren – die Odeon AG. Hier erzielen die Gelder der Investoren weitere Renditen, soweit sie nicht bereits ausgeschüttet wurden.

Wir konzipierten einen neuen Filmfonds, der ohne den Steuervorteil, rein Gewinn orientiert, dem Investoren eine Rendite bietet, und platzierten diesen Fonds erfolgreich am Markt. Natürlich waren die Fonds mit Steuervorteil erfolgreicher.

Ohne meine Investoren wäre ich nichts. Menschen haben mir ihr Geld anvertraut und ich bin ihnen dafür dankbar und behandle sie entsprechend:

Das Investment in Filme kenne ich jetzt von drei Seiten: als Fondsmanager, als Produzent und als Beteiligungsinhaber (Koproduzent). Es fällt auf, dass die Prozesse zwischen Investoren und Filmemachern immer wieder moderiert werden müssen. Beide sprechen zu unterschiedliche Sprachen, das beginnt natürlich bei der Bank, aber es endet auch nicht bei dem privaten Investor.

Der Filmemacher will seinen Film machen, das ist sein Ziel, oft sein einziges, das er verfolgt, und er will nicht über die Finanzen nachdenken. Der Investor will eine Rendite erwirtschaften und möglichst sein Geld keinem allzu großem Risiko aussetzen.

Die Gesetzmäßigkeiten der Filmbranche im Finanzbereich sind seltsam. Sie sind mit nichts auf der Welt zu vergleichen, außer vielleicht mit dem Kunstmarkt: Es werden unglaublich hohe Provisionen gezahlt, bis zu 30 %, teilweise 35 %. Aber in diesen Provisionen sind noch nicht mal die Unkosten enthalten, die kommen noch oben drauf und müssen gesondert und vorab bezahlt werden, bevor überhaupt Geld zurückfließt.

Der Produzent muss den Investor verstehen und das fällt ihm schwer, denn es ist für den Produzenten anstrengend genug das Kapital insgesamt zusammenzubekommen. Der Investor steht meistens für die letzten Prozente ein. Es ist das Geld, das komplett verlorengehen kann, denn es ist durch nichts gesichert, außer durch einen großen Erfolg. Der TV-Sender hat die TV-Rechte, der Kinoverleiher die Kinorechte und so weiter, für den Investor bleibt nichts an konkreten Rechten.

Investoren, die überhaupt solche Risiken eingehen, wollen 15 %– 20 % Rendite im Erfolgsfall erwirtschaften – pro Jahr! Das Minimum wären 12 % und selbst dafür müssen zwei Bedingungen immer durchgesetzt werden:

1. Der Investor hat eine „last in – first out"-Kondition – d. h., das erste Geld, das kommt, geht zu 100 % an ihn.

2. Der Investor erhält sein Geld im Verhältnis 1:3 zurück.

Das Risiko, das der spät hinzukommende Filminvestor füllt, ist sehr, sehr groß. Dafür muss es eine Belohnung geben. Ansonsten lässt sich niemand darauf ein.

Wäre ich Filmproduzent, wäre ich die ganze Zeit unterwegs, um Menschen zu finden, die mir ihr Vertrauen schenken bei der Finanzierung meiner Filme. Es werden so viele nicht sein. Private Investoren werden sich nicht in großen Heerscharen an die Filmindustrie hängen.

Kommt einer dann doch, herrscht zu oft eine „Hit and Run"-Mentalität: Floppt der Film, lässt man sich nicht mehr blicken, ist es ein Erfolg wird undurchsichtig abgerechnet.

Es ist deshalb entscheidend, die Investoren, die man findet, sehr gut zu behandeln. Offen und transparent zu sein, vernünftig abzurechnen und Kontinuität zeigen. Dann stehen diese Investoren auch mal einen Flop mit einem durch.

Ein Vorschlag von dem Filmlehrer Dov Simmens ist immer wieder amüsant und vielleicht so falsch nicht: Obwohl er als Amerikaner unsere Landessprache nicht beherrscht, würde er sich zur Filmfinanzierung ein Telefon schnappen und alle Zahnärzte anrufen. Er würde sie fragen „Are you interested in the arts?" und dann in einem Screening in einem renommierten Kino (tagsüber, weil billiger) eine Demorolle seines Kameramanns vorführen. Zahnärzte gelten als Menschen mit viel Geld und wenig Intelligenz außerhalb ihres Fachbereichs, insbesondere in Gelddingen, gerne auch von Anlageberatern „das dümmste Geld" genannt. Der Aufruf dahinter, der es wert ist gehört zu werden, ist: Produzenten sollten es ihren Kollegen in anderen Teilen der Welt nachmachen und mehr und andere Geldquellen suchen als immer nur das ewig Gleiche: Sender – Förderung – Minimumgarantie der Verleiher.

Die Finanzierung von „Luther"

Alexander Thies, NFP, Berlin/Halle (Saale)

Wie ein deutscher Produzent einen Hollywood-Erfolg produzieren kann

Die Entstehung des internationalen Kino-Erfolges LUTHER resultiert aus dem Vorgänger-Projekt BONHOEFFER. Und dessen Ausgangspunkt war wiederum eine Frage, die mich während einer früheren Tätigkeit als Investmentbanker in New York inspirierte: Wie könnte es ein deutsches Unternehmen schaffen, Kino-Filme für die USA. zu machen, nicht Filme aus Hollywood zu importieren, sondern aus Deutschland heraus dorthin zu exportieren und US-amerikanisches Publikum anzuziehen?

Bei der Suche nach Themen in unserem Land, die in den USA interessieren, landet jeder auch beim Dritten Reich. Wir wählten einen kaum behandelten, für die US-Gesellschaft aufsehenerre-

genden Aspekt: den deutschen Widerstand, „The Good German",
das war 1997.

Ein guter Freund brachte uns zu einer Versicherungsgesellschaft
mit lutherischer Herkunft und Kundschaft, die eine Dokumentation über Dietrich Bonhoeffer plante. Sie folgte unserem Vorschlag:
sein Schicksal mit einem Spiel-Film einem breiten internationalen
Publikum bekannt zu machen.

Die Gesellschaft finanzierte ein Drittel des Films, zwei Drittel
finanzierten wir aus den klassischen Quellen. Es entstand (noch
vor dem Medienerlass) eine deutsch-kanadische Koproduktion
und in den USA und Deutschland ein Überraschungserfolg. Die
Versicherungsgesellschaft war schon über die außergewöhnliche gesellschaftliche Resonanz erfreut, noch mehr dann, als ihre
Marketingabteilung auch noch vorrechnete, dass sie eine große
Zahl an Menschen, weit über Ihre bisherige Zielgruppe hinaus
und dazu wesentlich emotionaler und noch wesentlich günstiger,
erreicht hatte als mit traditionellen Werbemitteln wie etwa der
zum Vergleich herangezogenen Briefwurfsendung. Die Führung
des Konzerns war beeindruckt.

Ein Nachfolgeprojekt war also schnell im Gespräch. Dessen
anspruchsvolle Dimension erschreckte dann aber doch. Wir
entwickelten LUTHER – ein aus der Wiederverreinigung heraus
aktuelles Thema aus Deutschland mit weltweiter Relevanz, eine
Geschichte, die jeder versteht, jedem etwas zu geben vermag
und dazu noch wahr ist. Wir entwickelten ein Konzept für einen
Spiel-Film mit einem umfassenden Vermarktungskonzept für das
Thema für das von uns favorisierte Publikum.
Ergebnis: eine sehr teure Investition, deren Amortisation den meisten als sehr ungewiss galt.

Wir glaubten daran und setzten dabei auf besondere Partner, die
sich hoffentlich mit uns reißen lassen würden und ließen.

Unsere US-amerikanischen Freunde rechneten erneut und sagten
NFP für LUTHER 5 Millionen US-Dollar Investment zu. Ihre Bedingung: NFP müsse einen gleichen Betrag stellen. Das taten wir
und empfinden noch immer große Dankbarkeit für unsere deutschen Partner, die das keineswegs für alle so aktuelle Vorhaben

mutig unterstützen und damit den Grundstein für eine erfolgreiche Realisierung legten, allen voran die ARD mit der DEGETO.

Aber auch über die Produktion hinaus haben wir die Förder-Teams in Deutschland besonders schätzen gelernt.

Wir konnten also „matchen" und die Arbeiten beginnen. Die liefen so gut, dass die Versicherungsgesellschaft bereit war, weitere fünf Millionen zur Verfügung zu stellen, wenn wir dadurch den Film so produzieren könnten, dass er einer Hollywood-Großproduktion entsprach, das erhöhte den Imagewert – unter der Bedingung, na ja Sie wissen schon.

Das war schwierig, hatten doch die ersten fünf Millionen US-Dollar (bei einem gegenüber dem Euro starken Dollar) alles gefordert, was das deutsche Filmfinanzierungssystem inklusive zusätzlicher Unterstützung weiterer besonderer Partner hergab.

Uns blieb nur: weiteres Eigenkapital. An dieser Stelle kamen die Vorzüge eines flexibel und unbürokratisch handelnden Familienunternehmens aufs Feinste zur Geltung.

Wir kamen auf 20 Mio. US-Dollar für einmal 121 Minuten allein für die Produktion, die Besetzung um Joseph Fiennes und Sir Peter Ustinov kam zusammen, der Film zustande und unsere Vermarktungspartner erlaubten uns einen Alleingang bei der Auswertung, der begann in Washington am 22. September 2003: LUTHER war der erste deutsche Film, der in den USA Premiere hatte. Es folgte der deutsche Start am Reformationstag, heute vor vier Jahren, den Rest kennen Sie und nun auch die ganze Geschichte.

Vielleicht kann sie Ihnen zusammen mit den weiteren Kapiteln der folgenden Seiten Anregung und Hilfestellung sein, damit wir bald noch viele weitere Geschichten dieser Art genießen können.

1.4 Presales, Minimumgarantien von Kinoverleihern und Weltvertrieben

In allen Ländern ohne Filmförderung, besonders aber in den USA, existiert nur ein Instrument zur Finanzierung von Filmen: der Presale. Der Verkauf vorab an Filmverwerter wie Kino, TV, Video. Das Geschäft ist hart, denn jemand muss überzeugt werden, Geld für einen Film zu geben, den er nicht kennt, einen Film, den er (noch) nicht ansehen kann und von dem er überhaupt nicht weiß, ob er je existieren wird.

In Deutschland sind nur drei Presales üblich: Die Beteiligung eines (Free-)TV-Senders, die Minimumgarantie eines Kinoverleihers und die gleiche Garantie eines Weltvertriebs. Videovertriebe steigen für gewöhnlich später ein. Die Rechte für Video können vorab an einen der anderen Player, meist TV oder Kino, vergeben werden.

Kinoverleiher und Weltvertriebe geben sog. Minimumgarantien als substantielle Summen zur Produktion eines Films hinzu.

Minimumgarantie

Die Minimumgarantie ist ein sehr übliches Film-Finanzierungsinstrument. Der Filmverwerter (Kinoverleih, Weltvertrieb, DVD-Vertrieb) zahlt an den Produzenten eine feste Summe vorab. Den Betrag kann der Produzent zur Produktion des Films verwenden. Egal, wie die Auswertung läuft, den Betrag kann der Produzent in jedem Fall behalten, auch wenn der Film total floppt. Allerdings wird die Minimumgarantie komplett gegen die Einkünfte verrechnet: Es ist üblich, dass der Verwerter für jede einzelne Verwertung – jede Kinokarte, jede verkaufte DVD – dem Produzenten eine Beteiligung zahlt. Diese Beteiligung wird so lange mit der Minimumgarantie verrechnet, bis der gezahlte Betrag wieder an den Filmverwerter zurückgeflossen ist. Die Minimumgarantie ist also das Minimum, das der Verwerter an den Produzenten dafür zahlt, dass er das Verwertungsrecht erhält. Geschickte Produzenten erhalten viele Minimumgarantien von vielen Verwertern: für Kino, Video, Mobil-Entertainment, Game-Hersteller, Hörbücher, Buch zum Film, Merchandising nur TV ist fast immer eine feste Lizenzsumme.

Die Minimumgarantie eines Kinoverleihers für einen deutschen Film mit (deutschem) Mainstreamcharakter beträgt etwa zwischen 300.000 und 1 Mio. Euro für ein größeres Filmvorhaben.

Natürlich wird auch deutlich weniger gezahlt, insbesondere im Arthouse-Segment sind 40.000 Euro oft schon viel.

Jedoch in Deutschland heißt Mainstream nicht eine ganze Gattung von Film wie in den USA oder Indien (Bollywood) oder sogar Hongkong, sondern es sind eigentlich nur zwei Genres mainstreamfähig. Zum einen nur und ausschließlich Comedy. Die Erfolge von „Bully", „7 Zwerge", die ersten Otto-Filme und die Beliebtheit einiger Comedians führen dazu, dass Filmverleiher hier bereit sind höhere Beträge zu zahlen.

Family Entertainment (also alles, was Eltern mit ihren Kindern besuchen oder was Kinder mit ihren Eltern besuchen, was wohl häufiger der Fall ist) ist das zweite Genre, das in Deutschland für volle Kinokassen sorgen kann. Leider ist es weniger zuverlässig und man weiß nie, ob die „Wilden Kerle" auch wilde Einspielergebnisse erzielen.

Family Entertainment wird wesentlich berechenbarer, wenn der Filmveröffentlichung eine Reihe von Buch- und Hörspielveröffentlichungen vorausgingen. Intelligente Produzenten planen das jetzt generalstabsmäßig über Jahre hinweg. Aufbau der Marke und Schaffung einer Fan-Gemeinde gipfeln dann im (ersten) Kinofilm, in anschließender Serie im TV, in Merchandising etc. Mit so einer Bündelung kann übrigens auch im Filmgeschäft echter Reichtum erreicht werden. Haim Saban, der Ex-Besitzer von ProSiebenSat.1 hat es mit den „Power Rangern" vorgemacht.

Jedoch sind die Minimumgarantien, die in Deutschland auch für Mainstream gezahlt werden, dennoch in der Höhe endlich und – nichts ohne Pferdefuß: Zahlt ein Verwerter eine höhere Minimumgarantie, also sagen wir bis zu 3 Mio. Euro, so wird er das jedoch meist nur gegen die zusätzliche Übertragung von TV- und DVD-Rechten tun.

Damit ist ein Produzent nicht unbedingt gut bedient. Die Splittung der Rechte und der Einzelverkauf erzielen leicht höhere Einnahmen, wenn der Produzent z. B. den richtigen Comedian verpflichtet hat.

Manchmal ändert sich auch etwas zum Besseren. Die Weltvertriebe sind international konkurrenzfähig geworden. Das Geschäft wurde von wichtigen

Playern entdeckt – Bavaria oder ProSiebenSat.1 und der ARD sowie ZDF mit ihrer Tochter Telepool – und das gewährleistet eine gute Transparenz. Die größere Finanzkraft, die bessere Ausbildung der Manager und der lange Atem, den erst die Kirch-Gruppe und dann die Bavaria und die Telepool und dann andere bewiesen haben, hat sich ausgezahlt: Deutsche Filme sind international verkäuflich. Manchmal hat sogar der Produzent etwas davon.

Die Weltvertriebe geben ebenfalls Minimumgarantien, aber deutlich geringere Summen als die Kinoverleiher. Mit 60.000 Euro ist hier ein Filmproduzent schon gut bedient. Allerdings sind hier die Gewinnaussichten auch geringer.

Grundsätzlich kann ein Produzent Minimumgarantien noch von DVD-Vertrieben, Merchandising-Herstellern, Buchverlagen und Plattenfirmen bekommen. Die Frage ist, ob sich das jeweilige Projekt dafür eignet.

Schlecht sind bisher die Aussichten, Minimumgarantien von Game-Herstellern (außer man ist ein Hollywood-Studio), Mobilfunkern und Internetportalen zu erhalten. Pay-TV und alle weiteren Formen des TV wie IP-TV, digitales Sparten-TV, Basic-TV, Satelliten-TV-Kanäle, Video-on-Demand, also alle bis auf Free-TV, sind auch in Deutschland als äußerst geizig gefürchtet.

1.5 Koproduzenten und Kofinanziers

Unter Koproduzenten treffen meistens Not und Elend aufeinander. Der Koproduzent ist meist auch Produzent und hat kein eigenes Geld. Er ist darauf angewiesen, dass er einen Finanzier findet. Das können Filmförderungen oder Filmverwerter wie Kinoverleiher, TV-Sender, Video-Verwerter etc. sein. Möglichst einen Finanzier, bei dem der Ursprungsproduzent das Projekt noch nicht vorgestellt hat.

1.5.1 Koproduzent

Um eine Definition zu geben: Koproduzent ist, wer einen Betrag zur Produktion des Filmes zahlt/erbringt und das Risiko trägt, das sein Investment nicht durch Gewinne aus dem Film erwirtschaftet („recoupt", wie der Fachterminus lautet) wird.

Der Koproduzent und der Produzent haben Vertragsautonomie: Sie vereinbaren frei, was sie voneinander möchten. Übliche Modelle sind:

Ein Koproduzent zahlt einen bestimmten Betrag zum Budget und erhält einen Anteil an den Erlösen wie der Produzent oder anteilig besser oder schlechter je nachdem, wie spät er in die Produktion einsteigt und wie dringend ihn der Ursprungsproduzent braucht.

Ein Koproduzent übernimmt eine Leistung, meist Dreharbeiten in einem anderen Land, und erhält dafür alle Auswertungsrechte in dem betreffenden Land und meist noch einen kleinen Share an den Erfolgen weltweit.

Ein Koproduzent übernimmt abgrenzbare Bereiche wie die Post-Produktion und darf zuallererst diesen Betrag, den er investiert hat, aus allen Erlösen zurückführen. Sodann erhält er einen Share an allen Einnahmen.

Alle Mischformen sind denkbar bis hin zum verliebten Ehemann, der nur will, dass seine Frau eine Rolle bekommt.

Gerne genommen werden ausländische Koproduzenten mit allen Unsicherheiten, die das mit sich bringt. Das jeweilige nationale Recht ist meist eine unbekannte Größe und unser eigenes Steuerrecht legt so viele Hürden in den Weg, dass der Produzent gerne einen guten und großen Anteil des Koproduktionsbetrages an Steuerberater und Anwälte verteilen muss.

Das viel gehasste Problem der „Betriebsstätte" ist meist die größte Hürde: Die Verluste aus einer Auslands-Koproduktion können nicht oder nur auf Schleichwegen mit den Gewinnen des inländischen Betriebs verrechnet werden. Also bitte keine internationale Koproduktion durchführen ohne die Begleitung durch einen internationalen Steuerberater. Auch benötigt der Produzent Anwälte, die beide Rechtssysteme der jeweiligen Länder kennen. Gerade der in der EU erstaunlich hoch gehaltene Schutz „nationaler Filmwirtschaften" kann zu absurden Ergebnissen sowohl bei den Steuern als auch bei anderen rechtlichen Ergebnissen führen.

Oft werden Koproduzenten eingeschaltet, wenn keine Förderung aus einem Land oder Bundesland zu bekommen ist. Wer in Bayern eine Filmförderung haben möchte, sollte einen bayerischen Produzenten als Koproduktionspartner haben. Das Gleiche gilt z. B. für Frankreich.

Sehr selten ergibt eine Koproduktion eine logische Fortführung eines Projekts. Meistens muss eine gewisse „Gewalt" angewendet werden, um den Koproduzenten zu integrieren und oft wird der Effekt erreicht, dass das Projekt nicht unbedingt mit dem Koproduzenten besser wird als ohne.

Manchmal braucht jemand einen Koproduzenten, weil dieser über Leistungen, Fähigkeiten oder Ähnliches verfügt, die der Produzent nicht einbringen kann, oder weil das Projekt perfekt in zwei Regionen passt. Meist ist es aber auch hier so, dass sich das Projekt durch das Hinzunehmen des zweiten Koproduzenten rapide verändert.

Koproduktionen dauern ewig, denn ein Film hat ein langes Leben. Die Gelegenheit sich zu streiten, ist damit vielfältig. Floppt der Film, kommt der Frust über das verlorene Investment hinzu. In Koproduktionen gibt es so oft Streit wie in Ehen – also mit ziemlicher Sicherheit. Deswegen prüfe, wer sich ewig bindet. Weitere Vorsichtsmaßnahmen insbesondere vertraglicher Art sind dringend notwendig.

Eine Grundvoraussetzung sollten sowohl die Filmproduktion als auch der Koproduzent beachten:

Die Filmproduktion sollte an jede Rate eine Gegenleistung binden, die für den Koproduzenten unerlässlich ist: z. B. die Rechteübertragung, die Einlagerung auf einen gemeinsamen Namen im Kopierwerk, die Nennung im Abspann, um sicherzustellen, dass ein guter Grund besteht, zu zahlen. Wenn irgendmöglich sollten die Koproduktionsbeiträge durch eine Bankbürgschaft gesichert sein.

Der Koproduzent sollte des Weiteren absolut wirkende Rechte erwerben und allein und selbst Zugriff auf die Filmmaterialien haben, um notfalls den Film allein auswerten zu können. Oft genug gehen Produzenten in der Produktion pleite, noch öfter entsteht Streit – der Koproduzent muss dann selbst und allein den Film auswerten können.

Echte Koproduzenten sind rar. Die meisten vereinbaren letztlich einen Presale. Sie bekommen also z. B. die TV-Rechte und geben diese direkt an einen TV-Sender weiter. Es existieren keine hauptberuflichen Koproduzenten, die darauf warten, dass jemand mit einem Projekt zu ihnen kommt. Niemand investiert eigenes Geld, meist entsteht eine Koproduktion aus einer Gelegenheit.

Wo finden sich Koproduzenten? Koproduzenten suchen und finden sich auf den Filmmärkten und den Filmfesten, oft veranstalten Messen Koproduktionsmärkte, viel geht über Beziehungen.

Systematisch sucht der Produzent, der etwas braucht, z. B. einen Partner in einem bestimmten Land, der verschiedene Produktionsabschnitte übernimmt. Wer z. B. in Georgien drehen muss, weil der Film es verlangt, tut gut daran, einen Georgier zu finden, der sich damit auskennt.

Besonders komplex ist die Frage des Cashflows. Koproduzenten zahlen üblicherweise in Raten, und die Abschlussrate wird oft erst bei Fertigstellung gezahlt. Zu diesem Zeitpunkt wurde das Geld aber bereits dringend gebraucht. In diesem Fall muss der Koproduktionsbeitrag zwischenfinanziert werden. Das sogenannte Gap Financing stellt eine Filmproduktion ohne größere Mittel auf eine erhebliche Probe. Die meisten Banken sind nicht bereit, auf einen Koproduktionsvertrag einen Kredit zu geben. Kann die Filmproduktion das Geld nicht kurzfristig aus eigenen Mitteln auftreiben, steht sie vor einem großen Problem.

1.5.2 Kofinanzierung

Die Kofinanzierung hat den Vorteil, dass die gesellschaftsrechtlichen und steuerrechtlichen Probleme der Koproduktion ausgeklammert werden, dafür tauchen andere auf.

Auf die Kofinanzierung muss Umsatzsteuer gezahlt werden, was in der Regel kein Problem darstellt, da es bei beiden Partnern nur ein durchlaufender Posten ist. Die steuerliche Abschreibung kann aber nur über Jahre erfolgen, da ein Totalverlust des Investments nicht im ersten Jahr eintritt. Kofinanziers erhalten in der Regel keine Rechte an der Produktion, sondern nur eine Beteiligung an der Auswertung (aber das ist nicht zwingend, sondern eine Frage der Verhandlung). Diese Form der Filmfinanzierung ist für die Filmproduktion äußerst vorteilhaft, da sie im Besitz der Rechte bleibt und dringend dazu geraten werden muss, keine Rechte leichtfertig abzugeben. Oft werden sie erst nach vielen Jahren wieder wertvoll. Zum Beispiel: Unerwartet sind kommende Stars in ihren Frühwerken zu besichtigen und eine Reihe neuer Verwertungsmöglichkeiten wie z. B. Mobile-TV oder einst Video und DVD erlauben andere, geldwerte Verwertungsarten – heute sind Filmklassiker in DVD-Bibliotheken ein gigantisches Geschäft.

So vorteilhaft diese Konstruktion für die Filmproduktion ist, so schwer sind Kofinanziers zu finden. Die Kofinanzierung kann natürlich auch in Beistellungen bestehen, falls zwei Filmproduktionen zusammenarbeiten wollen und die Gefahren der Koproduktion scheuen.

Tatsächlich sind alle Kofinanziers, die mir in 10 Jahren Filmbusiness-Praxis untergekommen sind, leider „FFF": Family, Friends or Fools.

1.5.3 Beistellung, Rückstellung, Sachleistungen

Viele Teammitglieder sind bereit, Kinoproduktionen – insbesondere im Low Budget – durch Rückstellung ihrer Gagen mitzufinanzieren. Die Gagen werden dann erst fällig, wenn ein bestimmter Erlös erzielt wurde. Das ist in Deutschland ein wichtiges Finanzierungsinstrument, das für einen großen Anteil aller Filmfinanzierungen genutzt wird. Fast immer zieht dabei das Team den Kürzeren. Die Verträge sind schlecht formuliert, immer wieder gibt es unverständliche Ausnahmen, so stehen zum Beispiel Preise manchmal nur den Produzenten zu und Preise sind oft das einzige Bargeld, das reinkommt.

Die Magie des eingenommenen Geldes, das jeder gern behalte möchte, tut ein Übriges, um Produzenten dazu zu verleiten, möglichst keine Beteiligung auszuzahlen. Die hohen Kosten von Klagen können sich Teammitglieder, die schon keine Gage bekommen haben, meist auch nicht leisten.

Es fehlt an transparenten, allgemein verständlichen, von allen anerkannten Verträgen, die den Fall regeln. Die Gagenrückstellung ist auf Jahre nicht wegzudenken, um Filme zu finanzieren und dem Nachwuchs eine reelle Chance zu geben, denn die meisten Nachwuchsprojekte können nur so finanziert werden.

Die Beistellung ist das Gleiche von Firmen. Der Begriff bedeutet, dass Sachleistungen umsonst gestellt, also beigestellt werden. Ziel ist die volle Finanzierung im Falle des sprudelnden Erlöses. Post Production Services geben oft in auftragsschwachen Zeiten ihre Facilities an Jungfilmer. Sie schließen Koproduktionsverträge, bei denen selten etwas herauskommt, und sie unterstützen ziemlich selbstlos den Nachwuchs.

Sachleistungen können als Kofinanzierung oder Koproduktion erbracht werden oder jemand stellt sie ohne Berechnung, alles führt meist zum selben Ergebnis: Keiner sieht Geld. Der Glamour-Faktor Film führt oft dazu, dass geschickte Filmemacher Menschen dazu bekommen, sie zu unterstützen.

Auch hier wären vernünftige Verträge oft eine Lösung, um zumindest nicht von vorneherein der Möglichkeit beraubt zu sein, das Geld zu bekommen, wenn es Erträge gibt.
Die Quellen aller anderen Filmformen sind ziemlich simpel: Einer bestellt und zahlt. Das machen die TV-Industrie, die Werbungsindustrie, die Mobilbranche komplett gleich. Die Frage, die immer diskutiert wird, egal ob in TV, Werbung, Mobile, ist, wie viel Rechte und damit Auswertungsmöglichkeiten behält der Produzent? Manchmal existieren Möglichkeiten sich ein paar Euro dazuzuverdienen.

Low-Budget-Film

Jie Lin, Produzent

Wir produzieren Filme ohne Förderung und ohne Sender. Wir haben uns langsam nach oben gearbeitet, der erste Film hat fast nichts gekostet, wir haben alle umsonst gearbeitet und hatten nur einen Investor. Unsere Filme haben wir mit Barmitteln zwischen 70.000 und 350.000 Euro produziert und wir sind stolz sagen zu können, dass unsere Special Effekts den großen Filmen in nichts nachstehen. Inzwischen haben wir mehrere Investoren, die etwa 25 %–33 % des Budgets in bar aufbringen, alles Weitere wird über Deals mit Unternehmen und Menschen aus der Filmindustrie finanziert sowie Presales. Wir produzieren für den internationalen Markt.

Wir geben alles von uns und die Rückstellung der Löhne und Gehälter sind ein wesentlicher Baustein. Wir haben eine Koproduktion mit dem Post Produktion Studio, das große Kostenblöcke auffängt. Wir drehen, wenn das Equipment nicht an andere ausgeliehen ist und sparen auch dabei, weil wir Sonderkonditionen bekommen.

Unsere Investoren, die in bar zahlen, stammen aus einem anderen Bereich, haben aber eine Affirmität zum Film. Sie sind im Handel in der Unterhaltungselektronik tätig. Wir kennen sie aus diesem Segment und das über Jahre erst dort gewachsene Vertrauen ist mit dem Erfolg unserer Filme größer geworden. Solche Investoren muss ein Independent-Produzent sorgfältig pflegen, die Beziehung ist langfristig. Sie erhalten Rechte und Beteiligungen und wir produzieren Filme, die für ihre Märkte interessant sind. Wir behalten alle Rechte für Deutschland und unser nächster Film „Virus Undead" springt schon deutlich über das Millionen-Budget.

2. TV-Film

Ohne die TV-Sender geht gar nichts. Wer es nicht hören will, ein Blick auf die Zahlen belegt es. Ohne die TV-Sender gäbe es kaum nennenswertes Filmaufkommen, egal welcher Art, in Deutschland. Sie finanzieren das große, weite Feld der Serien- und TV-Filmproduktion sowie die gesamte Entertainment-Filmproduktion. Kaum ein Kinofilm ohne Sender-Finanzierung. Werbung wird selten nur fürs Kino produziert – leben könnte davon keiner. Wenn man sich nicht auf ganz abseitige Filmvergnügen beschränkt, wird es selten etwas geben, worin nicht ein beträchtlicher Teil an TV-Finanzierung steckt.

2.1 Werbefinanziertes TV

TV-Sender finanzieren sich entweder komplett über Werbung (in Deutschland RTL, Sat.1, Pro7, Kabel 1 etc.) oder über ein Gemisch aus Gebühren und Werbung (ARD, ZDF) oder nur aus Gebühren (3sat, ARTE) oder aus Zahlungen der Zuschauer (Premiere) oder aus einer Mischung von Zahlungen der Zuschauer und Werbung (Basic TV) und ganz neu sog. Interaktions-TV oder Teleshopping, die sich aus dem finanzieren, was die Zuschauer an Leistungen abrufen vom Glücksspiel bis zum Diamantring.

Die reine Finanzierung über Werbung führt dazu, dass – betriebswirtschaftlich gesehen – Programm eigentlich nur die Lücken zwischen den Werbeblöcken füllt. Frequenz und Länge der Werbeblöcke sind vorgeschrieben und zwar für unterschiedliche Genres jeweils differierend. Serienfolgen dürfen öfter durch Werbung unterbrochen werden als Spielfilme, Dokumentationen weniger oft, Nachrichten gar nicht. Es ist ein heilloses Durcheinander. Jeder Senderchef wird versuchen, so früh wie möglich so viele Werbeblöcke wie erlaubt einzusetzen. Und da alle Sendungen zur gleichen Zeit beginnen – vorgegeben durch die „Tagesschau" – sind auch die Werbepausen immer zur gleichen Zeit. So kommt es, dass oft auf allen sog. Privatsendern zur gleichen Zeit die Werbung läuft, denn jeder Sender muss die maximale Werbezeit ausnutzen.

Die Werbung ist auch immer die gleiche, was seinen Grund darin hat, dass ein bestimmter Teil der werbetreibenden Industrie das TV als ideale Werbefläche identifiziert hat – nämlich die Hersteller von sog. Fast Moving Consumer Goods. Das sind Produkte, die jeder Haushalt immer wieder braucht: Waschmittel, Haarspray, Lebensmittel. Ganz wenige andere Hersteller nutzen das TV, wenn sie ein Produkt neu einführen, z. B. Automodelle oder Filme, weil sie innerhalb kürzester Zeit möglichst viele Zuschauer erreichen müssen. Dazu kommt, dass viele ihre Zuschauer immer wieder erreichen müssen. Es ist nachgewiesen, dass sog. Markenartikler in diesem Bereich gewaltige Umsatzeinbrüche erleben, sobald sie auch nur wenige Monate mit der Werbung aussetzen. Die Marken in diesem Bereich verankern sich nicht im Gehirn des Zuschauers, wenn sie nicht ständig wiederholt werden. Das heißt, diese Werbeindustrie ist darauf angewiesen, Zuschauer zu haben, die ihre Werbebotschaft immer wieder auf dem Bildschirm sehen.

Für alle anderen Branchen sind die sog. „Streuverluste" viel zu hoch; gemeint ist, dass zu wenige Zuschauer erreicht werden, die das Produkt kaufen würden/könnten/möchten, und zu viele, die es nicht interessiert. Die Sender müssen also ihren Kunden gewährleisten, dass die richtigen Menschen zuschauen, und das sind nach den oben genannten Kriterien sog. „Haushaltsführer", also zum überwiegenden Teil immer noch Frauen.

Die Sender sind in einer leicht schizophrenen Situation, sie erreichen ihre Kunden nur „über Eck", also indirekt, denn der, der bezahlt, ist nicht der Kunde: Zugucken müssen die Zuschauer, bezahlen muss es aber der Werbekunde. Das gesamte System basiert auf einer Art „Wette" und einer ziemlich dünnen Annahme: Die Werbung zahlt nach dem sog. „Tausender-Kontakt-Preis". Das ist bei allen Werbeformen der Maßstab.

Da niemand weiß, wer wann vor dem Fernseher sitzt und was sieht, hat sich ziemlich schlau die GfK – die Gesellschaft für Konsum-, Markt- und Absatzforschung – gedacht, dann ermitteln wir das halt: Sie installierten in etwa 2.000 Haushalten an den Fernsehern Boxen, die an ihre Zentrale übermitteln, was die einzelnen Menschen sehen.

Die von der GfK sagen, es sind „repräsentative Haushalte". Die Zahl wird hochgerechnet auf alle Deutschen (mit TV). Daraus ergeben sich dann Zahlen, die viele Millionen Zuschauer repräsentieren sollen. Das System ist – zu Recht – viel kritisiert worden. Ebenso die Monopolmacht des Instituts in einer Marktwirtschaft. Aber: Es funktioniert. Die Werbewirtschaft zahlt aufgrund der Hochrechnung Milliarden an die TV-Sender. Die ProSiebenSat.1-Gruppe erzielt etwa einen Umsatz bei 2 Milliarden Euro, die drei großen TV-Sender sind immer so ca. bei 800 Mio. bis 1,5 Mrd. Euro Umsatz (RTL, ProSieben, Sat.1). Die RTL-Gruppe meldete für 2006 laut „manager magazin" 2.854 Milliarden Euro Umsatz.

Im Gegenzug gibt ProSiebenSat.1 so ca. 1,6 Mrd. Euro für Programm aus und das sind die Ausgaben für ProSieben, Sat.1 und Kabel 1, denn N24 und der Rest sind zu vernachlässigen. Davon geht wiederum etwa die Hälfte in die Zahlung von Lizenzen an Hollywood und den Sport und das Geld, das dann übrig ist, teilen sich in etwa die deutschen Produzenten.

Die Sender müssen nur noch gewährleisten, dass die GfK ermittelt, dass genug Menschen zuschauen. Zwar erhöht sich die Sehdauer jährlich und soll jetzt schon den Spitzenwert von 202 Minuten pro Tag und Zuschauer überschreiten (eine lange geltende Maximaldauer), aber es wird immer zweifelhafter, ob die Studien so stimmen.

Tatsächlich ist es so, dass die Sehdauer in der Bevölkerung sehr variiert. Wer das TV-Programm zu schlecht findet, sollte sich Folgendes vor Augen halten:

Ein Programmverantwortlicher konstatierte, dass beruhend auf soziologischen Erhebungen in Deutschland nur noch zwei Schichten leben: die Selbstverwirklicher und die Unterhalter. Die ersten sehen den Sinn des Lebens darin, sich selbst zu verwirklichen. Sie sind ständig unterwegs und schauen kein TV – oder so gelegentlich, dass sie als Zielgruppe nicht erfassbar sind. Die zweite Gruppe erwartet vom Leben, dass sie unterhalten wird. Sie sehen TV als Quelle dieser Unterhaltung und schalten an, wann immer es geht. Zwischen beiden Schichten gibt es einen klar abgrenzbaren Bildungsunterschied: Bereits ab Realschulabschluss mit Berufsausbildung beginnt das „Selbstverwirklicher-Milieu". Das heißt, das werbefinanzierte Fernsehen sendet ausschließlich für die „Unterhalter", der Rest „darf" zuschauen, aber für die Selbstverwirklicher wird kein Programm gemacht. Denn sie sind nicht zu Hause – sie verwirklichen sich nämlich selbst. Die paar Mal die sie fernschauen, sorgen dafür, dass sie auch die Werbebotschaften mitbekommen, aber die Werbeindustrie erreicht diese Menschen anders – mit Werbung in den Fitness-Studios, in Fachzeitschriften, Online-Werbung etc.

Die Finanzierung durch Werbung hat weitere Folgen: Es existieren nur gewisse Zeiten, in denen Geld verdient wird. Das sind die Kernzeiten, gerne Prime Time genannt von 20–22 Uhr, und die sog. Access Prime Time von 18–20 Uhr. 30 % aller Werbeeinnahmen fallen auf den Sonntagabend. Deshalb gibt es da immer so viele Blockbuster.

Nachts wird nichts verdient, vormittags auch nicht, deshalb gibt es da nur kostenneutrale Wiederholungen. Das Nachmittagsprogramm bringt etwas ein – weshalb dort kostengünstige Gerichtsshows oder Talkshows das Programm bestimmen, die zumindest die Haushaltsführer am TV halten, die zu dieser Zeit zu Hause sind.

Des Weiteren sind werbefinanzierte TV-Sender, und dazu gehören auch ARD und ZDF, in den Zeiten, in denen sie Werbung schalten dürfen, darauf angewiesen, dass der Zuschauer bleibt, damit er die Werbung noch einmal sieht. Dass heißt, der Programmplaner programmiert den sog. Audience Flow: Die nachfolgende Sendung muss den Zuschauern möglichst auch gefallen, damit sie am TV hängenbleiben – und bloß nicht zappen. Das heißt auch, dass das Programm für den Zuschauer beherrschbar und überschaubar sein muss: Er will seine Lieblingssendungen finden. Umprogrammierungen sind deshalb verhasst.

Aus diesen beiden Maßgaben: Beste Werbeeinnahmen von 18 bis 22 Uhr und Audience Flow folgt, dass der Sender nur Produktionen einkauft, die zum jeweiligen Sendeplatz und der Programmfolge passen.

Barbara Thielen, Leiterin Fiction, RTL, Köln

Mein Werdegang in der Branche ist, vor allem heutzutage, sicher nicht typisch. Ich habe von 1986 bis 1993 Biologie mit Abschluss Diplom studiert, während des Studiums aber bereits bei RTL (der Sender zog 1987 von Luxemburg nach Köln) im Programmbereich gejobbt. Nach meinem Diplom habe ich 1993/94 ein Volontariat bei RTL absolviert und im Anschluss ab 1995 als Redakteurin für Serien, später als leitende Redakteurin in dem Sender gearbeitet. 1999 wechselte ich auf die Seite der Produktion zur Westdeutschen Universum-Film für die ich unter anderem „Das starke Team", „Brennendes Schweigen" produzierte, von 2000 bis 2003 habe ich als Produzentin bei der Pro GmbH u. a. den „Elefant" produziert und dies bis 2005 bei der Teamworx neben anderen Produktionen u. a. mit „Sturmflut", „Der falsche Tod" fortgesetzt. Im Frühjahr 2005 bot mir Gerhard Zeiler die Bereichsleitung Fiction bei RTL an, die ich seit August 2005 ausübe.

Im Serien- und Moviebereich, für den ich verantwortlich bin, habe ich mit meinen Redakteuren, nachdem zahlreiche lang laufende Serien mangels ausreichenden Erfolgs abgesetzt wurden, begonnen neue Serien- und Movieideen zu entwickeln und als Auftrags- und Koproduktionen produzieren zu lassen (im Serienbereich Pilotierungen verschiedener Genres). Die momentan starke Konkurrenz der US-Serien (sowohl in Bezug auf die Zuschauerakzeptanz als auch in Hinsicht auf die Kosten), aber auch die Konkurrenz der wesentlich kostengünstigeren und momentan erfolgreichen Realityformate bedingen eine genaue Planung mit größtmöglicher Aussicht auf Erfolg.

Da Movies mit „normalem" Budget sich frühestens nach der zweiten Ausstrahlung, Eventmovies (mit Eventbudget) sich eigentlich nicht refinanzieren lassen, ist es für uns wichtig, Stoffe zu entwickeln, die ein breites Publikum (mind. 14–49 Jahre) ansprechen und durch einen starken USP auch dem Zuschauer zwingend nahegebracht werden können.

Auch im Serienbereich ist eine Refinanzierung momentan schwierig, ideal wäre auch hier eine Refinanzierung nach der 2. Ausstrahlung, so dass ähnliche Parameter wie bei den 90-Minütern gelten. Wir versuchen Serienstoffe zu entwickeln und in eine Pilotierung (dann Serienproduktion) zu schicken, die einen starken USP haben, möglichst ein breites Publikum ansprechen und die zwingend für RTL einen neuen, überraschenden Ansatz haben, um der Erzählqualität der amerikanischen Serien genügend entgegensetzen zu können. Denn nur, wenn die Serie in der 1. Staffel mit ausreichendem Erfolg läuft, ist eine Wiederholung und damit eine annähernde Chance auf Refinanzierung überhaupt denkbar.

Was bringt die Zukunft?

Bei allen großen Sendern wird die eigenproduzierte Fiction immer eine Rolle spielen, denn maßgeblich durch sie kann ein Sender sein eigenes Profil stärken und ausbauen.

Spezifisch für RTL wird es – im Vergleich zu den vergangenen Jahren – wieder mehr Fiction sowohl im Movie- als auch im Serienbereich geben und ich hoffe, neben den starken US- und Realityformaten wird Fiction auch durch Akzeptanz beim Zuschauer ihre Berechtigung, auch in finanzieller Hinsicht, wiedererlangen.

Das werbefinanzierte TV hat eine Reihe von Auflagen bekommen, die es zu beachten hat. Sie stammen aus einer Zeit, in der die Angst der Politik groß war. Zum einen fürchtete die SPD, dass die neu entstehenden Sender ausschließlich bürgerlich-konservatives Gedankengut verbreiten würden, zum anderen waren auch konservative Kräfte Anfang der 80er Jahre besorgt über eine mögliche Verrohung der Sitten.

Tatsächlich haben sie den Sendern weit reichende Auflagen erteilt: So mussten sog. Vollprogramme (Vollprogramm sind RTL, Sat.1 und ProSieben, das DSF oder 9live hingegen ist keines, sondern im Gegensatz dazu ein sog. Spartenprogramm) Nachrichten senden, Informationssendungen im Programm haben etc. Eine Skurrilität ist, dass die Sender RTL und Sat.1 sogar sog. Drittanbietern Sendezeit einräumen und bezahlen (!) müssen. Diese Drittanbieter können senden, was sie wollen – und für wie viel Geld sie wollen, und erhalten auch ohne jede Quote oder Refinanzierung ihren festen Betrag.

2.2 Gebührenfinanziertes TV

Es ist weitaus schwieriger zu bestimmen, was ein gebührenfinanzierter Sender braucht. Die Rechtsgrundlage verweist auf einen allgemeinen Versorgungsauftrag, über den seit Jahren trefflich gestritten wird. Den Lobbyisten der privaten TV-Sender zufolge gehört dazu einzig und allein das „Schulfernsehen". ARD und ZDF sehen es als umfassenden Auftrag. Da die Politik nie in diesen Streit zugunsten der privaten Sender eingriff, ist Letzteres vom Gesetzgeber als gewollt anzusehen.

Die ARD und ZDF müssen einerseits das Zuschauerinteresse und damit die Quote beachten, denn offensichtlich gehört es zu ihrem Auftrag, Programm möglichst für alle Zuschauer zu machen. Aber alle erreicht niemand mit „Schulfernsehen".

Tatsächlich dachten Intellektuelle mit Aufkommen des TV, wir würden alle ganz furchtbar schlau werden, denn nun würde es nur noch Bildungssendungen geben und alle Zuschauer würden jetzt gleich viel lernen können. Tatsächlich muss man wohl feststellen, dass die Lust auf Lernen wenig mit der Möglichkeit dazu zu tun hat, wie Eltern auch mal bei ihren Kindern feststellen können, wenn am nächsten Tag die Schule besucht werden soll.

Also ist Unterhaltung fester Bestandteil des Grundversorgungsauftrags. Dazu kommt, dass ARD und ZDF zumindest partiell die Finanzierung durch Werbung in der Zeit zwischen 18 Uhr bis 20 Uhr gestattet ist und darüber hinaus auch durch das Sponsoring von Sendungen. Hier muss das Programm sich an den Gegebenheiten des Werbemarktes ausrichten.

Kreativ, künstlerisch, kinotauglich: Öffentlich-rechtliches Fernsehen und die Filmwirtschaft

Dagmar Reim, Intendantin des Rundfunk Berlin-Brandenburg (rbb)

 Wenn ich aus dem Fenster meines Büros in Potsdam schaue und den Kopf nach rechts drehe, dann blicke ich auf die Wiege des Films: die Babelsberger Studios. Hier liegen Vergangenheit, Gegenwart und Zukunft des bewegten Bildes dicht beieinander. Bereits meine beruflichen Stationen in München, Köln und Hamburg – allesamt Hochburgen der deutschen Film- und Fernsehproduktion – haben mich infiziert mit dem Filmvirus. Es versteht sich von selbst, dass der rbb und die Filmbranche in Berlin und Brandenburg eine enge und fruchtbare Zusammenarbeit pflegen.

Kino- und Fernsehfilme wie „Sommer vorm Balkon", „Nichts als Gespenster", „Nicht alle waren Mörder", „Die Flucht" oder „Die Frau vom Checkpoint Charlie" stellen das unter Beweis – sie alle wurden vom rbb koproduziert. Manche wandern zunächst ins Kino, andere sind von vornherein fürs Fernsehen konzipiert. TV-Events eben, wie es neudeutsch heißt. Im Verbund der föderalen ARD ist der rbb (leider) nicht der finanzstärkste Sender, aber das tut der Kreativität der Redaktionen in unserem Haus keinen Abbruch. Klein, aber fein – das ist unser Motto. Das zeigen auch die Dokumentationen, die wir mitfinanziert und redaktionell verantwortet haben: „Die Kinder von Golzow", „Berlin Ecke Bundesplatz" oder „Prinzessinnenbad". Hier greifen Filmemacherinnen und Filmemacher – oft schwierige – Themen auf, die einen Bezug zu unserer Region und zu unserer Gegenwart haben. Regional verankert sind auch die Geschichten im „Tatort" und im „Polizeiruf 110", die der rbb für das „Erste" produziert. Hier kennen wir

49

uns aus, das ist unsere Stärke – die Stärke eines öffentlich-rechtlichen Senders.

Im Filmbusiness ist die Grenze zwischen den beiden Bundesländern Berlin und Brandenburg längst gefallen. Das Studio Babelsberg lockt – nach turbulenten Zeiten in den neunziger Jahren –
zunehmend internationale Großproduktionen in die Region, von
denen die gesamte Branche profitiert. Location Scouts finden in
Berlin immer neue trashige, szenige, glamouröse Ecken und in
Brandenburg Landschaft, Weite, Natur pur. Reizvolle Gegensätze
in einer Region. Gemeinsam mit dem Medienboard Berlin-Brandenburg fördert der rbb insbesondere künstlerisch herausragende Kino- und Fernsehfilme, Spielfilme wie Dokumentationen. Die
kulturelle Verantwortung, die wir als öffentlich-rechtlicher Pro-
grammanbieter haben, empfinden wir nicht als lästige Pflicht,
sondern als Gewinn für unsere Arbeit.

Ein wichtiges Merkmal öffentlich-rechtlichen Engagements ist das
Augenmerk auf den Nachwuchs. Der rbb pflegt eine enge Zusammenarbeit mit den Filmhochschulen in Berlin und Brandenburg.
Unter dem Titel „rbb movies" produzieren wir jedes Jahr gemeinsam mit der Deutschen Film- und Fernsehakademie Berlin (dffb)
und der Hochschule für Film und Fernsehen Konrad Wolf (HFF)
mindestens sechs halbstündige Filme, die in einer großen Vorpre-
miere im Kino präsentiert werden, ehe wir sie dann in unserem
Programm zeigen.

Über ihre Funktion als (Mit-)Auftraggeber von Filmproduktionen
sind die Sender der ARD ein wichtiger Kultur-, Kreativ- und Wirtschaftsfaktor für ihre jeweilige Region. Mit 1,5 Millionen Euro hat
der rbb im Jahr 2006 zusätzlich Kino- und Fernsehfilme gemeinsam mit dem Medienboard Berlin-Brandenburg unterstützt.
Darüber hinaus investieren wir aus den Gebühren, die über die
Medienanstalt Berlin-Brandenburg (MABB) an uns zurückfließen,
jährlich etwa 500.000 Euro in weitere Koproduktionen. Und wir
setzen „Arte"-Mittel in Höhe von rund 350.000 Euro für Dokumentarfilme und bis zu 400.000 Euro für Spielfilme ein. Das addiert
sich zu einem stolzen Sümmchen für einen Sender von der Größe
des rbb. Dieses Geld bleibt – in der Regel – in der Region Berlin-
Brandenburg und sichert dadurch nicht nur Jobs, sondern auch
die Attraktivität des Standorts für kreative Film-Köpfe. Sicherlich

wünscht sich mancher in der Branche, dass wir noch mehr leisten – allein, selbst wenn wir es wollten, dürften wir es nicht: Die Gebühren erhalten wir, um unseren Programmauftrag zu erfüllen, nicht aber für die allgemeine Filmförderung.

An einigen Produktionsfirmen ist der rbb mittelbar – über seine 100-prozentige Tochter rbb media – beteiligt. Etwa an der DOKfilm Fernsehproduktion GmbH, die ihren Sitz in Babelsberg hat und in einem engen Netzwerk mit den Filmdienstleistern am Standort und darüber hinaus kooperiert. Daneben halten wir indirekt eine Beteiligung an der Askania Media Filmproduktion GmbH, die für uns – neben anderen Produzenten – Berliner „Tatorte" herstellt. Außerdem sind wir über die rbb media Mit-Eigentümer der Berlin-Brandenburg Media GmbH, Betreiber der traditionsreichen Studios in Adlershof. Nicht zu vergessen die Degeto Film GmbH, an der der rbb direkt – ebenso wie die anderen ARD-Sender – beteiligt ist.

Das Filmbusiness ist nie stehen geblieben, sondern hat sich stets verändert: Vom Stumm- zum Tonfilm, vom Schwarz-Weiß- zum Farbfilm, von der schweren Filmrolle zur Handkamera. Das Tempo der Veränderung bei Produktion und Distribution nimmt allerdings zu, getrieben von der Digitalisierung der Branche. Das berührt auch die Beziehungen zwischen Sendern und Produzenten, denn neue Verbreitungswege und -formen stellen neue Rechte- und Verwertungsfragen. Naturgemäß stimmen die Interessen beider Seiten hier nicht immer überein.

Aber auch in der digitalen Welt gilt: Die Investition erheblicher Summen in die Filmproduktion rechnet sich nur dann, wenn die öffentlich-rechtlichen Sender im Gegenzug bestimmte Rechtepakete erhalten. Stichwort: Zeit- und ortsunabhängige Nutzung, lineare und nicht-lineare Ausstrahlung. Wir brauchen umfassende Senderechte, die zu den neuen Abrufmöglichkeiten passen. Das gilt auch für geförderte Produktionen. Wenn wir diese Rechte nicht erhalten, dann kann auch der rbb sein Engagement auf dem Gebiet der Filmförderung nicht leisten und nicht rechtfertigen. Im Übrigen: Was nützt dem Produzenten ein Senderecht, wenn er keine geeignete Plattform für den Vertrieb hat? Bei der vergangenen Novellierung des Filmfördergesetzes haben wir akzeptiert, dass die Nutzungsdauer von sieben auf in der Regel fünf Jahre gekürzt wurde. Das zeigt unseren guten Willen: Auch künftig wer-

den wir versuchen, mit den Produzenten – die nicht nur Auftrag-
nehmer, sondern unsere Partner sind – in fairen Verhandlungen
Kompromisse zu erzielen. Es muss dabei nicht alles im Gesetz
stehen, auch eine „regulierte Selbstregulierung" ist denkbar.

Mit seinem jüngsten Urteil hat das Bundesverfassungsgericht die
Rundfunkfreiheit in Deutschland gestärkt und uns ausdrücklich
zugestanden, dass wir an den technologischen Entwicklungen
in den Medien teilhaben. Wenn sich also IPTV, Video-on-Demand
und Mobile Broadcasting durchsetzen sollten – auch bei der Verbreitung von Filmen -, dann sind wir mit von der Partie und stehen nicht abseits.

Mir ist nicht bange um die Zukunft von Film und Fernsehen: Die
guten Geschichten liegen auch künftig auf der Straße, es muss sie
nur jemand aufsammeln und in ein Drehbuch gießen. Solange der
Mensch liebt und hasst, arbeitet und denkt, sich freut und leidet,
gibt es Stoff für großes Kino und großes Fernsehen. Sicher: Das
digitale Zeitalter stellt alle – also auch die öffentlich-rechtlichen
Sender – vor neue Herausforderungen. Wir nehmen sie gern an.

Die Gebührenfinanzierung sorgt dafür, dass die Sender der ARD und des ZDF
sehr differenziertes und weit gefächertes Programm anbieten. Aber auch sie
mussten erkennen, dass die Auskunft der meisten Menschen (Umfragen), sie
würden im TV ausschließlich Nachrichten und Dokumentationen sehen, nicht
mit der Realität übereinstimmt. Ohne Unterhaltung erreicht kein TV-Sender
ein großes Publikum.

Dem Vorwurf der Beliebigkeit haben die ARD und das ZDF die rein gebührenfinanzierten Sender 3sat und ARTE sowie verschiedene digitale Kanäle ent-
gegengesetzt. Beide Programme werden von allen hoch gelobt, das Feuilleton liebt sie und es war wohl ARTE, das dem Kabelfernsehen in deutschen
Intellektuellen-Haushalten in den 90ern zum Durchbruch verhalf.

Die ablehnende Haltung wurde damals aufgeweicht, als es hieß: „Oh, jetzt
könnten wir ja ARTE sehen".

Leider scheint auch das nicht viel mit dem tatsächlichen Nutzungsverhalten
zu tun zu haben, denn ARTE kann sich trotz eines enormen Programm-Auf-
wands kaum auf täglich 1 % der Zuschauerschaft freuen.

2.3 Aufträge von TV-Sendern

Nur fünf Sender in Deutschland lassen fiktionales Programm produzieren, neben der ARD und dem ZDF sind das RTL, Sat.1 und ProSieben. (Letztere in sehr geringem Umfang: Ein paar TV-Movies und sehr, sehr selten eine Serie, meist mit mäßigem Erfolg, der dafür sorgt, dass es ewig dauert, bis wieder mal eine Serie in Auftrag gegen wird.)

Nicht-fiktionale Programme, Unterhaltungsshows, Nachrichten, Dokumentationen lassen ein paar mehr Sender produzieren, aber auch die Zahl ist endlich und das Auftragsvolumen sehr überschaubar: Neben den Sendern der 2. Generation

* Kabel 1,
* RTL II und
* Vox

sind das:

* seit Neuestem wieder Premiere,
* MTV,
* die dritten Programme,
* DMAX,
* 3sat,
* selten ARTE –
* und im Bereich von absoluten Billig-Produktionen einige der neuen Programme wie DSF, Das Vierte, HH1 etc.

Im Großen und Ganzen bleibt es also bei den großen 5. Das Gesamtproduktionsvolumen ist nicht leicht festzustellen, bei genauerem Hinsehen erweisen sich viele – auch offiziell – genannte Zahlen als nicht haltbar. Die Zahlen werden gerne von den Marketing-Departments geschönt und von den Produzentenverbänden heruntergespielt, aber etwa 3,5–4 Mrd. Euro im Jahr dürften realistisch sein.

Die Entscheidungen für ein Programm oder einen Film werden bei allen Sendern von den Abteilungsleitern getroffen. Die Redakteure entscheiden nicht, sondern „tunen" das Programm, jedoch ist das „Greenlight" eine Entscheidung, die sich kein Abteilungsleiter nehmen lässt.

Da die Intendanten und Geschäftsführer durch ihre vielfältigen gesellschaftlichen und repräsentativen Pflichten in Anspruch genommen sind, ist deren Einfluss geringer, da sie meist nicht die Zeit haben, sich inhaltlich mit einem Programm bis in das letzte Detail auseinanderzusetzen. Sie müssen Grundsatzentscheidungen treffen, aber die Details ihren Mitarbeitern anvertrauen. Es bleibt also bei den Abteilungsleitern, deren Stellung dadurch wahrhaft mächtig ist.

Programmaufträge werden immer an einen „Closed Circuit" von Produzenten gegeben. Früher war das regelrecht institutionalisiert. Im Zusammenhang mit der Vergabepraxis des ZDF wurde von „Quotenproduzenten" gesprochen, eine Praxis, die auch bei den meisten ARD-Sendern existiert. Danach erhält ein fester Stamm von Produzenten immer wieder Aufträge gemäß ihrer Quote, dem Programmvolumen, das sie vorher für den Sender produziert haben.

Das Ganze wurde noch institutionalisierter, als die ARD-Anstalten selbst Produzenten gründeten oder kauften wie Studio Hamburg oder die Bavaria und somit den größten Anteil an Programmvolumen an ihre Töchter vergaben.

Nur sehr wenige Sendungen werden von den Sendern noch wirklich selbst im Haus produziert. Früher war es absolut üblich bei den ARD-Töchtern, eigene Filme herzustellen. Heute gibt es das nur noch bei Kernkompetenzen: Regelmäßig sind das die Nachrichten, einige wenige Magazinsendungen und oft Sport. Der einzige Sender, der noch ganze fiktionale Programme selbst produzierte, war bis zuletzt der SWR, der das aber inzwischen auch an eine – ihm gehörende – Gesellschaft abgegeben hat.

Das System war nicht komplett undurchlässig, immer wieder gelang es einigen wenigen Produzenten, in den Kreis aufgenommen zu werden. Vielen wird es aber doch vorgekommen sein, wie die Dornenhecke, die Dornröschen von dem Prinzen trennte.

Tatsächlich existiert aber ein handfester Grund für die zurückhaltende Vergabe von Aufträgen an die Produktionswirtschaft: Das geforderte Niveau ist hoch und es ist komplex und kompliziert, alle Vorgaben einer solchen TV-Produktion einzuhalten. Das können nicht viele. Es gehört erhebliches Knowhow dazu und der Produzent muss sein Geschäft verstehen. Da TV-Sender zumindest einen Teil vorfinanzieren, möchten sie auch gewährleistet haben, dass sie am Ende einen Film erhalten, den sie senden können. Das gewährleisten ihnen nun mal die erprobten Quotenproduzenten.

54

Der Wettbewerb ist durch die Privatsender und deren unterschiedliche Programmbedürfnisse größer geworden und hat sich auf einer anderen Seite auch wieder verengt: Die Spezialisierung der einzelnen Produzenten ist so weit vorangeschritten, dass es nicht nur kaum einen Produzenten gibt, der guten Gewissens behaupten kann, er könne Fiction und Unterhaltung gleichermaßen herstellen, ja, oft kommen für Programmplätze nur noch drei bis vier Produzenten in Frage: Serien mit täglichen Folgen wie „Gute Zeiten, schlechte Zeiten" können in Deutschland ganze zwei bis drei Produzenten herstellen, tägliche Programme, die nachmittags laufen wie Gerichtsshows und Talkshows, höchstens vier bis fünf.

Eventfilme, also große teure Zweiteiler, können auch nur vier bis fünf Firmen in gleichbleibender Qualität und zu verantwortbaren Budgets produzieren. Die große Samstagabendshow ist in der Hand weniger Spezialisten und überraschend oft sind Produktionsfirmen, die ein Genre meisterhaft beherrschen, schon nicht mehr in der Lage ein vergleichbares, aber doch wieder ein wenig anders gelagertes Programm erfolgreich herzustellen. So sind Produzenten, die erfolgreich tägliche Nachmittagsshows produzieren, grandios gescheitert mit dem Versuch, das Gleiche abends zu wiederholen. Das Gleiche passiert auch, wenn TV-Movie-Produzenten das erste Mal Serien herstellen und mit den Spannungsbögen noch nicht so vertraut sind.

Nur bei TV-Movies den sog. Fernsehfilmen wird das Feld größer und breiter, aber leider sind hier auch die Sendeplätze extrem überschaubar. Sat.1 produziert für den Dienstagabend, ZDF und ARD haben viel in vertraute Hände gegeben und RTL hat sich lange ganz zurückgezogen. ProSieben machte nur „Coming of Age"-Geschichten und so bleiben das kleine und das große Fernsehspiel des ZDF oft die einzigen Betätigungsfelder für neue Produzenten.

Eine Folge ist, dass inzwischen ein gegenseitiges Oligopol besteht. Nur wenige Produzenten können genau das produzieren, was die wenigen Sender auf dem speziellen Sendeplatz brauchen. Es existieren wohl in Deutschland auch nur ca. 150 Produzenten, die wirklich regelmäßig produzieren. Die Hürde, eine Sendung in der geforderten Qualität liefern zu können, ist nicht so leicht zu nehmen.

Die Produzenten machen den Sendern das ganze Jahr über Angebote. Ein formalisiertes Verfahren, wie in den USA zu bestimmten Saisons, gibt es nicht, wo im Herbst präsentiert und in der Folge ausgesucht und bestellt wird.

Die Auftragsvergabe wird sehr von den drei zuvor genannten Faktoren bestimmt:

1. Ist es eine Sendung, die auf einen bestimmten, festgelegten Sendeplatz passt? Ist das Programm, das ersetzt wird, ähnlich, vergleichbar? Ist das Programm, das davor läuft, im Sinne des Audience Flow mit dem Programm vereinbar? Und das danach?
2. Ist es um die Uhrzeit finanzierbar? Jede Uhrzeit hat ihren Kostenansatz. Um 14.00 Uhr darf es fast nichts kosten, um 20.15 Uhr mehr, nachts nichts.
3. Hat der Produzent schon gezeigt, dass er TV- Produktionen stemmen kann?

Produzenten müssen sehen, dass ein Sender durch sein Sendeschema sehr gebunden ist. Deshalb kann nur eine begrenzte Anzahl der vielen Angebote überhaupt interessant sein.

In seinem Buch „Die TV-Falle" nennt Roger Schawinski die folgenden Zahlen für die Auftragsproduktionen der TV-Sender:

1,5 Mio. Euro

600.000 Euro für eine Serienfolge Prime Time (Aktion wie „Alarm für Cobra 11" bis 1 Mio.)

400.000 Euro für Weeklys wie „Hinter Gittern"

100.000–200.000 Euro für Quizsendungen, Impro Comedy, Shows (ohne Samstagabendshows, Wetten Dass)

200.000 Euro für Sitcoms und Sketch Comedys, allerdings für die halbe Stunde

100.000 Euro für Dailys und Telenovelas pro Folge

40.000–50.000 für Euro Richter- und Talkshows

Es ist anzumerken, dass Roger Schawinski Preise nennt für das absolute Top-Produkt. Der gewöhnliche Produzent geht mit weniger nach Hause für die gewöhnliche Produktion. Auch sind es Preise, die nur die Top Fünf zahlen und auch hier existiert ein Gefüge, RTL zahlt mehr als Sat.1 und ARD und ZDF sind meist noch sparsamer.

Serien werden wesentlich billiger, sobald Außenaufnahmen wegfallen. Der gesamte Aufwand sinkt gigantisch. Wenn dann auch noch der Produktionsrhythmus auf Weekly angelegt ist, (das heißt, jede Woche eine neue Folge, 26 Folgen pro Jahr und 26 Wiederholungen) reduzieren sich die Kosten nochmals.

Dokumentationen in der Prime Time sind übriges um 150.000 Euro wert, nach der Prime Time aber nur noch 40.000 Euro. Der spannendste Auftraggeber für Dokumentarfilm ist übrigens Discovery Channel, der in der Lage ist, bis zu 300.000 Euro pro Stunde auszugeben, wenn er sein weltumspannendes Netz aktiviert.

Die Schere geht immer weiter auf, je kleiner der Sender wird. Schließlich landet man bei 20.000 Euro für eine Stunde non-fiktionales Programm auf einem Sender der 4. Generation oder 40.000 Euro für eine Stunde Show. Die Regionalsender schließlich zahlen noch weniger, nehmen aber meist kürzere Programmstrecken ab und hier sind nur noch Ein-Mann-Unternehmen in der Lage preislich mitzuhalten.

Das kleinste Produkt ist der „Beitrag", der Boulevard- und sonstige Magazine füllt und der zwischen 500 Euro und 2.000 Euro die Minute einbringt.

Hier auch des Rätsels Auflösung wie ARD und ZDF ihren Preis für Programm berechnen: Für die einzelnen Programmplätze wurden vor Unzeiten Programmkosten festgelegt. Diese werden jährlich etwas erhöht. Selten angepasst. Ganz selten wirklich geändert.

Die Politik hat ARD und ZDF einiges an Belastungen für das Gebührengeld aufgehalst.

Sendeverantwortliche sagen manchmal auf Nachfrage, dass einige Produzenten weniger auf die Bedürfnisse achten, die bei einem Sender bestehen, als auf das, was sie gerne produzieren möchten. Die Folge sind viele Ablehnungen und vergebliche Anstrengungen. Produzenten, die für das TV produzieren, werden auch „Auftragsproduzenten" genannt. Mit dieser Einstellung muss man sich anfreunden können, denn der Produzent hat halt dann einen Auftraggeber, den er – wie jeder Aufragnehmer in der Wirtschaft – zufriedenstellen sollte.

Die folgenden Filmgenres finanzieren sich meist auch aus nur einer Quelle.

3. Werbefilm

Werbung funktioniert ganz anders. Nur wenige Firmen, wie z. B. HagerMoss aus München, sind in der Lage, Werbung und Spielfilm gleichzeitig zu produzieren, zu unterschiedlich sind die Märkte. Es sind nur wenige Werbeschmieden in Deutschland und ihre eigentliche Qualität ist eigentlich meist nicht, dass sie extrem hochwertig wenige Sekunden Film produzieren können, sondern dass sie die Adressen der gefragtesten Regisseure weltweit haben und eigentlich als Agentur fungieren.

Der kreative Prozess ist sehr eingeschränkt: Die Werbeagentur schreibt eigentlich bis ins letzte Detail auf Storyboards vor, wie und was zu drehen ist. Die Produzenten sind dann primär sehr gute Ausführer.

Sie kassieren meist 10–20 % vom Volumen der gesamten Beauftragung, aber die goldenen Zeiten sind hier auch vorbei. Ein Werbefilmproduzent hat sich beleidigt aus dem Geschäft zurückgezogen, als er aufgefordert wurde „zu kalkulieren" und damit seine Berechnungsgrundlagen – und sein Honorar – offenzulegen, früher sagte er „eine Million" oder „eineinhalb Millionen" und gut war es.

4. Pornofilm

Ein durchschnittlicher Porno kostet 5.000 Euro. Noch Fragen? Glauben darf man jedenfalls nicht die Geschichten von der „Karriere als Pornostar", denn mehr als ein paar Hundert Euro pro Darsteller sind nicht drin. Und die wichtigste Genreregel dieser Filmart verbietet sowieso Stars – siehe unten.

Die Rentabilität gewähren der Kauf und der Verleih von DVDs sowie die kleinen Miniboxen am Hauptbahnhof, in die für 1 Euro minutenlanger Einblick in das laufende Programm geboten wird. Der Markt über das Internet ist ein zusätzlicher Wachstumstreiber. Eine sehr aktive und erfolgreiche Verwertungsgesellschaft, die GÜFA, rundet ein großes Geschäft ab.

Und das ist Porno: ein großes Geschäft. Anfang der 90er Jahre wurden in den USA mit pornographischen Artikeln über sieben Milliarden Dollar umgesetzt. Ende der 90er Jahren waren es weltweit angeblich rund eine Milliarde Dollar. 15.000 Menschen sollen in der Pornoindustrie in Deutschland arbeiten, 150

Produktionsfirmen besorgten zeitweise das Geschäft. Bereits 1994 wurden laut „Wochenpost" 63 Millionen Ausleih-Vorgänge in Videotheken registriert, Tendenz bis jetzt sinkend, allerdings sind endlos Vertriebswege dazugekommen, über „per Post"-Videotheken und Internet. Die Umsatzzahlen in 2003 sollen bei einer halben Milliarde gelegen haben. In Deutschland sollen pro Monat 900 Filme auf dem Markt aufschlagen.

Auch dieses Filmgenre hat seine Genre-Regeln. So ist der Durchsatz an Filmen sehr hoch und muss ständig ausgetauscht werden, Filme haben eine sehr kurze Lebensdauer von meist nur zwei bis drei Monaten, dann muss neuer Stoff her. Die Inhalte sind dabei meist ziemlich vergleichbar, das Einzige, was wechselt sind die Darstellerinnen und je nach Ausrichtung die Darsteller – und das möglichst oft.

Wer verdient also an der Industrie? Hier sind es tatsächlich die Produzenten. Allerdings ist ein guter Magen Voraussetzung: Ein Manager eines Online-Dienstes berichtete, dass wenn er zu Geschäftsbesprechungen nach Kopenhagen musste, er stets gezwungen wurde, bereits morgens um 11 Uhr mit einer Dose Faxe zu beginnen. Kenner wissen „Faxe" zu schätzen, denn es ist die einzig große Biermarke, die Bier gleich in praktischen 1-Liter-Dosen anbietet.

5. Industriefilm

Der Industriefilm war ein Geschäft, dem lange nachgeweint wurde, das bis in die 70er eine gewisse Bedeutung hatte und dann starb. Sang- und klanglos. Film war zu teuer geworden. Merkwürdigerweise erstarkt dieses tote Genre auf einmal wieder. Das Web 2.0 macht es möglich. Nachdem jede Firma eine Webpage haben musste, muss jetzt jeder einen Film auf dieser Page haben. Der Film zeigt meist, der Ideenlosigkeit hat Web 2.0 auch nicht abgeholfen, das Innere der Firma und damit meist wieder den Entstehungsprozess des Produkts. Tatsächlich ist das aber Tummelplatz ziemlich preiswerter Filmemacher, die meist ihre ersten Schritte machen, denn Geld wird dafür eigentlich nicht ausgegeben. Aber ähnlich wie der Markt für die Herstellung von Webpages macht es hier die Masse. Ohne die Erfindung der DV-Kamera, die wenige Tausend Euro kostet und den Videofilm, der geduldig ist und nichts kostet, sowie die preiswerten Schnittsysteme, die auf jedem Laptop Platz haben, wäre das alles nicht möglich, aber inzwischen leben davon schon wieder Menschen.

6. Verschiedene Geldquellen

6.1 Banken

Die Finanzierung von Filmen durch Banken existiert nicht. Alle großen Geschäftsbanken behaupten zwar, dass sie auch Filmfinanzierungen anbieten, aber in der Realität werden sie eher den Produzenten fragen, ob denn die Oma noch ein kleines Häuschen hat, das als Sicherheit herhalten kann. Eine Unterstützung der Banken selbst bei alltäglichen Geschäften ist nur zu erwarten, wenn langjährige Geschäftsbeziehungen zwischen der Filmproduktion und der Bank bestehen.

In Frankreich ist die Credit Lyonnais die Bank, die quasi alle Filmfinanzierungen macht, und wer den ganz großen Wurf wagen will, muss an die Imperial Bank in Los Angeles herantreten, die Hollywood mit Kapital versorgt.

Ein Investment oder die Vermittlung von Kapital sind von Banken nicht zu erwarten und die Beleihung von Filmrechten wird in der Regel sehr konservativ gehandhabt. Die Filmproduktion wird sich voll und ganz aus anderen Geldquellen finanzieren müssen. Nur für eine Finanzierungslücke, eine Unterbrechung im Cashflow (sog. Gap Financing) oder für die Stellung der Bankbürgschaften kann auf Kreditinstitute zurückgegriffen werden. Für diesen Fall lässt sich die Bank allerdings alle Rechte abtreten. Die Filmproduktion muss deshalb darauf achten, dass in allen Verträgen eine Klausel vereinbart wird, die es zumindest gestattet, die Rechte zu Finanzierungszwecken an Banken übertragen zu dürfen.

Einige Anmerkungen zur konzern-gestützten Finanzierung des TV- und Filmproduktionsgeschäfts

Guido Evers, General Counsel/Director Corporate Development der Odeon Film AG, Berlin

Die unabhängige und profitable Finanzierung von Film- und TV-Projekten ist in Deutschland ein zunehmend schwieriges Terrain. Die Bankenfinanzierung ist auf ein historisches Minimum reduziert, Filmfonds haben ihre steuerlichen Vorteile eingebüßt, die Kalkulationsbasis von senderfinanzierten Auftragsproduktionen verengt sich zusehends. Ohne öffentliche Subventionierung ist ein Kinospielfilmprojekt nicht denkbar, jüngst wurde die Filmförderung durch den DFFF erheblich ausgebaut. Die Herstellung von international marktgängigem und akzeptiertem Produkt bleibt die Ausnahme, die deutsche Filmindustrie schmort wirtschaftlich in ihrem eigenen Saft.

Welche Rolle spielten börsennotierte Filmgesellschaften rückblickend?

Die mittelständischen unabhängigen Medien-AGs hatten ihre Hausse zum Ende des letzten Milleniums als die weltweite Börseneuphorie, in Deutschland repräsentiert durch den nach ausländischem Vorbild eingerichteten Neuen Markt, getrieben durch das Investmentbanking in rascher Folge eine mehr oder weniger hastig zur Börsenreife gebrachte und prospektierte AG nach der anderen hervor- und die Aktien in der Regel mühelos unter das Volk brachte, zumeist vielfach überzeichnet. Erfolgreiche Platzierungen waren damals ein Selbstgänger, die Beteiligten haben klotzig verdient. Achterbahn, Advanced, Highlight, EM.TV, Intertainment, Fame, Kinowelt, Helkon, International Media, Me, Myself & Eye, Constantin, Senator, VCL, aber auch CinemaxX oder später das Studio Babelsberg, auf dem Kurszettel drängelten sich in den Hochphasen des Neuen Marktes mühelos 30 Medien AG's. Viele andere Firmen wie die Producers AG oder die

61

X Verleih AG, seinerzeit absichtsvoll in Stellung gebracht, haben das Börsenparkett nicht rechtzeitig betreten.

Manch eine vorbörslich existenzielle Problemlage wurde über den Börsengang elegant entsorgt und unter den neuen Aktionären sozialisiert.

Der Kapitalmarkt hatte das Mediengewerbe als große Zukunftsindustrie entdeckt, technische und inhaltliche Konvergenzvisionen über Verschmelzungen aller Medien mit dem Internet und schier unbegrenzten Verwertungschancen für jedwede Art medialen Contents ließen die Grenzen zerfließen und die Anlegervernunft schwinden. Wer im Analystengespräch von dem Marktpotential einer Filmlizenz in China in perpetuity schwärmte, von einer Milliarde Menschen, die begierig als Zuschauer entdeckt werden wollten, konnte sicher sein, auf gläubige Zuhörer zu stoßen. Die Aktienbewertungen waren entsprechend schwindelerregend.

Unter dem hektischen Druck, in möglichst geschwinder Zeit möglichst viel Geld arbeiten zu lassen, hohe Umsätze darzustellen, wurden atemlos Unternehmen zusammengekauft, aber auch Geldströme in Projekte nach Amerika geleitet – und verloren –, um rascher größere Volumina abbilden zu können, denn es ging um Wachstum, Wachstum, Wachstum. Dividendenausschüttungen waren verpönt, weil fantasielos. Das Wort von dem „Stupid German Money" machte erneut die Runde, diesmal nicht bezogen auf die üppige und leichtfertige Anlage von Fondsgeldern sondern auf das Einkaufsverhalten der deutschen Independants und Entertainment-AGs beim Erwerb von Filmproduktionen US-amerikanischer Provenienz: Output-Deals, Joint Ventures, Lizenzpakete mit astronomischen Beträgen – you name it. Auf den Märkten blieb keine noch so abgestandene Filmware liegen.

Synergieeffekte, Wertschöpfungsketten, vertikale Integration – die klassischerweise als solide Klein- oder mittelständische Unternehmer angetretenen deutschen Produzenten machten scheinbar einen raschen und in der Regel lukrativen Lernprozess durch. Und wer nicht selbst eine AG veranstaltete, der wurde gekauft und hatte, wenn er sich nicht gerade in Aktien bezahlen ließ, ein stattliches Sümmchen auf der Seite. Einige hübsche Villen auf Mallorca wurden mit dem Geld der Kapitalanleger errichtet.

Jedoch: Die Integration der Konzernteile blieb als ungelöste Aufgabe oft auf der Strecke, Reibungsverluste statt Synergien. Nicht jeder Filmproduzent war als Vorstand und Konzernmanager für die Anforderungen des Kapitalmarkts qualifiziert. Es gab Diskussionen darüber, ob solcherart kapitalisierte Firmen und Konglomerate überhaupt noch Zugang zu Fördergeldern erhalten sollten.

Was ist davon geblieben? Hat die AG-Struktur ihren berechtigten Platz in der Filmindustrie?

Es hat sich viel geändert, seit die große Ernüchterung eintrat und die einstigen Börsenlieblinge in Serie abstürzten. Ungeschoren kam wohl niemand davon, aber einige Gesellschaften haben den Zusammenbruch in unterschiedlicher Weise überlebt. Die hochfliegenden Fantasien damaliger Zeiten werden sich so nicht wieder erzeugen lassen. Die fehlende Exportstärke und Internationalität der deutschen Filmindustrie und auch die aus Sicht des Großkapitals relativ kleinen Volumina sowie die geringe Margenstärke und die hohen Verlustrisiken sorgen nachhaltig für ein gewisses Misstrauen und Desinteresse der privaten und institutionellen Investoren gegenüber der Asset-Klasse-Film.

Mittlerweile machen weltweit und auch in Deutschland neben den als Heuschrecken verrufenen Private-Equity-Investoren ganz neue Player von sich reden, wie offshorebasierte Hedge Funds, die in Aktienwerte, notleidende Kreditpakete, Filmlizenzrechte auch der höchsten Risikoklassen investieren, rabiate Sanierungen der so erworbenen Besitztümer durch Berater durchführen lassen oder sich einfach an den kurzfristigen geschäftlichen Erfolgen ihrer Finanzanlagen und Kaufobjekte erfreuen. Auch hier gilt das Motto: Viel hilft viel. Eine gewisse Umsatz- und Unternehmensgröße gehört schon dazu, um als Investitionspartner wahrgenommen zu werden. Und die Engagements haben eine kurze Verfallsfrist, die Gelder streben in ungekanntem Tempo nach Wachstum und Bewegung.

Wer also braucht eine börsennotierte Produktions-AG?

Diese Frage muss jeder Medienunternehmer und Filmproduzent für sich selbst beantworten. Nachstehend einige wesentliche Vorzüge und Nachteile ohne den Anspruch auf Vollständigkeit:

Vorteile:

• Zugang zum Kapitalmarkt

• IPO ist Gelegenheit für Cash Out der Altgesellschafter/Exit von Investoren

• Akzeptanz bei Banken und anderen Kapitalgebern wegen Größe, Risikostreuung, Transparenz geschäftlicher/wirtschaftlicher Professionalität

• Aktien als Währung für Unternehmenskäufe, schont die Cash-Situation

• Renommee als Vorstand/Aufsichtsrat einer Publikumsgesellschaft

• Gestaltungsmöglichkeiten zur optimierten Ressourcensteuerung der steuerlichen Themen ebenso wie des Fördermitteleinsatzes zwischen Konzernbeteiligungen

• Akzeptanz bei Geschäftspartnern, Auftraggebern, Sendern, Lizenzpartner auch international auf „Augenhöhe"

• Möglichkeiten der geschäftlichen Diversifizierung, Risikostreuung

• „Family"/Produktions- und Auswertungsfamilie – im Idealfall fruchtbare Ballung interner und externer kreativer Ressourcen

• Zugang zu größeren Projekten, interessanteren Stoffen, potenteren Kreativpartnern

Die Vorteile paaren sich mit verschiedenen möglichen Nachteilen und Belastungen:

- Transparenz durch Publikationsvorschriften (Ad-hoc-Mitteilungen, Directors' Dealings)

- Kosten, Organisationsaufwand (Corporate Governance)

- Überwachung durch Börsen- und Kapitalmarktaufsicht

- Erheblich gesteigerte persönliche Haftung des Managements

- Zeitliche Beanspruchung durch produktferne Aufgaben – der Produzent produziert nicht mehr

- Transparenz durch Rechnungslegungsvorschriften (Intensität je nach Börsensegment), jeder sieht ständig Deine Zahlen

- Notwendigkeit permanenter Kurspflege durch aktive Investor-Relations-Arbeit

- Overhead-Kosten der Konzernholding – es genügt nicht, wenn der Produzent über Handlungskosten und Marge sein Auskommen hat

- Quasi-öffentliche Hauptversammlungen: Angriffe von kritischen Berufsaktionären, ressourcenverschleißende Auseinandersetzungen und unverhoffte Handlungsblockaden

- Abhängigkeit vom Gesamtmarkt – ein Börsencrash oder Abschwung vernichtet Beteiligungswerte ganz unabhängig von der realwirtschaftlichen Unternehmens-Performance

Fazit: Wer in der Lage ist, konsequent über Jahre eine glaubwürdige Equity Story aufzubauen, wer den recht teuren und organisatorisch sehr aufwändigen Zugang zum Kapitalmarkt nutzen kann und will und sich entsprechend aufstellt und wer eine hohe Transparenz nicht scheut, in dessen Händen kann eine an der Wertpapierbörse notierte Aktiengesellschaft nicht zuletzt aufgrund der fungiblen Gesellschaftsanteile ein sehr vielseitiges, zukunftsoffenes und profitables Modell darstellen.

6.2 Sponsoring, Schleichwerbung

Zur Werbung gehören natürlich auch Sponsoring und Schleichwerbung. Die Zulässigkeit dieser Finanzierungsmittel ist immer unbestrittener geworden. Inzwischen ist sie auch für TV in weitem Maße laut EU zulässig und wird bald unverhohlen auch in Deutschland auf den Plan treten – verhohlen ist sie schon lange da.

Das vorgebliche Entsetzen über „Schleiche" in „Marienhof" ist so schlecht gespielt worden, dass dafür nun wirklich keine Schauspielpreise zu erwarten sind. Jeder weiß es, alle tun es. Schleichwerbung in einer Fernsehproduktion war unzulässig. Kinofilmproduktionen sind aber etwas anders zu beurteilen. Lassen wir für dieses Buch sämtliches Geheuchel: Finanzierung durch Werbung ist Bestandteil der Filmfinanzierung.

Wenn sie aber nach den jetzt noch geltenden Gesetzen unerlaubt ist, gibt es ein Problem. Nämlich dann, wenn ein Werbender sein Geld zurückverlangt, weil der Vertrag nicht erfüllt wurde. Das Gericht urteilte, dass der Vertrag wegen Sittenwidrigkeit nichtig sei und außerdem gegen ein gesetzliches Verbot verstoße. Der Werbetreibende konnte sein Geld nicht zurückfordern (§ 817 S. 2 BGB verhindert die Kondition, die Rückforderung einer ungerechtfertigten Bereicherung). Umgekehrt kann auch die Filmproduktion versprochenes Geld nicht einklagen, wenn der Werbende nicht zahlt. Das heißt, die Filmproduktion muss das Geld vor der Produktion verlangen und der Werbende muss sich darauf verlassen, dass die Leistung, wie besprochen, erbracht wird. Schriftliche Verträge sind selten, da es egal ist, ob ein Vertrag existiert und er höchstens unwillkommenes Beweismaterial darstellt. Die Räume für Betrügereien aller Art sind also ziemlich groß. Für Kinofilmproduktionen kann die Zahlung bei Besichtigung des Rohschnitts vereinbart werden.

Für Filme, die frei auswertbar sind, sind die Regeln inzwischen so lax geworden, angeführt von der Ikone „James Bond", dass der Produzent, der ohne Werbemittel auszukommen versucht, als fahrlässig gelten muss. Die Frage ist immer noch, ob von diesen Geldern ernsthaft größere Mengen Film produziert werden können. Tatsächlich sind die Summen meist im fünfstelligen Bereich, jedoch fast nie im oberen Teil, es sei denn, der Filmemacher hat eine besondere Qualität der Einbettung des Produkts gefunden.

6.3 Product Placement

Product Placement ist natürlich auch nichts anderes als Werbung, es bezeichnet nur die Platzierung eines Produkts im Film als Teil der Filmhandlung und besonders des Szenenbilds. Es begann in Deutschland (in den USA ist es seit jeher ein Finanzierungsinstrument) mit Automarken, die durch „Tatort", „Der Alte", „Derrick" oder „Ein Fall für zwei" fuhren und erreichte schließlich den „Marienhof". Produkt-Sponsoring hat im besten Falle zwei positive Kosteneffekte: Erstens, das Requisit kostet nichts, zweitens, es gibt auch noch Geld dafür.

Umsonst bekommt der Filmemacher mit Verweis auf die positiven Folgen des Product Placement inzwischen alles, vorausgesetzt, er hat ein gewisses Verhandlungsgeschick. Also sollte alles, was im Film gebraucht wird um als Requisite oder Kulisse zu dienen, gesponsert sein, wenn es einen namhaften Hersteller gibt.

Meist möchten der Hersteller bzw. seine Marketingabteilung etwas mehr sehen, bevor sie bereit sind, Geld dazu zu geben. Wie so oft, wenn man etwas will, muss man sich in die andere Person hineinversetzen, um es zu bekommen.

Das Gegenüber, ein Marketingmanager, hat meist BWL studiert. Das ist ein Studium, das gleichförmig und ohne große Überraschungen abläuft und allein vorgegebene Lernerfolge abfragt. Der Lernerfolg, der zum Marketing abgefragt wird, ist: Wie viele Menschen hat es erreicht? Und: Was hat es gekostet? Da Betriebswirtschaft eine Wissenschaft sein will, stellt sich die Frage nach der Messbarkeit der Erfolge: Die Messbarkeit ist nach der reinen Lehre gegeben, wenn ein Tausender-Kontakt-Preis ermittelt werden konnte, der besagt, wie viel Geld pro tausend Menschen (= Kontakte), die das gesehen haben, ausgegeben wurde.

Vorsicht: Wenn der Ihnen gegenübersitzende Marketingmanager beginnt, mit Imagegewinn, dem hohen Ansehen des Films und dessen besonderem Anspruch zu argumentieren, alles Sachen, die Filmemacher gerne hören und die ihnen einleuchten, dann ist das kein gutes, sondern ein absolutes Warnzeichen: Dieser Mann ist in Not. Seine Argumente schwimmen ihm weg. Das ist alles nicht messbar und für ihn uninteressant, ein Marketing-BWL-Mann gibt sein absolutes Scheitern zu, wenn er auf solche Begriffe ausweicht. Bieten Sie ihm schnell etwas an, was er messen kann. Sonst wird er das Geschäft nicht machen, versuchen, das Geschäft zurückzudrehen, oder gefeuert werden – und Sie müssen mit seinem Nachfolger feilschen, der unter allen Umständen versuchen wird, das vermurkste Geschäft seines Vorgängers zu annullieren.

Was gibt es zu verdienen? Nicht das Schlechteste ist es, den Tausender-Kontakt-Preis (TKP) von anderen Medien in Erfahrung zu bringen (z. B. TV-Werbung), eine Hochrechnung anzustellen, wie viele Menschen den Film sehen werden (egal ob TV, Kino, DVD etc.) und einen Preis zu errechnen. Natürlich schwankt der Tausender-Kontakt-Preis von Medium zu Medium. Ein Umstand, den sich der Filmemacher aber auch zu Nutze machen kann: Er legt einfach für ihn günstige Werte zugrunde. Die Argumente sind in diesem Segment so schwammig, dass jeder Argumente finden wird, warum gerade dieser TKP auf den vorgeschlagenen Film zutrifft. Eine Argumentationshilfe z. B.: Der Tausender-Kontakt-Preis für Kino ist großartig, da der Zuschauer keine Ausweichmöglichkeit hat – er muss im Dunkeln auf die Leinwand schauen – im Gegensatz zum Plakat beispielsweise. Hier muss der Zuschauer das beworbene Objekt erst betrachten.

Beistellungen der Produkte (z. B. Autos) werden nicht bezahlt. Der Filmemacher bekommt das Gefährt leihweise, umsonst. Gemein: Ist er wirklich bekannt, bekommt er das Auto auch für sein normales Leben umsonst gestellt (bekannte Schauspieler haben es da leicht).

Damit der Filmemacher ein paar Vergleichswerte hat: Für ein prominentes Product Placement eines leidlich bekannten Produkts kann mit einem fünfstelligen Betrag bis ca. 50.000 Euro gerechnet werden. Beispiel: Eine Wodka-Marke steht ständig herum und die Helden trinken den Stoff (die Bösewichter natürlich auch). Zusätzlich sind Werbeplakate der Marke zu Szenen des Films zu sehen.

Für eine prominente Einbindung eines Produkts, eines Unternehmens oder einer Produktgattung, die sich durch den ganzen Film, über mehrere Folgen oder Teile erstreckt und in die Handlung integriert ist, können bis zu sechsstellige Beträge im unteren Bereich, also rund 100.000 Euro erzielt werden.

Für eine sehr prominente, besondere Einbindung, die sich meist aber auch im Titel wiederfinden muss, sowie eine legale Einbindung durch den ganzen Film sind sogar siebenstellige – also Millionenbeträge – zu erzielen. Meist bedarf es dafür aber mehrerer Folgen eines Films oder einer TV-Serie. Beispiel: Der Film heißt nach und handelt von einem Computerspiel, das zeitgleich in den Handel gebracht wird. Oder die Animationsfiguren eines Kinderfilms werden später als Figuren, Computerspiel, Sammelkarten, Kleidung und Merchandise ausgewertet.

6.4 Quellen der internationalen Filmfinanzierung

Die „Quellen der internationalen Filmfinanzierung" hört sich großartig an, reduziert sich aber schnell auf einige wenige Möglichkeiten. International steht das zur Verfügung, was national auch existiert, plus eine Ergänzung. Koproduzenten sind in der Regel der Schlüssel zu diesen Finanzquellen, da TV-Anstalten, Kinoverleiher und Filmförderer das Geld meist nur ihnen bekannten lokalen „Playern" anvertrauen.

Natürlich haben auch andere Länder, von Frankreich, Großbritannien über Ungarn und Mazedonien, Filmförderungen. Meist ist es erforderlich, größere Summen Geldes im jeweiligen Land auszugeben.

Die lokalen Filmverwerter (TV, Kino, Video) sind fast immer nur dann bereit, Geld dazuzugeben, wenn eine lokale Berühmtheit im Film mitspielt. Wer Monica Bellucci hat, kann mit größeren Summen aus Frankreich und Italien rechnen: Ein Film, der eigentlich nur für 60.000 Euro an diese Länder verkauft werden könnte, ist auf einmal für 500.000 Euro im Verkauf gut.

Die einzige Besonderheit außerhalb Deutschlands ist, dass einige Länder einen sog. Tax Shelter eingerichtet haben. Eine bewusste Entscheidung der Regierung, statt Filmförderung zu geben, lieber auf Steuereinnahmen zu verzichten und Film so steuerlich zu privilegieren, dass ein Effekt für den Filmproduzenten entsteht.

Einige wenige Länder setzen zur Stärkung der heimischen Filmindustrie auf die Anlockung ausländischer – zumeist amerikanischer – Produzenten und bieten deshalb direkte Anreize, in ihr Land zu kommen.

Begonnen haben damit ganz massiv die Kanadier, als sie erkennen mussten, dass sie in der direkten geografischen Nähe zur USA nur dann Chancen hatten, eine eigene Filmindustrie aufzubauen, wenn sie mit den Wölfen heulten, nur lauter. Sie waren damit unglaublich erfolgreich. Ganze TV-Serien, wie damals „X-Files", zogen nach Kanada, um die steuerlichen und finanziellen Vorteile mitzunehmen, und man baute recht erfolgreich eine Infrastruktur auf, die viele Kanadier in der Filmindustrie ernährt. Dem Beispiel folgten zunächst recht obskure Staaten, meist kleinere Inselgruppen wie die „Isle of Man", aber inzwischen existieren sehr viele Staaten mit eigenen Modellen von Ungarn bis Südafrika. Hier kann nur eine Auswahl dargestellt werden, da diese Bewegung ständig im Fluss ist. Manche Staaten legen so ein Programm kurzfristig auf und wenn es nicht sofort sehr viel Erfolg hat, stellen sie es wieder ein. Außerdem stellen sie es ein, wenn es zu viel Erfolg hat, da es ihnen dann zu teuer wird.

6.5 Tax Shelter

Dieses Kapitel entstand unter Mitwirkung von Andreas Krüger, Producer, Berlin.

Nichts hassen Finanzminister so sehr, wie auf Steuern zu verzichten. Tax-Shelter-Programme sind deshalb kurzlebig. Die hier genannten Programme sind zur Zeit des Schreibens, vielleicht aber schon nicht mehr zur Drucklegung des Buches aktuell. Updates finden sich auf Filmrecht.com. Das größte und beste Tax-Shelter-Programm, über das amerikanische Bücher sich seitenlang auslassen, war das deutsche und das existiert nicht mehr. Die genannten Voraussetzungen sind alle eine Orientierung – für Details braucht jeder Filmemacher erfahrene Anwälte oder Experten aus dem jeweiligen Land.

6.5.1 Belgien
Das belgische System fördert die Produktion von Filmen und erlaubt die Abschreibung von 150 % der investierten Summe in „belgische audiovisuelle Produktionen".

Voraussetzungen
Nur belgische Produzenten sind antragsberechtigt. Maximal 40 % des Investments können ein Darlehen sein und/oder als Darlehen der Belgier gemacht werden. Nicht mehr als 50 % des Budgets dürfen Tax Shelter sein, 150 % des Tax-Shelter-Betrags müssen in Belgien ausgegeben werden. Tatsächlich soll das Programm Ausländer anlocken in Belgien zu investieren, gleichzeitig sollen aber die gefürchteten Filmfinanziers ferngehalten werden, so dass direkte Beziehungen zu dem belgischen Produzenten notwendig sind.

Anmerkungen
Belgien ist mitten in Zentraleuropa ein Land mit erstaunlichen Überraschungen auch im Segment der staatlichen Verwaltung. Zu dem Programm gibt es keine Angaben über die Häufigkeit der Nutzung und Produzenten, die es tatsächlich in Anspruch genommen haben oder Filme, die mit der Hilfe des Tax Shelters produziert worden sind. Es müsste deshalb vor Beantragung und vor allem, bevor sich ein Filmemacher darauf verlässt, genau geprüft werden, ob das Programm tatsächlich funktioniert.

6.5.2 Frankreich

Die Programme hier sind typisch Frankreich und damit komplett anders als irgendwo sonst auf der Welt. Es existieren gleich zwei Programme: SOFICAS und „credit d'impôt". Ersteres ist eine (echte) Steuerreduzierung das zweite ein Steuerkredit.

Voraussetzungen

Investiert wird in Produktionen oder in Produktionsunternehmen (! – nur SO-FICAS). Was dann folgt, ist Staatsdirigismus pur: Unternehmen oder Privatpersonen investieren in einen Fonds (SOFICAS) der staatlich gelenkt Geld zu Produktionen oder Firmen hinzugibt und eine Recoupement-Position erhält. SOFICAS hat in 2006 immerhin 43,8 Mio. Euro eingesammelt. Bis zu 50 % des Budgets kann der Produzent erhalten. SOFICAS wird Koproduzent und trifft die Investmententscheidung allein.

Credit d'impôt ist auch ein typisches französisches Produkt, es sollte französische Filme davon abhalten, in anderen Ländern gedreht zu werden. Das gelang in 2006 immerhin 119 Mal. Für dieses Programm muss ein Film 38 von 40 vorgegebenen Punkten erfüllen mit einem absoluten, unüberwindbaren Schwerpunkt darauf, dass alles an dem Film französisch ist (inklusive Crew, Drehort, Pappbecher, in denen Kaffee ausgeschenkt wird etc.). Antragsberechtigt sind? – richtig: ausschließlich französische Produzenten. Das Programm gibt maximal 1,2 Mio. Euro pro Film aus und es kann bis maximal 20 % der Below-the-line-Kosten abdecken.

Anmerkungen

So toll das Land ist, so schwierig ist es mit Frankreich zu koproduzieren. Am Besten, man lässt es: Um in den Genuss eines dieser Systeme zu kommen, muss der Filmemacher Franzose sein, eine französische Crew und einen französischen Cast aufbieten, in Frankreich drehen – auf französisch natürlich – und, und, und. Als Koproduzent kann man nur minoritär Geld mitbringen und im Übrigen die Klappe halten. Diese sehr restriktive Politik der französischen Filmpolitik stößt auch in Frankreich auf mannigfaltige Kritik, denn sie hat den französischen Film nicht vorangebracht, im Gegenteil, bemerkenswerte Filme sind seltener geworden, einige wenige Produzenten im „System" wurden absurd reich, die Eintrittsbarriere ist für Jungproduzenten viel zu hoch. Natürlich ist dieses System komplett unvereinbar mit den Förderungen anderer Länder, die so quasi nie zusammen angewendet werden können.

6.5.3 Ungarn

Ungarn ist etwas Seltsames passiert: Als junger, billiger, sehr guter Filmstandort rannten den Ungarn vor allem die US-Amerikaner die Tür ein. Dann passten sich die Preise der Nachfrage an und schwupp waren die Amerikaner in Bulgarien und Rumänien. Das ging schneller als die Ungarn „Filmförderung" sagen konnten. Nun saß man auf riesigen Studios, die im Vertrauen auf die Filmproduktionswut der US-Amerikaner gebaut wurden und stellte fest, dass es einem nicht besser erging als zuvor den Tschechen, den Polen und den Deutschen. Mit einem neuen Programm versucht der ungarische Filmstandort Boden wettzumachen: Willkommen im Kreis der hochpreisigen Industrienationen, liebes Ungarn, denn in diesen Ländern werden die hohen Kosten der Produktion durch Subventionen ausgeglichen.

Voraussetzungen

Der Hungarian Motion Picture Act (auf ungarisch leider unaussprechlich) zielt auf Ausländer: Ein nicht-ungarischer Produzent vereinbart eine Koproduktion oder erteilt einen Auftrag an einen ungarischen Produzenten zur Durchführung von Dreharbeiten (Service Agreement). Das System ist etwas kompliziert, der ausländische Produzent muss ein staatliches Zertifikat erwerben, das bestätigt, dass er in Ungarn produziert und darauf erhält ein lokaler Finanzier die Steuererleichterung, wenn er das Zertifikat (gegen Investment) erhält. Hört sich an, als würde alsbald ein schwunghafter Handel mit diesen Zertifikaten in Gang kommen. „Eichmann" wurde damit finanziert und Besonderheit: Auch TV-Produktionen sind antragsberechtigt.

Anmerkung

Das System hört sich gut an und funktioniert in der Praxis. Es soll primär die teuren Investments in die ungarischen Studiolandschaften zurückführen, weshalb die Erleichterung leichter (oder überhaupt erst) gewährt wird, wenn die Nutzung der Studios vorgesehen ist.

Auch gut: Es funktioniert zusammen mit deutschen, englischen und kanadischen Förderungen und Tax-Shelter-Programmen.

Leider hat das Ganze einen Hauch von Balkan: Dadurch, dass ein „lokaler Finanzier" gefunden werden muss, sind dem Missbrauch und dem unsauberen Handel Tür und Tor sperrangelweit geöffnet. Es wird zu sehr, sehr guten Verträgen geraten mit Vertragsstrafen, ausländischen Gerichtsständen, Bürgschaften, Zug um Zug Übergaben …

6.5.4 Irland

Irland hat im Zuge eines unglaublichen Wirtschaftswachstums, das das Land binnen einer Dekade aus dem 18. Jahrhundert an uns vorbei direkt in das Jahr 2020 katapultierte, nichts ausgelassen und auch ein sehr erfolgreiches Tax-Shelter-Programm, bekannt als Section 481, auf den Weg gebracht.

Voraussetzungen

Es wird ein irischer Koproduzent benötigt, der das Zertifikat erhält und es wiederum an irische Investoren verkauft. Es müssen EU-Cast und Crew in Irland beschäftigt werden. Auf bis zu 80 % des in Irland ausgegebenen Budgets werden sog. Tax Allowance gewährt. In 2006 haben 20 Filme für insgesamt 130 Mio. Euro Section 481 genutzt, 79 Mio. Euro wurden von dem Programm zusammengebracht. Es funktioniert hervorragend unter dem Europäischen Koproduktionsabkommen mit den Förderungen anderer Länder.

Anmerkung

Das System ist zur Zeit eines der verlässlichsten in Europa. Nicht vergessen, Regenschirme für die Crew zu kaufen und zu kalkulieren.

6.5.5 Luxemburg

Das Luxemburger Audiovisual Investment Program (CIAV) ist, die Finanzminister des übrigen Europas wird das nicht wundern, ein Tax Credit. Das System ist großzügig, leicht zu handhaben und zuverlässig eine Weile da, aber hat den Nachteil, dass wie bei allen anderen Ländern im Land mit einem lokalen Koproduzenten investiert werden muss. Das Land ist so klein, dass beides diffizile Aufgaben sind.

Voraussetzungen

Die Förderung ist sehr relaxed. Es kann bis zu 25 % des Productions Budgets, das in Luxemburg ausgegeben wird, ausmachen. Es kann ziemlich entspannt mit allem kombiniert werden, was der Förderdschungel so hergibt – nur der Filmemacher muss halt in Luxemburg produzieren.

Anmerkung

Es können maximal bis zu 6 Mio. Euro mit dem System erzielt werden. Alles zählt, auch Post Produktion und nachrangige Dienstleistungen. Die Luxemburger sind sich ihres Klumpfußes bewusst und machen es sehr einfach; es ist deshalb immer eine Überlegung wert.

6.5.6 Malta

Low-Budget-Filmer aufgepasst!! Wer die Sektion über Luxemburg gelesen hat, weiß, was hier das Problem ist: Es muss in Malta produziert werden und das mit einem Malteser Produzenten. Trotzdem haben die Malteser neun Projekte gefunden, die sie mit 2,2 Mio. Euro unterstützt haben. Die Malteser sind etwas relaxter mit der Frage, ob es eine maltesische Koproduktion sein muss. Es gibt für ausländische Firmen Unterstützung in cash (sog. Cash Rebates) und für maltesische Firmen Tax Credits.

Voraussetzungen

Cash Rebates (auch Cash Grants genannt) können bis zu 20 % des „Malta Spends" ausmachen; einheimische Firmen bekommen bis 50 % als Tax Credit. Die Voraussetzungen sind relativ relaxed.

Anmerkungen

Das Filmvorhaben muss über 81.000 Euro insgesamt liegen, also ein absoluter Low-Budget-Film erreicht die Voraussetzung nicht, aber so, wie die anderen Projekte aussehen, könnte es eine Möglichkeit für Low-Budget-Filmer sein, ihre Projekte zu realisieren. Die Reisekosten stehen vermutlich in keinem Verhältnis.

6.5.7 Großbritannien

Das neue System eines Tax Relief für eine Produktion ist der Ersatz für das lange während, bekannte und recht seltsame „Sale and Lease Back", das die Engländer voller Wut über den Missbrauch, insbesondere durch die Dänen, abgeschafft haben. Das Sale and Lease Back hat jahrelang 16 % in die Kassen des produzierenden Filmemachers gespült und war auch in England stets umstritten. Da es letztlich der englische Steuerzahler bestritt, wurde ihm der Todesstoß aber mit der extensiven Nutzung durch Ausländer versetzt. Die Engländer hatten sich davon viel erwartet und zwar viel zu viel: Sie meinten allen Ernstes, jetzt würde Hollywood in Manchester entstehen. Dabei war das Programm extrem erfolgreich, „Kleine Morde unter Freunden", „Ganz oder gar nicht" oder natürlich auch der Klassiker „Vier Hochzeiten und ein Todesfall" sind Ergebnisse dieser Förderpolitik.

Das neue System ist sehr kompliziert; da werden schon die britischen Anwälte drauf bestanden haben, denn sie haben mit Sale & Lease Back 20.000 Pfund pro Operation verdient. Die Stundensätze englischer Anwälte sind weit höher als die der Deutschen und es war sehr aufwändig, aber am Ende hat es sich für alle gelohnt. Das ist auch die Hoffnung für diesen neuen Tax Relief, denn normalerweise kann der Filmemacher darauf hoffen, dass das, was die Engländer anfassen, Hand und Fuß hat und tatsächlich etwas (in die Kassen) bringt.

Voraussetzungen

Der Tax Relief kann in seinen Voraussetzungen hier nur angedeutet werden. Sie sind zu komplex, als dass es ein Deutscher ohne Unterstützung verstehen kann; wer sich das doch zutraut, möge die einschlägigen Internetseiten direkt befragen. Weitere Updates wird es unter www.filmrecht.com geben.

Der Tax Credit wird direkt an den Produzenten gegeben. Low-Budget-Filme, nach Vorstellungen der Engländer bis 40 Mio. Euro (!) erhalten 20 %. Darüber sind es nur noch 16 % (eine Zahl, die sich aus dem Sale & Lease Back gerettet hat, dort war der Standard 16 % Zuschuss für den Produzenten, eine nette Schlussfinanzierung).

Die Prozente orientieren sich natürlich nur an dem Budget, das auch in England (GB) ausgegeben wird. Für die Low-Budget-Filme ist Bedingung, dass mindestens 25 % des Gesamt-Budgets in GB ausgegeben werden, 100 % sind im Tax Credit 25 % maximal in Cash. Der Produzent, verantwortlich für die Produktion, muss im Britischen Steuersystem seinen Sitz haben. Diese Bedingung legt es nahe, eine Schwesterfirma, zum Beispiel auf den British Virgin Islands oder der Isle of Man etc., zu gründen.

Anmerkung

Der Nachfolger des Sale & Lease Back wurde unter schwierigsten Bedingungen verabschiedet. Die Briten waren sich nicht einig, ob sie überhaupt eine Förderung wollten, dann sollten die Ausländer nicht (zu sehr) profitieren und alles musste von der EU genehmigt werden, so dass es erst 2007 statt zu Beginn 2006 etwas wurde. Die Erfahrungen sind bisher sehr gering, die Produzenten sind nicht sehr angetan. Das System soll klar Investitionen in GB, und möglichst nur die, befördern. Es lohnt sich für den deutschen Filmproduzenten das System im Auge zu behalten.

6.5.8 Australien

Die Australier haben eine ungemein starke Filmindustrie, die daher rührt, dass Australier ebenso regelmäßig und gern das Land verlassen, ebenso, wie sie patriotisch sind und wieder zurückkommen. Wer Erfolg hatte, kehrt meist wieder mit etwas im Koffer und bringt den Erfolg in Form von Studios, Filmaufträgen und Ähnlichem mit nach Hause. Rupert Murdoch zum Beispiel hat seiner Heimat mal eben ein Studio im Wert von 1,4 Milliarden US-Dollar hingestellt. Das heißt aber auch, dass die sehr aktive, sehr lebendige Filmszene alle Hilfen selbst in Anspruch nimmt und Ausländer sich schwer tun, dazwischenzukommen. Eine Weile haben einzelne Bundesländer, Australien ist in etwa so organisiert wie die USA oder die Flächenstaaten Deutschlands, versucht, eine ausländische Filmcommunity anzuziehen, was ihnen ganz gut gelang. Jedoch werden solche Programme immer als erstes eingestellt, sobald irgendein Problem, das dringenderer Aufmerksamkeit bedarf, wie Dürre, Viehsterben etc., auftaucht. Auch waren es die Staaten, in denen es wenig zu sehen und drehen gab. Australien ist in anderer Hinsicht für den Filmemacher interessant: Es ist ein großer Absatzmarkt mit vielen interessanten Playern und es gibt erfolgreiche Weltvertriebe, Filmrechtehändler und zum Beispiel wesentlich günstigere E & O- und Completion-Bond-Versicherungen als die aus den USA.

In Australien existieren zwei unterschiedliche Programme: der Tax Credit (Tax Offset), der in 5 Jahren von 17 Produktionen in Anspruch genommen wurde und der 10 BA of the Tax Act, eine Tax Deduction, die im letzten Jahr 20 Produktionen zugute kam.

Voraussetzungen

Für den Tax Credit oder genauer: Tax Offset und die Tax Deduction bedarf es einiger Voraussetzungen: Das Budget muss schon mal bei 12,1 Mio. US-Dollar liegen, die allein in Australien ausgegeben werden. Davon können 12,5 % vom Produzenten als Offset erhalten werden, das ist fast nur für US-Studios interessant. Die Tax Deduction erlaubt die 100 %ige Abschreibung im Jahr der Investition des in Australien ausgegebenen Betrages. Das kommt zumindest für die Koproduktionen eher infrage, aber der deutsche Filmemacher muss immer noch jemanden finden, dem er die Steuerbeschreibung für gutes Geld anbieten kann, denn ihm selbst nützt sie nichts. Die australische Steuerbehörde mag Filme überhaupt nicht und lässt nicht mit sich tricksen, was den Handel mit Steuererleichterungen noch schwerer macht. Die Tax Offset kann nicht gleichzeitig mit der daneben noch existierenden Förderung in Anspruch genommen werden.

Anmerkung

In Australien zu drehen ist schon wegen der weiten Wege bis dorthin nur interessant, wenn viel Geld und ein hohes Budget im Spiel sind. Australien hat andere Seiten, weshalb es für den Filmemacher reizvoll ist, die Tax Shelter sind höchstens eine Ergänzung. Der Absatzmarkt sowie die fantastischen Filmemacher und Filmverwerter im Land sind stets ein Argument – neben den fantastischen Landschaften.

6.5.9 Neuseeland

Die Filmindustrie in Neuseeland hat einen Namen: Peter Jackson. Wie auch immer er es geschafft hat, nach zwei splatterverdächtigen Horrorfilmen und einem sehr, sehr seltsamen Film („Heavenly Creatures" immerhin mit der Entdeckung Kate Winslet) die Hollywood-Studios dazu zu bringen, ihm gleich drei („Herr der Ringe") Filme aufeinander anzuvertrauen, und die auch noch in seiner Heimat fernab jeder Kontrolle zu drehen, wird für immer sein Geheimnis bleiben. Es gibt sachlogisch nur eine Förderung für Big-Budget-Filme ab 36 Mio. US-Dollar. Dann bekommt man 9–12,5 %.

6.5.10 Südafrika

Südafrika ist ein echtes Filmland geworden. Das hat es fast ausschließlich der deutschen Werbefilmproduktion zu verdanken. Der Sonnenschein macht es möglich und die Tatsache, dass andere Landstriche mit Sonne zu kriminell waren, z. B. Miami. Wie sich die Welt doch ändert. Hinterlassen hat man eine recht gute Infrastruktur und wenn der Filmemacher nicht gerade in den Lauf einer Maschinenpistole guckt, hat er tolle Landschaften, gut ausgebildetes Personal, erträgliche, aber nicht günstige Konditionen und gutes Wetter.

Voraussetzungen

Koproduktionen mit Südafrikanern bekommen 25 %, Ausländer 15 % von den Ausgaben in Südafrika. Es gibt einige recht seltsame Voraussetzungen, die nur damit zu erklären sind, dass die Bürokratie von den Engländern in Südafrika eingeführt wurde: Die Dreharbeiten müssen länger als vier Wochen sein und es gibt einen Minimumbetrag, den man ausgeben muss – aber in 12 Monaten über drei Produktionen verteilen kann: 3,4 Mio. US-Dollar. Es gibt nicht mehr als 1,4 Mio. US-Dollar.

Anmerkung

2006/2007 sind 1,1 Mio. Euro für 3 Koproduktionen und 17 ausländische Koproduktionen ausgegeben worden. Das Programm funktioniert also offensichtlich.

6.5.11 Spanien

Spanien kündigt eine 18%ige Abschreibung für Investitionen in spanische Filme an. Wer die spanische Politik kennt, weiß, dass eine wüste Opposition folgen musste, diesmal der TV-Veranstalter. Bevor sich ein Filmemacher auf dieses Programm verlässt, sollte es beschlossen, verkündet und von mindestens einem Dutzend zuverlässiger Produzenten ausprobiert worden sein.

6.5.12 Serbien

Serbien plant einen 21,5 %igen Rabatt, der mit der neuen Regierung endgültig verabschiedet werden soll. Welcher neuen Regierung (die recht schnell wechseln), konnte auch auf Nachfrage nicht beantwortet werden.

6.5.13 Norwegen

Norwegen möchte 15 % Tax Incentive anbieten für alle Filme, die dort gedreht werden und das Geld, das dort ausgegeben wird.

6.5.14 Island

Island bietet nur 14 %, dafür ist es aber auch kälter als in Norwegen. Allerdings haben sie seit 2001 30 Produktionen bereits im Land gehabt, darunter „Flags of our Fathers", „Batman Begins". Island wird das Marokko der Eiswüste, Marokko hat einen gigantischen Erfolg mit der Vermietung seiner Wüste an Wüstenfilme, z. B. „Star Wars". Island bekommt allmählich alles, was im Ewigen Eis spielt.

6.5.15 Taiwan

Taiwan hat am Filmboom in Asien nur partiell teil, dabei hat es die besten Voraussetzungen. Es wird chinesisch gesprochen, der größte Markt, es ist ein Industrieland mit dem notwendigen Reichtum, und eine junge Generation, die nach mehr als nur reiner Fabrikarbeit lechzt, ist am Start. Es existiert ein 20%iger Tax Benefit und man hat versucht auch für Ausländer in 2005 ein Programm aufzusetzen. Es ist einer der seltenen Fälle, dass ein Tax-Shelter-Programm überhaupt nicht funktioniert. Die Taiwanesen erreichen die 900.000 US-Dollar (Minimum neues Kapital) mit ihren Filmen meist nicht.

6.5.16 Puerto Rico

Das Land gehört nun wirklich nicht auf die Filmweltkarte. Seit es eine 40%igen Tax Rebat gibt, der zu 1,2 Mio. US-Dollar für den Film genutzt werden kann, stiegen die Investitionen von 2,5 Mio. US-Dollar p. a. auf 27 Mio. US-Dollar in einem Jahr.

6.6 Filmfinanziers

Filmfinanziers, die sonst nichts Besseres zu tun haben, gibt es trotz landläufiger Meinungen nicht. Charles Bukowski schilderte so einen Menschen in seinem großartigem Porträt „Hollywood", das er für den Film „Bar Fly" schrieb.

Tatsächlich sind es aber eher Organisationen, die selbst Filme verwerten, die manchmal Geld zu Filmen geben. Ihnen allen ist eigen, dass sie Filme für sehr wenig Geld einkaufen und für viel Geld in Zielterritorien verkaufen. Ein Grund, trotzdem mit ihnen Geschäfte zu machen, ist, dass sie Märkte beherrschen, an die man selbst nicht herankommt. So ist ganz Südamerika extrem schwierig und der Filmemacher kann froh sein, überhaupt Geld zu bekommen von irgendwem, denn normalerweise verschwindet alles im weiten Amazonas-Becken und man sieht nie einen Cent. Das Gleiche trifft übrigens auch auf die hartgesottenen Weltvertriebe zu. Für ganz Südamerika bekommt der Vertrieb oft gerade 50.000 US-Dollar.

6.7 Landeszentralbanken

Nachdem der Aufbau der Filmindustrie in NRW und Berlin-Brandenburg Unsummen verschlungen hat (aber erfolgreich war), ist den Verantwortlichen bewusst geworden, dass der Kapitalbedarf noch lange nicht gedeckt ist. Die Landeszentralbanken dieser Länder – andere werden nachziehen – vergeben extrem billige Kredite speziell für Filmproduktionen. Vielleicht ist es sogar in Zukunft möglich, einen Film nur mit Förderungen und den Mitteln der LZB zu finanzieren.

6.8 Eigenmittel

Wer seiner Oma ihr klein Häuschen verkloppen will, um seinen Film zu produzieren, oder Banken überfallen – wie in einem Kurzfilm vorgeschlagen –, sollte einen Augenblick innehalten und sich fragen, ob die Grundregel „Never spend private Dollars" nicht auch für das Vermögen gilt, das kurzfristig aus dritten Quellen besorgt werden kann. Als Spitzenfinanzierung, Überschreitungsreserve etc. kann ein Rückhalt lebensrettend sein. Wobei ich in einem Buch über Recht doch von Banküberfällen abraten möchte. Verlangt wird von den Förderungen, aber auch von privaten Investoren, ein Anteil an Eigenmitteln. Grundsätzlich sind Sach- und Dienstleistungen aber ausreichend. Die Eigenmittel sollten für die Spitzen- und Zwischenfinanzierung vorhanden sein und mindestens 10 %, besser 20 % betragen.

6.9 Blocked Funds

Einige Staaten haben sich so hoch verschuldet, dass die Gläubiger (vor allem Banken) ihre Investments und Darlehen komplett abgeschrieben haben. Die Länder müssen Tilgungen vorweisen, um weitere Kredite zu erhalten und daraus ist ein „Schuldenkarussell" entstanden: Die Filmproduktion, die in einem solchem Land produzieren will, kauft Schulden (in welcher Form auch immer) eines Staates für einen Bruchteil der ursprünglichen Summe auf und bietet den Behörden des entsprechenden Staates die Schulden zum Rückkauf in der jeweiligen Landeswährung an. Da die Landeswährung meistens vorhanden ist (der Staat druckt sie einfach in enormen Mengen) und eine nominelle Tilgung der Schulden eintritt, sind einige Staaten dazu bereit. Zumal das Ingangsetzen der Notenpresse das Problem löst, woher das Geld genommen werden soll.

Die Filmproduktion erhält billiges Geld, um in dem Land produzieren zu können. Die Transaktion verlangt natürlich nach vielen langwierigen Verhandlungen, so dass mit viel Pech jeder Gewinn durch die Arbeit der Verhandlungsführer wieder aufgefressen wird. Aber für die Herstellung von Serien und großen Projekten ist es eine interessante Alternative.

Viele Währungen sind nicht frei konvertierbar. Westliche Firmen können aus solchen Staaten ihre Gewinne nicht ausführen und sind dankbar für Käufer der Landeswährung, auch wenn sie heftige Abschläge in Kauf nehmen müssen. Angeblich ist „Ghandi" so finanziert worden.

6.10 Bartering

Bartering ist eine andere Finanzierungsform, die sich jedoch in Deutschland nicht wirklich durchsetzt. Bartering ist die Produktion von Programm gegen die Stellung von Werbezeiten, die die Filmproduktion selbständig verkauft. Aber TV-Sender lassen sich hierzulande nicht gerne auf ein Geschäft ein, das nur die Sendezeit füllt und ohne Gewinn bleibt bzw. deren Gewinn kleiner ist als im regulären Sendebetrieb. Die Filmproduktionen andererseits sind nicht auf den Verkauf von Werbezeiten eingerichtet.

6.11 Werbung

Es ist erstaunlich, dass bisher werbetreibende Unternehmen nur Werbung, Product Placement und Sponsoring betreiben, aber diese Beträge noch nicht dazu genutzt haben, um sie direkt in den Film zu investieren und statt weniger unmessbarer Werbeleistung nicht auch noch einen Anteil am Film selbst und damit verbunden an den Recoupement-Möglichkeiten zu haben. Experten schätzen, dass das der Trend der Zukunft sein wird.

7. Filmförderungen

Die Filmförderungen sind in Deutschland nicht wegzudenken. Ohne Förderungen würde es überhaupt keine europäische Kinofilmproduktion geben. Auch alle „Großen" des Produzenten-Gewerbes würden nicht im Traum daran denken, auf Förderungen zu verzichten. Der einzige mir bekannte Kinofilm, der ohne Unterstützung der Förderungen in den letzten Jahren produziert wurde, war „Abgeschminkt" (dem aber ein spezieller Deal zwischen der Filmhochschule München und dem BR zugrunde lag).

Ein Kritikpunkt war stets, dass die Förderungen den Filmproduktionen die selbstständige Entwicklung marktfähiger Produktionen abnehmen würden und dadurch zur Verödung der Produktionslandschaft beigetragen hätten.

Das große Vorbild USA wurde beschworen und es wurde übersehen, dass wir in einem Land leben, dessen Bewohner im Schnitt einmal im Jahr ins Kino gehen. Will man nicht nur „Supernasen"-Filme machen, bleiben Filmförderungen in ganz Europa wohl unentbehrlich.

Die Förderungen haben einen Wandel durchgemacht und sehen heute auch die Wirtschafts- und Standortförderung als eine ihrer Aufgaben. Der Wandel hatte eine Reihe positiver Auswirkungen. Es wurde möglich, ambitionierte Großvorhaben massiv zu unterstützen. Ganze Produktionslandschaften entstanden (Köln). Wer einen Blick auf die regionale Herkunft der Kinofilme wirft, stellt schnell fest, dass innovative, aktive Förderungen in den Regionen tätig sind. Das sind insbesondere die Filmstiftung NRW und der „FilmFernseh-Fond Bayern". Die Hamburger z.B. leiden darunter, dass die Politiker dieser Länder, die Filmförderung nicht als aktiven Part einer Branche verstehen, die gut bezahlte, zukunfträchtige und interessante Arbeitsplätze anbietet. Auch ist die Kleinstaaterei ein Nachteil gegenüber den großen Flächenstaaten. Versuche, Filmförderungen kleiner Bundesländer in Regionen zusammenzufassen, scheitern meist an Eifersüchteleien.

Die „Filmstiftung NRW" ist Teil des „Filmwunders", das Köln in wenigen Jahren zum größten Produktionsstandort der Republik gemacht und zigtausende Arbeitsplätze aus dem Nichts geschaffen hat. Die Bayern haben schon seit Langem ein Augenmerk auf die Entwicklung der Branche und gehen gezielt und innovativ vor.

Über alle Aspekte der Förderungen könnte man leicht ein Buch schreiben, es ist fast eine eigene Wissenschaft geworden.

Es existieren drei verschiedene Arten der Förderung:

1. Referenzmittel, die nicht zurückgezahlt werden müssen
2. Rückzahlbare Förderdarlehen
3. Nicht rückzahlbare Zuschüsse

Drei territorial unterschiedliche Förderungen bestehen:

1. International – Gebiet der EU
2. National – Förderungen des Bundes
3. Regional – Förderungen der Länder

Des Weiteren kann nach Art der Auswertung unterschieden werden:

- Kinofilm
- Fernsehen
- Video
- Verleih
- Kinotheaterförderungen

Gefördert werden können:

- Die Drehbuchentwicklung mit 30.000 bis max. 50.000 Euro
- Die Projektentwicklung
- Die Produktionsvorbereitung
- Die Produktion
- Die Postproduction
- Verleih- und Vertriebsförderung
- Speziell Kurzfilme

- Videothekenförderung
- Fernsehprojekte

Nicht alle Filmförderungen bedienen jedes dieser Segmente, aber grundsätzlich alle fördern Kinofilme.

Im Umgang mit Filmförderungen ist zu beachten, dass sie staatliche Stellen sind, die auf Antrag tätig werden und sich an normierte Verwaltungsverfahren halten müssen. Des Öfteren sind Ausschlussfristen zu beachten.

Die Filmförderungen werden generell nur als Darlehen gewährt. Das heißt, dass jede Förderung die Chance sehen muss, das Geld zurückzuerhalten, auch wenn das in den seltensten Fällen eintritt. Die juristische Kunstfertigkeit besteht darin, die Rechte und Rückzahlungsflüsse der Förderungen, der Koproduzenten und der Beteiligten so aufzubauen, dass die sogenannten „Rückzahlungskorridore" der Förderungen bestehen bleiben.

Koproduzenten müssen darauf hingewiesen werden, dass Förderungen ab gewissen Einnahmehöhen Gelder beanspruchen, die nicht der Koproduktionsgemeinschaft zufließen. Die Förderungen legen mit dem Bescheid der Zuerkennung fest, ab welchem Einnahme-Betrag Mittel an sie zurückfließen müssen.

Die Förderungen sind grundsätzlich mit einem regionalen Ziel verbunden. Europäische Förderungen möchten europäische Koproduktionen unterstützen, deutsche Programme möchten deutsche Filmproduzenten fördern und die hessische Filmförderung möchte natürlich die Filmproduktion in Hessen unterstützen.

7.1 Regionale Förderungen

Es wäre jetzt angebracht, regionale Förderungen dem Alphabet nach aufzuführen, aber das wird ihrer Bedeutung nicht gerecht. Die Förderungsanstalten vergeben ihre Mittel sehr unterschiedlich, daran ändern die gleichbleibenden Voraussetzungen nichts. Einige sind bereit, sehr innovativ Fördermittel zu vergeben, andere nur, wenn der einheimische Staatsfunk (soll heißen, die regionale ARD-Anstalt) seinen Segen gegeben hat. Das soll nicht unbedingt eine Kritik sein, sondern mehr der Wunsch nach individueller Förderung eines Projektes, das vielleicht Besonderes bewirken kann. Roland Emmerich kommt aus Baden-Württemberg – wer wollte großen Talenten ihre Chancen verweigern?

Alle Förderungen zielen auf den Regional-Effekt. Das heißt, der Betrag (meist mehr als der Betrag, den die Förderung gewährt) muss auch in dem entsprechenden Bundesland ausgegeben werden. Ein angemessener Eigenanteil, der auch durch eigene Leistungen zu erbringen ist, muss in jedem Fall gewährleistet sein. Alle Filmförderungen setzen voraus, dass die Gesamtfinanzierung gesichert ist.

7.1.1 Der Bayerische FilmFernsehFonds (FFF Bayern)

Diese Förderinstitution hat es verstanden, flexibler als alle anderen auf die neuen Herausforderungen zu reagieren. Sie sind bereit, über den Tellerrand hinauszuschauen und haben den Wandel von einer kulturellen Stiftung zu einer Förderung, die den veränderten Erfordernissen des Filmgeschäfts gerecht wird, nach Meinung aller Experten bravourös vollzogen. Die Voraussetzungen der Förderung sind modern und den Produktionsbedingungen angepasst.

Die Filmförderung in Bayern hat eine lange Tradition und der FFF ist erheblich daran beteiligt, dass München, im Gegensatz zu anderen Städten in Deutschland, den Anschluss an die Medienwelt nicht verloren hat, sondern sogar neben NRW die größten Zuwächse erzielt. Die Bedeutung von München als Filmstandort belegt eindrucksvoll die Zahl der Filmproduktionsunternehmen, die dort immer noch neu gegründet werden. Dass Filmproduktionen ihren Standort nach der Attraktivität der Förderung aussuchen, ist allgemein bekannt. Und so wie NRW als Bundesland der Jungen Wilden gelten können, deren Aufbauleistung Bewunderung verlangt, so ist Bayern der Spitzenreiter, der es geschafft hat, an der Spitze zu bleiben. Ein nicht unerheblicher Verdienst des FFF.

Der FilmFernsehFonds fördert Autoren und bezahlt die erste Rate auf Vorlage des Treatments. Die Förderung ist in der Höhe der Summe mit der der FFA zu vergleichen. Das Drehbuch muss mit einer in Bayern ansässigen Filmproduktion realisiert werden.

Auch für die Entwicklung einer Filmproduktion kann Förderung in Anspruch genommen werden und zwar sowohl für Kino- als auch für Fernsehproduktionen. Die Produktionen dürfen zum Zeitpunkt der Antragstellung noch nicht begonnen haben.

Der bayerische FilmFernsehFonds vergibt des Weiteren Verleih- und Vertriebsförderungen und Investitionsförderungen an filmtechnische Betriebe. Weitere Förderungen sind denkbar für Filmabspiel- und Filmpräsentationskosten. Das heißt, dass ein ambitioniertes Filmvorhaben mit der Unterstützung des Fonds rechnen kann, solange der Bayern-Effekt berücksichtigt ist.

Der FFF ist ein echtes Schwergewicht, denn in 2006 wurden 117 Projekte gefördert mit einem Gesamtetat von fast 20 Mio. Euro. 10 Drehbücher erhielten zwischen 20.000 und 30.000 Euro, 27 Nachwuchsprojekte (darunter immerhin 10 Dokus) wurden mit je 9.000 bis 80.000 Euro gefördert, 31 Filme erhielten 25 Euro bis 1,4 Mio. Euro. Der FFF förderte auch 19 TV-Projekte mit 20.000 bis 530.000 Euro. 23 Verleihförderungen wurden mit 30.000 bis 205.000 Euro unterstützt. Der FFF unterstützte auch 7 Projektentwicklungen mit je 15.000–40.000 Euro.

7.1.2 Die Filmstiftung Nordrhein-Westfalen

Diese Filmförderinstitution ist der „Star" unter den Förderungen, der Etat betrug 2006 33,5 Mio. Euro. Damit macht man der FFA Konkurrenz, fördert aber wesentlich mehr Projekte, nämlich nur 2006 allein 350 verschiedene. Die Filmstiftung fördert Kino sowie Fernsehen und ist finanziell extrem gut ausgestattet. Antragsberechtigt ist für Entwicklungsförderungen neben der Filmproduktion auch der Regisseur. Eine Besonderheit ist, dass die Mittel binnen zwei Monaten nach Auszahlung verwendet werden müssen. Wird das Projekt nicht binnen drei Jahren realisiert, fallen die Rechte an die Filmstiftung. Es existiert eine Zusammenarbeit mit dem WDR, für die eigene Mittel zur Verfügung stehen. Der WDR erwirbt mit der Förderung die Rechte an dem Projekt. Es existieren keine festen Einreichtermine. Der Antrag ist, wie alle Anträge an die Filmstiftung, 9-fach auszufertigen. Ungewöhnliche Anlage, die beizufügen ist, sind die Jahresabschlüsse des Antragstellers für die letzten zwei Jahre. Maximal werden 100.000 Euro gezahlt, jedoch nicht mehr als 80 % der Projektkosten.

Die Filmstiftung fördert des Weiteren Drehbücher, die Autoren sind antragsberechtigt, müssen das Vorhaben aber mit einer in NRW ansässigen Filmproduktion realisieren. In 2006 waren es immerhin 12 Drehbücher, die je zwischen 18.000 Euro und 20.000 Euro erhielten.

Eine Projektentwicklungsförderung erhielten 10 Filme, die zusammen 359.000 Euro oder je 20.000 Euro bis 60.000 Euro erhielten.

Die Produktion von Kino- und Fernsehprojekten kann gefördert werden, wenn der Eigenanteil mindestens 5 % beträgt und die Finanzierung bis neun Monate nach dem Zeitpunkt der Bewilligung nachgewiesen wird. Die Kinoerstaufführung soll in NRW erfolgen. Die Sperrfrist für Video beträgt 6 Monate, für Fernsehen 2 Jahre. Der Zuschuss darf 50 % der Herstellungskosten nicht übersteigen. Auch diesem Antrag sind u. a. die letzten beiden Jahres-abschlüsse des Antragstellers beizulegen.

Des Weiteren werden Low-Budget-Produktionen und Kurzfilme gefördert sowie die Post Production, die filmtechnische Infrastruktur, der Verleih- und Vertrieb, Filmabspiel- und Filmpräsentation in NRW.

In 2006 wurden 127 Filme, davon 10 TV-Filme, sowie 34 Low-Budget- und 24 Kurzfilme gefördert. Die Förderungen für die „richtigen" Filme betrugen zwischen 95.000 und 1,3 Mio. Euro. Postproduktionsförderung wurde 16 Mal für je 100.000 Euro bewilligt. 40 Verleihprojekte mit 5.000 bis 20.000 Euro runden das Bild ab.

7.1.3 Das Kultusministerium Rheinland-Pfalz
Geld wurde nur für Kinofilme ausgegeben: 58.000 Euro in 2006. 6.000 Euro entfielen dann auch noch auf den Kinderfilmpreis als Auslobung (Preis).

7.1.4 Das Medienboard Berlin-Brandenburg
Das Medienboard hat als erstes die Gremiumentscheidung durch das Inten-dantenprinzip abgelöst und sich dadurch eine größere Flexibilität verschafft. Gremium-Entscheidungen wird nachgesagt, dass die massive Unterstüt-zung größerer Projekte nahezu unmöglich war, da stets ein Mitglied gegen das Projekt Stellung nimmt und statt dessen die „Gieskannenförderung" herrscht – jeder bekommt etwas, aber keiner genug. Das Medienboard för-dert auch Fernsehprojekte.

Das Medienboard fördert die Drehbuchentwicklung, die Produktion, den Ver-leih, den Vertrieb, vergibt Abspielförderungen und unterstützt Veranstaltungen.

Zu beachten ist für den Antragsteller, dass die Produktion zum Zeitpunkt der Antragstellung noch nicht begonnen sein darf (Ausnahmen sind denkbar) und Kinofilmprojekte müssen bereits einen Verleihvertrag vorweisen können. Der Eigenanteil muss mindestens 30 % betragen und es müssen Mittel in Höhe der Förderung in Berlin/Brandenburg ausgegeben werden.

Das Medienboard ist unter dem jetzigen regierenden Ministerpräsidenten bzw. Oberbürgermeister sehr gestärkt worden und vom kollektiven Spar-zwang in diesen Ländern zwar nicht ausgenommen, aber doch als wichtiger Standortfaktor vernünftig ausgestattet worden. Das Medienboard hat damit einen Etat erhalten, der auch national durchaus ins Gewicht fällt und extrem erfolgreich auch in der weiteren Aufgabe der Standortförderung ist.

Mit 21 Mio. Euro wurden 221 Projekte gefördert, davon 10 Drehbuchförderungen und immerhin 97 Kinofilme. Letztere mit Summen zwischen 15.000
Euro und 800.000 Euro. 18 Dokus waren dabei und 36 Verleihförderungen
wurden mit maximal 150 Euro unterstützt. Das Medienboard ist auch sehr
aktiv im Segment Games und Neue Medien.

Wie ich wurde, was ich (im Moment) bin

Kirsten Niehuus,
Geschäftsführerin Medienboard Berlin-Brandenburg

 Wie viele andere im Filmgeschäft bin auch ich
als Quereinsteigerin zu meinem Job gekommen.
Ich hätte nie gedacht, dass ich meine Leidenschaft für Filme kombiniert mit meiner juristischen Ausbildung zum Beruf machen könnte.
Umso glücklicher bin ich darüber, dass ich eine
Tätigkeit gefunden habe, die so viel Freude
macht, und es einem leichter fällt, das zeitinten-
sive Arbeitspensum gern zu erfüllen.

Ich habe Mitte der 80er in Hamburg begonnen, Jura zu studieren.
Eigentlich wollte ich Strafverteidigerin werden, aber dann kam
alles ganz anders. Schon während des Studiums verlagerte sich
mein Ausbildungsschwerpunkt auf Medienrecht, welches damals
allerdings bei weitem noch nicht so klar definiert in der Ausbildung angeboten wurde, sondern mehr aus der Kombination verschiedener Rechtsgebiete bestand.

Während meiner Referendarzeit habe ich dann im Rahmen meiner Verwaltungsstation die Filmförderungsanstalt (FFA) von
innen kennen gelernt. Bis dahin bin ich zwar oft und gern ins
Kino gegangen, aber hatte mir noch nie Gedanken darüber
gemacht, wie so ein Film eigentlich finanziert wird. Für mich
ging es bis dahin eigentlich ausschließlich um die künstlerischen Aspekte, die Regisseure, Schauspieler und den Look des
Filmes. Dass es in Deutschland Gremien gibt, die über die För-
derbarkeit von Filmen leidenschaftlich diskutieren und entscheiden, war mir neu. In dieser Zeit war ich das erste Mal bei der
Berlinale und von der internationalen Atmosphäre und natürlich

auch dem Glanz und Glamour überwältigt. Alle sprachen immer nur über Film.

Kein Wunder also, dass ich mich 1991 auf die Stelle für das Justitiariat der FFA bewarb und sehr glücklich war, dass ich den Job bekam und nach Berlin ziehen konnte. Davor hatte ich als Rechtsanwältin in einer großen Hamburger Kanzlei mit Schwerpunkt Medienrecht gearbeitet. In den nächsten vier Jahren lernte ich bei der FFA, was Filmemachen bedeutet – aus Verwaltungssicht. Viele Sitzungen, in denen die Interessen der einzelnen Gruppen – Sender, Verleiher, Produzenten und natürlich Kinobetreiber – alle auf das Gleiche gerichtet waren, nämlich den deutschen Film zu stärken. Aber die Vorstellungen, wie das gelingen könnte, waren doch sehr unterschiedlich.

Als Justitiarin bestand mein Job darin, darauf zu achten, dass die Vorschriften des Filmfördergesetztes eingehalten werden, und ich habe gelernt, dass so ein Gesetz Interpretationsspielraum bietet, den man zugunsten der Filmemacher nutzen kann. Nach einiger Zeit hatte ich das Gefühl, die Perspektive der Verwaltung auf das Filmemachen ganz gut zu kennen, und den großen Wunsch, auch die andere Seite des Zaunes besser zu verstehen.

So passte es wunderbar in meine berufliche Lebensplanung, dass Mitte der 90er die in Berlin noch neue Senator Film jemanden für ihre rechtlichen Belange suchte. Auch wenn ich dachte, ich wüsste aus meiner FFA-Zeit, wie das Geschäft läuft, habe ich noch einmal sehr viel dazugelernt, insbesondere weil Senator im eigenen Haus Produktionsfirma und Filmverleih war und heute in ganz anderer Besetzung wieder ist. Ich bin heute noch meinen erfahrenen Kollegen von damals sehr dankbar, dass sie mir den praktischen und kaufmännischen Hintergrund für die Verhandlungen mit Kreativen und Koproduktionspartnern vermittelt haben, ohne den jeder Vertrag nur ein lebloses Stück Papier ist.

Mit diesem Rüstzeug kehrte ich dann 1999 – der Zeit vieler Börsengänge – als stellvertretender Vorstand in die FFA zurück und habe dort bis 2004 den gesamten Förderbereich geleitet. Dazu gehörte auch Eurimages, eine Filmfördereinrichtung des Europarates. Als deutsche Repräsentantin lernte ich so die europäische Dimension des Filmemachens kennen.

In 2004 wurde ich dann von einer unabhängigen Kommission als für die Filmförderung zuständige Geschäftsführerin des neu gegründeten Medienboard Berlin-Brandenburg vorgeschlagen und vom Aufsichtsrat ernannt.

Das Neue am Medienboard war – im Gegensatz zur Vorgängerinstitution dem Filmboard-, dass unter seinem Dach neben der Filmförderung auch der Geschäftsbereich Standortmarketing angesiedelt ist, der von meiner Kollegin Petra Müller verantwortet wird. Aus der Zusammenlegung von Förderung und Standortmarketing haben sich viele Synergieeffekte ergeben und die kreativen Branchen konnten besser vernetzt werden.

Filmförderung Berlin-Brandenburg

Berlin ist in den letzten Jahren immer attraktiver für deutsche und internationale Filme geworden. Das liegt zum einen an der ständig wachsenden Bedeutung der Stadt als deutsche Hauptstadt. Auch in anderen europäischen Ländern sind die Hauptstädte die Zentren des Filmschaffens, man denke nur an Paris, Rom, London und Madrid. Davon und von immer noch relativ günstigen Lebenshaltungskosten gelockt, hat es mittlerweile viele Schauspieler, Regisseure, Autoren und Produktionsfirmen nach Berlin gezogen. Dazu kommen die Studios in Babelsberg.

Berlin ist damit in zweierlei Hinsicht besonders: Es ist das kreative Zentrum des deutschen Filmschaffens, aber auch international die erste Adresse. Gut für die Branche, dass die Politiker hier sehr filmaffin sind. Das geht von der großzügigen Unterstützung bei der Genehmigung von Dreharbeiten über die kontinuierliche Aufstockung der Fördermittel bis hin zu persönlichem Einsatz bei Premierenparties etc.

Das Medienboard ist die einzige deutsche Förderinstitution, deren Mittel in den letzten Jahren nicht gekürzt, sondern aufgestockt worden sind.

Im Jahr 2006 konnten wir 191 Filme mit 22,7 Mio. Euro fördern. Die Mittel stammten zum einen aus dem Steueraufkommen der beiden Länder und zum anderen aus Beiträgen der öffentlich-rechtlichen und privaten Sender. Dank des großen Engagements der Berliner und Brandenburger Politik, der Sender ZDF/ARTE, ProSiebenSat.1 und seit 2005 auch des rbb ist das Medienboard-Budget seit 2004 kontinuierlich gewachsen, und wir sind inzwischen nach Nordrhein-Westfalen die zweitgrößte deutsche Regionalförderung.

Das Medienboard ist die erste und einzige deutsche Förderung, die nach dem sogenannten Intendantenprinzip fördert. Das bedeutet, dass der/die für die Filmförderung zuständige Geschäftsführer/-in über die Förderung von Filmprojekten entscheidet, ohne dass es der Abstimmung eines externen Gremiums bedarf, lediglich mit den Sendervertretern ist Einvernehmen über die von den Sendern eingebrachten Fördermittel zu erzielen. Das erlaubt dem Intendanten, seine Strategie für den Filmstandort direkt umzusetzen.

Dafür kann man sich allerdings auch nicht hinter Mehrheitsentscheidungen verstecken, sondern muss für seine Entscheidungen gerade stehen.

Aber wie schon ein altes Sprichwort sagt: Hinter jedem Intendanten steht ein starkes Team!

Fünf erfahrene Förderreferenten bereiten im Vorfeld und während der fünf jährlichen Fördersitzungen alle Projekte vor. Die große Zahl der Förderanträge – im Jahr 2006 waren das 420, also doppelt so viele Filme wie gefördert wurden – ist nur mit Hilfe der engagierten Arbeit der Referenten zu bewältigen, die sich in zahlreichen Beratungsgesprächen mit den Produzenten austauschen, offene Fragen klären und den aktuellen Stand und alle wesentlichen Details zum Antragsprojekt in die Förderentscheidung einbringen. Unsere Fördersitzungen dauern in der Regel 2 Tage, an denen wir intensiv diskutieren, abwägen und im Regelfall gemeinschaftlich zu einvernehmlichen Entscheidungen kommen.

Förderung

Der Bereich Filmförderung umfasst folgende Bereiche: Stoffentwicklung, Projektentwicklung (Packaging), Paketförderung, Produktion, Verleih/Vertrieb und Festivalpräsentationen.

Die Förderung besteht in der Regel in der Vergabe bedingt rückzahlbarer Darlehen. Die Fördervoraussetzungen sind in den Richtlinien und Merkblättern des Medienboard festgelegt. Dort finden sich alle Details, weshalb im Folgenden nur kursorisch die wesentlichen Voraussetzungen beschrieben werden sollen.

Am Anfang ist das Wort:

Unbedingte Voraussetzung vor der Antragstellung ist ein Gespräch mit dem zuständigen Förderreferenten, die sich auf unterschiedliche inhaltliche Schwerpunkte spezialisiert haben.

Sinn des Gespräches ist, herauszufinden, ob ein Projekt bereits entscheidungsreif und inhaltlich und formal so aufgestellt ist, dass es eine Chance auf Förderung hat. Darüber hinaus beraten die Förderreferenten die Antragsteller aber auch gern in inhaltlichen Fragen, zu Finanzierung und möglichen weiteren Partnern wie z. B. Sender.

Risiko!

Jeder Antragsteller muss grundsätzlich einen Teil des Kostenrisikos selbst übernehmen und einen Eigenanteil von mindestens 30 % der Herstellungskosten zur Finanzierung eines Projektes leisten.

Regionaleffekt:

Der Produzent muss einen 100%igen Regionaleffekt garantieren, das heißt, mindestens die Fördersumme muss in der Hauptstadtregion ausgeben werden. Die Erfahrungen der letzen Jahre zeigen aber deutlich, dass die meisten Filme etwa 3 Mal mehr Geld hier ausgeben, da Berlin und Brandenburg als Drehorte immer attraktiver geworden sind.

Und nun zum Film:

Die Prüfung der formalen Kriterien ist so eine Art Vorspiel. Danach wird es richtig ernst. Bei der Entscheidung über die Förderung spielen verschiedene Kriterien eine Rolle, je nachdem, ob es sich um ein Nachwuchsprojekt, einen kommerziellen oder Arthouse-Film handelt.

Das Herzstück der Beurteilung ist sicher das Drehbuch. Überzeugt die Geschichte? Hat sie das Originelle, das Berührende, das Mitreißende, das Neue, das gewisse Etwas, das größer als das wahre Leben ist und das Zeug hat, ein Kinopublikum für mindestens 90 Minuten zu fesseln oder doch mindestens gut zu unterhalten?

Aber neben dem Drehbuch spielt natürlich das ganze so genannte „Package" eine entscheidende Rolle:

Verfügt der Produzent über ausreichend Erfahrung, das Projekt in der versprochenen Qualität und innerhalb des Budgets fertig zu stellen? Passt die Handschrift des Regisseurs zu der Geschichte, welche Schauspieler sollen die Rollen zum Leben erwecken? Überzeugt das künstlerische Gesamtkonzept?

Das heißt aber nicht, dass nur „alte Hasen" gefördert werden. Ganz im Gegenteil legen wir großen Wert auf den filmischen Nachwuchs. Florian Henckel von Donnersmarcks „Das Leben der Anderen" ist im Moment sicher d a s prominente Beispiel dafür, aber auch andere Nachwuchsfilme zeigen auf internationalen Festivals und beim Publikum, dass der produzentische und künstlerische Nachwuchs wichtiger Bestandteil des Filmstandortes Berlin-Brandenburg ist.

Wir bemühen uns, jedes Projekt an seinen eigenen Ansprüchen zu messen und anhand von Erfahrungswerten zu beurteilen, ob es sein Publikum finden, auf Festivals reüssieren und/oder die Förderung zurückzahlen kann.

Die Medienboard-Förderung setzt nicht auf schnelllebige Trends, sondern baut langfristig auf Kontinuität. Wir sind eben keine Bank, die auf den größtmöglichen finanziellen Return of Investment achten muss, sondern für uns zählt neben der wirtschaftlichen Entwicklung des Produktionsstandortes auch die kreative Erfahrung. Unser Ziel ist es, die Berliner und Brandenburger Produzenten in beiden Aspekten – sowohl kreativ wie auch wirtschaftlich – zu unterstützen, denn so können wir die Hauptstadtregion als Film- und Produktionsstandort nachhaltig stärken.

Abgerechnet wird zum Schluss:

Wenn ein Film wirtschaftlich erfolgreich ist, muss der Produzent das Förderdarlehen zurückzahlen. Dabei wird die gesamte Auswertungskette, also Kino-, DVD/Video-, TV- und internationale Auswertung, berücksichtigt. Üblicherweise gilt dies für einen Zeitraum von 5 Jahren nach Start des Filmes. Der Oscar-Gewinner „Das Leben der Anderen" konnte beispielsweise nach seinem großen Erfolg in Deutschland und im Ausland seine Produktions- und Verleihförderung bereits nach zwei Jahren ans Medienboard zurückgeben. Produzenten, die ihre Mittel zurückgezahlt haben, können für ihr nächstes Projekt ein Erfolgsdarlehen beantragen. Auch dieses Projekt muss den Qualitätskriterien des Medienboard entsprechen.

Und sonst noch ...

Neben dem Kerngeschäft der Förderung setzt sich das Medienboard für optimale Rahmenbedingungen der Branche am Standort ein und engagiert sich dafür bei Politik und Verwaltung in Berlin, Brandenburg und auf Bundesebene. Dass der Förderetat des Medienboard seit seiner Gründung kontinuierlich erhöht wurde, liegt unter anderem auch an diesem ständigen Dialog mit den zuständigen Partnern im Berliner Rathaus und dem Brandenburger Wirtschaftsministerium.

Kreativität, finanzielle Unterstützung und gute Rahmenbedingungen sind drei wichtige Pfeiler für die Entstehung von qualitativ hochwertigem und darüber hinaus auch wirtschaftlich erfolgreichem Kino. Die jüngere Geschichte des Standortes bestätigt dies: Seit dem Fall der Mauer haben sich die Hauptstadt und ihre Region zum führenden Filmstandort entwickelt, der sowohl national als auch international viel beachtet wird. Vom neuen deutschen Kino, dem anspruchsvollen Arthouse-Film über die Berliner Schule mit Regisseuren wie Christian Petzold, Angela Schanelec und Thomas Arslan oder dem Brandenburger Heimatfilm mit kleinen, feinen Filmen bis hin zu den internationalen Großproduktionen in Babelsberg – die Filmszene in der Hauptstadtregion ist lebendig und in ihrer Vielfalt einmalig.

Als Metropole von Weltruf genießt Berlin eine große Anziehungskraft für Kreative aller Couleur aus aller Welt. Nicht zuletzt wegen
ihrer Filmtradition hat sich die Stadt nach der Wiedervereinigung
in Lichtgeschwindigkeit das heute notwendige Rüstzeug zugelegt,
um in einer Liga mit den großen Filmmetropolen Europas und der
Welt mitzuspielen.

Die Einführung des Deutschen Filmförderfonds (DFFF) durch Kulturstaatsminister Bernd Neumann, in Kombination mit der hohen
Professionalität und Kompetenz der Servicedienstleister vor
Ort, den sensationellen Locations in Berlin und in Brandenburg,
gepaart mit der großen Attraktivität Berlins als Metropole, haben
einen regelrechten Boom von internationalen Großproduktionen
wie „Speed Racer", „The International", „Valkyrie", „Der Vorleser"
und viele mehr in der Hauptstadtregion ausgelöst.

Unser Anliegen ist es, dass sich diese Entwicklung Berlin-Brandenburgs als Filmstandort mit internationaler Bedeutung fortsetzt.
Wir geben außerdem den Produzenten am Standort die Möglichkeit, mit potenziellen Koproduktions-Partnern aus der ganzen Welt
zusammenzukommen. Auf internationalen Festivals in Berlin, Cannes, New York, Moskau, Paris, Rom und vielen mehr organisieren
wir deshalb Koproduktionstreffen zwischen „unseren" Berlin-Bran-
denburger Produzenten und den Filmschaffenden vor Ort.

Initiativen wie das europäische Netzwerk Capital Regions for
Cinema (CRC), das die Filmmetropolen Paris, Rom, Madrid und
Berlin-Brandenburg verbindet und dessen Gründungspartner das
Medienboard ist, erleichtern nicht nur die Anbahnung von Koproduktionen, sondern helfen auch bei praktischen Schwierigkeiten
wie Locationssuche oder Drehgenehmigungen vor Ort. Wir arbeiten außerdem an der Erweiterung dieses Netzwerkes.

Das Zusammenwachsen Europas durch die EU-Osterweite-
rung rückt Berlin ins Zentrum des europäischen Kontinents und
macht es zur Drehscheibe zwischen Ost und West. Filmfestivals
mit Focus auf Osteuropa wie Cottbus mit dem Koproduktionsfo-
rum Connecting Cottbus, Veranstaltungen wie „Moving Europe –
Moving Pictures" oder Initiativen wie der Deutsch-Polnische Co-
Development Fonds von Medienboard, MDM und dem polnischen
Filminstitut werden immer mehr an Bedeutung gewinnen.

Die Zukunft des Filmstandortes Berlin-Brandenburg sieht im Moment vielversprechend aus: Internationale und deutsche Produzenten drehen, was das Zeug hält, Filme aus Berlin-Brandenburg laufen weltweit auf den Festivals und sind damit auch Botschafter des Filmstandortes – die Weichen sind gestellt. Dass dies so ist, liegt am gemeinschaftlichen Engagement von Produzenten, Kreativen, Verbänden, Sendern, Politik und Filmförderung. Jedes Glied der Kette ist wichtig und trägt einen wichtigen Anteil am Gelingen des Gesamtwerkes.

Die Filmbranche ist eine Erfolgsgeschichte für die Region. Kreativ ist sie in Deutschland führend und international von großer Anziehungskraft. Das bringt Jobs für die Hauptstadtregion und Geld in die Kassen. Für die Politik also eine lohnenswerte Investition. Dies weiter zu festigen und auszubauen, sehe ich als wichtige Aufgabe in den nächsten Jahren, denn die Konkurrenz schläft nicht und nicht jedes Jahr ist gleich gut. Deshalb ist es wichtig, auf breiter Ebene zu fördern und zu fordern, von uns selbst, von der Politik und von den Filmschaffenden.

Nur so können wir national und international die Exzellenz des Standortes unter Beweis stellen.

Darüber hinaus befinden wir uns mitten in einer Revolution. Die Digitalisierung sorgt für den größten Umbruch der Medienbranche. Die Arbeits- und Herstellungsbedingungen, Vertrieb, Verwertung, Vermarktung werden sich deutlich verändern. Noch steht die Branche am Anfang des neuen Zeitalters und es gibt unterschiedliche Visionen. Wir beobachten die Entwicklungen sehr genau, um der Branche auch dabei ein verlässlicher und zukunftsorientierter Partner zu sein.

Auch für die Zukunft der Förderung gilt: Es gibt nichts Gutes – außer man tut es!

7.1.5 Filmbüro Bremen

Gefördert wird die Produktion von Film, Fernsehen und Video durch einen einmaligen Zuschuss, wobei der „Bremen-Effekt" ein Problem darstellt, da ein wesentlicher Teil der Gesamtherstellungskosten in Bremen ausgegeben werden muss. Die Förderung möchte nur Spitzenfinanzierungen leisten. Des Weiteren können Veranstaltungen im Film- und Fernsehbereich bezuschusst werden. Das war den Bremern in 2006 gerade mal 43.350 Euro wert. Die wurden auch noch auf 18 Projekte verteilt. Die Höchstförderung für eines der 9 Filmproduktionsprojekte war 5.500 Euro. Da kann man allen Teammitgliedern mal ein Eis von kaufen.

7.1.6 Die Medien- und Filmgesellschaft Baden-Württemberg (MFG)

Die MFG hat ebenfalls die Filmbranche als Standortfaktor erkannt und ist finanziell mit 5,2 Mio. Euro ausgestattet, hauptsächlich um die Investitionen in die Filmhochschule Ludwigsburg zu rechtfertigen. Allerdings gibt es in dem Bundesland kein Zentrum und keine Konzentration von Filmproduktionen (außer der Filmhochschule in Ludwigsburg). Auch sitzt kein produzierender Privatsender in dem Gebiet. Fristen für den Eingang der Unterlagen sind der 15.1., 15.4., 15.7. und 15.10.

Die MFG vergibt Drehbuchförderungen (auch Regisseure und Autoren sind antragsbefugt) für Kino und Fernsehen, ein Bezug zu Baden-Württemberg muss bestehen.

Die Produktionsförderung ist nur für Kinofilme erhältlich, sie wird in Raten ausgezahlt, 20 % zur Preproduction, 50 % zum Drehbeginn, 20 % bei Fertigstellung des Rohschnitts, 10 % nach Ablieferung der Belegkopien. Es ist über den Regional-Effekt ein besonderer Baden-Württemberg-Effekt zu erzielen. Der Baden-Württemberg-Bezug ist gegeben, wenn der heimische Sender involviert ist und die Fernsehrechte erhält. Das heißt aber auch, dass der Sender letztlich entscheidet, was gedreht wird, denn die Fernsehrechte werden nicht einfach so erworben. Um den Sender zu einer Förderung zu bewegen, reicht es unter Umständen schon aus, dass wesentliches Personal aus Baden-Württemberg stammt (Filmhochschule Ludwigsburg!) oder der Film an Schauplätzen im Land gedreht wird. Wobei der letzte Punkt eine Zusammenarbeit außerordentlich kompliziert gestalten könnte.

Die Förderung beträgt bis zu 1 Mio. Euro, vergeben wurden aber nur 600.000 Euro maximal und 10.000 Euro als Minimum, bis maximal 30 % der Herstellungskosten insgesamt. Des Weiteren werden Videoproduktionsförderungen (!), Verleih- und Vertriebs- sowie Abspielförderung gewährt.

In 2006 wurden 31 Filme gefördert, nur 7 Drehbücher und 13 Verleihförderungen vergeben. Drehbücher bekamen 20.000 bis 30.000 Euro, Verleiher 8.000 bis 50.000 Euro. 10 TV-Filme und 15 Dokus sowie 4 Animationsfilme wurden gefördert. Diese Vielfalt zeigt die Anwesenheit einer Filmhochschule.

7.1.7 Filmförderung Hamburg Schleswig-Holstein GmbH

Die Filmförderung hat mit dem Zusammenschluss mit Schleswig-Holstein den Schritt zur lange von allen gewollten „Nordförderung" gemacht, die die Nachteile einer Stadtstaat-Förderung gegenüber den großen Förderungen Bayerns, NRW und inzwischen auch Berlin-Brandenburgs ausgleicht. Ein Stadtstaat bringt einfach dauerhaft nicht genug Ressourcen auf.

Wünschenswert wäre es gewesen, die Bremer und die Niedersachsen hätten sich noch angeschlossen, dann wäre ein Gegengewicht zu den großen Förderungen entstanden. Hamburg hat traditionell einen Schwerpunkt in der Zusammenarbeit mit den anderen nordischen Ländern und war über lange Zeit auch eine gefragte Adresse für den Independent-Film. Ob der Zusammenschluss eine andere Ausrichtung zur Folge hat, muss abgewartet werden.

Die Filmförderung leidet darunter, dass die Hamburger Politiker ohne Not die einst mächtige Stellung der Filmstadt Hamburg aufgegeben haben. Der Fokus der Politik ist zu wenig auf Film ausgerichtet. Hamburg produzierte vor wenigen Jahren noch mehr TV- und Filmminuten als München oder Berlin.

In 2006 wurden mit 6,7 Mio. Euro 102 Projekte unterstützt. 13 Drehbücher erhielten zwischen 3.000 und 17.000 Euro. 35 Filme wurden mit 20.000 Euro bis 450.000 Euro bedacht. 27 Projekte erhielten eine Verleihförderung. Die Verleiher konnten sich dabei über 4.000 bis 50.000 Euro freuen. 5,8 Mio. flossen in die Projektförderung, dabei waren 4 Dokus und 6 Kurzfilme unterstützenswert.

Jens Stabenow, stellv. Geschäftsführer der Filmförderung

Hamburg hat alles, was ein guter Film- und Fernsehstandort braucht: eine lebendige Szene motivierter und kreativer Filmschaffender, erfolgreiche Produzenten, ein breites Netzwerk qualifizierter Dienstleister und im Verbund mit Schleswig-Holstein eine Palette an Filmmotiven, die ihresgleichen sucht. Durch eine kontinuierliche und rege Förderpolitik, ein differenziertes Förderangebot und ein breit gefächertes Serviceprogramm hat die Filmförderung Hamburg in den vergangenen Jahren entscheidend zum kreativen Klima in der Hansestadt beigetragen und mit Modellen u. a. zur Filmfinanzierung, mit Workshops zu Themen wie „Film und Recht", „Film und Games" und „Digitalisierung" Maßstäbe gesetzt. Nicht zu unterschätzen ist der enorme Werbeeffekt von hier entwickelten, produzierten, gedrehten und geförderten Filmen, wie zum Beispiel der mehrfach ausgezeichnete Film von Fatih Akin „Gegen die Wand", die ein vielschichtiges Bild von Stadt und Umland in die Kinos und quasi jedes deutsche Wohnzimmer getragen haben. „Der goldene Bär geht nach Hamburg", sagte Fatih Akin 2004 bei der Preisverleihung der Internationalen Filmfestspiele in Berlin und ergänzte vor internationalen Journalisten und einem filmbegeisterten Publikum „in die schönste Stadt der Republik" – eine wirkungsvollere Werbung für die Stadt kann sich kein Werbestratege ausdenken. Umso unverständlicher die Kürzung der Fördermittel genau in diesem, für den norddeutschen Film so erfolgreichen Jahr. Die Branche der Stadt hatte in den vergangenen Jahren massiv zu kämpfen und muss sich auch aktuell einem immer schärferen Wettbewerb zwischen den Medienstädten Berlin, München und Köln stellen. Der kreative Nachwuchs geht eben dahin, wo kontinuierlich Aufträge winken, wo es die beste finanzielle Ausstattung gibt für die Realisierung von Film- und Fernsehproduktionen.

Mit dem Zusammenschluss der Filmförderungen aus Hamburg und Schleswig-Holstein ist ein richtiges Signal gesetzt worden – der Norden wird im Wettlauf der Standorte künftig mit einer Stimme sprechen und gemeinsame Sache machen für den Film! Neben dem etablierten Förderprofil wird die Filmförderung Hamburg-Schleswig-Holstein weiterhin die Entwicklungen auf dem Film- und Fernsehmarkt verfolgen, Produzenten und Kreative an einen Tisch bringen und sie für neue Wege und Medien begeistern. Das „bewegte Bild" wird auch bei allen neueren Formen der Mediennutzung im Mittelpunkt stehen, digitalisierte Produktionsprozesse und alternative Formate und Erzählformen werden sich weiter ausprägen und es erlauben, auch mit kleineren Budgets Großes zu leisten. Digitalisierung und Medienkonvergenz bieten die Chance, neuen Geschäftsmodellen zum Erfolg zu verhelfen und junge Kreativ- und Unternehmertalente, die sog. „Creative Class", für den Standort zu begeistern. Hamburg genießt bereits einen hervorragenden Ruf als „Digital City" und bietet im Bereich Medien mit seinem weit gefächerten Branchenmix aus Film und Fernsehen, IT, Print, Games, Musik und Werbung den idealen Background für junge Talente, der sich die Filmförderung Hamburg Schleswig-Holstein auch weiterhin annehmen wird.

7.1.8 Hessische Filmförderung (HFF-Land)

Das einstige „Filmbüro" ist durch eine echte Förderung ersetzt worden, mit einem Etat in 2006 von immerhin 1,14 Mio. Euro, die aber auf 96 Projekte (davon 77 Filmprojekte) verteilt wurden. Pro Produktionsförderung bleiben da nur noch, wen wundert's, 4.000 bis 40.000 Euro übrig.

Die HFF stiftet den hessischen Filmpreis mit einer gerechten Verteilung: Den Preis bekommt der Regisseur, die Prämie die Filmproduktion. Wahrscheinlich würden viele Regisseure gerne tauschen. Ein Hessen-Bezug des Films muss vorliegen. Weiterhin gibt es einen Preis für hessische Kinos.

Die Förderung von Film- und Fernsehprojekten mit einem Hessen-Bezug (Filmstadt Kassel?) ist in allen Stadien der Produktion möglich. Der Antrag ist 4-fach zu stellen, die Anlagen 7-fach einzureichen. Einreichtermin ist der 1.10. Es besteht eine Zusammenarbeit mit dem Hessischen Rundfunk (HR). Das bedeutet, es wird nur das gefördert, was der HR eh machen will. Aber zum Glück ist die neue Förderung nicht mehr komplett vom HR abhängig, sondern hat dafür jetzt eine eigene Unterabteilung, die sinnigerweise HFF-hr genannt wird.

7.1.9 Kulturelle Filmförderung Mecklenburg-Vorpommern

Diese Förderung ist eine Weiterentwicklung des „Vereins Filmförderung Mecklenburg-Vorpommern". Die Produktionsförderungen des neuen nördlichen Bundeslandes betrugen bei einem Gesamtetat von gerade einmal 206 Euro maximal 15.000 Euro.

Weiterhin wird die Projektentwicklung (immerhin 13 Projekte mit max. 10.000 Euro und die Verleih- und Abspieltätigkeit (8 Projekte mit bis zu 6.000 Euro, also quasi nichts) gefördert.

7.1.10 Medienförderung Schleswig-Holstein (MSH)

MSH, die Förderung Schleswig-Holsteins, wurde mit einem Etat von 3,3 Mio. Euro ausgestattet, 40 Projekte wurden gefördert, davon 14 Projektentwicklungen und 9 Kinofilme sowie 14 TV-Projekte. Die Projekte erhielten 15.000 Euro bis 350.000 Euro (Kino), Verleihförderungen werden nicht ausgegeben.

7.1.11 Nord Media – Niedersachsen

Die Nord Media ist als große und unerwartet kraftvolle Förderung gestartet und erwartet bei den geförderten Vorhaben einen Bezug zu Niedersachsen oder die Produktion im Land. Immerhin 4,9 Mio. Euro betrug der Gesamtetat in 2006. Bis zu 360.000 Euro (Minimum 12.000 Euro) wurden für eine Kino-Produktion vergeben. 17 TV-Produktionen erhielten zwischen 12.000 und 132.000 Euro. 7 Verleihförderungen mit max. 10.000 Euro sind allerdings bescheiden. Insgesamt wurden immerhin 91 Projekte gefördert.

Das Projekt darf bei Einreichung des Antrags (9-fach) noch nicht begonnen worden sein. Antragsberechtigt sind nur Filmschaffende, die Personen des bürgerlichen Rechts sind (also keine GmbHs, AGs, OHGs). Der erforderliche Eigenanteil beträgt 15 %. Das Darlehen ist durch Rechteübertragung zu sichern. Die Premiere des Kinofilms soll in Niedersachsen stattfinden. Die Verwertung in Fernsehen und Video ist für beide auf 2 Jahre ausgeschlossen. Ausnahmen sind möglich (und für Video dringend erforderlich). Das Darlehen wird aus den Erlösen der ersten fünf Jahre zurückgeführt und ist sogar in den ersten 18 Monaten zu verzinsen.

Des Weiteren werden Drehbücher gefördert, zusätzliche Filmkopien, Verleih und Vertrieb, Filmveranstaltungen und sonstige filmbezogene Maßnahmen. Das Konzept der Förderung ist modern und lässt dem Gremium genügend Spielraum bei seinen Entscheidungen. Leider hat die Förderung dieselben Probleme wie Schleswig-Holstein: Eine eigene Filmproduktionsindustrie im Land existiert nicht, die Horden brandschatzender Produzenten aus Hamburg lauern darauf, das Geld aus Niedersachsen abzukassieren. Und der NDR sieht die Förderung als so eine Art interne Zahlstelle an. Schade eigentlich, da das Konzept sich mit den modernsten Förderungen messen kann.

7.1.12 Saarland Medien GmbH

Das Saarland hat 275.000 Euro für ganze 7 Projekte im letzten Jahr übrig gehabt, das erfolgreichste bekam gerade einmal 25.000 Euro.

- Das Projekt muss binnen 18 Monaten nach Zusage der Förderung finanziert sein.
- Die Dreharbeiten müssen unmittelbar bevorstehen.
- Es muss ein Bezug zum Saarland bzw. der Drei-Länder-Region Saar-Loor-Lux bestehen.
- In dieser Region muss gedreht werden.
- Einheimische Filmemacher müssen beschäftigt werden oder das Thema muss in der Region angesiedelt sein.

Außerdem zu beachten: Die Sperrfristen betragen 6 Monate für Video und nur 1 Jahr für Fernsehen. Der Antrag ist 5-fach zu stellen. Vertriebs-, Abspiel- und Repertoirekopieförderungen sind zu erhalten.

7.1.13 MDM – Mitteldeutsche Medienförderung

Die Förderung der neuen Bundesländer Sachsen, Sachsen-Anhalt und Thüringen hatte 2006 knappe 10,7 Mio. Euro für 99 Projekte zur Verfügung. Nur 3 Drehbücher waren fördernswert, aber 22 Filmproduktionen mit bis zu 900.000 Euro. 14 Verleihprojekte erhielten zwischen 8.500 Euro und 120.000 Euro. Immerhin 12 Projekte wurden im Entwicklungsstadium gefördert, aber „Sonstige" nimmt mit 38 Förderungen (darunter eine sog. Paketförderung und zweimal „Multimedia") einen Löwenanteil ein. Ein Zeichen, dass diese Förderungen immer mehr zu Medienförderungen im Allgemeinen mutieren.

7.1.14 DFFF – Deutscher Filmförderfonds

Der DFFF ist ziemlich unerwartet der ganz große Wurf im deutschen Kinogeschehen. Als Ersatz für den Wegfall der Steuererleichterung und die Fonds war die Bundesregierung willens ein Instrument zu schaffen, das der Filmindustrie in Deutschland hilft und es wirkt Wunder.

Es kann von deutschen Produzenten und von Ausländern, die in Deutschland drehen, in Anspruch genommen werden.

Es ist eine sog. automatische Förderung, d. h., wer die Anforderungen erfüllt, wird gefördert, sowie Media II als Förderung auch funktionierte, weshalb die Förderung sehr berechenbar ist.

Sie gibt einen festgelegten Teil zum Budget hinzu, auch das ist für den Produzenten berechenbar (16 %).

Die Förderung ist für drei Jahre bis 2009 mit 60 Mio. Euro pro Jahr ausgestattet und bietet damit auch eine Visibilität.

Als Schlussfinanzier ist der DFFF, kaum gegründet, schon mit den ersten geförderten Produktionen auf dem Markt, das nennt man Erfolg. Dazu kommt, dass es gelungen ist, gleich die Hollywood Produktionen nach Deutschland zu holen – die sonst wohl z. B. nach Bulgarien gegangen wären. Davon profitieren auch die deutschen Mitarbeiter vor Ort, denn sie lernen, wie man Hollywood-Kino macht und bekommen sogar noch Geld dafür. Auch die Bilanz kann sich sehen lassen, es sind enorme Summen in Deutschland ausgegeben worden, die sonst nicht erzielt worden wären.

Christine Berg, Deutscher Filmförderfonds, DFFF

Bevor ich den DFFF übernahm, war ich bei verschiedenen Filmförderungen tätig: der FFA, der Filmförderung Hamburg und als Geschäftsführerin der MSH, der – ehemaligen – Förderung Schleswig Holsteins. Davor war ich Mitarbeiterin in der Produktion und im Verleih von Kinofilmen.

Der DFFF war eine strukturpolitische Maßnahme der Bundesregierung zur Unterstützung des deutschen Films nach dem Verbot der Filmfonds, deren Gelder zum großen Teil in das Ausland flossen. Die Politik wollte die Filmbranche gezielt in Deutschland selbst fördern und der DFFF verfolgt drei Ziele:

- Die wirtschaftlichen Rahmenbedingungen der Filmwirtschaft in Deutschland zu verbessern.

- Die Wettbewerbsfähigkeit der filmwirtschaftlichen Unternehmen zu erhalten und zu fördern.

- Nachhaltige Impulse für den Filmproduktionsstandort Deutschland sowie weitere volkswirtschaftliche Effekte erzielen.

Der DFFF ist ein Zuschuss und eine automatische Förderung. Die Förderung kann nur als Spitzenfinanzierung in Anspruch genommen werden: Das heißt, der Produzent muss bereits 75 % finanziert haben, bevor er bei uns beantragen kann. Sollten alle für die Förderung relevanten Kriterien erfüllt sein, können wir einen Bescheid erstellen und die Förderung kann abgerufen werden.

Beim DFFF handelt es sich um eine unbürokratische, schnelle und berechenbare Förderung. Durch den Automatismus erhält der Produzent eine Planbarkeit, die einzigartig in Deutschland ist.

Durch eine schnelle Bearbeitung und durch den späten Einstieg in die Finanzierung konnte bereits binnen neun Monaten der erste geförderte Film „Stellungswechsel" seine Auswertung im Kino erfahren.

Wir haben 60 Mio. Euro per annum bis 2009 zur Verfügung. Bereits im ersten Jahr konnten 96 Produktionen gefördert werden. Davon waren 30 internationale Koproduktionen. Die bisher eingesetzten 58 Mio. Euro Förderung führten insgesamt zu Ausgaben in Deutschland von 400 Mio. Euro.

Internationale Projekte bringen gerne eigene Kernteams mit. Für uns stellt sich dies nicht als Problem dar, da damit ein großer Know-how-Transfer stattfindet und die deutsche Filmindustrie profitiert. Bereits im ersten Jahr konnten so einige internationale Produktionen nach Deutschland geholt werden wie zum Beispiel „The International", Regie: Tom Tykwer, der mit 5,8 Mio. Euro gefördert wurde.

Die Voraussetzungen für die Förderung stehen auf drei Säulen:

Der Antragsteller muss

- ein deutscher Produzent sein, seinen Geschäftssitz in Deutschland haben

- eine Referenz haben, einen Kinofilm der mit einer bestimmten Kopienanzahl bereits einmal ins Kino gebracht wurde

Der Film muss

- zu 75 % finanziert sein

- einen Kinoverleih haben, der auf der Verleihliste des DFFF steht

- nur 3 Monate vor dem Drehbeginn stehen

- 25 % der Herstellungskosten müssen in Deutschland ausgegeben werden

„Kultureller Eigenschaftstest"

Es existiert ein kultureller Eigenschaftstest, bei dem im Spielfilmbereich von 98 Punkten 48 erreicht werden müssen. Dieser beruht auf drei Blöcken: Kultureller Inhalt, Kreative Talente und Herstellung. Neben inhaltlich-dramaturgischen Punkten werden auch die in Deutschland engagierten Cast- und Crew-Mitglieder bewertet.

Für die Zukunft würden wir uns natürlich wünschen, dass es auch nach 2009 weitergeht, denn nur dann ist ein Ziel, die nachhaltige Stärkung der Qualität des Filmstandorts Deutschland, erreicht.

7.2 Bundesweite Förderungen

7.2.1 FFA – Filmförderungsanstalt

Der nationale Hauptfinanzier ist die FFA, die auf der Grundlage des Filmförderungsgesetzes (FFG) handelt. Die Produktion wird anhand einer Gremienentscheidung gefördert. Das heißt, Rechtsbehelfe gegen eine Entscheidung sind möglich, aber aussichtslos. Dem Gremium steht ein Beurteilungsspielraum zu, der nur durch nachgewiesene Willkür, sachfremde Erwägungen oder Nichtberücksichtigung erheblicher Entscheidungsgrundlagen ausgehebelt werden könnte. Eine gerichtliche Entscheidung gegen die Wahl der FFA wird also immer negativ ausfallen. Es ist den Versuch nicht wert.

Die Fördermittel werden als zweckgebundenes Darlehen gewährt, sind also rückzahlbar im Falle einer erfolgreichen Auswertung des Films. Der Film muss programmfüllend sein (mind. 79 Minuten) und die Filmproduktion muss ihren Sitz in der Bundesrepublik haben. Eine Endfassung des Films muss in deutscher Sprache hergestellt werden. Mit anderen Worten, die Drehsprache kann auch englisch sein, solange eine deutsche Fassung hergestellt wird (bei genauer Studie des Gesetzes muss die Fassung zeitgleich hergestellt werden). Die Aufnahmen müssen größtenteils in Deutschland gemacht werden (70 %), Ausnahmen bedürfen der Sondergenehmigung.

Der Regisseur muss Staatsangehöriger eines EU-Landes sein, Ausnahmegenehmigungen müssen vorab eingeholt werden (noch einmal sei auf türkische Staatsbürger hingewiesen). Die Filmproduktion muss ihren Sitz in Deutschland haben und die Kopien müssen im Inland gezogen werden. Der FFA ist der Schlusskostenstand 6 Monate nach Fertigstellung der Nullkopie vorzulegen. Die FFA ist im Abspann zu nennen, soweit öffentliche Förderungen genannt werden (können).

Die Filmproduktion muss einen Eigenanteil von mindestens 15 % tragen, der allerdings auch durch Eigenleistungen ersetzt werden kann. Es reicht sogar die eigene Gage, die von der Filmproduktion als Gage für Herstellungsleitung, Produktionsleitung etc. angesetzt wird. Sogenannte Ein-Mann-GmbHs können nur eine Tätigkeit verrechnen. Die ersten zwei Filme einer Filmproduktion können Ausnahmen beantragen. Das Stammkapital einer GmbH muss mindestens 100.000 Euro betragen, sonst kann die Bewilligung versagt werden (eine hohe Hürde für junge Filmproduktionen).

Die ordnungsgemäße Finanzierung der Produktion ist binnen sechs Monaten nachzuweisen. Internationale Koproduktionen werden gefördert, wenn die deutsche Beteiligung keine Minderheitsbeteiligung ist.

Der Förderbetrag wird in folgenden Raten ausgezahlt (Ausnahmegenehmigungen möglich):

25 % bei Projektbeginn

59 % während der Dreharbeiten

16 % bei Rohschnittbesichtigung

Die Zahlen sind variabel, die FFA hat einen Ermessensspielraum und der vorzulegende Finanzierungsplan (Cashflow) muss in diesem Fall ausweisen, dass die Mittel früher erforderlich sind.

Die FFA verlangt einen Antrag in 12 (!) Ausfertigungen, dem 12 (!) Exemplare des Drehbuchs beigefügt sein müssen. Auch alle anderen Unterlagen zum Antrag sind in 12 Ausfertigungen beizulegen. Verlangt werden Kalkulationsplan, Stablisten, Besetzungslisten, der Nachweis über den Erwerb der vorbestehenden Rechte, Drehbeginn, Drehplan, die Angabe, bei welchen Förderinstitutionen das Drehbuch bereits vorlag und eine Darstellung des Eigenanteils.

Die Unterlagen müssen spätestens drei Wochen vor Drehbeginn vorliegen. Die Termine zur Beantragung sind, wie für die Referenzförderung, der 31.1., 30.4., 31.8. und 30.11. eines Jahres.

Die Förderung ist zurückzuzahlen, sobald die Erträge 20 % der von der FFA anerkannten Herstellungskosten übersteigen. Die Pflicht erlischt nach 10 Jahren.

Die Förderung sieht weiterhin vor, dass unter denselben Bedingungen Kurzfilme sowie Drehbuchautoren für Kinoprojekte gefördert werden. Für Drehbuchautoren ist ein besonderer Antrag in 6-facher Ausfertigung zu stellen. Die Förderung beträgt max. 15.000 Euro, in Ausnahmefällen bis zu 50.000 Euro.

Weiterhin sind Verleih- und Vertriebsunternehmen berechtigt, eine Absatzförderung zu beantragen. Verpflichtung ist insbesondere, die Auswertungssperren zu berücksichtigen (6 Monate Video, 3 Jahre TV). Die Darlehenshöhe beträgt 125.000 bis maximal 250.000 Euro, die bedingt rückzahlbar aus den Netto-Erträgen des Verleihers sind.

Des Weiteren können Filmabspielförderungen von den Kinobetreibern beantragt werden (2.500 bis 25.000 Euro). Last but not least können auch Videotheken Förderungen beantragen zwischen 30.000 Euro und 60.000 Euro, die vor allem helfen sollen, Videotheken aus der „Schmuddelecke" herauszuholen (Praxistipp für Videothekenbetreiber: Artfilm-Abteilung aufmachen. Einem Antrag auf Förderung des gesamten Beate-Uhse-Programms wird eher kein Erfolg beschieden sein).

Des Weiteren können zusätzliche Filmkopien (Kino) von der FFA gefördert werden.

Die FFA hat in 2006 für einen Gesamtetat von knapp 48 Mio. Euro 97 Projekte gefördert. Ohne Referenzmittel standen 33 Mio. Euro zur Verfügung. 23 Drehbuchförderungen wurden mit 10.000 bis 30.000 Euro unterstützt.

38 Produktionsförderungen zwischen 30.000 Euro und 800.000 Euro bilden den Schwerpunkt. Der Verleih erhielt für 25 Filme je zwischen 15.000 Euro und 500.000 Euro.

7.2.2 BKM – Kulturstaatsminister

Das BKM, früher BMI, stellt eine eigene Förderung, die allerdings „hervorragenden, abendfüllenden Filmproduktionen" vorbehalten ist. Ich würde jeden Film einreichen, soll doch das Gremium entscheiden, was es von der künstlerischen Qualität hält. Die Förderung soll immerhin bis zu 250.000 Euro, aber nicht mehr als 50 % des Budgets betragen (eine Voraussetzung, die immer erfüllt sein wird, sobald es um Kino geht). Die Höchstförderung ist aber nur theoretisch zu erreichen: Der Gesamtetat in 2006 waren 3,6 Mio. Euro und es wurden 58 Projekte gefördert, die höchste Summe lag bei 250.000 Euro, die niedrigste bei 10.000 Euro 12 Projekte waren immerhin einer Drehbuchförderung für je 30.000 Euro wert.

Der Antrag ist 2-fach auf einem Antragsformular bis zum 1.3. oder 1.9. eines Jahres einzureichen. Die Zahlung erfolgt in Raten.

Bei erheblicher kultureller Bedeutung (was auch immer damit gemeint sein mag), können auch Kurz-, Kinder- und Jugendfilme eine besondere Beteiligung des BMI erhalten, ebenso wie die Drehbücher dafür. Da das Kriterium so unbestimmt ist, lohnt die Einreichung bei dem BMI und der FFA. Letztlich entscheiden Gremien über die Vergabe.

7.2.3 Kuratorium Junger Deutscher Film

Das Kuratorium Junger Deutscher Film stellt eigene Förderungen für den Kinofilm. Die Bedingungen gleichen denen des BMI und der FFA: programmfüllende Spielfilme, die allerdings jungen, deutschen Talenten die Chance geben, ihre Qualifikation nachzuweisen. Die Antragsformulare sind in 8-facher Ausfertigung vorzulegen und ein Gremium entscheidet über die Vergabe. Das Darlehen wird aus den Erlösen binnen der ersten 5 Jahre getilgt. Die Antragsfristen laufen am 30.5. (!) und 30.10. eines jeden Jahres aus. Nur 50 % der Auswertungserlöse auf die Förderung müssen zurückgezahlt werden. Das Kuratorium gewährt außerdem Vertriebsförderungen.

Das Kuratorium hat 2006 mit 1,2 Mio. Euro insgesamt 26 Projekte gefördert. Im Bereich Drehbuch 6 Projekte für 15.000–30.000 Euro. Die Förderungen für 6 Projektentwicklungen – eine Besonderheit – betrugen immerhin zwischen 15.000 und 50.000 Euro. Sie förderten außerdem Kurzfilme (6), Dokus (3) und Animationsfilme (2) (alles Zahlen aus 2006).

7.2.4 Referenzmittel

Diese Mittel werden für Kinofilme von der Filmförderungsanstalt (FFA) und dem Bundesministerium des Innern gestellt. Referenzmittel werden für den nächsten programmfüllenden Film (mind. 79 Minuten) gezahlt (es zählt der Beginn der Dreharbeiten nach Zuerkennung der Mittel).

Die FFA vergibt Referenzmittel an Kinofilme, die entweder mehr als 100.000 Zuschauer erreicht haben oder 50.000 Zuschauer und ein Prädikat der Film-bewertungsstelle bzw. einen Filmpreis. Kinospielfilme müssen binnen zwei Jahren diese Zahl erreichen, Kinder-, Dokumentar- und Jugendfilme binnen fünf Jahren. Die Höhe der Referenzförderung richtet sich nach der Anzahl der Bewerber eines Jahres und wird in Relation zur Zuschauerzahl berechnet. Die Referenzmittel werden für neue Vorhaben gestellt.

Es sind drei Anträge zu stellen, um Referenzmittel zu erhalten:

1. Die Absicht, Referenzmittel in Anspruch zu nehmen, muss mit einem An-trag auf Zuerkennung von Referenzmitteln innerhalb eines Monats nach der Erstaufführung in einem Kino gestellt werden.
2. Der Antrag auf Auszahlung muss spätestens 27 Monate nach der Erstauf-führung gestellt werden (Formulare der FFA verwenden).
3. Der Antrag auf Verwendung der Mittel muss drei Wochen vor Drehbeginn des neuen Films gestellt werden. Die Einreichtermine sind etwas unge-wöhnlich, der 31.1, 30.4., 31.8. und 30.11.

Die Vergabe der Referenzmittel ist an eine nationale bzw. EU-interne Verwen-dung gebunden. Der Regisseur muss aus einem EU-Land stammen, Ausnah-men sind möglich (bei türkischen Staatsbürgern zu beachten, die in Deutsch-land zunehmend Regisseure stellen). Die Herstellung des neuen Films muss von einer Filmproduktion durchgeführt werden, die ihren Sitz in der Bundes-republik Deutschland hat und ausführender Produzent des Vorhabens ist. Das heißt auch, dass wenigstens eine Fassung in deutscher Sprache erstellt werden muss.

Die Studioaufnahmen müssen zum überwiegenden Teil in Deutschland gedreht worden sein. Auch die Auswertung muss ihren Schwerpunkt in Deutschland haben, die Kopien müssen hier gezogen werden, die Uraufführung muss in Deutschland erfolgen und es können Auflagen mit der Zuerkennung der Mittel verbunden werden, die weitere Beschränkungen auferlegen. Filme, die gegen die Gesetze oder gegen die guten Sitten verstoßen, erhalten keine Mittel. Ebenso, wenn abzusehen ist, dass der Film von besonders niedrigem Niveau sein wird. Die Sperrfristen für Video (6 Monate nach Erstaufführung) und TV (3 [!] Jahre nach Erstaufführung) müssen in den Auswertungsverträgen beachtet werden.

Eine Besonderheit ist, dass kleine Filmproduktionen auf Antrag bis zu 20 % der Summe zur Verstärkung des Eigenkapitals behalten dürfen. Sollte der Film, für den Referenzmittel vergeben wurden, nicht kostendeckend Erträge erwirtschaftet haben, darf, mit Ausnahmegenehmigung, das Geld auf das ursprüngliche Budget verwendet werden.

Das Bundesministerium des Innern (BMI) vergibt Referenzmittel an alle für den Bundesfilmpreis nominierten Filme (250.000 Euro) und natürlich an den Gewinner (Filmband in Silber 400.000 Euro, Filmband in Gold 500.000 Euro). Es gelten die o. g. Beschränkungen für das neue Projekt.

Die Referenzmittel müssen jeweils binnen zwei Jahren nach Zuerkennung verwendet werden, was zu einem schwunghaften Handel mit Referenzmitteln geführt hat. Die Filmproduktionen, die binnen dieser Frist produzieren wollen, zahlen mit Abschlägen andere Filmproduktionen aus, die in dieser Zeit keine Produktion auf die Beine stellen können oder wollen. Umso näher der Zeitpunkt des Verfalls der Mittel rückt, desto tiefer fallen die Preise. Abenteuerliche Koproduktionsvereinbarungen sind zustande gekommen, um die Freigabe der Mittel zu erreichen. Es braucht nicht extra betont zu werden, dass diese Entwicklung nicht im Sinne des Gesetzes ist.

Des Weiteren ist der Deutsche Kurzfilmpreis zu nennen, der ebenfalls vom BMI zu denselben Bedingungen für einen programmfüllenden Spielfilm vergeben wird und 12.500, 20.000, 30.000 Euro wert ist (s. o.).

Last but not least, die Auszeichnung eines Drehbuchs, verbunden mit der Vergabe von bis zu 25.000 Euro, davon 20.000 Euro zur Verwendung auf ein neues Drehbuch für einen programmfüllenden Spielfilm.

7.3 Europäische Förderungen

Es existieren zwei große europäische Förderungen, die der EU zu verdanken sind. Beide sind für deutsche Verhältnisse sehr ungewöhnlich strukturiert und es wird dringend dazu geraten, mit den jeweiligen Büros im eigenen Land bereits zur Beantragung (also vor Abgabe) Kontakt aufzunehmen.

7.3.1 Media
Es gibt 3 Förderarten (alle Development)
1. Einzelprojekt
2. Slate Funding (mehrere Projekte)
3. MEDIA New Talent

Ziel:
1. Development eines einzelnen Kinoprojekts
2. für mittelgroße Firmen Entwicklungshilfe bei mehreren Projekten gleichzeitig (ähnlich wie bei uns „Paktetförderung")
3. Einreichung möglich, falls ein Projekt im Bereich MEDIA-Training eingereicht war (ist zu vernachlässigen)

Die Einreichtermine sind von Dezember bis April des nächsten Jahres.

Einreichen können:
- unabhängige europäische Produzenten
- Firma muss seit 12 Monaten existieren
- Finanzkraft (ggf. Nachweis Eigenmittel) muss vorliegen
- die Produktionsfirma muss einen Film fertiggestellt haben, der während der letzten 24 Monate in der Auswertung war (Kino nicht zwingend, TV-Ausstrahlung reicht aus)
- Der Einreicher muss vor dem Projekt einen Film (mindestens 50 Minuten) oder eine Doku (mindestens 25 Minuten) fertiggestellt haben
- Firma muss vorrangig im Besitz von Menschen sein, die in dem Land wohnen, von dem aus sie einreichen (eine Firma in engl. Hand kann nicht von D aus einreichen)
- Produktion sollte nicht TV-Sendern gehören (aber 25 % Beteiligung einer Anstalt und 50 % bei mehreren Anstalten sind erlaubt)
- Genres, die akzeptiert werden: Drama (Fiktion), Animation, Dokus und Multimedia-Konzepte
- Nachweis über die Rechteinhaberschaft am Projekt nötig
- MEDIA gibt zwischen 50 und 60 % der Gesamtentwicklungskosten dazu

Kosten, die anerkannt werden:
- Rechteerwerb
- Kosten für Adaption
- Script Consultant
- Übersetzungskosten
- Overheads (max. 7 % der Gesamtkosten der Maßnahme exkl. Versicherungen)
- Reisekosten
- Recherchekosten (auch Location Scouting)

Insgesamt sind (wie bei Eurimages) recht umfangreiche Einreichungsunterlagen nötig, ganz wichtig: Eine Beratung bei einem der MEDIAdesk-Büros in Deutschland ist zwingend nötig, bei Formfehler oder einem fehlenden Formular oder einer falschen Angabe wird das Projekt gnadenlos abgelehnt – und alle Infos und Formulare sind auf Englisch.

Fördersummen
Für 2006 gab es 6,875 Mio. Euro für die Entwicklung von Einzelprojekten, eingereicht wurden 213 Fiktionale Projekte, 43 Animationen, 161 Dokus und 22 Multimedia-Projekte. Gefördert wurden 88 Fiktionen (3,74 Mio.), 19 Animationen (1,070 Mio.) und 71 Dokus (1,675 Mio.) und 8 MM-Projekte (390.000).

Immer wieder wird ein Slate für die Produktionsförderung aufgelegt mit 500.000 Euro pro Film. Das letzte Pogramm lief gerade aus und ob ein neues verabschiedet wird, ist noch nicht klar zur Drucklegung dieses Buches. Wir würden jetzt davon ausgehen. Auch hier gilt – die Beantragung ist kompliziert, deshalb ohne ein MEDIAdesk-Büro keine Beantragung durchführen.

7.3.2 Eurimage
Eurimage ist die große Produktionsförderung der EU. Das Projekt muss „europäischen Charakter" haben, der Regisseur muss Bürger Europas sein und ein Punktesystem erfüllen. Für europäische Filme in 2006 gab es 20 geförderte Projekte mit deutscher Beteiligung, aber keines unter deutscher Federführung. Die Fördergelder bewegen sich in der Größenordnung von 100.000 bis 700.000 Euro.

Kriterien für die Einreichung
- Spielfilme, Animationen und Dokus, die mind. 70 Minuten lang sind
- Koproduktionen zwischen 2 unabhängigen Produzenten aus den Eurimages-Ländern

- Produktionsfirmen dürfen keinem Sender gehören oder Tochtergesellschaften sein
- Produktionsfirmen müssen in „europäischer Hand" sein
- Bei Koproduktionen darf der federführende Produzent max. 80 % Anteil am Projekt haben, der minoritäre Produzent muss 10 % (Minimum) Anteil haben
- Koproduktion muss durch gültige Verträge oder Deal Memos bei Antrag nachgewiesen werden
- Eine echte Koproduktion zwischen Partnern (an der beide auch künstlerisch beteiligt sind) wird bevorzugt, aber auch Kofinanzierung ist im Grunde erlaubt.

Das Punktesystem: 15 Punkte müssen erreicht werden (d.h., diese Positionen müssen mit Europäern besetzt werden).

Regie	3 Punkte
Drehbuchautor	3 Punkte
Komponist	1 Punkt
Hauptrolle	3 Punkte
2. Rolle	2 Punkte
3. Rolle	1 Punkt
Kameramann	1 Punkt
Tonmann	1 Punkt
Cutter	1 Punkt
Ausstatter	1 Punkt
Studio/Drehort	1 Punkt
Post-Produktions-Stelle	1 Punkt
Gesamt	19 Punkte

Es gibt immer 5 Einreichtermine im Jahr, Anträge sind nur auf Englisch und Französisch erlaubt.

Die Repräsentanzstelle von Eurimages muss im eigenen Land im Vorwege kontaktiert werden (in Deutschland über die FFA).

Fördersummen
- max. 700.000 EUR pro Projekt
- diese Summe darf max. 15 % der Herstellungskosten betragen
- bei Filmen unter 1,5 Mio. liegt die Grenze bei 20 %
- gezahlt wird in 3 Raten

- 60 % bei Zuerkennung der Förderung
- 20 % bei Fertigstellung der 0-Kopie
- 20 % bei Beginn der Auswertung (Kinostart)

Sollte es ein Completion Bond geben, muss Eurimages Vertragspartner werden.

7.4 Weltweite Förderungen

Dieses Kapitel entstand unter von Mitwirkung Andreas Krüger, Producer, Berlin.

Wie in Deutschland wussten sich viele Länder nur zu helfen, indem sie ein großes Filmförderprogramm auflegten, um eine eigene Filmproduktion aufrecht zu erhalten. Im Zeitalter der EU und der Globalisierung können deutsche Produzenten davon profitieren, obwohl sie regelmäßig einen Koproduktionspartner aus dem Land brauchen und vice versa. Die Aufzählung kann nicht vollständig sein, ständig ändert sich ein Programm, aber es ist eine exakte Orientierung.

7.4.1 Österreich

Der Filmfonds Wien FFW hatte in 2006 8,262 Mio. Euro, damit wurden 117 Projekte gefördert – davon 21 Koproduktionen mit einem Gesamtetat von 4,068 Mio. Euro, davon wiederum 12 mit deutschem Anteil entspricht 57 % (Deutschland auf Platz 1, wen wundert es). Die anderen Bundesländer haben auch immer wieder recht erfolgreiche Förderungen aufgelegt.

Voraussetzungen

Der Antragssteller muss aus dem europäischen Wirtschaftsraum stammen (die Schweiz ist lustigerweise ausgeschlossen).

- Der „Wiener" Brancheneffekt muss mindestens 100 % der Fördersumme betragen (sog. Territorialeffekt).
- höchstens 80 % der Gesamtherstellungskosten (HK) können gefördert werden und 20 % der HK dürfen woanders ausgegeben werden. Es muss ein angemessener Eigenanteil erbracht werden.
- der Antragsteller darf nicht unter Einfluss einer TV-Anstalt stehen – Beteiligung einer TV-Anstalt unter 25 % (bei 2 oder mehr Anstalten unter 50 %)
- Förderantragssummen unter 30 % der gesamten HK werden vorrangig behandelt

- ist der deutsche Produzent minoritärer Produzent, muss die Antragstellerin (Österreich) eine Fertigstellungsgarantie vorlegen (ggf. Completion Bond)
- ist der deutsche Produzent majoritärer Produzent, muss er eine Fertigstellungsgarantie vorlegen (ggf. Completion Bond).

Fördersummen

Für die Produktionsförderung sind max. 50 % der Herstellungskosten, max. 350.000 Euro als nicht rückzahlbarer Zuschuss, bei Koproduktion max. 50 % des österreichischen Anteils der HK zu erhalten.

Erstlingsfilme (Regie) werden mit max. 400.000 Euro gefördert, ebenso Erstlingsfilme von Produktionsfirmen.

Die Eigenmittel im Eigenanteil (ja, das ist ein Unterschied, denn Eigenanteil können auch rückgestellte Gehälter sein) sollen 5 % betragen.

Bei reiner Kofinanzierung durch einen österreichischen Partner ist die Fördersumme zwischen 5 und 25 % der gesamten HK.

Bei reiner TV-Produktion (Fiction-Movies) ist die Höchstfördersumme 250.000 Euro, höchstens 15 % des österreichischen Anteils an den gesamten HK.

7.4.2 Luxemburg

Der Filmfonds ist sehr aktiv, 2004 betrug die Fördersumme nur 3,627 Mio. Euro, 2006 schon 4,5 Mio. Euro.

Voraussetzungen

Ein luxemburgischer Koproduzent ist antragsberechtigt. Der Anteil des luxemburgischen Koproduzenten muss mindestens 10 % an den gesamten Herstellungskosten (HK) betragen. Der Luxemburger Koproduzent muss aktiv künstlerisch und technisch an der Produktion mitwirken, es ist keine reine Kofinanzierung möglich. Die gute Nachricht ist, es gibt immerhin ca. 13 Produktionsfirmen in Luxemburg, die von der Filmförderung anerkannt werden.

Fördersumme

Es werden max. 1 Mio. Euro, im Schnitt ca. 250.000 Euro pro Projekt vergeben.

Im Jahr 2006 waren es 26 geförderte Filme (Produktion) mit insgesamt 3,749 Mio. Euro.

7.4.3 Irland

Die Iren lieben die EU, sie hat ihnen einen Wohlstand eingebracht, von dem die Iren in den 80ern nur träumen konnten und sie geben fleißig zurück. 17 Mio. Euro betrug die Fördersumme ihrer Filmförderung Irish Film Board und die konnten Ausländer recht leicht in Anspruch nehmen, natürlich gelten die üblichen Vorbehalte: Ausgeben in Irland und irischer (minoritärer!) Koproduzent.

Voraussetzungen

Die Förderung umfasst die Produktion von Spielfilm und Animationsfilm. TV wird nicht gefördert. Das Land, aus dem der Koproduzent kommt, muss ein Filmförder-Programm-Commitment (etwa gleiche Summe) auch zur Förderung von irischen Filmen (Koprod.) innerhalb bestimmter Fristen haben (= Reziprozität), ein Completion Bond wird verlangt und die Einsetzung eines Collection Agent (= Wirtschaftsprüfer/Bevollmächtigter). Besonders ist, dass alle Drehsprachen zugelassen sind. Bei einem Gesamtbudget höher als 4 Mio. Euro werden max. 50 % der gesamten HK gefördert – alle Förderarten in Ireland (auch Tax Refund Section 481, s. o.) zählen dazu.

Fördersumme

Höchstsumme ist bei einem Gesamtbudget bis 1,5 Mio. Euro max. 750.000 Euro Förderung bzw. max. 25 % der gesamten HK, was immer auch mehr ist. Bei kleiner budgetierten Filmen Förderung bis 65 % der gesamten HK, auch hier maximal 750 Euro. Das sog. Regional Support Funding, eine Art Förderung der Region, wie bei uns die Bundesländer, kann zusätzlich beantragt werden (bis max. 250.000 Euro), dann gilt aber auch hier die 25 %-Marke.

7.4.4 Schweiz

Die Schweiz tut sich unglaublich schwer eine Filmindustrie aufzubauen. Die kritische Masse des Landes ist klein, die ungenügende Verwurzelung in Europa ist gewollt, aber hier hinderlich, die unzureichende Lehre der englischen Sprache zugunsten von Französisch und Italienisch ist in dem Land logisch, aber für die Branche schwierig, die Filmfördersysteme sind unausgeprägt. Die Schweiz macht im Jahr ca. 4 Kinofilme. Der Etat der Zürcher Filmstiftung betrug 2006 immerhin 6 Mio. Euro. Auf die beschränken wir uns hier.

Voraussetzungen

Antragsberechtigt ist der Schweizer Koproduzent, 90 % aller Koproduktionen werden mit Deutschland und Österreich abgewickelt, überraschend wenige mit Frankreich, jedoch ist die Förderung Kantons-Angelegenheit und die französischen Förderungen werden rund um den Genfer See vergeben. Der

Koproduktionsvertrag muss vorliegen, der Schweizer-Antragsteller sollte ca. 40 % Anteil haben. 150 % der geförderten Summe muss in Zürich ausgegeben werden. Minoritäre Koproduzenten werden nur unterstützt bei Bezug zu Zürich (technisch, organisatorisch, kreativ, inhaltlich).

Bei Koproduktionen ohne CH-Bundesmittel muss die Produktion beim BAK als Schweizer Produktion registriert werden (Ursprungszeugnis). Die Koproduzenten dürfen nicht strukturell und wirtschaftlich verbunden sein.

Fördersumme
Es werden maximal 450.000 Euro gezahlt.

7.4.5 Schweden
„Film i Väst" ist eine erstaunliche Förderung, denn anders als in allen anderen Ländern können deutsche Produzenten diese Förderung direkt beantragen und brauchen keinen schwedischen Koproduzenten.

Voraussetzungen
Es ist keine reine Filmförderung, sondern eine Koproduktions-Investition seitens „Film i Väst", d.h., sie werden im Chain-of-Title genannt und haben Anspruch auf Beteiligung am Gewinn aus dem Filmprojekt. 100 % der geförderten Summe muss in der Region Västra Götaland ausgegeben werden.

Fördersumme
Es gibt maximal 30 % Förderung an den gesamten Kosten, meist sind es bei Koproduktionen etwa 10 % der gesamten Herstellungskosten.

Überraschend: In den Jahren 2000–2006 sind über 20 deutsche (Ko-)Produktionen gefördert worden.

7.4.6 Dänemark
Der dänische Nachbar gab 27 Mio. Euro für Filmförderung aus, 11 Mio. davon für Produktion, davon aber nur 10 % für Koproduktion.

Voraussetzungen
Mindestens 1 Koproduktion muss aus Dänemark sein. Der „Danish Spent" und Einsatz von Technik wiegen weniger als der Einsatz kreativer dänischer Mitarbeiter, bevorzugt werden Projekte gefördert, die auch zukünftige Projekte der Koproduzenten versprechen.

Der Film muss eine Auswertung in Dänemark haben (Kino- oder TV-Lizenz).

Fördersumme
Maximal 80 % des Danish Spent können gefördert werden oder/und maximal 40 % an den gesamten Herstellungskosten. Die Fördersumme ist sehr variabel, max. 1.000.000 Euro, aber durchschnittlich 250–300 Euro pro Koproduktion. Ist der dänische Produzent majoritärer Produzent, dann gibt es mehr Geld, es werden 5–7 Koproduktionen im Jahr gefördert. Deutsche Produzenten werden ermutigt, einzureichen.

7.4.7 Kanada
Kanada musste sich gegen die übermächtige USA behaupten und hat es geschafft, indem sie die Förderungen ausdehnten und komplett neue erfanden.

Das Bedeutendste ist ein Erstattungssystem, das zu den Honoraren der Crew (und u. U. des Casts) einen Anteil aus Steuermitteln und aus Steuerreduzierung hinzuzahlt. Das System ist so erfolgreich, dass deutsche Produzenten lange für die Übernahme gekämpft haben.

Voraussetzungen
Antragsberechtigt sind nur kanadische Produzenten. Es gibt keine Beschränkung für Genre oder Länge der Filme. Das Projekt muss beim Department of Canadian Heritage als Koproduktion registriert werden. Durch Koproduktionsabkommen mit Deutschland wurde festgelegt, dass der deutsche Anteil ca. 20 % der Herstellungskosten betragen soll. Bei Koproduktionen muss kein Förder-Punktesystem beachtet werden.

Ein deutscher Produzent braucht eine Zertifizierung aus Deutschland (BAFA oder Verband der Spielfilmproduzenten). Es ist ein sehr kompliziertes Antragswesen (3 x einreichen) mit strengen Deadlines zu bewältigen. Der Dreh muss in Kanada oder in einem EU-Land stattfinden.

Fördersumme
Wenn 25 % der Anteil des kanadischen Koproduzenten sind, müssen auch diese 25 % auf Canadian Talent und Technik ausgegeben werden. Die Minimumbeteiligung des kanadischen Produzenten darf nicht unter 15 % sinken, kein Koproduzent darf mehr als 30 % Anteil haben.

Bei den gesamten Herstellungskosten über 3,5 CAN Dollar reichen allerdings auch 10 %.

Alle Auswertungsrechte für kanadisches Territorium müssen beim kanadischen Produzenten liegen (d. h. Verleiher muss kanadisch sein).

117

7.4.8 Singapur

Singapur ist ein dafür herausgegriffenes Beispiel, dass es langsam und behutsam auch Förderungen in Asien gibt. Es ist noch nicht sehr ausgebildet und Singapur ist als Staat mit großer Orientierung an Europa ein erster Player.

Voraussetzungen

Die Filmlänge darf ein Minimum von 80 Minuten nicht unterschreiten. Typisch Singapur: Der Film soll Exportchancen haben und ein Verleihvertrag ist Voraussetzung. Die vorrangige Unterstützung gilt Projekten, die von Singapur aus initiiert werden. Weiter besteht Vorrang für den Einsatz von Singapur-Talenten und Dreharbeiten im Land. Seltsam: Ohne Festlegung auf den Regisseur gibt es keine Förderung.

Fördersumme

Die Höchstförderung beträgt 1 Mio. US-Dollar, das dürfen maximal 50 % der gesamten Herstellungskosten sein. Auch typisch Singapur: Die Singapore Film Commission will an den Einnahmen des Films paritätisch beteiligt sein.

7.4.9 Ungarn

Allmählich bleibt auch den osteuropäischen Staaten nichts mehr, als offizielle Förderinstitutionen einzurichten, was eigentlich ein gutes Zeichen ist für sie: Ihr Land ist nicht mehr billig genug. Beispielhaft beginnt Ungarn, das ich hier aufzähle.

Voraussetzungen

Klassisches Fördermodell für ca. 9 Koproduktionen im Jahr, die „Effekte" (Ungarn Spend) sind noch nicht festgelegt, nur dass der Dreh zwingend in Ungarn stattfinden muss. Kurz: Die Voraussetzungen sind noch etwas dünn, was einem deutschen Koproduzenten nur Recht sein kann, aber versteht man die Ungarn richtig, auch Recht sein soll.

Fördersumme

Es gibt ein Minimum von 71.000 Euro und ein Maximum von 596.000 Euro pro Film.

Teil II: Produktion

Die drei Lügen der Branche:
1. Wir müssen unbedingt mal was
   zusammen machen.
2. Ich ruf Sie an.
3. Der Scheck ist in der Post.

Natürlich muss das ganze Geld, das im 1. Kapitel eingesammelt wurde, auch wieder ausgegeben werden. Die spannende Frage ist ja, wofür wird das Geld gebraucht, um einen Film zu machen?

Es wird ein großes Mysterium darum gemacht, was ein Film kostet. Die Marketing-Abteilungen der Hollywood-Studios beherrschen es bis zur Perfektion, die Budgets wahnsinnig aufzublähen, um dem Film eine Wertigkeit zu geben, die er gar nicht hat. Die echten Profis verstehen es, Filme und Filmthemen so zu begrenzen, dass ihre Budgets extrem überschaubar sind. Steven Spielberg zum Beispiel achtet immer darauf, dass seine Budgets nicht besonders hoch sind. Aber es braucht einen Profi wie den Filmlehrer Dov Simmons, der das erkennt und darauf hinweist: Er war der langjährige Produktionsleiter von Roger Cormann (dem bekanntesten und größten B-Movie-Picture-Produzenten Amerikas). In seiner sehenswerten und sehr interessanten „2 Day Filmschool", mit der er immer wieder auch in Deutschland ist, stellte er die berechtigte Frage:

„Jurassic Park soll 100 Mio. Dollar gekostet haben? Ein Dreh an einem einzigen Drehort mit acht unbekannten Schauspielern?"

Immer heißt es dann, die Special Effects seien so teuer. „Jurassic Park" enthielt zwar die bekannten Szenen mit hineingeschnittenen Dinosauriern, die waren aber gerade einmal ganze sieben Minuten lang. Auch sind Special Effects schnell zu entmystifizieren: Es sitzen begabte, unterbezahlte Computer-Nerds an ein paar Rechnern.

Na klar, was nichts kostet, ist nichts wert und die Kampagnen zielen darauf ab, dem Zuschauer zu sagen: Für deine 5 Euro Kinoticket bekommst du etwas Besonderes, etwas Tolles, etwas Teures von hohem Wert.

Aber es ist kein Geheimnis, dass die Menschen besonders lange im Geschäft sind, die die Kosten im Griff haben. Woody Allen zum Beispiel schreibt und produziert Filme, die genau auf das Budget zugeschnitten sind, das er wieder hereinbekommt – plus Gewinn.

Ein Woody-Allen-Film kostet vielleicht 15 bis 20 Millionen Dollar. Würde Allen von den USA leben, wäre er längst pleite, denn dort machen seine Filme nur etwa 5 Mio. Dollar Reinerlös (Gewinn, der den Produzenten erreicht). Viele europäische und einige wenige asiatische Länder tragen dann etwas bei, um die Bilanz aufzuhübschen. Sein Geld aber macht Woody Allen in Deutschland. Hier ist er ein Star. In ganz Europa, mit dem Schwergewicht Deutschland, macht jeder seiner Filme konstant 20 bis 25 Millionen. Genau auf dieses Budget sind seine Filme zugeschnitten.

Es ist übrigens ein gut gehütetes Geheimnis, dass die US-Independents, das hochgelobte Genre der Filmer aus den USA, die nicht „Hollywood" sind, sich über Jahrzehnte ausschließlich aus dem deutschen Markt finanzierten, der den Independent-Filmen ein Kinopublikum und einen TV-Markt bescherte. Heute, nicht zuletzt dank des von Robert Redford gegründeten Sundance Festival, das einen immensen Erfolg hat, sind es mehrere Länder, die den US-Independents einen Markt bieten, insbesondere die erwachenden asiatischen Filmnationen.

Die US-Amerikaner sprechen gerne vom Film als Business. Oder wie es der einzige Filmphilosoph der Neuzeit, Don Simpson, einmal ausdrückte: „Film ist ein Business und nur ein Business. Manchmal mag es notwendig sein, dass wir dabei Kunst herstellen, um ein Geschäft zu machen."

Natürlich hat er nicht Recht. Diese prosaische Sichtweise soll ein Gegenstück zur europäischen Lesart bilden, die nach Meinung der Amerikaner lange Zeit Film nur als Kunst begriff und das Geschäft vernachlässigte.

Dabei sind die Amerikaner zwei Mal (mindestens) selbst gegen die Wand gelaufen, als sie Filme nach Kriterien für Erfolg machen wollten: In den 80ern, als die Agenten und Anwälte das Sagen hatten. Und jetzt, wo jeder Film nach den ständig kursierenden immer gleichen Drehbuchfibeln gedreht wird, die so vorhersehbar sind, dass es keiner mehr sehen will. Film braucht also anscheinend permanent etwas Neues, etwas Ungewöhnliches, also den Tastsinn der Kunst.

Ein Kinoerfolg lässt sich ein Mal kopieren, vielleicht sogar zwei Mal, aber öfter auch nicht. Dann muss dem Publikum, das immer schlauer ist, als es ihm gerne zugetraut wird, etwas Anderes, Ungewöhnliches geboten werden. Immer sind die Hollywood-Filme am erfolgreichsten, die von Filmemachern gedreht wurden, die das Unbehagen der Zuschauer über gesellschaftliche Zustände erkannt haben und in die Form einer Fabel kleiden konnten.

Lernen kann der Filmemacher daraus etwas anderes: Jeder Film hat sein Publikum und danach muss der Filmemacher budgetieren. Spricht er mit einem abgedrehten Arthouse-Film die kleine, aber verschworene Gemeinde der Fans an, hat er eine zuverlässige Einnahmequelle – nur ist eben die Höhe der Einnahmen begrenzt. So finden auch Splatter-Filme ihr Publikum oder Western, Musicals, gesellschaftliche Dramen – aber jede Film-Form hat ein Publikum, das endlich ist.

Einige meiner Klienten stellen Filme für Beträge zwischen 70.000 und 300.000 Euro in cash her. Das funktioniert sehr gut, denn sie haben stets ihr Publikum im Blick. Sie wissen, ihr Film spricht ein bestimmtes Thema an und findet damit eine Gemeinde, und sie erreichen es durch gezielte PR-Maßnahmen.

Dieses Kapitel ist eine Übersicht für die Aufstellung eines Budgets. Es soll ein Gefühl für die Kosten vermitteln oder Interessierten zeigen, was es zu verdienen gibt. Es soll keine Kalkulationslehrfibel sein. Wer kalkulieren muss, nicht so viel Übung hat, nichts vergessen will, der besorge sich eine Version des Computer-Programms „Sesam". Dieser Standard wird von allen TV-Sendern verwendet und akzeptiert. Für den Kinofilm soll „Movie Magic" besser sein, ein Programm das für Apple-Computer geschrieben wurde.

Aber für das Kalkulieren wie für viele andere Filmtätigkeiten gilt, dass Film eine hoch arbeitsteilige Aufgabe ist, und niemand, auch nicht das größte Genie, kann alles. Es ist also entscheidend, dass der Filmemacher erkennt, was er nicht kann und sich dafür Experten holt, die sich damit auskennen.

Genau genommen existieren nur zwei Arten von Kosten für Filme (plus der Kauf des Filmmaterials):
1. Kosten für die Arbeit von Menschen
2. Kosten für das Leihen von Gegenständen

Zwei Drittel der Kosten eines Films sind Personalkosten. Deswegen haben auch intelligente Strukturpolitiker wie der damalige Ministerpräsident von NRW, Wolfgang Clement, auf die Filmindustrie gesetzt. Ein durch Rationalisierung gebeuteltes Bundesland war gut beraten, eine Branche ins Leben zu rufen, deren Arbeitsplätze nicht wegrationalisiert werden konnten.

Eines der Geheimnisse im Filmbusiness ist, dass deshalb auch die Kosten eines Filmes eine Untergrenze haben. Darunter gelangt nur, wer auf Lohnverzicht hofft, und dafür lassen sich nur in zwei Fällen Menschen gewinnen: erstens für Kinofilme, die Ruhm und Ehre versprechen, und zweitens Berufsanfänger. Natürlich führt auch ein Überangebot von Arbeitskräften zum Preisverfall, jedoch setzen die meisten „echten" Filmberufe ein hohes Knowhow voraus, so dass es gar nicht so einfach ist, an diese Schwelle zu gelangen. Wo es tatsächlich passiert ist, dass ein Überangebot an Fachkräften entstand, war eigentlich ein fachfremder Filmberuf – nämlich in der Sparte der Filmkomponisten.

Eigentlich sind alle Gegenstände, die zum Filmemachen benötigt werden, geliehen: die Kamera, das Tonequipment, die Studios, die Kulissen, die Requisiten und die Garderobe. Abgesehen von Verbrauchsmaterialien wie Folie, Schminke, Klebeband kann alles geliehen werden. Es existieren die seltsamsten Spezialisten, die für Filmzwecke von historischen Autos bis zu Reptilien alles vermieten. Sogar Sand wird vermietet, in der marokkanischen Wüste sind Menschen darauf spezialisiert, für Wüstenfilme geeignete Sandabschnitte zu vermieten. Das klingt seltsam, aber: George Lukas war auch schon da und hat „Star Wars" dort im Sand gedreht. In Brandenburg vermietet Studio Babelsberg die Brache, die dieses Bundesland bietet, für Kriegsfilme („Enemy at the Gates"). In Lettland und Litauen wird das völlig deindustrialisierte Land, das nicht mal Strommasten besitzt, als Kulisse für historische Filme wie „Störtebecker" vermietet.

Wie verpflichte ich einen Hollywood Schauspieler?

Ja, es geht. Hollywood Schauspieler verdienen ihr Geld zu einem Teil tatsächlich dadurch, dass sie in Filmen mitwirken und die meisten spielen, wenn das Geld stimmt. Oft liest man, ein Schauspieler würde 100.000 US-Dollar dafür nehmen, dass er ein Drehbuch überhaupt liest. Das stimmt so nicht. Der Mechanismus ist anders: Und die kann man auch für deutsche Filme oder Filme deutscher Produzenten bekommen. Nur ein knappes Dutzend kann es sich erlauben, allein nach einer Karriere-Planung zu bestimmen, was sie drehen. Diese bekommt der Produzent dann nicht. Diese Schauspieler wechseln ständig. Wer wissen will, welche gerade auf dieser Liste stehen, greife sich eine „Gala". Es sind die ersten zehn, die erwähnt werden. Alle anderen sind zu haben.

Der Produzent wird regelmäßig nur nach einigen wenigen Drehtagen fragen, um die Kosten überschaubar zu halten, also etwa zwei bis drei, aber auch dafür werden 200.000 bis 300.000 Dollar fällig.

Diese Menschen haben einen sehr engen Terminplan, der Produzent muss also in der Lage sein, seinen Drehplan nach ihnen auszurichten. Des Weiteren muss der Produzent wissen, dass das Geld futsch ist, wenn er die Leistung des Schauspielers in diesem Zeitraum nicht in Anspruch nehmen kann. Der Produzent muss dem Agenten des Schauspielers ein Drehbuch schicken mit einem Scheck.

Der Scheck muss mindestens ein Drittel, besser die Hälfte der Summe betragen, die der Produzent für die Rolle ausgeben möchte. Die Summe muss dem Marktwert entsprechen. Entweder erfährt der Produzent, was der Schauspieler zuvor bekam oder er ruft simpel den Agenten an. Mindestens 200.000 US-Dollar werden wohl fällig sein.

Was passiert, wenn der Schauspieler den Scheck einlöst? Der Produzent will, dass er ihn einlöst. Denn das heißt, dass er spielt.

Zu viel Geld? Dafür kann der Produzent mit dem Namen werben und unter Umständen überhaupt erst internationale Verkäufe realisieren, die Investition rechnet sich also relativ schnell. Es sind reine Marktgesetze die hier herrschen – erhöhe ich den Wert deines Filmes so, dass du davon profitierst, musst du mich als Schauspieler entsprechend bezahlen.

1. Machen Filme reich?

Machen wir uns nichts vor: Reich werden entgegen landläufiger Meinung die Wenigsten in der Filmindustrie. Die Weiteren sind Menschen, die in der Filmindustrie arbeiten, fast ausnahmslos Arbeitnehmer oder Freelancer. Viele Jobs sind gut bezahlt – längst nicht alle –, aber es wird dort auch mit einem Aufschlag abgegolten, da alles nur kurze Beschäftigungsverhältnisse sind, meist über wenige Wochen Drehzeit. Dann steht der Filmemacher auf der Straße und kann sich nach einem neuen Job umsehen. Auch ein aufreibendes Leben.

Der Staat hat dafür gesorgt, zum nicht geringen Ärger der Produzenten und auch oft der Filmemacher, dass nahezu alle Filmarbeitsverhältnisse als sozialversicherungspflichtige, abhängige Beschäftigte eingestuft werden und deshalb ihre Lohnsteuerkarte abgeben müssen bei Beginn eines Arbeitsverhältnisses. Natürlich hätten die meisten Filmemacher das Geld lieber so oder „auf Rechnung", wie der Jargon sagt, aber der Gesetzgeber will nicht nur seine Sozialkassen und Staatssäckel füllen, sondern hat in diesem Fall auch mal an die Betroffenen gedacht.

Jahrzehntelang bekamen die Filmschaffenden über die angestellte Tätigkeit auch einen Anspruch auf Arbeitslosengeld. Es war – ein offenes Geheimnis – eine versteckte Subvention des Staates für die Filmindustrie, die die Richtigen traf, nämlich die Filmemacher und Schauspieler. Durch das Arbeitslosengeld und die Honorare gab es über das Jahr eine recht ordentliche Entlohnung, mit der manche sogar nicht nur gut, sondern sehr gut leben konnten. Seit Hartz IV ist alles anders. Es gibt kein Arbeitslosengeld mehr und jetzt beginnt der Run auf die Jobs, die jetzt möglichst ganzjährig vorhanden sein müssen.

Es ist also für den Filmschaffenden, auch wenn er bekannt gute Arbeit leistet, nicht ohne Mühsal, seinen Lebensunterhalt zu verdienen. Die gute Konjunktur, die mit etwas Verzögerung auch die Filmindustrie erfasste, verdeckt etwas die Dramatik, aber schon die nächste Depression, die so sicher kommen wird wie der nächste Aktien-Crash, wird dazu führen, dass gut beleumundete Filmschaffende sich Zweitjobs in anderen Branchen suchen müssen.

Die steigende Professionalisierung wird in diesem Kapitel noch öfter Thema sein. Film war im hoch durchorganisierten Deutschland lange eine der letzten Oasen der Anlernjobs und damit auch eine der wenigen Wechseloptionen, wenn jemand seinen Job satt hatte. In Deutschland ranken sich viele Träume um die Filmindustrie, da sie die Chance versprach, noch mal etwas im Leben zu verändern – ohne fünf Jahre zu studieren.

Das ist vorbei. Es hat lang gedauert, aber heute kämpfen 19.000 Filmstudenten (alles zusammengerechnet) um alle Jobs, die frei werden. Sie sind gut ausgebildet, haben sich jahrelang mit nichts anderem befasst und dadurch einen Wettbewerbsvorteil, den man nicht mehr aufholen kann – außer in den berühmten Ausnahmefällen.

Vorbei die Zeiten, als die beiden einzigen Filmhochschulen in Berlin und München ihre Bewerber darauf abklopften, ob sie denn zuvor etwas „Anständiges" gelernt hatten, da von Film doch keiner leben konnte …

1.1 Wieso wird man in den USA mit demselben Job reich?

In den USA ist die Filmindustrie eine gute Chance den American Dream zu leben. Erreicht der Filmemacher eine gewisse Stufe, kann er Millionen scheffeln. Dazu reicht eine erfolgreiche TV-Serie. Es ist müßig auf die Millionen zu verweisen, die es nicht schaffen, die paar, die sich durchsetzen, reichen immer aus, um weiter Millionen Menschen zu motivieren. Tatsächlich kann eine Serie die Schauspieler, Erfinder und Produzenten zu mehrfachen Millionären machen. Vergesse man aber nicht das traurige Schicksal der „Dallas"-Mannschaft die samt und sonders nach kurzer Zeit alles durchgebracht hatte und allein Victoria konnte sich glücklich schätzen, „dass sie einen reichen Mann geheiratet hatte", den bunten Blättern zufolge – dabei war sie selbst kurz zuvor noch ziemlich reich gewesen.

In Deutschland wird niemand mit einer Serie reich (ok, die Produzenten von „Gute Zeiten, schlechte Zeiten" ausgenommen – nicht ganz zu Unrecht, denn der ausstrahlende TV-Sender ist dadurch Milliardär geworden). Alle sind darauf angewiesen, dass sie aufgrund ihres Erfolges in der Erfolgs-Serie möglichst oft für Folgeprojekte herangezogen werden.

Warum ist das so? Das US-amerikanische System funktioniert schlicht anders: Erstens ist der Markt viel größer. Produziert jemand dort einen Straßenfeger, sitzen Unmengen von Menschen vor dem Bildschirm, die die in den Werbepausen beworbenen Produkte kaufen.
Eine solche Serie ist als richtiger Wirtschaftsfaktor auszumachen und betriebswirtschaftlich nachweisbar zu messen. Es können Statistiken dazu ge-

führt werden, wie die beworbenen Produkte besser verkauft werden, wenn sie in Werbepausen zu „Sex and the City" gezeigt wurden. Nur sehr wenige Serien setzen sich so durch und nur die lernen wir hier in Europa kennen.

Aber auch für abseitige, nicht so erfolgreiche Serien gibt es aufgrund dieses riesigen Landes mit dieser gigantischen Bevölkerung immer noch 5 Millionen Menschen, die die Serie gucken. Auch wenn die Serie auf Chinesisch ist. Denn in den USA leben eben auch mal mehr als 5 Millionen Chinesen.

In den USA funktioniert die TV-Finanzierung anders. Über Jahrzehnte gewachsene Produzenten und strenge Kartellbehörden sichern den Produzenten eine andere Stellung, aber auch ein anderes Risiko zur Produktion. Hat etwas Erfolg, können sie andere Forderungen stellen und bekommen die Ergebnisse bei entsprechendem Erfolg auch entsprechend vergütet. Kapitalismus eben. Dieser Kapitalismus setzt sich fort. So können auch der Hauptdarsteller, der Regisseur und der Serienerfinder mehr verlangen. Und sie bekommen es.

Der ganz große Deal beginnt aber mit dem Auslandsverkauf. Jahrzehntelang gab es die ungeschriebene Regel, dass Folge 95 erreicht sein musste und dann begann der magische Durchbruch – die Serie konnte in die ganze Welt verkauft werden. Was brachte das? 500 Millionen bis eine Milliarde Dollar. Eine unfassbare Summe. Groß genug, um alle Beteiligten reich zu machen. George Clooney hat daher sein Geld („ER"). David Duchovny („Akte X"), Sarah Jessica Parker („Sex and …") und alle amerikanischen Serienschauspieler haben gewartet, bis die Serie sich zur Folge 70 oder 80 geschleppt hatte, um dann zu sagen, sie wollten aufhören, nach Kalifornien ziehen, Kino machen, aussteigen …, für kein Geld der Welt aber wollten sie weitermachen. Das war der Zeitpunkt, an dem der Produzent wusste, nun musste er herausfinden, wie viel kein Geld der Welt war. Meist ein paar Millionen Dollar pro Folge. Und bis zur 95. Folge wurde das gerne ausgegeben, Hauptsache, die 500 Millionen Auslandsverkauf waren nicht gefährdet.

1.2 Warum werden wir in Deutschland nicht reich beim Filmemachen?

Es sind die Maßstäbe. Die deutschen Produkte sind so gut wie nicht export-fähig (zum kleinen Rahmen siehe „Weltvertrieb"). Die Zuschauerzahlen blei-ben trotz der Größe des Landes relativ. Aber im Detail:

Wie gesagt: Die weiteren Menschen, die in der Filmindustrie arbeiten, sind fast ausnahmslos Arbeitnehmer oder Freelancer. Arbeitnehmer sind nur dann vollständig in einer Filmkalkulation zu berechnen, wenn der Produzent alle damit zusammenhängenden Kosten kennt. Es sind runde 22 % bis 24 % an Sozialabgaben auf das Gehalt aufzuschlagen und Urlaub ist zu berechnen.

Auch Freelancer unterliegen Besonderheiten in der Filmindustrie. So sind Sonderabgaben für Mitglieder der Künstlersozialkasse zu leisten. Diese Be-träge summieren sich schnell und haben schon manchen Produzenten ru-iniert, der das erst schnell beiseite ließ.

Alle Gagen orientieren sich – wenn sie nicht als Pauschale bezeichnet wer-den – an der Drehwoche (5 Tage). Nun wird der eine oder andere schmun-zeln, über den Zusatz 5 Tage, aber die tarifvertragliche Regelung erlaubt die Arbeit an sechs Tagen und oft genug sind es sieben.

Um einen ungefähren Maßstab zu geben:

Deutscher Kinofilm: Etwa 30 Drehtage (= 6 Drehwochen)

Deutscher TV-Movie oder Fernsehspiel (90 Minuten abgeschlossener Film zur Hauptsendezeit): 23–24 Drehtage

Deutsche Serienfolge (Prime Time): 8–9 Drehtage

Deutsche Weekly (industriell gefertigte wöchentliche Serie): 5 Drehtage

Daily („Gute Zeiten, schlechte Zeiten"): 1 Drehtag

Honorare werden pro Film gezahlt. Für alle Mitarbeiter gilt:

Filmemacher haben Anspruch auf sozialversicherungsrechtliche Leistungen und ohne andere Vereinbarung nach Bundesurlaubsgesetz auf mindestens 20 Tage Urlaub im Jahr (Anmerkung: Das Bundesurlaubsgesetz sieht 24 Tage vor, aber ist zu einer Zeit erlassen, als noch samstags gearbeitet wurde, weshalb diese Tage wieder rauszurechnen sind). Das heißt pro Monat 1 Tag und einen „Zwei-Drittel-Tag". In vielen Verträgen wird der Fehler gemacht, dass bestimmt wird, der Urlaub sei „mit abgegolten" oder der Arbeitnehmer würde darauf „verzichten". Beides verbietet das Gesetz. Der Urlaub kann erst am Ende der Arbeitszeit abgegolten werden oder der Arbeitnehmer kann dann darauf verzichten, den Urlaub zu nehmen.

Laut einer Studie des Arbeitsamtes (oder Agentur für Arbeit) von 2005, veröffentlicht in „Blickpunkt: Film 2006" waren in

München	15.791
Köln	14.518
Berlin	13.569
Hamburg	8.987
Leipzig	3.855

sozialversicherungsrechtlich Beschäftige in der Filmbranche tätig. Zählt man weitere 10.000 aus dem Umkreis des mächtigen Köln dazu, so ist das sicherlich lächerlich, wenn die großen beschäftigungsintensiven Industrien damit verglichen werden, aber immerhin.

Nicht dazu zählen sämtliche Selbständige, die an der Branche hängen, vom Produzent bis zum Tiertrainer und regelmäßig sind diese Berufe recht gut bezahlt. Es ist jedoch schwierig, hier Zahlen zu erhalten, die zuverlässig sind.

Wie zu allem gibt es natürlich auch für diese Branche in Deutschland einen Tarifvertrag. Der wird nur fast nicht beachtet, insbesondere weil die dort festgelegten Gagen wenig mit der Realität zu tun haben. Dadurch, dass die Gagen zu niedrig angesetzt sind, wird jeder Mitarbeiter, der den üblichen Lohn kassiert, zum „außertariflichen Mitarbeiter", für den das ganze Regelwerk nicht mehr gilt. Low-Budget-Filmer müssen sich keine Sorgen machen, es gilt nur, wenn der Tarifvertrag von ihm oder seinem Berufsverband unterschrieben wurde. Deshalb muss der Produzent ein bisschen aufpassen, welchem Verband er beitritt.

Selbstmarketing für Filmemacher

Oliver Ferber, MediaCityBerlin

Eine Sache wird sich niemals ändern: Die Nachfrage nach Kompetenz und Kreativität. Früher lebte der einzelne Filmemacher, der kreative Freelancer, von den paar persönlichen Kontakten, die er in der Filmbranche hatte. Nur sehr selten wurden Menschen nachgefragt oder angefragt, die der Produktion nicht persönlich bekannt waren – die ganz großen Filmemacher einmal ausgenommen.

Diese Welt war gemütlich, aber auch beängstigend: Kannte der Filmemacher nicht genug Produzenten, war er arbeitslos. Persönliche Kontakte zu machen, war ohne Einführung durch einen Bekannten nahezu unmöglich. Der Produzent hatte aber auch wenig andere Chancen: Er musste darauf vertrauen, dass der Filmemacher, der ihm vorgestellt wurde, sein Handwerk beherrschte, Transparenz gab es zu wenig, ob das Arbeitsergebnis im Film tatsächlich dem Filmemacher zuzurechnen war, war oft nur Vermutung. Auch die Credits waren nicht immer zuverlässig. Andere Informationen gab es kaum.

Das Internet hat den Zugriff auf Informationen sprunghaft vereinfacht, verbessert und beschleunigt. Auf einmal kann ein Produzent Menschen finden, die das, was er speziell braucht, besser können als vielleicht sogar die paar Menschen, die er für den Job kennt. Inzwischen ist er auch bereit, einfach wegen der ausführlicheren Informationen, diese Menschen zu beschäftigen. Das heißt für den Freelancer heute: Er muss gefunden werden und zwar am besten über seine Kompetenzen.

Und auch hier spielen Internet-Technologien eine wichtige Rolle. Wer sie für sein Marketing richtig nutzt und so über seine Kompetenzen im Internet sichtbar wird, der erweitert zwangsläufig seinen Wirkungskreis.

Gerade die gut geführten und spezialisierten Datenbank-Systeme ermöglichen es ihren Nutzern, zu jeder Zeit interessante Kontakte herzustellen. So sind sie nicht mehr nur auf ihre bereits bestehen-

den Kontakte und Empfehlungen angewiesen. Besonders interessant ist dies aus der Sicht von Auftraggebern, denn sie können
sich gezielt aussuchen, wen sie ansprechen möchten und wer
sich bei ihnen bewirbt – das spart Zeit.

Damit er bekannt wird, ist und bleibt, muss er wie ein Unternehmen einen Marketing- und Werbeplan machen und einen Etat
dafür zur Verfügung stellen. Heute kann sich der Freelancer komplett auf das Internet beschränken.

So oder so: Der Freelancer muss im Internet gefunden werden
können. Der Klassiker ist die eigene Webpage. Die Webpage
erfordert aber Aufwand, Pflege und ständige Aktualisierung. Das
Wichtige ist die Auffindbarkeit in Suchmaschinen über die eigenen Kompetenzen (und nicht nur über den Namen).

An bestehende Kontakte können regelmäßig E-Cards verschickt
werden, wobei die Frequenz zweimal im Jahr nur überschreiten
sollte, wenn es wirklich etwas Neues gibt.

Eine Reihe von Internetverzeichnissen bietet sich für jede Berufsgruppe an. Es macht nur Sinn, sich bei spezialisierten und aktuellen Datenbanken zu registrieren, sonst wird man zur Karteileiche.

In der MediaCityBerlin kann man sich leider nur veröffentlichen,
wenn man in Berlin lebt, aber wir bieten zum Beispiel auch das
Taging-System, das für eine wesentlich bessere Auffindbarkeit
über die große Suchmaschen sorgt und über das die Kombination von Kompetenzen abgefragt werden kann, das außerdem ein
sehr aussagekräftiges Profil des Freelancers oder Unternehmens
enthält. Das generiert internationale Zugriffe und erspart im Not-
fall auch eine eigene Webpage.

Der Druck von Unterlagen, die physische Herstellung, sollte nur
noch auf Nachfrage erfolgen, eine DVD ist heute das Maximum,
was zum persönlichen Termin oder auf Anfrage den Freelancer
begleiten sollte.

1.3 Ausländische Filmemacher und Steuern

Da Film ein internationales Geschäft ist, werden viele Ausländer in den Produktionen eingesetzt, insbesondere in den Schlüsselpositionen Regie, Hauptcast, Autor. Der deutsche Finanzminister hat dazu extra eine Steuer erfunden, §50a EStG. Diese Steuer ist das Absurdeste, das je im Steuerrecht eingeführt wurde – und das will was heißen. Die Steuer beträgt pauschal 25 %. Sie wird aber nicht nur auf die Gage erhoben, sondern auch auf den Flug (!), das Hotel (!) und sogar auf die Mehrwertsteuer. (Wie verzweifelt muss ein Finanzminister sein, dass er seine eigene Steuer besteuert?) Dazu wird für den Fall, dass eine Gage netto cash auf die Hand gezahlt wird, von der Finanzverwaltung folgende Rechnung angestellt: Die Gage wird netto gezahlt, ist also nach Abzug der Steuern berechnet worden. Das heißt, die ausgezahlte Gage beträgt nur 75 % der eigentlichen Forderung. Das heißt, das Finanzamt rechnet die Gage hoch, schlägt die 19 % MwSt auf und zieht davon 25 % ab, so dass die Filmproduktion auf einmal einen immensen Betrag abführen muss. §50a EStG ist auf alle Fallgestaltungen anwendbar, an denen Ausländer beteiligt sind – auch wenn der Künstler in London sitzt, dort ein Storyboard zeichnet und es nach Deutschland verschickt.

Anders verhält es sich bei ausländischen Crew-Mitgliedern, die weniger als drei Monate für die deutsche Filmproduktion arbeiten. Hier können – ohne Vorlage einer Lohnsteuerkarte – pauschal 30 % Lohnsteuer abgeführt werden.

2. Vorkosten

„Vorkosten" sind ein Lieblingswort aller Produzenten und der Horror aller Filmfinanziers. Darin kann sich alles verstecken. Vorkosten sind alle Kosten, die entstehen, bevor die Produktion eines Filmes in die eigentliche Produktion geht (wobei auch die Produktion mit einer Vorstufe, der Preproduktion, beginnt). Eigentlich sind Vorkosten nur die Honorare des Drehbuchautors, vielleicht noch die Abgeltung der „Stoffrechte" auch „Underlying Rights" genannt. Sog. „Underlying Rights" sind Rechte, die erworben werden müssen, wenn ein Buch verfilmt wird, ein Musical oder eine Biografie.

Produzenten würden gerne noch berechnen: Die Kosten für den Producer (den Menschen, der die Drehbuchentwicklung von der Seite des Produzenten begleitet), die unmittelbaren Reisekosten dieser Personen, Recherche- und Anwaltskosten für diese Posten.

Das ist natürlich noch lange nicht alles, die Produzenten hätten gerne noch anerkannt: die Kosten der Stoffsuche, also fehlgeschlagene Entwicklungen und Akquisitionen und natürlich am liebsten sämtliche Kosten der Führung des Büros, der Flüge, die Gehälter der Assistentinnen und Assistenten, das Gehalt des Produzenten und so weiter …

Kein Wunder vielleicht, dass nahezu alle Stellen, die Filme finanzieren, sagen: Nur der Drehbuchautor wird als „Vorkosten" anerkannt. Es gibt Streitigkeiten, die sind so alt wie das Filmemachen selbst: Dieser Streit gehört dazu und die Produzenten verlieren immer.

Andererseits sind die Wünsche der Produzenten verständlich, denn die Kosten, die ein Produzent hat, bevor ein Film entsteht, sind erheblich und setzen eine Menge Kapital voraus, bevor ein Produzent überhaupt einen Film realisieren kann. Nicht wenige sind daran gescheitert und lange gab es Projekte deutscher Filmförderungen, die versuchten, mit Paketförderungen oder Unternehmens-Liquiditäts-Förderungen Produzenten zu unterstützen und mit dem nötigen Eigenkapital zu versorgen, jedoch meist mit mäßigem Erfolg – der Kapitalbedarf ist zu hoch.

2.2 Underlying Rights

Alle Underlying Rights haben eines gemeinsam: den Preis. Verfilmt werden Romane, Theaterstücke, Biografien und seit Neuestem gerne Computerspiele. Ein berühmtes Leben kostet etwa genauso viel wie ein berühmter Roman.

Das Schwierigste sind meist die Verhandlungen. Auf der anderen Seite sitzen regelmäßig Menschen, die viel Ahnung von ihrer Branche haben, aber keine von Film. Leider sind die Vorstellungen, wenn das magische Wort „Film" durch die Hallen wabert, oft hoffnungslos überzogen. Manchmal ist einem schon damit geholfen, wenn man der Gegenseite einen Anwalt oder Agenten aus der Branche empfiehlt. Das macht es zwar nicht billig, aber die Preisvorstellungen sind wenigstens realistischer.

Die Preise gehen nach den üblichen kapitalistischen Maßstäben in die Höhe, die Faktoren sind: Erstens wie viel Interessenten gibt es gleichzeitig und wie groß wird das Projekt? Rechte, die „heiß" sind und gleichzeitig von vielen angefragt werden, sind teurer als welche, die immer wieder angefragt werden – eine Binsenweisheit, aber wichtig zum Verständnis, warum manche Projekte teuer werden als die hier gleich genannten Preise.

Ob man die Rechte an Biografien kaufen muss, ist Ansichtssache. Die „zu biografierende Person" wie eine Autoren-Kollegin es wortschöpferisch nannte, hat keine Urheberrechte an ihrem eigenen Leben, aber das Allgemeine Persönlichkeitsrecht setzt so enge Grenzen, dass ein Projekt gegen den Willen einer noch lebenden Person schwer durchzusetzen ist (s. dazu mehr im Buch „Filmrecht im Kino- und TV-Geschäft. Alles was Filmemacher wissen müssen").

Überraschend kompliziert ist es oft, die Rechte überhaupt zu bekommen – sehr oft hört man ein Nein. Die Verfilmung eines Buches oder Lebens wird von vielen Ängsten und Hoffnungen begleitet. Erstens hat jeder Rechteinhaber Angst, dass der Filmemacher es „verhunzt". Zweitens hofft jeder auf den Anruf aus „Hollywood". Es ist wohl nicht die schlechteste Strategie sich viel Zeit zu lassen, sorgfältig die vorhergehenden Projekte zu erklären, zu erläutern, wie man die Verfilmung anzugehen gedenkt, wer noch mitwirken soll. Da am Ende eigentlich alles verfilmt wird, bleibt den Filmern immer eine Hoffnung: Irgendwer wird die Filmrechte kriegen, warum also nicht ich?

Die Preise für eine Fernsehverfilmung, 90 Minuten, Fiktion, um 20.15 Uhr gehen etwa bis 60.000 Euro hoch. Preislich darüber muss schon etwas ganz Besonderes angeboten werden. Als Maßstab mag man diese Zahl nehmen, um auszurechnen, was für eine Serie, einen Mehrteiler oder eine kürzere, spät abends zu sendende Fiktion übrig bleibt.

Eine TV-Dokumentation wird fast nie fünfstellig für Rechte zahlen, realistisch sind 5.000 bis 10.000 Euro.

International ausgerichtete Spielfilme unter Beteiligung eines US-Produzenten legen für die Rechte etwa 500.000 bis 1 Mio. US-Dollar an.

Spitzenbeträge ab 12 Mio. Euro werden eigentlich nur für Verfilmungen von Bestsellern gezahlt, deren Titel allein schon für einen Hit garantieren. Bücher von Dan Brown, Patrick Süßkind oder John Grisham gehören dazu. Die genannten Amerikaner können dazu auch noch Beteiligungen verlangen.

Vorsehen müssen sich Biografen: Da sie die Realität beschreiben, entstehen keine Urheberrechte und sie sind in der schwierigen Position erklären zu müssen, was sie eigentlich verkaufen. Eine Strategie, die sich als hilfreich erwiesen hat, ist zu behaupten, der Biograf kenne weitere, hoch spannende Fakten und würde diese dem Produzenten gerne im Rahmen eines Beratervertrages verraten. Was ein Beratervertrag bringt? Nun ja – für eine kleine

Dokumentation ca. 5.000 Euro, für große Dokumentation oder die Beratung für einen Spielfilm etwa 10.000 Euro. Hier kann man verhandeln.

Die Verfilmungsrechte für eine Biografie zu verkaufen, ist schwierig, da sich ein Käufer stets überlegen wird, dass das reine Faktensammeln nicht geschützt wird und die Fakten, die er noch nicht kennt und die nicht im Buch stehen, aus anderen Quellen vielleicht billiger zu haben sind. Einen guten Grund gibt es aber: Es schreckt andere Produzenten ab, wenn sie hören, dass jemand die Rechte an einer Biografie gekauft hat, selber über diese Person einen Film zu produzieren.

2.3 Autoren

Die Autoren-Kosten werden als Vorkosten anerkannt, aber ich handele sie unter einem eigenem Punkt ab, denn Autoren sind nicht schnöde Vorkosten, sondern elementarer Bestandteil des Budgets.

3. Drehbuchautor

Die Honorare für Drehbuchautoren hatte ich bereits in „Filmrecht" ausführlicher genannt, deswegen ist es für die Leser, die das Buch kennen, nur eine Wiederholung. Drehbuchautoren sind die bestbezahlten Autoren überhaupt und gehören zur bestbezahlten Berufsgruppe im Filmbusiness. Primär haben sie es dem Mangel an guten Autoren in Boom-Zeiten und der geschickten Verhandlung ihrer Agenten und Anwälte zu verdanken. Jetzt in den mageren Fiktion-Zeiten wird versucht, die Preise massiv zu drücken, aber eben auch dann ein Preisniveau durchzuhalten, zeigt die Qualität der Berater und die Nerven der Autoren.

Schwieriger ist nach wie vor die Frage, wie komme ich als Drehbuchautor an Aufträge? Autor ist kein geschützter Begriff und das ist allen bekannt. Es existieren inzwischen einige recht gute Ausbildungen für Drehbuchautoren an Filmhochschulen, z. B. in Potsdam und München, aber inzwischen auch veritable private Ausbildungen.

Aber davon allein gibt es noch keinen Auftrag. Es gibt zwei Wege zum Glück – traditionell.

Ein Autor hat mal gefragt, was er mit seinem abgelehnten „Tatort"-Drehbuch machen sollte. Man riet ihm, den Plot beizubehalten, aber umzuschreiben auf ein anderes Ermittler-Team, eine andere Sendung, das wollte er aber nicht. Er wollte partout, dass es ein „Tatort" wird und dann auch noch mit den damaligen Berliner Ermittlern. Dann sagte jemand zu ihm: Setze Dich auf einem Stuhl direkt vor den Sender RBB in Berlin und lies solange Dein Drehbuch vor, bis jemand kommt und Dir sagt, sie machen es. Der Ratschlag sei bitte nicht zur Nachahmung empfohlen.

Es sei nur darauf hingewiesen, es gibt viele mögliche Wege zum Auftrag, die meisten haben eine Chance von 0,1 % – so wie der oben vorgeschlagene –, aber ich will nicht sagen, dass es nur die folgenden beiden selig machenden gibt, in diesem Buch schlage ich halt immer die anerkannten, professionellen Wege vor.

3.1 Reiche und manchmal glückliche Autoren, Teil I

Das TV-Geschäft ist im steten Wandel. Je nachdem markiert zu jeder Zeit immer eine Filmgattung oder eine Produktionsart das „untere Ende der Fahnenstange": Schlecht bezahlt und schlecht beleumundet ist es meist eine Massenproduktion, die eine Unmenge von Autoren „frisst". Vor Jahren waren es die fiktiven Ermittler-Dokus wie „Lenßen & Partner" oder „Niedrig & Kuhnt", davor noch waren es die „Dailys" wie „GZSZ", zur Drucklegung des Buches waren es die Telenovelas. Hier ist der Bedarf an Autoren stets höher als das Angebot und mit einer gewissen Beharrlichkeit, wenn der Autor sich nicht direkt abwimmeln lässt, auch mal eine Probe umsonst schreibt, dran bleibt, bekommt ein Autor oft eine Chance. Nutzt der Autor die, ist er als Drehbuchautor schon mal in der Branche.

Warum soll ein Autor für diese schlecht beleumundeten Dailys, Telenovelas oder Doku-Fictions schreiben? Weil es professionell ist.

Erstens hat der Autor etwas erreicht, was jeder Autor will – er schreibt etwas, das verfilmt wird. Dafür kriegt er auch noch Geld.

Zweitens und fast wichtiger: Profis schätzen Autoren, die sich vor der unbeliebten Arbeit nicht drücken, und Profis wissen, dass nur der verfilmte Erfolg, egal was es ist, einen Autoren zum Drehbuchautoren macht. Nicht wenige Autoren sind vom Telenovela-Schreiber zum Filmautor geworden. Die Erfahrung, die der Autor sammelt, ist unschätzbar.

3.2 Manchmal reiche und glückliche Autoren, Teil II

Manche Autoren haben ein Anliegen. Sie schreiben nur in eine bestimmte Richtung oder überhaupt nur ein Drehbuch oder bleiben ausschließlich einer Form verbunden. Für jedes, aber auch wirklich jedes Drehbuch von verfilmbarer Qualität sind in Deutschland mindestens drei Anlaufstellen vorhanden. Egal ob für absurdes Arthouse, Martial Arts, Familiengeschichten oder was auch immer. Diese drei Adressen kann ein Autor anschreiben und hoffen. Wird es nichts, war es das. Er kann dann nur ein neues Projekt beginnen oder muss die Ablehnung akzeptieren. In der Regel sind die Anlaufstellen Produzenten. Es ist eh ein Rat, sich als Autor ausschließlich an Produzenten zu richten. Für Arthouse kann es auch mal eine Film-Förderung sein oder eine Redaktion wie „Das kleine Fernsehspiel". Für Martial Arts könnte auch ein DVD-Vertrieb mal angefragt werden. Aber regelmäßig sind die Adresse die Produktionshäuser.

Welcher Produzent in Frage kommt? Wenn man sich gar nicht auskennt, schreibt man an Produzenten, die Filme gemacht haben, die dem Autor gefallen haben.

3.3 Was verdient ein Drehbuchautor?

Holger Karsten Schmidt, Drehbuchautor

Auf vielen überteuerten Wochenendseminaren können Sie sich von selbst ernannten Drehbuch-Gurus für 500–1.000 Euro eine Menge Tipps zum Thema „Wie schreibt man ein gutes Drehbuch?" anhören.

Im Grunde brauchen Sie aber nur zwei Dinge: Handwerk und Leidenschaft.

Rund 80 % des Drehbuchschreibens sind pures, erlernbares Handwerk. Das kann man sich aneignen (allerdings nicht an ein paar Wochenenden). Und sicherlich kann man damit auch passable Drehbücher hinlegen.
Aber gute Bücher werden mit Leidenschaft geschrieben und die kann Ihnen kein Drehbuchseminar vermitteln. Ein Drehbuchautor muss leidenschaftlich gerne Geschichten erzählen. Warum? Weil

man sie sonst nicht gut erzählt. Und eine Geschichte, die nicht gut erzählt wird, will keiner hören.

Der Autor ist der Urheber und er ist in dem Sinne der Kreativste am Filmprozess, indem er der Einzige ist, der vor der Aufgabe steht, etwas aus dem Nichts zu kreieren. Alle anderen, die dann kommen, vom Produzenten über den Redakteur über den Kameramann zum Regisseur, zum Schauspieler und zum Cutter: Sie alle beginnen ihre Arbeit auf Basis des Drehbuches.
Ich hebe das hier deshalb hervor, weil diese simple Tatsache mehr und mehr in Vergessenheit geraten ist.

Als Autor steht man am Anfang der Filmherstellung. Und da stehen Sie ganz alleine. Genießen Sie es ruhig eine Weile, denn sehr bald werden Ihnen sehr viele Leute in Ihre Arbeit reinreden.

Die Arbeit am Drehbuch weist etliche Parallelen mit dem Großziehen von Kindern auf. Man geht mit einer Idee regelrecht schwanger, lässt sie in Form von Notizen das Licht der Welt erblicken. Das ist ein sehr behutsamer, schöner Moment.
Die einzelnen Charaktere, die man entwirft, sind so etwas wie die Eigenschaften dieses Kindes, die mehr und mehr reifen und an Konturen gewinnen. Das Buch macht seine Kinderkrankheiten durch, manchmal müssen Sie ziemlich streng sein und Sachen streichen, auch, wenn es Ihnen weh tut.
In der Pubertät fragen Sie sich irgendwann, ob es noch Sinn hat, dieses Projekt weiter zu verfolgen. Natürlich siegt die Zuneigung und Sie gehen den steinigen Pfad weiter – man muss auch die Blumen am Rande pflücken. Und dann, mit 18 oder vielleicht erst mit 22, entlassen Sie Ihr Kind in die Welt. Da muss man loslassen. Und alles, was Sie tun können, ist hoffen, dass Sie Ihre Tochter oder Ihren Sohn auf die schönen und niederträchtigen Momente, die unweigerlich kommen werden, gut genug vorbereitet haben. Es bleibt einem nur, jetzt ebenso wachsam wie besorgt zu sein. Und beides ist geboten.

Ich gebe Ihnen einen kleinen Vorgeschmack, wer alles etwas zu Ihrem Buch sagen wird: der Dramaturg des Producers, der Producer, der Produzent, die Praktikantin des Produzenten (wenn eine Anregung gut ist, ist sie gut, ganz gleich, woher sie stammt, und das meine ich nicht ironisch), der Redakteur, der Assistent des Redakteurs, der Vorgesetzte des Redakteurs, manchmal auch der Chef des Senders, der Regisseur, der Herstellungsleiter (bei ihm lernen Sie, was man alles aus Kostengründen streichen kann, und ich schwöre Ihnen, das ist eine intensive Erfahrung, die Sie nicht vergessen werden) und manchmal auch der/die Schauspieler.

Ich sage Ihnen was Ermutigendes: Die wollen auch alle eine gute Geschichte erzählen. Zweifellos haben Sie geahnt, dass ich noch ein „Aber" im Ärmel habe. Ja, und hier ist es: Die wollen noch mehr als das. Der Produzent beispielsweise will natürlich eine gute Geschichte erzählen, aber darüber hinaus will er mit dem Film Geld verdienen. Der Redakteur ist auch an einer guten Geschichte interessiert – und an guten Quoten, daran wird er bemessen und er lässt sich das auch gefallen. Der Senderchef will auch eine gute Geschichte – sofern sie „zur Farbe des Senders passt".
Und so weiter und so fort. Verstehen Sie mich nicht falsch: Die Interessen all dieser Leute haben ihre absolute Berechtigung. Bloß sind sie nicht immer zum Wohl Ihrer Geschichte.

Ein kleiner Tipp am Rande: Obwohl es salonfähig geworden ist, etwas zu einem Drehbuch zu sagen, obwohl man nur das Lektorat, nicht aber das Drehbuch gelesen hat (Filmkritiker lesen ja auch nicht das Buch, die haben das Talent, aus dem Film auf das Buch „zurückzuschließen", wie mir eine Filmkritikerin versicherte), seien Sie auf der Hut vor Produzenten und Redakteuren, die mit Ihrem Buch so verfahren. Denn es gibt nur zwei Gründe, ein Lektorat in Auftrag zu geben. Entweder, der Produzent/Redakteur ist nicht in der Lage, ein Drehbuch zu beurteilen oder er hat keine Zeit. Beides ist schlecht.

Es werden jede Menge Änderungswünsche kommen. Wie soll man da reagieren? Ganz einfach: Bleiben Sie Ihrer Geschichte treu. Denn es gibt nur genau zwei Arten von Wünschen: diejenigen, die Ihrer Geschichte dienen und sie – befolgt man sie – besser machen werden (und daran müssen Sie als leidenschaftlicher Geschichtenerzähler unbedingt interessiert sein), und diejenigen, die Ihrer Geschichte schaden werden (und auf die reagieren Sie bitte wie eine angeschossene Raubkatze, wenn ihr Junges in Gefahr ist).

Während der Stoffentwicklung klingelt oft das Telefon, Sie werden zu dieser und jener Besprechung geflogen, jeder will etwas von Ihnen. Und eines Morgens klingelt kein Telefon mehr und Sie müssen auch zu keiner Besprechung. Das ist ein untrügliches Zeichen dafür, dass Sie am Tag zuvor die drehfertige Fassung abgeliefert haben. Ab jetzt sind Sie überflüssig, man braucht Sie nicht mehr. Wenn Sie zum Abschlussfest des Filmes oder zum Festival, auf dem er gezeigt wird, oder zur internen Premiere eingeladen werden (ich meine: auf Kosten von Produktion oder Sender), dann sollten Sie es mal mit Lottospielen versuchen – Sie müssen ein Glückspilz sein.

Den Film zu sehen, den man geschrieben hat, ist meistens der Tod des Autors. Aber manchmal geschieht auch ein kleines Wunder. Da hat der Produzent nicht an der Endszene gespart, der Dramaturg hat eng mit Ihnen gearbeitet und Ihnen den Rükken freigehalten, der Redakteur hat das Drehbuch konstruktiv kritisiert und seine geschmäcklerischen Anmerkungen für sich behalten, der Regisseur hat Szene um Szene mit Ihnen durchgesprochen und dann hat er Ihre Vision um seine eigene ergänzt, so dass etwas Neues entstanden ist, etwas Schönes – ein guter Film, eine gute Geschichte. Vielleicht ein Film, der besser ist als das Drehbuch.

Zum Schluss noch etwas: Berühmt werden Sie als Drehbuchautor nicht. 81 % der Deutschen gehen einer Umfrage zufolge wegen der „Story" ins Kino. Interessanterweise kennt aber niemand den Autor.

Kleiner Test: Nennen Sie mir zu folgenden Filmen entweder den Regisseur oder einen der Hauptdarsteller:

„Blade Runner"

„Erbarmungslos"

„Twelve Monkeys"

Und jetzt sagen Sie mir nur zu einem der Filme den Autor. Kleiner Tipp: Er hat alle drei Drehbücher verfasst. Falls Sie den Test bestanden haben, geben Sie mir Ihre Nummer, ich werde Ihnen mein nächstes Drehbuch widmen.

Gut, aber wir Autoren treten ja auch nicht an, um berühmt zu werden. Wir treten an, um gute Geschichten zu erzählen.

Die große Standard-Summe ist: 60.000 Euro (für ein 90-Minuten-Drehbuch für ein TV-Movie zur Prime Time, also 20.15 Uhr, inklusive Buy-Out).

Diese Zahl kann man jetzt drehen und wenden, aber sie ist eine hervorragende Verhandlungsbasis für alle anderen Autorengehälter – aus Sicht der Autoren. Es ist gleichzeitig aber auch die relativ höchste Zahl, die von Autoren erzielt wird.

Wichtig zu wissen: Das ist eine sog. Buy-Out-Summe, das heißt, die zweite Hälfte wird erst bei Drehbeginn ausbezahlt und nur die erste Hälfte erreicht den Autor, während er schreibt, für verschiedene Abgaben und Abnahmen des Skripts.

Spitzenautoren erhalten für Event-Movies bis zu 90.000 Euro, aber normalerweise ist alles jenseits der 60.000 nur den „Stars" vorbehalten.

Die ARD-Sender und das ZDF zahlen noch für Fiction in der Prime Time sog. Wiederholungshonorare, d.h., der Autor bekommt 23.800,54 – 27.797,85 Euro für das Drehbuch bis zur Erstausstrahlung, aber dann bei jeder weiteren Ausstrahlung des Films erneut 100 % dieses Drehbuchgehalts.

Serien werden etwas unter diesem Spitzensatz gezahlt, gerade zurzeit sind es für 45 Minuten etwa 24.000 bis 28.000 Euro Buy-Out. Das sind aber die Prime-Time-Spitzen-Hochglanz-Serien. Auch ARD und ZDF sollten diese Summen zahlen, wenn sie einen Buy-Out-Vertrag anbieten, jedenfalls aber wird der Betrag circa um die Hälfte gekürzt, wenn es Wiederholungshonorare gibt. Werden dann aber mal so ein bis zwei Staffeln wiederholt, die ein Autor allein geschrieben hat, kommt dieser zu unverhofftem Reichtum, ohne noch etwas tun zu müssen (das Heulen und Zähneklappern während der Schreibarbeit liegt dann viele Jahre zurück und der gnädige Schleier des Vergessens hat sich darüber gelegt).

Dann aber geht es abwärts:
Ein kleines Fernsehspiel wird zum Beispiel deutlich darunter bezahlt. Für diese gegen Mitternacht ausgestrahlte „kleinste Form" des Films, niedriges Budget (etwa 700.000 – 800.000 Euro), unerfahrene Regisseure, unübliche Geschichten werden zwischen 10.000 und 20.000 Euro bezahlt – Buy-Out.

Aber es gibt noch andere Formate, für die Geld gezahlt wird und längst nicht mehr soviel:

Für die sog. Weeklys, Serien, die jede Woche eine neue Folge ins Rennen schicken und in begrenzten Settings gedreht werden, die der Autor virtuos beherrschen muss, wie z. B. eine Notaufnahme oder ein Gefängnis oder eine Polizeiwache.

Das sind dann Serien wie „Abschnitt 40" oder „Hinter Gittern". Sie zahlen etwa die Hälfte bis zwei Drittel der für „anständige Serien" genannten Summen, haben aber den großen Vorteil, dass ein Autor die Chance bekommt, meist mehrere Folgen zu schreiben, was bei einigen Autoren zu nicht unerheblichem Reichtum geführt hat.

Eine Telenovela-Folge liegt natürlich auch darunter und wird mit 1.200 – 1.800 Euro abgegolten – für immerhin 45 Minuten Sendezeit! Den letztgenannten Betrag kriegen auch nur die „Stars" unter den Telenovela-Schreibern (ja, auch die gibt es).

Und eine „Lenßen & Partner"-Folge bringt schließlich nur noch 700 bis 800 Euro.

Wer sagt, das ist wenig, muss kurz den Zeitaufwand bedenken. Was verdient man in einem normalen Job pro Tag? Eine Folge „Lenßen & Partner" schreibt ein versierter Autor erst an zwei, schließlich mit etwas Übung an einem Tag. Es sind auch nicht wenige Autoren, die schreiben eine Telenovela-Folge an einem Tag. Die meisten brauchen eher drei, aber selbst dann – schlecht bezahlt ist etwas anderes.

3.4 Raten, Steps und Step Deals

Die Arbeitsschritte zum Drehbuch sind meist:
- Exposé (Prosa, 5–9 Seiten)
- Treatment (Prosa, ca. 20–40 Seiten)
- Drehbuch, 1. Fassung
- Drehbuch, weitere Fassungen
- abnahmefähiges Drehbuch
- kurbelfertiges oder regielich eingerichtetes Drehbuch

Üblicherweise wird in Raten gezahlt und zwar für das Exposé, das Treatment, die 1. Drehbuchfassung und die Abnahme. Manchmal wird für weitere Drehbuchfassungen ein Teilhonorar vereinbart.

Die üblichen Honorare sind:
Exposé 2.000 bis 2.500 Euro; Treatment 3.000 bis 5.000 Euro (ob das Exposé-Honorar hier schon enthalten ist und angerechnet wird, ist eine Verhandlungsfrage).

Für Autoren wichtig sind die Fälligkeitsraten. Die Abnahme ist meist der heiß umkämpfte Termin, deshalb wollen Produzenten soviel wie möglich danach zahlen und Autoren soviel wie möglich davor haben.

Eine Aufteilung, die sehr üblich ist: 25 % bei Unterzeichnung, 25 % bei Abgabe erste Drehbuchfassung, 50 % bei Abnahme.

Autoren bevorzugen:
33 % bei Unterzeichnung das Vertrages, 33 % bei Abgabe der ersten Drehbuchfassung, 33 % bei Abnahme.

Gerne wird von Autoren versucht, die Abnahmerate auf bis zu 25 % zu drücken.

Auf das Autorenhonorar sind die vorhergehenden Honorare für Exposés und Treatments anrechenbar, gestritten wird gerne darüber, ob auf die erste (meist das Angebot der Produzenten) oder die letzte Rate (Forderung der Autoren).

Ein neueres Verfahren ist der sog. Step Deal. Step Deals sind ein US-amerikanisches Instrument, das dazu dient, den Autor nach zwei Fassungen ohne weitere Zahlung ablösen zu können. Das ist in Deutschland sehr unbeliebt, denn der Autor versteht sich als Urheber des Werkes Drehbuch und möchte möglichst gar nicht abzulösen sein. Der Step Deal sagt in seiner Ur-Form: Schreib mir zwei Drehbuchfassungen und verschwinde. In Amerika gilt es als gesicherte wissenschaftliche Erkenntnis, dass ein Autor nach zwei Fassungen „leer" ist und nach Hause gehen muss.

In Deutschland wird gerne von den USA übernommen, aber oft ohne das Wissen, das dazugehört: Hier wird Step Deal als „Stufen-Vertrag" verstanden, was beinhalten soll, dass nach jeder Stufe, also Exposé, Treatment, 1. Fassung etc. der Autor abgelöst werden und ein neuer auf das Projekt gesetzt werden kann. Abgesehen davon, dass es hier ein interessantes urheberrechtliches Problem gibt, kann das nun wirklich keiner wollen – denn aus dem Autorengemisch wird bestenfalls noch Wortsalat.

In Deutschland hat es jetzt sogar eine Förderung zur Voraussetzung gemacht, dass sie nur dann eine Drehbuchförderung zahlt, wenn der Produzent mit dem Autor eine Step-Deal-Vereinbarung abschließt – ein weitgehender Eingriff in die Privatautonomie, den sich hier die MFG in Baden-Württemberg ausgedacht hat.

Was gibt es dann also für einen Step Deal? Die Frage ist, was beinhaltet er, sind es klassisch zwei oder ist es nur eine Fassung. Für einen Step Deal würde ich für 90 Minuten und zwei Fassungen Fiktion etwa 10.000 bis 15.000 Euro nehmen wollen. Für eine Fassung nur 8.000 bis 10.000 Euro.

Skript Doctoring, also die letzte Fassung zu verbessern, wird mit ca. 15.000 Euro veranschlagt.

3.5 Honorar für den Kinofilm

Der Kinofilm kostet gerne nur einen Bruchteil der Summe eines TV-Movies oder aber leicht auch ein Vielfaches. Natürlich steht das Autoren-Honorar irgendwie in Zusammenhang mit dem Budget. Was soll man da zur Orientierung schreiben?

3.5.1 Prozente vom Budget

Also fair ist ein Prozentsatz des Budgets. Umso größer das Budget, desto mehr Geld hat der Produzent den Autoren zu bezahlen. Üblich sind 2 bis 3 %. Achtung, die Zahlen klingen so verführerisch gleich und gering, dass vielleicht zu früh in der Verhandlung eingeknickt wird. Es macht einen ziemlichen Unterscheid, ob 2 % oder 3 % verhandelt sind, bei 2 Mio. Budget sind das gleich 40.000 gegen 60.000 Euro. 3 % sind auch deshalb meist die Obergrenze, die Produzenten zugestehen, 2 % das untere Ende, das Autoren akzeptieren. Ein Vergleich mit der TV-Welt zeigt aber, dass auch dann ein Ungleichgewicht besteht: Für ein TV-Movie mit 1,35 Mio. Euro Budget erhält der Autor 60.000 Euro Buy-Out-Gage. Nach der oben genannten Regel wären es nur 37.000 Euro maximal, die für einen Kinofilm mit dem gleichen Budget von 1,35 Mio. Euro erlöst werden würden. In der Realität gehen die meisten Vereinbarungen auch nur dann auf einen Prozentsatz, wenn noch überhaupt nicht klar ist, was es für ein Film wird und wie hoch das Budget sein könnte.

Umso schlechter die Bezahlung, desto besser muss die Beteiligung am Erfolg sein. Hier haben sich ein wirkungsvolles und ein nicht geeignetes Instrument gefunden:

3.5.2 Escalator

Das erste ist ein Escalator: Der Autor erhält beim Erreichen einer bestimmten Zuschauerzahl eine fixe Summe. Also z. B. bei 500.000 Zuschauern 10.000 Euro. Das Problem ist, dass die Produzenten erst bei sehr hohen Zahlen Zahlungen bewilligen wollen, erst ab 500.000 beginnt eine gewisse Bereitschaft und das ist eine Zahl, die erreichen die meisten Filme nie. Trotzdem freut sich der Autor bei gewissen Überraschungserfolgen über das Geld. Unausgegoren ist, dass meist eine gleichbleibende Summe – nie mehr als 10.000 Euro – gezahlt wird, auch wenn der Film gigantische Umsätze macht. Vernünftig wäre eine ansteigende Bezahlung, die große Erfolge höher würdigt.

Die Produzenten stehen vor dem Problem, dass sie selbst oft erst Erträge aus dem Kinoerfolg erhalten, wenn eine Millionen Zuschauer den Film gesehen haben. Auch dann ist es denkbar, dass der Produzent durch Überschreitungen des Budgets eigentlich noch defizitär ist, aber erneut Zahlungen leisten muss. Auf der anderen Seite erhält er schon ab 100.000 Zuschauern die erste Subvention: Die FFA vergibt Referenzmittel – Mittel, die zwar erst zur Produktion des nächsten Kinofilms eingesetzt werden können, die aber „gehandelt" werden und deshalb einen geldwerten Vorteil darstellen. Also wäre eine erste Escalator-Zahlung ab 100.000 Zuschauern vertretbar. Der Escalator sollte nicht von Bedingungen abhängig gemacht werden, z. B. ob der Produzent schwarze Zahlen schreibt oder nicht, denn das kann der Autor nicht überprüfen. Siehe dazu auch den nächsten Absatz.

3.5.3 Netto-Beteiligung (Net-Profit)

Das völlig ungeeignete Instrument ist die sog. Netto-Beteiligung oder Beteiligung am Produzenten-Netto – in den USA als „Net-Profit" bekannt und verpönt. In „Filmrecht" wird der Fall des Pulitzer-Preis-Gewinners Art Buchwald geschildert, der die Grundstory zum „Prinz von Zamunda" schrieb. Ihm wurde eine Gewinnbeteiligung zugesprochen. Obwohl der Film 146 Mio. US-Dollar Umsatz nur an den Kinokassen machte, versicherte der Produzent Universal, dass kein Gewinn erzielt worden sei.

Gerade erzählte Volker Schlöndorff auf einem Seminar denselben Fall: Seit Jahren frage er immer wieder einen Produzenten an, was denn aus seiner Beteiligung geworden sei, die er für einen früheren Film zugesagt bekommen habe, und immer erhält er dieselbe Antwort – es sei leider kein Gewinn übriggeblieben. Nun kann man sagen, die Produzenten wären alle Betrüger, aber eigentlich ist es so, wer sein Metier nicht beherrscht, ist nicht lange Produzent und es ist eher eine Frage, welche Kosten in die Fertigstellung des Films gerechnet werden dürfen, ob ein Film tatsächlich Gewinn gemacht hat. Es ist auch schon versucht worden, diese Kostenarten auf vielen Seiten Vertrag festzulegen, aber das ist immer zum Scheitern verurteilt, da niemand ohne Gemeinplätze auskommt, da zu viele Variabeln zu bedenken sind und in diese Variabeln kann alles wieder hineingerechnet werden. Kein Autor sollte sich durch diese Netto-Beteiligung dazu verleiten lassen, von dem, was er für seine Arbeit haben will, abzurücken. Wenn man es ihm unbedingt obendrauf geben will, kann er es mit einem Seufzer akzeptieren.

Nicht uninteressant ist stets die Honorar-Verhandlung für Nebenrechte. Im Kino sollte der Autor die Remake-Rechte und alle Weiterentwicklungen versuchen zu behalten. Ein Remake bringt mindestens das gleiche Geld noch mal. Wenn der Produzent sie zwingend haben will, sollte er den Autor beteiligen müssen.

Verlangt der Autor Beteiligungen, sollte er lange nachdenken, ob er die Möglichkeit hat, die Höhe der Beteiligung zu prüfen und zu kontrollieren. Manchmal ist es sinnvoller, wie beim Escalator, über eine Pauschale nachzudenken, im Falle, dass ein bestimmtes Ereignis eintritt – also etwa 10.000 Euro, wenn ein Buch zum Film erscheint etc.

Eine Beteiligung an Merchandising ist interessant, aber nur, wenn wirklich eine Möglichkeit zum Merchandising besteht: Also bei Kinder- und Animationsfilmen – sonst nicht. Kinder- und Animationsfilme haben das Potential bei ihren kleinen Zuschauern das Gefühl auszulösen, weiter in diesem Film und mit seinen Figuren leben zu wollen. So sind Möglichkeiten gegeben, weitere Produkte rund um den Film zu verkaufen. Erwachsene kaufen keine kleinen Woody-Allen-Puppen. Man kann sich die Diskussion wirklich meist schenken. Oft gehen intakte Beziehungen zwischen Autor und Produzent an dieser Frage kaputt, weil keiner einsehen will, dass es für einen sozialen Problemfilm nun mal kein Merchandising geben wird.

An einer Auswertung der Tonträger wird der Autor meist nicht beteiligt.

Höchste Empörung bei den Produzenten löst der Wunsch aus, an den DVD-Erlösen beteiligt zu werden, wobei das sehr clever wäre, denn der Produzent ist bezüglich dieser Auswertung immer im Plus, da nur die Minimumgarantie für die Videorechte Teil des Budgets wird und alle Einnahmen dann reine Gewinne sind. Auch wenn der Film defizitär war oder über das Budget gegangen ist, durch die Kinoauswertung und andere vorgelagerte Verwertungen wie TV-Verkäufe müsste zum Zeitpunkt der Videoauswertung und -auszahlung eigentlich ein etwa bestehendes Minus ausgeglichen sein.

Auch die Autoren werden engagiert von ihren Verbänden vertreten, der größte ist der VDD. Der Verband Deutscher Drehbuchautoren (VDD) sieht Ungleichgewichte in den staatlichen Förderungen: Die FFA fördert fast genauso viele Spielfilme wie Drehbuchentwicklungen, nämlich rund 40.

In anderen europäischen Ländern ist die Quote von geförderten Drehbüchern zu produzierten Filmen 1:4 oder sogar 1:5. Der Verband fragt, nicht ganz zu Unrecht, wie tolle Filme entstehen sollen, wenn kein Autor Zeit und Geld hat, um großartige Drehbücher zu schreiben.

Dem VDD ist der Ansatz des Drehbuchhonorars, den staatliche Förderanstalten bewilligen, zu niedrig – gerade einmal 2 %, international ist z. T. mehr üblich, der VDD fordert 5 % – auch hier mit dem Argument, dass die Filmbranche nur gestärkt werden kann, wenn ihr eine Vielzahl guter Drehbücher zur Verfügung steht.

Auch bekommt nur der Produzent eines erfolgreichen Films die sog. Referenzförderung, die Förderung für ein weiteres Projekt. Was aber ist mit dem Autor? Der Autor, der die erfolgreiche Geschichte geliefert hat, bekommt keine Gelegenheit ein weiteres Drehbuch mit der Gewissheit schreiben zu können, dass die Miete bezahlt ist. Eine Referenzförderung auch für Autoren wäre dem VDD zufolge eine faire Lösung, die noch dazu zur Folge hätte, dass gute Autoren nicht zum Fernsehen „abwandern".

Gegenüber den Produzenten sind weiter die Fragen offen, die es schon ewig gibt: Nämlich die Beteiligung an Nebenerlösen (wie z. B. DVD) und an Weiterverwertungen des Drehbuchs (Serilisation, Prequell, Sequell). Eine spannende neue Frage – die spannendste neue Frage – ist: Nach dem relativ neuen § 32a UrhG muss der Autor bei auffälligem Missverhältnis zum Honorar ein weiteres Entgelt erhalten. Liegt das vor, wenn eine TV-Sendung sehr oft wiederholt wird (und der Autor ein sog. Buy-Out-Honorar bekommen hat, s. o.)? Hat der Autor einen Anspruch auf Honorare nach der 10. oder 20. oder 100. Ausstrahlung? Der VDD bleibt dran.

4. Produktionsfirma und Produzent

Die Produktion verdient ihr Geld mit der Herstellung und Auswertung des Films. Tatsächlich verdient sie es mehr mit der Produktion als mit der Auswertung, kaum ein Produzent lebt von den Gewinnen, die ein Film macht.

Die Produktion besteht aus drei Positionen:
- Dem Produzent, der eigentlich Unternehmer und Geschäftsführer ist und nur noch in sehr kleinen Filmproduktionsunternehmen sich selbst um einzelne Filme kümmert und dann eigentlich in Personalunion die Funktion des Producers wahrnimmt. Der Geschäftsführer ist heute oft Jurist oder Kaufmann und wenig mit der eigentlichen Produktion beschäftigt, sondern nur mit der Akquisition neuer Produktionen und der Leitung der Geschäfte.

- Dem Producer obliegen heute die Tätigkeiten, die eigentlich dem Produzenten zugeordnet waren. Sie entwickeln den Film, sie akquirieren die Finanzen, sie überwachen die Produktionsdurchführung.
  Producer ist deshalb der beliebteste Job in der gesamten Filmindustrie: Jeder will Producer werden (wenn er nicht Regisseur ist – siehe dazu „Regie"). Der Producer ist unendlich kreativ, kann aber die „echte" Arbeit anderen überlassen, meist den armen Autoren. Er braucht nur die „Idee" zu haben. Tatsächlich wäre der Job ein Traum, wenn nicht ein großer Pferdefuß winken würde: Am Ende des Tages ist ein Producer nämlich ein

Verkäufer. Er muss die Idee den Geldgebern verkaufen und den Auftrag bekommen und das ist verdammt schwierig und ein sehr harter, oft frustrierender Job.

Es ist auch der Grund, warum es kaum einen Job gibt, der so hohe Gehaltsunterschiede kennt. Es beginnt für die Junior-Producer, die begehrteste Einstiegsposition, gerne mal bei knapp über 1.000 Euro im Monat und endet bei vielleicht einer Millionen – Letzteres bekommen aber nur die paar Stars, die ihren Arbeitgebern im Gegenzug zweistellige Millionen Umsätze einbringen. Realistische Honorarforderungen für einen gestandenen Producer, der einen Track-Rekord (Filme, die sie/er verantwortet hat) und Verkaufserfolge vorweisen konnte, liegt zwischen 5.000 und 8.000 Euro im Monat (zuzüglich der üblichen Angestelltenvergünstigungen). Meist gibt es für nennenswerte Neuaufträge noch eine Provision. Für einen TV-Movie pauschal kann er etwa um die 30.000 Euro kalkulieren, als ausführender Produzent für einen Kinofilm bei einem Budget um die 4 Mio. Euro ca. 50.000 Euro.

– Der Herstellungsleiter ist eine Art „Über"-Produktionsleiter und überschaut alle Produktionen einer Produktionsfirma. Darüber hinaus ist er meist der Finanzchef der Produktionsfirma und in Personalunion oft der kaufmännische Geschäftsführer. Herstellungsleiter sind meist versierte Schlachtrösser, die die gesamte Palette der Filmindustrie durchlaufen haben und sind deshalb mit 6.000 bis 9.000 Euro monatlich zu entgelten. Wer mehr bekommt, hat meist ein sehr überzeugendes Argument dafür.

Natürlich sind je nach Größe des Unternehmens hier auch diverse Assistenten, Buchhaltung und weitere Funktionen, die ein Produzent für notwendig hält, vertreten. Jedoch sind es klassisch nur diese drei, die wirklich zu einem Produktionsunternehmen gehören. Deswegen erlebt man es auch oft, dass ganze Abteilungen gegründet und wieder aufgelöst werden (sehr beliebt: „Entwicklung" als Abteilung überlebt meist kein Jahr).

Diese drei Positionen eint noch etwas: TV-Sender und auch die meisten anderen Finanzgeber akzeptieren sie nicht in einer Kalkulation als Kostenpositionen. Der Produzent muss sie aus seinen Erlösen finanzieren.

Man muss auch mal eine Niederlage zugeben können: In „Filmrecht" schlug ich vor, den Begriff „Produzent" gegen „Filmproduktion" für ein Produktionsunternehmen auszutauschen. Kaum ein Vorschlag verhallte je ungehörter, also kehre ich reumütig zurück – größtenteils jedenfalls und mit der boshaften Gewissheit, dass es allein so ist, wie es ist, weil die Menschen es lieben, sich Produzent zu nennen mit dem ganzen Nimbus, den dieser Beruf einst hatte.

4.1 Wie wird man Produzent?

„Indem man nicht Regisseur wird, indem man nicht Produktionsassistent bleibt und sich Visitenkarten und Briefköpfe drucken lässt." Das Zitat besaß viele Jahrzehnte Gültigkeit, jedoch auch hier macht sich der ständige Output der Filmhochschulen bemerkbar. Jede Filmhochschule, die etwas auf sich hält, bildet „Produktion" aus und der Wettbewerbsvorteil, sich vier bis fünf Jahre nur mit dieser Materie beschäftigt zu haben, zahlt sich aus. Jedenfalls sind alle hoffnungsvollen Neugründungen fast nur noch solche erfolgreicher Filmhochschulabgänger.

Früher war auch gerne mal ein Produzent Journalist, einer sogar Polizist, andere kamen aus der Produktionsleitung oder aus der Redaktion.

Neugründungen sind auch des Öfteren noch die Ergebnisse von Talenten, die sich selbstständig gemacht haben. Regisseure, Comedians und Moderatoren gründen besonders oft ihre eigenen Produktionsunternehmen. Es gehören ein gewisser Geschäftsinn und eine gewisse Geschäftstüchtigkeit dazu, damit das gelingt. Der Vorteil ist, dass auch die Gagen für das Produzieren in der Tasche desjenigen bleiben, der das eigentliche Talent ist. Der Nachteil ist, dass man mit dem eigentlichen Beruf mehr als gut ausgelastet und mit diesen zusätzlichen Aufgaben meist schon überfordert ist. Den meisten reicht es dann auch, sich selbst zu produzieren, und das Unternehmen „stirbt" mit dem Ende der Produktion, manchen gelingt es aber, ein weiteres erfolgreiches Standbein zu entwickeln und weitere Produktionen herzustellen, die nicht von der haupthandelnden Person abhängig sind. Das Regisseur-Kollektiv, das „X-Filme" gegründet hat, ist zum Beispiel so eines, auch wenn von Anfang an ein sehr hochkarätiger Filmproduzent Teil des Gespanns war.

Maria Köpf, Kinofilm-Produzentin, Zentropa Entertainments Berlin GmbH, Gründungsgeschäftsführerin X-Filme

Im Laufe der letzten 10–15 Jahre haben deutsche Filme erheblich an Aufmerksamkeit gewonnen, sowohl im In- als vor allem auch im Ausland. Deutsche Filme finden internationale Beachtung und Anerkennung, es gibt Oscar-Gewinner und Filme, die international sehr erfolgreich laufen, all dies scheint auf einmal erreichbar. Oft wird man im Ausland gefragt, womit dieser „Boom" zu tun hat, und neben den vielen möglichen Antworten (kreatives Potential, Filmförderbedingungen) liegt vor allem auch ein Aspekt auf der Hand, und dieser sei in aller Bescheidenheit an dieser Stelle genannt: Wir haben eine neue Generation von Produzenten.

Produzent sein heißt, sich als Wegbereiter eines Projektes und Begleiter der Regisseure und Autoren zu verstehen, in der Lage zu sein, gute Ideen zu erkennen, zu fördern und diese Stoffe durchzusetzen und gleichzeitig die Ökonomie im Auge zu bewahren ohne die Risikobereitschaft zu verlieren. Produzent sein heißt, für ökonomische Rahmenbedingungen und Budgets zu kämpfen, die jenes Arbeiten ermöglichen. Oft genug befindet sich der Produzent hier in einem enormen Spannungsfeld, bezogen auf die Möglichkeiten, diese Budgets zu realisieren und sich später am Markt zu refinanzieren.

Darin besteht die große Herausforderung des unabhängigen Produzenten für sein Unternehmen: Für sich das richtige Businesskonzept zu entwickeln, mit dem er in der Lage ist, sich im Segment der Kinofilmproduktion durchzusetzen. Bei oftmals langwierigen Entwicklungs- und Finanzierungsphasen, erforderlichen finanziellen Eigenmitteln und der daraus resultierenden dünnen Eigenkapital-Decke (verbunden mit risikobehafteten Recoupment-Möglichkeiten im deutschen Kino-/ DVD- und internationalen Weltvertrieb) ist ein Kinoproduzent in der Regel darauf angewiesen, seinen Overhead genau zu planen.

Um als Produzentin meine inhaltlich anspruchsvolle, jedoch publikumsorientierte Ausrichtung weiter ausbauen zu können, freue ich mich sehr über die Partnerschaft mit der dänischen Zentropa, die seit nunmehr 15 Jahren bewiesen hat, dass Arthouse-Filme international erfolgreich sein können. Hierbei stand/steht immer die Publikumsnähe der Filme im Vordergrund, die nicht im Widerspruch zu einer innovativen Filmsprache stehen muss, man betrachte Filme wie „Breaking the Waves" oder „Italienisch für Anfänger". Bei dieser Partnerschaft sollen gemeinsame Ressourcen gebündelt werden, was konkret bedeutet, dass die neue Zentropa Berlin bei internationalen Koproduktionen in Zukunft ein fester Partner werden soll und auch deutsche Produktionen von diesen Möglichkeiten profitieren können. Dies beinhaltet insbesondere den Zugriff auf ein großes Know-how bezüglich der internationalen Auswertung von anspruchsvollen Filmen und vor allem deren Platzierung auf Festivals. Zentropa Berlin wird in enger Kooperation mit Zentropa NRW agieren (geleitet von Bettina Brokemper), wobei Berlin Heimat und Motor für deutsche Filme werden wird.

Unsere große Aufgabe für die Zukunft besteht darin, sich den Herausforderungen der sich verändernden Nutzungsarten des Mediums Film und der sich verändernden Sehgewohnheiten der Zuschauer zu stellen. Die Produzenten sind hierbei gefordert, sich auf diese Veränderungen vorzubereiten und vor allem, für Ziele gemeinsam einzutreten. Als Stichwort sei hier vor allem die dringend notwendige Entbündelung von Rechtepaketen genannt. Hierbei geht es darum, dass Online-Rechte in Zukunft als separates Recht zu betrachten sind und zum Beispiel Produktionen, die in Zusammenarbeit mit den Sendeanstalten entstehen, nicht automatisch auf den neuen Online-Plattformen dieser Sender abrufbar sind, ohne dass hieraus eine Refinanzierungsquelle für den Produzenten entsteht. Wenn es nicht gelingt, gemeinsam mit der Politik neu geordnete Verwertungsketten durchzusetzen, wird die Produktionslandschaft hierdurch langfristig schwerste Eruptionen hinnehmen müssen. Produzenten werden in Zukunft viel mehr gefragt sein, sich diesen Auswertungsfragen offensiv zu stellen und vereint aufzutreten, sowohl wenn es um Sendeplätze für Kinofilme in den deutschen Anstalten geht, als auch darum, jene Entbündelung der Auswertungsrechte zu erwirken. Film ist immer sowohl als Wirtschafts- als auch Kulturgut zu betrachten, und dafür einzustehen, die Herausforderungen anzunehmen und auch die Politik aufzufordern, hierfür Lösungen zu finden, ist die wichtigste Frage der Zukunft, der wir uns stellen müssen, um diese Kinokultur weiterführen zu können.

4.2 Was verdient ein Produzent?

Die Produzentengage ist kein großes Geheimnis: Es wird unterschieden zwischen Kino und TV. Für verschiedene Sparten gibt es dann noch Sonderkonditionen, vor allem für Werbung. Ausgangspunkt für alle Berechnungen sind die Herstellungskosten des Films.

Die TV-Sender zahlen alle nach einem seltsam ausgekungelten Kompromiss aus den 50er Jahren anstandslos zwei Arten von Gewinnen:

Das eine sind die sog. Handlungskosten (kurz: HU). Handlungskosten sind ein pauschalierter Betrag für alles, was der Produzent für eine Produktion selbst zu zahlen hat: Assistenten, Flüge, Büro, Telefon und ähnliches sowie Gagen für Producer und Herstellungsleiter. Aus einem nicht wirklich zu ermittelnden Grund wird dieser Betrag mit 6–7,5 % kalkuliert und gezahlt.

Die Herstellungskosten plus die HU, also insgesamt 106,5 % werden als Grundlage der Berechnung für den Gewinn genommen. Als Gewinn werden ebenfalls 6–7,5 % Gewinn gezahlt. Es ist meistens so, dass wenn die HU mit 6 % berechnet wird, der Gewinn 7,5 % beträgt. Umgekehrt geben manche Sender nur 6 % Gewinn, dafür aber 7 % HU, also ergibt sich am Ende immer etwa die gleiche Zahl.

Im Kino ist alles anders. Der Produzent sollte eigentlich von den Gewinnen leben, die ein Film erwirtschaftet, die meisten tun es nur nicht. Wie viele Filme keinen Gewinn einbringen (gerne wird gesagt, nur einer von zehn macht Gewinn), wird mit meist abenteuerlichen Quoten angegeben, das Hollywood-Saying dazu ist: Die meisten Filme erzielen Verluste. Laut beklagt werden das verlustreiche Geschäft und das Darben der armen Produzenten.

Glauben Sie keinen Ton. Wenn das stimmen würde, gäbe es schon lange keine Produzenten mehr. Produzenten finanzieren sich nicht aus den Gewinnen, die ein Film macht, sondern aus dem Budget, das ein Film kostet. Entweder offen oder versteckt sind 10 % Producers Fee einkalkuliert und dazu existieren in jeder Kalkulation Posten, die nicht kosten, was sie kosten sollen. Das ist ein offenes Geheimnis. Ein Produzent erzielt so etwa 15 % der Budgetsumme als „seinen Teil".

Das Produktionsunternehmen

Ein Produzent beauftragte mich, von seinem außergewöhnlichen Erfolg selbst überrascht, ihn bei der Organisation und Strukturierung seines Produktionsunternehmens zu unterstützen.

Das Unternehmen war als One-Product-Company entstanden, aber allmählich hagelte es Aufträge, denn der Produzent war extrem gut in dem, was er tat. Über Nacht wurde er auch zu einem recht erfolgreichen Unternehmer. Jedoch war jetzt eine andere Qualität gefragt, es galt eine erfolgreiche Neugründung in ein erfolgreiches Unternehmen zu verwandeln.

Viele Strukturen, die sich eher per Zufall und an den Notwendigkeiten entwickelt hatten, hielten der neuen Auftragslage nicht stand. Auch waren die lustigen Freelancer, mit denen er einst begonnen hatte, auf einmal über lange Zeit fest in seinen Diensten, bekamen Kinder und guckten ihn mit großen Augen an, ob denn ein neuer Auftrag käme, kurz: Er hatte Verantwortung.

Es galt also aus einer One-Product-Company eine Three-or-Four-Product-Company zu bilden, die langfristig Substanz hatte und als etabliertes Produktionsunternehmen auf dem Markt bestehen konnte.

Zwei Strukturen waren zu schaffen, eine innere und eine äußere Struktur.

Die innere Struktur sah zwei Säulen vor:

Die Producer-Säule stand für die kreative Seite und ihr waren alle kreativen Departments und Mitarbeiter wie Autoren, alle Producer, Bühnenbild und Kostüm zugeordnet.

Die Produktionsleiter-Säule war für die kaufmännische und organisatorische Leitung zuständig. Ihr wurden alle Berufe, die organisatorisch durchführten zugeordnet, sowie alle Etat-Fragen.

Jeder Mitarbeiter gehörte zu einer dieser Säulen und hatte damit eine Orientierung, an wen er sich wenden konnte. Auch die Koordination der Departments lief über die Säulen, wobei die Heads nur in Zweifelsfällen gefragt wurden, da die Mitarbeiter sich selbst koordinierten und große Freiräume besaßen, aber halt im Zweifel wussten, wer ihnen weiterhalf. Wichtig war es deshalb auch, immer und überall einen Ort (mit Sitzgelegenheiten, Kaffee, Wasser, Nahrung) zu schaffen, an dem sich die Mitarbeiter treffen und absprechen konnten. Es war gewollt, dass hier viel privat geredet und gealbert wurde, da die Koordination, die dabei en passant stattfand, unbezahlbar kreativ und extrem effizient war.

Beide Säulen standen gleichberechtigt nebeneinander. Das kann zu Kabbeleien führen, aber das ist im Filmbusiness durchaus manchmal gewollt. Erhält eine Seite die Oberhoheit, hat der Produzent ein Problem: Die Producer wollen den bestmöglichen Film machen – koste es, was es wolle. Die Produktionsleiter wollen den Film so kostengünstig wie möglich machen, egal wie er aussieht.

Sind beide Departments gleich geordnet, arrangiert man sich, manchmal nach einigem Gezerre, aber es entsteht meist ein guter Ausgleich. Da beide wissen, dass die nächste Diskussion bald wieder bevorsteht, einigt man sich auch bereits im Hinblick auf die nächste Diskussion. Das Gleichgewicht ist eines der Geheimnisse erfolgreicher Filmproduktion. In allen Zweifelsfällen muss der Produzent entscheiden. Das kommt (nach einer Weile) überraschend selten vor. Regelmäßig ist das System relativ störunanfällig.

Die äußere Säule sah eine strategische Ausrichtung vor. Der Produzent war nur in einem TV-Genre tätig, aber äußerst erfolgreich. Eine Ausweitung machte keinen Sinn, da das Unternehmen seine Einzigartigkeit und seine Attraktivität verloren hätte. Ein Produzent, der viele Genres bedient, steht am Ende für nichts mehr. Kein Auftraggeber weiß, wozu er ihn eigentlich noch anrufen soll. Die Bindung an ein Genre gibt dem Unternehmen ein klares Gesicht. Die Gefahr, das ein Genre aus der Mode kommt, besteht – über 50 Jahre TV-Geschichte betrachtet – nicht wirklich, sie müssen nur mit der Zeit gehen.

Das Wachstum sah anders aus: Die Abhängigkeit von nur einem Arbeitgeber musste durchbrochen werden, indem eine Beziehung zu allen anderen TV-Sendern hergestellt wurde und zwar beginnend mit denen in unmittelbarer geografischer Nähe. Ja, trotz aller Internetmanie ist die örtliche Nähe das erste Kriterium.

Ein Langzeitprojekt ist es immer mit der örtlichen ARD-Anstalt ins Geschäft zu kommen, was Jahre dauern kann, was sich immer lohnt, da sie einen Filmemacher auch nicht so schnell vergessen.

Das qualitative Wachstum resultierte aus einer Genre-Ausweitung: Das Genre, in dem der Produzent aktiv ist, ist der Unterhaltung zugeordnet, hatte aber eine (wesentlich besser bezahlte) Entsprechung im Fiction Segment. Dazu musste Know-how eingekauft werden, da Unterhaltung und Fiktion sich grundsätzlich fremd sind und von komplett unterschiedlichen Produzenten hergestellt werden. Im Falle einer Genre-Gleichheit kann aber ein Produzent beides herstellen.

Das Genre des Produzenten war auch im Kino und auf den neuen Mobil-Diensten präsent. Also stellten wir Verbindungen und erste Vertragsverhältnisse her.

Ziel war, drei langlaufende Produktionen (Staffeln von mindestens 13 Folgen) bei zwei TV-Sendern im Bestand zu haben. Alle Staffel-Produktionen haben einen Produktlebenszyklus, heute etwa drei bis vier Staffeln. Bricht eine weg, kann der Produzent auf zwei Beinen stehen und sich in Ruhe eine dritte wieder aufbauen. Drei Staffel-Produktionen erlauben es, die zentralen Mitarbeiter ganzjährig zu beschäftigen und sie sorgen vor allem für die nötige Freiheit und Sicherheit auch spannende Projekte anzupacken – wie den ersten Kinofilm.

4.3 Das Versagen der Produzenten

Eines der größten Marketing-Missgeschicke und größten Versagen beim Aufbauen einer Marke ist den Hollywood-Studios anzulasten. Jeder anständige BWL-Student würde sich vor Grausen schütteln. Obwohl die Studios seit siebzig Jahren und mehr die Gelegenheit haben, vor Abermillionen von Menschen in einem dunklen Raum, der nur den Blick auf eine erleuchtete Leinwand zulässt, lange ihr animiertes Logo zu präsentieren, erfolgt keinerlei Zuordnung eines Studios zu einem seiner Produkte.

Jeder kennt „Einer flog über das Kuckucksnest", „King Kong" oder „Love Story", aber keiner weiß, welches Studio den Film produziert und herausgebracht hat. Schlimmer noch: Es existiert überhaupt keine Markenidentität. Niemand sagt: „Ahhh! Lass uns heute mal einen Film von 20th Century Fox sehen, mal schauen, was die gerade so machen". Das hat auch einen Grund: Niemand verbindet etwas Spezifisches mit einem Film von 20th Century Fox. Filme werden nach Schauspielern oder Regisseuren oder Genres ausgesucht (sehr selten nach Kritiken). Warum? Weil sie etwas Spezifisches versprechen. Die Studios haben nie nach dem gesucht, was ein Marketing-Experte „Markenidentität" nennen würde. Und so haben ein Martin Scorsese oder ein Tom Cruise oder eine Meryl Streep eine „Identität", aber die Produzenten haben keine.

4.4 Der Erfolg der deutschen Produzenten

So ähnlich war es auch in Deutschland. Wer Produzent war, produzierte alles – bis kein Kunde mehr wusste, wofür der Produzent eigentlich stand. Auf Nachfrage erhielt man so vage Begriffe wie „Qualität". Das änderte sich erst, als in den 80er Jahren der Medienstandort Köln aus dem Nichts entstand und die dort ansässigen TV-Sender nach Auftragsproduzenten suchten. Dort entstanden sehr moderne Produzenten, die sich klare Felder suchten, dort blieben und inzwischen über Dekaden sehr erfolgreich ein Genre produzieren. Heißt eine Produktionsfirma „Action Concept", weiß man, was man dort bekommt für sein Geld. Es ist soweit gekommen, dass diese Produzenten zu den ersten Adressen in der Republik geworden sind. Hier habe ich es auch einmal während meiner Zeit beim Sender tatsächlich erlebt, dass ein Produzent einen Auftrag ablehnte. Er war zu beschäftigt. Der Produzent will produzieren. Er wird alles annehmen, was kommt, alles andere würde zu einem frühen Ende führen. Der Vorgang war deshalb unglaublich, „shocking" wie es heute heißen würde.

4.5 Die Geschichte der TV-Produzenten in Deutschland

Die deutschen TV-Produzenten sind im Zuge der Gründung des ZDF in den 50er Jahren entstanden. Das ZDF war als Gegenkraft zur ARD von den Politikern der Christdemokraten ins Leben gerufen worden. Das ZDF war zentralisiert in Mainz auf den Mainzer Lerchenberg gesetzt worden und brauchte von einem Tag auf den anderen Programm. Die Zeit, eigene Produktionsapparate wie die Anstalten der ARD aufzubauen, fehlte.

Das ZDF gründete dann Redaktionen und beauftragte „Freie" mit der Herstellung. Zunächst waren das oft Gruppierungen, die auch in den Räten der Anstalten saßen, so z. B. die Kirchen, deren Unternehmen auch heute noch bestehen, und andere Interessengruppen.

Relativ schnell verselbstständigten sich Fachleute zunächst als Produktionsleiter und Redakteure und relativ bald stand eine Architektur an Unternehmen, die die Aufträge erhielt. Das ZDF ging dazu über, sog. Quotenproduzenten zu beschäftigen und Produzenten, die bereits erfolgreich produziert hatten, erneut Aufträge zu erteilen, meist im gleichen Umfang. Ziel eines jeden Produzenten war es also, zu dieser Gruppe zu gehören.

Allmählich musste auch die ARD erkennen, dass man nicht alles selber machen kann und begann ebenfalls Aufträge an die freie Produzentenlandschaft zu vergeben, allerdings gab es zu den Zeiten schon sehr starke Produktionsabteilungen bei den einzelnen Regionalsendern.

Diese Produktionsabteilungen verselbstständigten sich bzw. es wurden gleich neue Produktionsapparate gegründet oder gekauft. Studio Hamburg und die Bavaria, bis heute zwei der größten Produzenten, sind so entstanden.

Wie im gesamten gesellschaftlichen Leben war 1968 auch ein Schlüsseljahr für die Filmindustrie. Der „Autorenfilm" und die „Jungfilmer" gingen an den Start mit dem erklärten Ziel, das Establishment abzulösen. Deren Unternehmen und Verbände existieren teilweise bis heute und haben damit eine erstaunliche Standhaftigkeit bewiesen. Nach wie vor sind sie sich mit den „Etablierten" nicht grün, obwohl sie nun längst selbst zu den Etablierten gehören. Die neuen Filmemacher stürzten sich vornehmlich aufs Kino und den Dokumentarfilm, aber nicht nur, ihre Vertreter fanden sich auch bald im TV.

Die Gründung der „Privaten" löste dann einen Goldrausch aus. Mit dem Beginn der 80er Jahre und der ersten eigenen RTL-Fiktion-Produktion begann das Produktionsvolumen zu explodieren. In einer reichlich eingefahrenen und abgeschotteten Welt brachen junge Kreative mit eigenen Firmen und Produktionen wie „Tutti Frutti" in eine neue Welt auf. Jedoch zeichnet sich auch hier bald ab, dass es nur zwei Lager geben würde: Kirch und Bertelsmann. Der Rest hat nie wirklich eine Rolle gespielt und zwischen diesen nun vier Playern – ARD, ZDF, Kirch und RTL-Gruppe – musste navigiert werden.

Ein Sender braucht eine bestimmte kritische Masse, um selbst produzieren zu können. Jetzt gerade beginnt „Das Vierte", bisher ein reiner Hollywood-

Lizenz-Abspielkanal, klitzekleine Sendungen in Auftrag zu geben. Natürlich gibt es hier noch Potential, denkt man an Tele 5 und ein paar weitere, aber der wirklich spannende neue Markt liegt woanders.

Wir werden sehen, ob der Boom bei den digitalen Spartenkanälen und den IP-TV-Stationen zu einem weiteren Wachstum führt, denn diese Sender sind alle sehr klein. Mein Tipp: Es werden nicht die bestehenden Produzenten profitieren, sondern neue, kleine Unternehmen, die in dem Kostenrahmen produzieren können, die diese kleinen Budgets vorgeben.

Nicolas Paalzow, TV-Produzent Entertainment, Geschäftsführer Janus TV und Janus Entertainment GmbH

Bevor ich Geschäftsführender Gesellschafter und Produzent der Janus TV GmbH wurde, hatte ich eine Karriere bei den TV-Sendern hinter mir. Ich war stellvertretender Programmdirektor bei DSF, Programmchef und Geschäftsführer bei kabel eins und Geschäftsführer von ProSieben.

„The key to this business is personal relationships", erklärt der alte Mentor seinem Zögling „Jerry Maguire" im gleichnamigen Film mit Tom Cruise. Was fürs Sportmanagement gilt, gilt auch für unsere Branche. Auch wenn der oben aufgeführte akademische Titel einen ausgeklügelten und von langer Hand vorbereiteten Masterplan vermuten lässt, es bleibt am Ende doch oft reine Glückssache bzw. das typische „Zum richtigen Zeitpunkt am richtigen Ort" gewesen zu sein, das über den Einstiegserfolg entscheidet. Während des Studiums den richtigen Senderchef mit Zukunft treffen, kann beim Einstieg extrem helfen.

Danach gilt allerdings: „Ohne Fleiß kein Preis!" Oder: „Nur die Harten kommen durch." Man muss zäh sein für diese Branche, klug, hartnäckig und zielorientiert. Wer es dabei schafft, Mensch zu bleiben, verdient sich Extrapunkte. Und, wer nicht am trügerischen Schein der Macht verdirbt oder am schmerzhaften Verlust derselben stirbt, der bleibt sogar unter Umständen lange im Geschäft. Allerdings nur, wenn er sich eine weitere Weisheit aus „Jerry Maguire" zu Herzen nimmt: „If this [points to heart] is empty, this [points to head] doesn't matter."

Als TV-Produzenten befinden wir uns seit einigen Jahren im Paradigmenwechsel vom oft gescholtenen „Redakteursfernsehen" – mit allen Vor- und Nachteilen – hin zum in einigen Büchern bereits ebenfalls gescholtenen „Finanzinvestorenfernsehen".

Wurde den „comissioning editors" in den Sendern in den letzten Jahren noch mit Mühe ein Terminus technicus wie „Deckungsbeitrag 1" beigebracht, so müssen sie diesen heute als einen der wichtigsten Indikatoren bei ihren Entscheidungen für oder gegen Programminvestitionen stets parat haben.

Unter diesem Druck versuchen sowohl die Kollegen auf Senderseite wie auch die Produzenten, Qualität und Kreativität bei neuen Formatideen mit der wirschaftlich machbaren Umsetzung zu vereinen. Das war im Grundsatz schon immer so, hat sich nur mit den Entwicklungen der letzten Jahre extrem verschärft. Produzenten wiederum träumen nach wie vor den Traum: Weg von der „verlängerten Senderwerkbank", hin zum mehr und mehr eigenbestimmten „Kreativunternehmer."

Für alle diejenigen, die ein ernstzunehmendes langfristiges Interesse an unserer Branche haben, wird es die große Herausforderung sein, diesen Spagat zu bewältigen.

"Life is like a box of chocolates. You never know what you're gonna get." „Forrest Gump" wusste das. Und er stand nicht unter Intellektuellenverdacht. Aber hier dann dennoch ein Kaffeesatzleseversuch:

Durch die divergierenden Interessen der großen Sendergruppen auf der einen Seite und den Produzenten auf der anderen Seite wird der Kampf ums auftragsproduzierte Programm nach meiner Einschätzung eher noch härter werden. Sendergruppen werden eigene Produktionsunternehmungen gründen, Produzenten werden sich darum bemühen, auch in Deutschland für eine den internationalen Gegebenheiten angepasste Marktposition zu kämpfen, die für sie bedeutet: mehr Rechteverbleib und somit eine höhere Beteiligung an der Wertschöpfungskette.

4.6 Kino und TV

Nahezu alle Produzenten würden gerne auch Kino machen. Beinahe alle Kinoproduzenten wünschen sich, auch TV zu produzieren – wegen der besseren Berechenbarkeit des Geschäfts. Keinem gelingt es.

Im Wunderjahr 2000, das Jahr mit dem größten denkbaren Konjunkturaufschwung, haben sich nahezu alle sehr großen TV-Produzenten aufgemacht einen Kinofilm zu produzieren. Alle Filme gingen unbemerkt unter. Wer erinnert noch „Der tote Taucher im Wald"? TV-Produzenten können kein Kino. Sie sind es nicht gewohnt in dieser Dimension zu denken und produzieren zu oft überdimensionierte TV-Movies für das Kino. Kinoproduzenten können kein TV. Sie verkalkulieren sich regelmäßig. Wenn Sie ihre große Produktionsmaschine anwerfen, werden Kosten verursacht, die die TV-Budgets nicht hergeben und die Filme gehen regelmäßig über das Budget hinaus und verursachen substantielle Verluste. Der Grund ist ganz einfach: Unsere Welt ist zu arbeitsteilig, die einzelnen Vorgänge sind zu kompliziert und die Märkte zu verschieden, um von einem Anbieter bedient werden zu können.

4.7 Animation

Alles wird anders, sobald es um Animation geht: Auch deutsche Produzenten können international auswerten. Merchandising öffnet seine (Geld-)Füllhörner. Hier lassen wir die Experten selbst zu Wort kommen:

Die Produktion von Animationsfilmen in Deutschland

Von Dr. Volker Baas und Philipp-Christian Thomale,
Berlin Animation (BAF), Berlin

1. Einleitung

Unter Animation versteht man eine Folge von Einzelbildern, die schnell hintereinander gespielt, einen belebten Bewegungsablauf suggerieren. Die Handlung findet damit nicht real statt und wird abgefilmt, sondern sie wird mit einem künstlichen Medium zunächst in unbeweglicher Form erstellt und danach durch die

Abfolge mehrerer sich verändernder, künstlich erzeugter Bilder bewegt.

Historisch betrachtet ist diese Form der Animation schon viel älter als man erahnen möchte. So lässt sich ein sehr altes Beispiel in einer Höhle in den Pyrenäen finden. Die 30.000 Jahre alte Höhlenmalerei zeigt einen Wildeber mit vier anstatt zwei Beinpaaren. Diese Technik der Mehrfachzeichnung von Gliedmaßen wird auch heute noch in Comics verwandt. Der Comicleser interpretiert dieses intuitiv als Bewegung.

Im Laufe der Zeit wurde die Filmtechnik vor allen Dingen durch die Benutzung verschiedener Folien für Hintergrund und bewegte Objekte vereinfacht. Durch die schnellere Herstellung fand der Zeichentrickfilm in vielen Bereichen Verbreitung. Neben den Unterhaltungsfilmen, die besonders durch Walt Disney erfolgreich wurden, benutzte man Animationen für gesellschaftliche Aufklärung und politische Propaganda. Gegen Ende der fünfziger Jahre setzte sich in der Tricktechnik die Verbindung zwischen animierten Figuren und dem normalen Schauspielfilm durch.

Die neusten Animationsfilme werden überwiegend mit Zuhilfenahme des Computers hergestellt. Diese spielen dank der Leistungsfähigkeit der Computeranimation im dreidimensionalen Raum. Der erste Film dieser Art, d. h. komplett am Computer erstellte Trickfilm, war der von Pixar 1995 hergestellte Film „Toy Story". Mittlerweile boomt dieses Genre. So war der Animationsfilm „Shrek II" beispielsweise mit 441 Mio. US-Dollar im Jahre 2004 der weltweit erfolgreichste Film überhaupt.

In Deutschland hat „Der kleine Eisbär" Lars 2001 mehr Menschen ins Kino gelockt als die meisten seiner menschlichen Kollegen aus Deutschland. Nur Bully Herbigs „Der Schuh des Manitu" und die deutsch-französische Koproduktion „Die wunderbare Welt der Amélie" waren an den Kinokassen erfolgreicher. „Der kleine Eisbär" hat gezeigt, dass deutsche Animationsfilme durchaus auch ein kommerzieller Erfolg sein können. Mit „Petterson und Findus", „Hilfe! Ich bin ein Fisch" und „Abrafaxe – Unter Schwarzer Flagge" waren gleich vier Animationsfilme unter den deutschen „Top 20" des Jahres 2001.

Der Schwerpunkt dieses Genres liegt dabei auf dem Segment Kinderfilm und Family Entertainment. Animationsspielfilme, die sich ausschließlich an ein erwachsenes Publikum richten, sind äußerst selten und haben im deutschen und internationalen Verwertungsraum einen sehr geringen Anteil am Box Office.

2. Die Produktion

Im Wesentlichen sind zwei Arten von Animationsfilmen zu unterscheiden. Dies sind der traditionelle 2D-Zeichentrickfilm sowie die 3D-CGI-Animation.

2.1. Der 2D-Zeichentrickfilm

Bei dem 2D-Zeichentrickfilm wird für eine Szene jedes Bild einzeln gezeichnet und anschließend abfotografiert. 24 Bilder pro Sekunde werden hierzu benötigt. Zwölf Zeichnungen pro Sekunde können aber auch genügen, wenn sie jeweils zweimal abfotografiert werden. Dies reicht aus, um den Zuschauer eine fließende Animation zu bieten.

2.2. 3D-CGI Animation

Bei einer 3D-CGI Animation werden die Bilder nicht vorher gezeichnet, sondern eben im Computer entwickelt. Der Produktionsprozess erfolgt dabei in vier Phasen: Zunächst werden im „Modelling" Form, Größe und Position der Figuren Hintergründe und Requisiten im dreidimensionalen Raum festgelegt. Während des „Shadings" werden Oberflächenstrukturen für Objekte mit optischen Eigenschaften wie Transparenz- und Reflexionsverhalten festgelegt. Die einzelnen Objekte werden zu einer Szene zusammengefasst. Außerdem werden Lichtquellen und Kamera positioniert. Beim „Rendering" wird aus den Daten des Modellers und Shaders eine Grafik berechnet (gerendert). Je nach verwendeten Renderverfahren werden Schattenwurf der Objekte, und Reflexion und Transparenz der Oberflächen berücksichtigt. Diese Produktionsphase tritt während des gesamten Produktionsprozesses immer wieder auf und endet erst, wenn alle Elemente aufeinander abgestimmt sind und auch die letzte Szene die auszuliefernde Qualität inne hat. Im Animationsprozess kann der Benutzer schließlich Bewegungen und Zustandsänderungen der Objekte, der Kamera und der Lichter festlegen und die einzelnen Szenen werden abgedreht. Hier werden die einzelnen Figuren zum Leben erweckt, sie erhalten eine „Persönlichkeit" sowie die Fähigkeit zur Bewegung und Interaktion. Für die Produktion von 3D-CGI-Animationen sind Computer mit einer sehr hohen Leistung, sog. Renderfarmen, erforderlich. Ein fertiggestellter Film dieser Art umfasst ein Datenvolumen im zweistelligen Terrabyte-Bereich.

Bevor mit der Erstellung des Zeichentrickfilms begonnen werden kann, sind Vorarbeiten zu leisten. Der textmäßige Inhalt des Films wird in einem Drehbuch festgehalten. Darüber hinaus ist es jedoch notwendig, einen zeitlichen Ablaufplan mit visuellen Elementen zu erstellen. Aus dem Drehbuch wird darum ein Storyboard erstellt, in dem entlang einer Zeitleiste Handlungsführung, Szenenwechsel und Kamerabewegungen skizziert sind. Das Storyboard stellt damit ein visuelles Drehbuch der Animation dar. Alle Elemente des Storyboards werden entlang einer Zeitachse notiert. Das Storyboard bietet dem Produzenten die Möglichkeit, zu überprüfen, ob die Animation mit den Vorstellungen des Regisseurs übereinstimmt. Mögliche Änderungen können im Storyboard schnell erstellt werden. Eine Änderung des fertigen Produkts wäre wesentlich zeitaufwendiger.

2.3. Schlüsselpersonen

Unabhängig von der Art der Produktion werden im Herstellungsprozess neben dem Regisseur, dem kreativen Kopf der Filmproduktion, im Wesentliche folgende Schlüsselpersonen, die den Produktionsfortschritt steuern und gestalten, benötigt. Die folgende Auflistung kann dabei nur exemplarisch verstanden werden. Von dieser Aufteilung der Aufgaben sind viele Abweichungen und Überschneidungen denkbar. Umso mehr ist es notwenig, vor der Produktionsphase jeder dieser Schlüsselpersonen ihren genauen Aufgabenbereich zuzuweisen.
Der eigentliche Producer erstellt das Budget und entwickelt den Produktionszeitplan. Er sucht die einzelnen Personen der Pro-

duction Crew, die Substudios und das Team der Postproduktion aus und weist diesen ihre Aufgaben zu. Da ist ferner der Executive Producer, der das gesamte Projekt von Produktionsbeginn bis zu ihrem Ende in kreativen Aspekten aber auch im betriebswirtschaftlichen Sinne steuert und überwacht. Der Executive Producer ist in die Entwicklung des Drehbuchs und des Storyboards mit eingebunden. Genauso gibt er während der gesamten Produktion seinen kreativen Input. Er nimmt das Budget und den Produktions(zeit)plan (Production Schedule) ab. Somit hängt der Erfolg des Produktionsprozesses ganz maßgeblich von der beruflichen Erfahrung und dem persönlichen Background des Executive Producers ab. Der Line Producer übt eine überwiegend administrative und weniger kreative Tätigkeit aus. Er entwickelt und managt Budget und Produktionszeitplan und ist verantwortlich, dass diese auch eingehalten werden. Manchmal wird der Line Producer von einem Associate Producer unterstützt. Anhand von Budget und Zeitplan koordiniert und steuert dieser den Gang des Artworks von einem Produktionsschritt zum nächsten.

2.4. Budget

Nachdem Art und Umfang der Produktion, Produktionszeitplan und die Production Crew, festgelegt sind, kann das Budget. erstellt werden. Dieses setzt sich aus den verschiedenen Budgetpostionen (line items) der Produktion zusammen. Meist sind die Budgets noch in zwei Teile unterteilt: above the line und below the line. Die Above-the-line-Positionen sind die kreativen Kosten des Films. Diese bestehen im Wesentlichen aus den Ausgaben für den Stoffrechterwerb (Drehbuch, Kosten für Rechteerwerb), außerdem die Zahlungen, die an die Schlüsselpersonen und Schauspieler/Sprecher zu leisten sind. Unter below the line sind alle anderen Kosten aufgeführt, wie nicht kreatives Personal, Ausrüstung, Miete etc. Diese Unterteilung dient der Übersichtlichkeit, ferner kann mit einzelnen Schlüsselpersonen vereinbart werden, dass diese an Budgeteinsparungen prozentual beteiligt werden.

Ferner sollte das Budget eine Überschreitungsreserve (Contingency) in Höhe von 5–10 % vorsehen. Diese kann nur beansprucht werden, wenn Kosten für unerwartete Produktionsprobleme oder nicht vorgesehene kreative Änderungen erforderlich werden. Es sollte daher im Vertrag mit dem ausführenden Studio genau definiert werden, in welchen Fällen die Überschreitungsreserve in Anspruch genommen werden kann.

3. Die Finanzierung

Gängige Finanzierungsart ist wohl die Auftragsproduktion. Als Auftraggeber fungieren meist Fernsehsender, Verleih und Vertriebsunternehmen. Diese schöpfen ihre finanziellen Mittel aus Vorabverkäufen, Krediten und Eigenmitteln. Die Eigenmittel können Barmittel sein, aber auch unbedingt rückzahlbare Darlehen. Fremdmittel können Risikoinvestitionen von Finanziers (Equity), Sachleistungen, Erlöse aus Vorverkäufen und Lizenzierung von Rechten (presales) und Minimumerlösgarantien aus der Vergabe von Vertriebsrechten, z. B. an einen Verleih (Verleihgarantie) oder einen Weltvertrieb sein. Je nach Größe eines Filmvorhabens können sich mehrere nationale und internationale Produzenten zu Koproduktionen zusammenschließen und die Herstellung eines Films gemeinsam finanzieren. Daneben gibt es natürlich die öffentlichen Fördermitteln wie Filmförderungen der Länder und des Bundes.

Mit Herstellungskosten, die nicht selten im zweistelligen Millionenbereich liegen, und einer Produktionsdauer von drei bis fünf Jahren bedeutet die Produktion von Animationsspielfilmen ein großes finanzielles Risiko. Um eine Fremdfinanzierung zu erlangen, muss der Produzent Sicherheiten stellen. Da das Anlagevermögen eines Filmproduzenten zum überwiegenden Teil aus Rechten an Filmen besteht, die zwar zur Sicherheit abgetreten werden können, die aber erst mit Fertigstellung des jeweiligen Films werthaltig werden, kann der Filmproduzent im Regelfall keine eigenen Sicherheiten bieten. Eine Bankgarantie oder andere Sicherheit durch die Hausbank scheidet in den meisten Fällen aus, da das Risiko der Filmproduktion äußerst schwer einzuschätzen ist. Dies gilt gerade für den Animationsfilm, da dieser im Produktionsstadium in weiten Teilen lediglich aus Skizzen besteht. Bei einem Abbruch der Produktion besteht damit nicht annähernd ein materialer Gegenwert zu dem bereits investierten Geld. Deswegen benötigen Geldgeber, die sich bereit erklären, eine Filmproduktion zu finanzieren, zu ihrer Absicherung einen sog. Completion Bond.

165

Der Completion Bond deckt das Risiko ab, dass eine Filmproduktion nicht innerhalb des anfänglich prognostizierten Produktionsbudgets oder nicht rechtzeitig zu dem vertraglich vereinbarten Lieferdatum fertiggestellt wird. Kernbestandteil des Completion Bonds ist eine Garantie, die der Completion Bonder mit dem vorgenannten Inhalt gegenüber dem Finanzier abgibt. Der Completion Bond ist eine Fertigstellungsgarantie, die den Investoren im schlimmsten Fall die Rückerstattung ihres investierten Kapitals garantiert. Dabei kann der Abschluss eines Completion Bonds darüber hinaus auch als Gütesiegel verstanden werden. Vor Abschluss des Vertrages wird der Garantiegeber nämlich umfassend das Konzept des Produzenten analysieren und sich über ihn und sein Umfeld informieren. Ferner wird er die Bonität möglicher Koproduktionspartner prüfen. Wenn die vorgelegten Unterlagen den Vorstellungen des Garantiegebers entsprechen, sichert dieser dem Produzenten vertraglich zu, für das Projekt eine Garantie abzugeben, wenn auch die Finanzierungskonditionen die Zustimmung des Garantiegebers finden. Der Garantiegeber hat damit als außen stehender Dritter bescheinigt, dass der Produzent die Fähigkeit hat, den Film innerhalb des eingeplanten Budgets und innerhalb des eingeplanten Produktionszeitplanes herzustellen.

4. Die Verwertung

Zeichentrickfilme sind besonders für den internationalen Vertrieb geeignet, weil sie sich leichter synchronisieren lassen. Dass es für den Filmmarkt keine Grenzen gibt, ist durch den ständigen weltweiten Erfolg amerikanischer Filme bewiesen. Japanische Zeichentrickfilme („Anime" oder „Manga") haben gezeigt, dass Zeichentrickfilme auch mit starken kulturellen Eigenarten weltweit erfolgreich sein können.

Wie bei jedem anderen Film auch gliedert sich die filmische Verwertung von Animationsfilmen in drei Stufen auf Kino, DVD, TV sowie zunehmend auch Video on Demand und unterscheidet sich damit im Hinblick auch die filmische Verwertung nicht wesentlich von der von Realfilmen.

Die „erlösträchtigste" Stufe ist die DVD-Auswertung. Dies ist beim Realfilm bereits längst anerkannt, gilt bei einem Animationsfilm umso mehr, da die Animationsfilme überwiegend dem Genre des Family Entertainments angehören, das im DVD-Bereich besonders stark ist. Darüber hinaus wird heute die Nachfrage von Formaten bestimmt, die über diese klassische Verwertungskette hinaus gehen. Dies sind zunehmend Mobifunk- und Internetportale. Es ist abzusehen, dass diesen neuen Auswertungsformaten mit der bis zur Fußball-Europameisterschaft 2008 geplanten Einführung des Mobile-TV auf Basis des DVB-H Standards in Zukunft größere Bedeutung beizumessen sein wird.

Eine größere Wichtigkeit als beim Realfilm ist der Auswertung der Merchandisingrechte (Nebenrechte) zuzuschreiben, bei der der Filmproduzent das Recht vergibt, mit Motiven des Films Konsumgüter herzustellen. Besonders gute Voraussetzungen für eine erfolgreiche Nebenrechteverwertung bieten die Animationsfilme, da diese zu den meist jüngeren Konsumenten eine hohe emotionale Bindung aufbauen. Deshalb spielen in diesem Genre diese Auswertung eine traditionell wichtige Rolle. Bereits Walt Disney refinanzierte seinen ersten Mickey Mouse Film von 1928 zum Teil durch Einnahmen aus der Nebenrechteverwertung. Einen zunehmenden Erfolg auf diesem Gebiet verzeichnet die Verwertung der auf Animationsserien oder -kinofilmen basierenden Computerspiele, diese sind idealerweise parallel mit der eigentlichen Filmproduktion zu planen. Eine erfolgreiche Auswertung der Merchandisingrechte benötigt eine große Vorlaufzeit, da mögliche Lizenznehmer sehr weit vorausplanen und die entsprechenden Produkte ja auch produziert werden müssen. Spätestens mit der eigentlichen Produktion des Films sollte daher auch Merchandisingauswertung angeschoben werden. Hier ist dabei darauf zu achten, dass diese mit auf die filmische Auswertung abgestimmt sein sollte, d. h. dass bereits 2-3 Wochen vor Kinostart die Produkte bereits im Handel sein sollten. Es liegt damit auf der Hand, dass eine gute Vorbereitung des Merchandisings einen nicht zu unterschätzenden Einfluss auf den Erfolg der filmischen Verwertung hat, da dies den Bekanntheitsgrad des Films deutlich steigern kann.

5. Ausblick

Auf der Cartoon Movie 2007 in Potsdam, dem maßgeblichen Messe- und Veranstaltungsforum für Animationsfilme, waren Deutsche Filme besonders stark vertreten. Dreizehn in Entwicklung befindliche Projekte sind dort präsentiert worden. Dies kann als ein Indiz dafür gesehen werden, dass Deutschland im Animationsbereich zu den in diesen Ländern dominierenden europäischen Ländern Frankreich und Spanien aufschließt. Ob der Anschluss tatsächlich gelingt, wird sich mittelfristig in der Kontinuität der Produktion von inländischen Animationsfilmen erweisen müssen.

Von den Zuschauerzahlen her gesehen steht der deutsche Animationsspielfilm im europäischen Vergleich zwischen 1999 und 2003 mit 17.330.302 Zuschauern und einem Zuschauer-Marktanteil an europäischen Animationsspielfilmen von 37,45 % nach Großbritannien (39,59 %) an zweiter Stelle. Im Ranking der 15 erfolgreichsten Spielfilme in Europa befinden sich neun deutsche Produktionen. In Deutschland hat der Animationsfilm mit rund 20,9 Mio. Zuschauern einen Marktanteil von rund 10,9 % am deutschen Kinofilm in den Jahren 1997-2004 erobert. Die Anzahl deutscher Animationsfilme ist von acht in der Zeit von 1990 bis 1996 auf 26 Produktionen im Zeitraum 1997 bis 2004 gestiegen und nimmt weiterhin zu. Rund 19 in Deutschland ansässige Animationsstudios haben diese Produktionen hergestellt. Der Anteil international koproduzierter Animationsspielfilme in Deutschland wird bis 2007 auf voraussichtlich 57 % steigen. Hierzu trägt auch der jährlich stattfindende europäische Finanzierungsmarkt Cartoon Movie bei. Bis 2004 wurde dort die Finanzierung von über 60 europäischen Spielfilmprojekten mit Herstellungskosten von 420 Mio. Euro abgeschlossen.

Im Vergleich zu dem US-amerikanischen Markt sieht die Lage bei deutschen Animationsfilmen etwas anders aus. Zwar erreichte der Anfang Januar 2007 in den USA gestartete 3D-CGI-Film „Happily N'Ever After" mit Einnahmen an der US-amerikanischen Kinokasse in Hohe von US-Dollar 15,589 Mio. immerhin Platz 6 in den US-Kinocharts einen Achtungserfolg. Trotzdem haben es bisher nur wenige deutsche Animationsfilme geschafft, auf den US-amerikanischen Markt vorzudringen. Laut Studiochef Jeffrey Katzenberg investiert DreamWorks für Filme wie Shrek ca. 10 % des Budgets von US-Dollar 150 Mio. allein in die fünfjährige Vorbereitung. Aufgrund dieser bestehenden Marktmacht und fast „unerschöpflicher" Budgetmittel der bekannten US-amerikanischen Studios, wird sich daran wohl auch in Zukunft nur wenig ändern.

5. Agent

Agenten haben zwar in Deutschland nicht dieselbe Stellung wie in den USA, aber kaum ein Schauspieler ist ohne. Eine große Anzahl von Regisseuren, Moderatoren, Comedians und Autoren lassen sich ebenfalls vertreten, inzwischen fast alle aus diesen Berufsgruppen.

Die Agenten haben sich große Verdienste erworben, die nicht zu hoch geschätzt werden können und deren Wert nur wirklich deutlich wird, wenn der Vergleich mit Berufsgruppen angestellt wird, die traditionell keine Agenten haben wie Filmkomponisten, Cutter, Kameramänner und Szenenbildner zum Beispiel. Es ist nicht nur so, dass diese im Verhältnis deutlich schlechter bezahlt werden, sondern auch, dass sie schlechter bezahlt werden als in früheren Zeiten, manche sogar – in Relation zur Kaufkraft gesetzt, schlechter als in den 70ern. Es ist auch so, dass alle diese Berufsgruppen einen schleichenden Bedeutungsverlust hinnehmen mussten. Sie werden als Personen einfach ausgetauscht und gelten als Funktionsträger. Das versucht keiner mit einem Regisseur und nur sehr ungern mit einem Autor.

Ein guter Agent holt mit Leichtigkeit ein Mehrfaches von dem wieder rein, was er kostet. Es gibt nur ein großes Missverständnis zwischen Agenten und deren Klienten: Agenten besorgen keine Jobs. Dieser Irrglaube ist die Basis des Geschäfts. Jeder junge Schauspieler meint, er bekommt mehr Jobs mit einem neuen Agenten. Nein. Den Marktwert bestimmt er selber durch seine Leistung. Ob ein Filmschaffender „nachgefragt" wird, liegt in erster Linie an ihm selbst, auch wenn das nicht jeder wahrhaben will.

Nur im Bereich „Eventmoderation" kenne ich Agentinnen, die es tatsächlich schaffen, selbsttätig ihren Moderatorinnen Jobs zu verschaffen – im Film ist das unbekannt. Gute Agenten kennen die Castings, verschicken an die richtigen Caster zur richtigen Zeit die richtigen Unterlagen und betreiben „Marketing" für den Schauspieler/Regisseur/Autor sorgen dafür, dass er im Internet auffindbar ist, wenn die Person gesucht wird, und nicht zu billig verkauft wird – im Auftritt, wie in den Konditionen, wie beim Geld. Sie organisieren das Tatsächliche, während der Vertretene sich auf die Kunst konzentrieren kann.

Nicht oft genug kann darauf hingewiesen werden, wie gut es einer Karriere tut, vertreten zu werden. Ein merkwürdiger Mechanismus setzt ein: Der Künstler ist der Gute, mit dem jeder immer hervorragend zurechtkommt. Der Agent oder Anwalt ist der Böse. Auch wenn er nur exakt das fordert, was der Künstler ihm in die Feder diktiert hat, setzt sofort beim Auftraggeber diese Teilung ein. Es gibt in der ganzen Branche keine beliebten, netten Anwälte oder Agenten. Bestenfalls ist einer „geschätzt" oder noch besser für den Künstler: hat einen Ruf wie „Donnerhall". Alle Künstler aus Berufsgruppen, die normalerweise vertreten werden, die das selbst übernehmen, werden aus meiner Erfahrung schlechter bezahlt, bleiben deutlich kürzer im Geschäft und haben wenig Freunde unter den Auftraggebern. Manche Künstler brauchen einen Anwalt und einen Agenten, insbesondere wenn sie betreuungsintensiv in ihrem künstlerischen Leben sind, manche brauchen nur einen Agenten, manche nur einen Anwalt. Es ist eine Sache der persönlichen Veranlagung – auch des Anwalts oder Agenten, welche Bereiche abgedeckt werden müssen. Wer seine Kunst kennt und allein macht, aber kein Papier sehen kann, ist bei einem Anwalt gut aufgehoben, wer künstlerische Ansprache braucht, sollte (auch) einen Agenten haben.

Auf der Suche nach dem schönen Vertrag

Peter Stertz, Agent, Hamburg

„Oh, uhu, Sie sind Agent. Muss ich mich jetzt fürchten?" flötet der nette Rezeptionist beim Einchecken ins Hotel. Ist die Stunde fortgeschritten und die berufsbedingt geforderte Zurückhaltung nach einem langen Arbeitstag gewichen, folgt gelegentlich die vertraulich-konspirative Frage: „Wie wird man das denn?" Verbunden mit der unverhohlenen Vermutung: „Da verdient man doch sicher eine Menge Geld." Klammer auf: So wie diese verdammten Wohnungsmakler. Auch alles Verbrecher, die den verzweifelt Suchenden auch noch das Geld aus der Tasche ziehen. Klammer zu.

Schön auch, wenn am Sonntagnachmittag in der Agentur das Telefon klingelt und nach anfänglichem Staunen darüber, dass man auch am Wochenende arbeitet, die originelle Annahme geäußert wird: „Ach, Sie zählen sicher Ihr Geld."

Immer gern gehört ist auch die Vermutung: „Wissen eigentlich Ihre Klienten, was Sie da (in ihrem Namen) treiben?!" Oder auch: „Mit anderen ist es nie so schwierig wie mit Ihnen."

Ein schrecklicher Beruf: Agent.

Aggression, Häme, Neid, üble Nachrede, Diffamierung sind eher Regel als Ausnahme. Formulierungen wie das in Stein gemeißelte „Sie alter Sack" einer Berliner Produzentin, die teuflische Bemerkung des inzwischen pensionierten Geschäftsführers eines großen Hamburger Studios „Sie mit Ihrer mittelmäßigen Intelligenz" oder auch das wenig frühlingshafte „man weiß doch, dass Sie lügen" eines angesehenen Hamburger Produzenten im Nadelstreifen, sind, na ja, nicht an der Tagesordnung, aber keinesfalls die rare Ausnahme, spontane Entgleisung, einzig der Erregung des Augenblicks geschuldet.

Nein. Sie sind auch nicht Ausdruck von Stärke, wie gern gesungen wird, sondern Zeichen ärgster Hilflosigkeit, weil man sich nicht damit abfinden kann oder nicht verstanden hat, dass die Zeit des Patriarchats, der einfachen Lösungen – ich Tarzan, du Jane – vorüber sind. Oft sind es auch Überforderung, Unvermögen komplexe Strukturen nicht durch „Hau drauf", sondern den Einsatz kommunikativer Kompetenz zu lösen – das kann man lernen, wenn man will – oder lösen zu lassen durch Menschen, die mehr davon verstehen, die die Sache ins Zentrum Ihres Bemühens stellen und nicht das Gewinnen-Wollen.

Gute Autoren und Regisseure sind ein rares, kostbares und deshalb teures Gut. Viele „Partner" wollen nicht wahrhaben, dass dieses Gut seinen keineswegs nur in Geld zu bemessenden Preis hat und die Verabredung zur Zusammenarbeit kein Akt der Gnade ist.

Reden wir nicht drum herum: Es geht um Macht.

Ein wunderbarer Beruf: Agent.

„Aha. Verstehe. Sie vertreten also Drehbuchautoren und Regisseure." Der Rezeptionist wird immer zutraulicher: „Was machen Sie denn genau mit ihren ... äh, ja, wie nennt man die denn? Klienten?" (Ein von uns vertretener Regisseur spricht gelegentlich von „Patienten" und der Agentur als „Praxis". Ich halte das für übertrieben.)

Egal wie man sie nennt: Alle sind toll. Künstler, auch. Vor allem aber Menschen. – Wir sind eine Agentur für Menschen, nicht für Exposés, Drehbücher oder Inszenierungen, nicht für Sachen. Ein Dienstleistungsunternehmen der Trennung von kreativer Arbeit und dem oft lästigen „Rest", kurz: den Bedürfnissen unserer Klienten verpflichtet. Wir beschützen und behüten. Sind Minenhund und Frontschwein (s. o.). Wir verhandeln die immer komplizierter werdenden Verträge, lesen Drehbücher, schauen den Rohschnitt. Wir versuchen gemeinsam, manchmal listig, die richtige Lösung zu finden, den schmalen Pfad im finsteren Dickicht der komplexen Strukturen und Prozesse auf dem Weg zur Entstehung eines Films nicht zu verfehlen. Manchmal sind wir auch Beichtvater oder einfach nur da. – Kostbare Momente der Nähe.

„Und wieso können Sie das?"

Weil ich Chemie (bis kurz vors Diplom) studiert habe und deshalb analytisch denken kann, weil ich eine Reihe von Jahren am Theater gearbeitet und das wunderbare kreative Chaos dort kennengelernt habe. Weil ich mich in Gruppendynamik, Change-Management und Coaching fortbilde. (Ganz schön teuer, diese Seminare.) Weil ich 58 Jahre alt bin.

„Mein Freund hat auch ein Drehbuch für einen Film ..."

„Tut mir leid. Der Markt wird immer enger. Nur die Besten haben zukünftig noch eine Chance. Außerdem werden bald sowieso nur noch Serien fürs Handy-TV ..."

Ich eile zum Fahrstuhl, falle ins Bett und träume süß vom schönen Vertrag und einer besseren Welt. Aber halt, wäre das nicht eine Welt ohne Agenten ...?

Peter Stertz ist zusammen mit Anna Funke Geschäftsführer der Funke & Stertz GmbH. Er vertritt Drehbuchautoren, Regisseure, literarische Agenturen, Anna Funke die Schauspieler.

5.1 Was verdient ein Agent?

Die Margen schwanken sehr: Große Stars können ihre Agenten auf bis zu 5 % drücken, Anfänger werden oft 25 % abgeben. Die Marge gilt oft für alle Aktivitäten des Vertretenen – ob der Agent sie vermittelt hat oder nicht. Letzteres ist aber nicht zwingend, sondern Verhandlungssache und – wie gesagt – oft verhandelt der Agent nur das Engagement, er „verschafft" es aber nicht.

Agenten bewegen sich in einer rechtlichen Grauzone. Ständig stoßen sie an rechtliche Bestimmungen, die ihre Tätigkeit eingrenzen. Genau genommen sind sie Abschlussmakler gem. § 652 ff. BGB. Daraus folgt, dass der Agent nur Provisionen für Engagements kassieren kann, die er konkret vermittelt hat und darüber hinaus dafür beweispflichtig ist, dass der Abschluss durch seine Tätigkeit zustande kam. Viele Agenten behelfen sich über Generalvereinbarungen mit einem Klienten, woraufhin sie wieder mit den Arbeitsgesetzen in Konflikt geraten.

Nachdem Rechtsberatungsgesetz (ein Gesetz der Nationalsozialisten, um jüdische Rechtsanwälte, die sie zuvor aus den Anwaltskammern ausgeschlossen hatten, auch von der inoffiziellen Ausübung der Berufe abzuhalten – unfassbarerweise Jahrzehnte noch in Kraft) und Arbeitsvermittlungsmonopole (ein seltsam stalinistisches Gesetz, das in keiner Weise zu einer kapitalistischen Wirtschaftsordnung passen mochte und auch nie funktioniert hat, was der Gesetzgeber nach knapp 40 Jahren dann auch einsah) nun endlich (weitestgehend) gefallen sind, steht der Agent zumindest nicht mehr mit einem Bein im Gefängnis. Die Bestimmungen, die zu beachten sind für die reine Ausübung des Berufs, sind weniger geworden, dafür ist die Zahl aller anderen Bestimmungen so gestiegen, dass nahezu alle Agenten eng mit einem Anwalt zusammenarbeiten (müssen).

Wer einen Vertrag mit einem Agenten schließt, sollte besonders darauf achten, dass der Vertrag in regelmäßigen Abständen kündbar ist. In den meisten Fällen entsteht Streit, weil der Agent nicht die Quantität und Qualität an Engagements bringt, die der Klient sich vorgestellt hat. Fast immer muss der Klient allerdings entdecken, dass es beim nächsten Agenten nicht besser wird. Es ist ein weit verbreiteter Irrglauben, dass der Agent allein über die Buchungslage eines Künstlers entscheidet – auch wenn die Wahrheit hart ist: Es ist der Künstler allein. Niemand kann ihm die Arbeit abnehmen sich zu präsentieren, seine Arbeit zu präsentieren und – tja, präsent zu sein.

5.2 Packaging

Es existiert kein Packaging in Deutschland. US-Agenten und Anwälte verpflichten einen Star, einen Regisseur, kaufen ein vielversprechendes Drehbuch und verkaufen dieses Paket meistbietend an eine Filmproduktion.

Die juristische Kunst besteht darin, die einzelnen Elemente so eng an sich zu binden, dass es tatsächlich etwas zu verkaufen gibt. Ansonsten steigen Star, Autor und Regie wieder aus, wenn sich etwas Besseres ergibt. Andererseits muss der Paketschnürer sich sehr konzentrieren, um nicht mit endlosen Verpflichtungen dazusitzen, wenn keiner das Package haben will. Die Lösung liegt in einer Reihe von Optionsverträgen und Deal Memos, aber auch die kosten Geld (ohne eine Geldzahlung liegt keine juristisch bindende Verpflichtung vor).

Die Optionsverträge sind meist in sich wiederum an Optionen gebunden. „Ich spiele nur, wenn mein Lieblingsregisseur X Regie führt." Nervenaufreibende, zähe Verhandlungen. Es gab zarte Ansätze, ein Packaging in Deutschland einzuführen. Das Standard-Hauptargument, warum es kein Packaging in Deutschland gibt, ist, dass die einzelnen Elemente nicht stark genug sind. Tatsächlich liegt aber die Vermutung nahe, dass einfach kein Käufermarkt existiert.

6. Crew

6.1 Regiestab

Der Regiestab besteht aus Regie, die die kreative Inszenierung verantwortet, und der Regieassistenz, die mit den Departements organisiert, dass alles, was zum Dreh notwendig ist, auch vorhanden ist.

Regieassistenz ist also das Gegenteil von kreativer Gestaltung – ein rein organisatorischer Beruf. Die beiden Berufe bilden eine Symbiose und lassen vor allem Regisseure, deren Talent auf der kreativen Seite des Filmemachens besteht, „überleben" im Gewusel, das ein Dreh verursacht. Eine gute Regieassistenz hat schon viele Filme und noch mehr Regisseure gerettet. Es ist deshalb ein Irrglaube, dass aus Regieassistenten zwingend der nächste Regisseur werden würde.

Regie ist natürlich die Königsdisziplin. Der Chef im Ring, der König über ein Heer auf Zeit (bis zum Drehende) und der unumschränkte, absolutistische Herrscher über das Geschehen.

Nicht zu vergessen ist die Script Continuity, die auch eine Position des Regiestabes ist, die aber erst bei größeren Produktionen erforderlich wird.

6.1.1 Wer wird Regisseur?

Die Regie ist natürlich auch an den Filmhochschulen die Königsdisziplin. Die Explosion der Anzahl der Filmhochschulen, die oft mit zwei Studiengängen Regie ausbildet (z. B. die FHH München bildet Dokumentation- und Spiel-Regie parallel aus) führt zu einem ziemlich großen Angebot am Markt. Natürlich haben alle weiteren Personen am Set im Kopf, dass auch sie gerne Regisseur wären, es ist halt im Filmgeschäft die ultimative Aufstiegsfantasie.

Also ist die Ausbildung an einer Filmhochschule definitiv die beste Idee, aber es ist bei Weitem keine Garantie: Nur ein Bruchteil der Studienabgänger wird später wirklich Regie führen. Die Filmstudenten sind einfach im Vorteil: Wer sich vier bis fünf Jahre nur damit auseinandergesetzt hat, wie man Filme macht, ist gegenüber jedem Quereinsteiger, der viele Jahre einen anderen Beruf ausüben musste, klar im Vorteil. Die Qualität der Schulen ist gut geblieben, obwohl sie sich verdreifacht haben. Sie geben viel Geld aus: Es ist der zweitteuerste Studienplatz nach Astrophysik.

Das kommt schlicht daher, dass die Hochschule auch noch die Abschlussfilme bezahlt. Das sollte man mal einem Amerikaner, der Regie studiert, erzählen; der würde vor Unglauben umfallen. Die Abschlussfilme sind die Chance, auf Hochschulkosten quasi das Bewerbungsband gleich mitzubringen: die verschiedenen Filme, die ein Student auf Kosten der Hochschule machen kann.

Vor der Inflation der Hochschulen gab es Quereinsteiger, insbesondere aus der Theaterwelt. Das Inszenieren muss man halt irgendwo lernen. Manchmal haben sich auch Regisseure „nach oben gearbeitet" über verschiedene Stufen der Filmleiter. Heute sind vielleicht noch etwa 20–30 % Quereinsteiger ohne Regiehochschulabschluss.

Immer wieder kommen Menschen aus anderen Filmberufen zur Position des Regisseurs. Drehbuchautoren haben oft gute Karten, nach einer Reihe von Filmen bei einem Projekt zu erzwingen, dass sie auch Regisseur werden, Quentin Tarantino hat es so geschafft. Kameraleute sind präferiert, wenn sie Schauspieler führen können. Schauspieler werden eigentlich nur dann berufen, wenn sie so berühmt sind, dass sie die Forderung stellen können und das Projekt ohne ihr Erscheinen nicht zustande kommen würde. Kameraleute sind des Öfteren in einer guten Position, da sie dem Regisseur ihrer Tätigkeit nach „am nächsten" sind.

Aber es gibt immer auch noch einen anderen Weg: Am meisten beeindrucken mich Menschen, die es durch schiere Willenskraft schaffen. Sie sind die treibende Kraft hinter einem Projekt, realisieren es und räumen alle Hindernisse selbst aus dem Weg. Niemand stellt sie an, niemand sagt ihnen, dass sie nicht Regisseur werden können. Robert Rodriguez hat es so geschafft (unübertrefflich sein Buch dazu – „Rebel Without a Crew").

Es ist etwas unfair, dass die Regie alles bekommt: den ganzen Ruhm. Wer weiß schon, wer Ben Hecht ist? Wenn Sie es wissen, sind sie vermutlich

Drehbuchautor. Ben Hecht hat viele, viele Hitchcock-Drehbücher geschrieben – aber keiner kennt ihn. Selbst absolute Experten – wie zum Beispiel die Redakteure von „TV-Spielfilm" – vertun sich hier gerne: Sie schreiben die beeindruckende Story eines Films dem Regisseur zu – dabei hat sie der Autor erfunden.

Den Look, das Kostüm, das Szenenbild und das Licht schreiben die Filmkritiker auch gerne dem Regisseur zu, dabei ist es oft der Kameramann, der dafür verantwortlich ist. Tim Burton für das Set der ersten „Batman"-Filme zu loben, ist nett, oder Ridley Scott für die Kulisse von „Blade Runner" – geschaffen hat aber die Kulisse der Szenenbildner – ein Namenloser, nun werden auch noch seine Leistung, sein Erfolg einem anderen zugerechnet, der dafür laut gepriesen wird. Das Leben ist nicht gerecht. Und dabei sind die oben genannten noch Regisseure, die für die Creation eines Looks zu Recht berühmt sind, aber die Kulisse bauen sie nun wirklich nicht.

Der ganze Ruhm für einen Film – der immer eine höchst arbeitsteilige Leistung ist – wird so oft allein und nur dem Regisseur zugeschrieben, dass manche Lehrer an Filmhochschulen ihren Produzentenschülern allen Ernstes raten, einen Koregie-Kredit zu verlangen, um wenigstens dadurch etwas vom Ruhm abzubekommen.

6.1.2 Was wird verdient?

Für Regie wird meist eine Pauschale vereinbart. Das pauschale Honorar wird für alles gezahlt, was die Regie auf dem langen Weg zum fertigen Film zu leisten hat: Drehvorbereitung, Schnittüberwachung, Endfertigung (Post-Produktion) sind immer enthalten. Die Regiegage für einen TV-Film, der in der Prime Time (20 Uhr bis 22 Uhr) ausgestrahlt werden soll, beträgt etwa 50.000 Euro. Natürlich führen die früheren Erfolge des Regisseurs zu Abschlägen um die 10.000 Euro – nach unten, also Richtung 40.000 Euro, wenn er keine Erfolge hatte.

Das ist eine Buy-Out-Gage. Die öffentlich-rechtlichen Sender zahlen für Spielfilme in der Prime Time sog. Wiederholungshonorare, d.h., es gibt je nach Sendeplatz – am meisten natürlich um 20.15 Uhr – bis zu 100 % der Gage noch einmal, dafür ist das Grundhonorar niedriger. Es ist aber nicht wie bei den Autoren die Hälfte, sondern etwas mehr.

Wiederholungshonorare sind wirklich nett, wenn ein Regisseur eine ganze Serie gedreht hat und der Sender sich entscheidet, alles zu wiederholen. Da das den Sendern auch zu teuer geworden ist, haben sie verschiedene Wege gefunden, das billiger zu machen und zwar, indem sie nur einen Teil der Gage als wiederholungsfähig ansehen wollen, möglichst auch Buy-Out-Gagen zahlen, Einkaufsgesellschaften gegründet haben, die die Produktion bezahlen etc.

Der Kampf um die Wiederholungshonorare erfasst dann auch die Frage, wie viel zu zahlen ist, wenn der Film auf einem anderen Sendeplatz wiederholt wird, meist wird hier sehr abgestuft gezahlt und nachts gibt es dann so gut wie nichts mehr. Für drei Folgen einer Serie industrieller Fertigung bekommt man da gerne auch dasselbe wie für einen großen Film und ist dafür nach 15 (Dreh-)Tagen durch.

Regisseure werden meist in monatlichen Raten bezahlt und sind fast immer Angestellte. Das heißt, sie haben Anspruch auf Urlaub und Sozialabgaben. Immer wieder wird versucht, das zu umgehen, und es bestehen ganz gute Chancen, wenn ein Antrag an die Clearing-Stelle der deutschen Rentenversicherung (früher BfA) gestellt wird und nur ein Einzelstück, also ein 90-Minuten-Film für das Produktionsunternehmen in einem Jahr hergestellt wird.

Regisseure sind mit einer nicht definierbaren Vorbereitungszeit, der Drehzeit und dem Schnitt, die am längsten Beschäftigten in einer Produktion. Selbst die Produktionsleiter dienen nicht so lange einem Projekt.

Ein Regisseur ist in Deutschland wirklich weit vom Reichtum entfernt. Auch echte Profis schaffen nur eine gewisse Anzahl von Spielfilmen pro Jahr, andere Erwerbsquellen gibt es als Regisseur nicht. Deshalb ist fast immer der Weg zu der Autorenarbeit oder der Koproduktion gesucht worden, um die Margen etwas aufzubessern. Wirklich wohlhabend kann man außer als absoluter Star-Regisseur – aber davon gibt es im TV nur Helmut Dietl und Dieter Wedel – nur werden, wenn eine Serie am Stück und pausenlos gedreht wird.

6.1.3 Der Kinofilm
Kinofilme sind unberechenbarer zur Festlegung der Gage, aber bei einem Budget von 3–4 Mio. Euro sind etwa 90.000 Euro für den Regisseur zu veranschlagen. Sönke Wortmann kriegt man dafür aber nicht.

Regisseure gehen mit ihren Gagen bis zur Selbstaufgabe nach unten, sobald es „Kino" heißt. Gagenrückstellungen sind die Regel und nicht die Ausnahme. Deshalb kann bei all den Filmen, die gerade einmal 10.000 Zuschauer erreichen (laut Kinoverband rund 90 % der deutschen Filme), davon ausgegangen werden, dass ein Regisseur nur um die 10.000 Euro verdient. Oft wird durch die Rückstellung auch dieser Betrag nicht erreicht.

Natürlich steigt das Einkommen mit dem Erfolg. Wer mehrere Kinofilme im Budget nach Hause gebracht hat und auf respektable Erfolge bei den Zuschauern und den Kritikern verweisen kann, vielleicht sogar die eine oder andere Referenzförderung (ab 100.000 Zuschauern) eingefahren hat, kann dann auch beruhigt in den sechsstelligen Bereich vordringen.

Regisseure sind meist schlechter bezahlt als Autoren, dafür gibt es keinen Grund. Verlangen Sie einfach auch 3 % vom Budget.

Viele Regisseure versuchen Koproduzenten zu werden, um
a. mehr zu verdienen,
b. größere künstlerische Kontrolle zu haben.

Das ist nicht ganz ungefährlich, denn das Haftungsrisiko ist nicht überschaubar. Der Regisseur haftet auf einmal für die ganze Produktion und Produzieren ist ein Job, der schon eine ganze Person erfordert, und sich aufzuteilen zwischen diesen beiden, oft widersprüchlichen Jobs, ist schon manchem misslungen. Die Gründung einer GmbH kann eine Hilfe sein, um wenigstens der Privatinsolvenz zu entkommen, wenn der Film das Budget sprengt, aber es löst lange nicht alle Probleme. GmbHs sind teuer, arbeitsintensiv und kompliziert. Solange der Regisseur nicht sehr viel vom Produzieren versteht und ein Händchen für Papier, Zahlen, Geschäftspraktik und -taktik sowie Finanzierung hat (oder eine Person seines absoluten Vertrauens, die das beherrscht) – hands off.

Viele Regisseure gucken hungrig auf die Pfründe der – in ihren Augen – reichen, satten Autoren und versuchen, eine letzte Fassung des Drehbuchs zu schreiben, eine regieliche Einrichtung oder Regie-Fassung oder das sog. kurbelfertige Drehbuch und darüber etwa weitere 10.000 Euro zu ergattern. Das machen natürlich Autoren nicht gerne mit, denn es wird ihnen von ihrem Honorar abgezogen, aber manchmal klappt es.

Eine Beteiligung des Regisseurs wird gerne vereinbart, jedoch ist das selten zielführend für den Regisseur, denn er erhält vielleicht einen Escalator, wie der Autor, für das Erreichen bestimmter Zuschauerzahlen, also z.B. ab 500.000 Zuschauer weitere 10.000 Euro, ab 1 Mio. Zuschauer 20.000 Euro etc. (zur Beschreibung eines Escalators siehe dort), aber die üblicherweise vereinbarte Beteiligung am Produzenten-Netto bringt fast nie etwas ein. Immer wieder schlug ich vor, eine Beteiligung pro verkaufter DVD zu verlangen, aber die Produzenten waren nie begeistert.

6.1.4 Regieassistenz

In den USA wird ein sog. First AD (Assistant Director) nie selbst Regisseur, sondern ist als angesehener Beruf das Ende einer Ausbildungskette. In Deutschland erwartet man, dass ein Assistent sich weiterentwickelt und selbst Regisseur wird – obwohl der Beruf als Regieassistent eigentlich nicht zwingend dafür qualifiziert. Wie immer in Deutschland hat man mit der Bezeichnung „Assistent" ein Problem. Niemand kann in Ruhe alt werden mit dieser Bezeichnung, so dass versierte Berufsträger auf einmal Jobs machen müssen, die sie eigentlich nicht so gut können, denn Regieführung ist Inszenierung und Schauspielerführung, Regieassistenz hingegen ist Management. Mehr Ehre – und eine andere Berufsbezeichnung – für die Regieassistenten bitte.

Die Regieassistenz erhält 1.115 Euro laut Tarifvertrag, verlangt werden gerne 1.400 Euro und gute Assistenten erhalten bis zu 2.000 Euro pauschal für die Woche. An rechtzeitigen Feierabend ist meist nicht zu denken. Zu den reinen Drehzeiten ist die Regieassistenz mit einem gewissen Vor- und Nachlauf beschäftigt, regelmäßig beginnt die Beschäftigung etwa eine Woche vor der Drehzeit und läuft eine halbe Woche nach.

Regieassistenten sind immer angestellt und haben demnach Anspruch auf Urlaub und Sozialversicherungen, sie müssen Lohnsteuer zahlen und unterliegen den Weisungen des Arbeitgebers.

Die meisten Regieassistenten arbeiten in engen Teams mit bestimmten Regisseuren zusammen, meistens knirscht es im Gebälk, wenn die Produktion der Regie einen Assistenten „verordnet". Wer mit mehreren Regisseuren arbeitet, hat gute Chancen über das Jahr gebucht zu sein. Eine diplomatische Ader ist hilfreich, da der Kontakt zu den anderen Departments und insbesondere „das Wogen-Glätten" nach großem Streit gerne über die Regieassistenz gesteuert wird.

Regieassistenten sind sehr begehrt und kommen oft weit in der Welt herum. Die Position ist nicht ganz so hart umkämpft von Bewerbern wie andere, da ihre Funktion nicht so bekannt ist, der Ausbildungsweg den meisten unbekannt und nur wenige die Mischung aus notwendigem Talent und Interesse genau für diese Position mitbringen.

6.1.5 Script/Continuity

Script und Continuity sind in Deutschland eine Position, in den USA und den anderen großen Filmnationen sind das zwei verschiedene Personen.

Script (früher in Deutschland: „Ateliersekretariat") schreibt genau mit, was am Dreh passiert – Dokumentation. Es existieren dafür eine Reihe von vorgefertigten Dokumenten und „Berichten". Normalerweise achtet diese Position auch mit auf die „Anschlüsse", die Überleitung zwischen den Szenen. Meist wird diese Position zusammengezogen mit „Continuity".

Die Position Continuity ist verantwortlich dafür, dass alle dasselbe in der nächsten Szene wieder anhaben, die Zigarette dieselbe Länge hat, die Armbanduhr am richtigen Handgelenk sitzt etc. Das Versagen von Continuity füllt dutzende hämischer Websites und es ist ein Hobby vieler Cineasten, die Fehler in Großproduktionen zu entdecken. Der Berufsverband – auch der Regieverband, einen eigenen haben sie nicht – nennt den Beruf dann auch folgerichtig Continuity-Script.

Bei den Dreharbeiten zu Großproduktionen werden – oder sollten – die Positionen getrennt sein. Darauf wird gerne mal verzichtet, weil billiger. Produktionen für das Fernsehen besetzen in Deutschland die Position stets nur mit einer Person.

Die Tarifgage für Script beträgt 710 Euro pro Woche. Sie beginnt kurz vor dem Drehstart und hat nur eine Nachlaufzeit von ein bis zwei Tagen nach Drehende. Das ist eine Brutto-Gage es sind also Lohnsteuer und Sozialversicherungen zu zahlen. Continuity bekommt 895 Euro die Woche und wird ebenfalls nur für die Drehzeit beschäftigt.

Meistens machen die Menschen auf diesen Positionen beide Jobs, bekommen aber nicht beide Gagen, sondern nur eine, die meist auch nicht höher ist als die genannten Tarifgagen für eine von beiden Positionen.

Wie wird man das? Jemand zeigt auf einen und sagt: „Du bist Script Continuity." Es ist ein Einstiegsjob, wenige bleiben für immer auf dieser Position. Gerne wird betont, dass es eine sehr wichtige Position ist, leider wird sie im praktischen Alltag nicht genauso geschätzt. Insbesondere für Continuity wird Erfahrung gefordert, aber meist wird „Erfahrung" nicht adäquat bezahlt.

6.1.6 Realisator

Dokumentarfilmer werden meist als Realisatoren bezeichnet und übernehmen alle genannten Funktionen selbst. Dokumentarfilmer sind benachteiligt in der Branche und werden deshalb auch noch schlecht bezahlt, obwohl sie oft die Filmer mit dem meisten Engagement sind, klaren Ideen, Werten und einer Mission. Für 60 Minuten Programm sind 20.000 Euro schon sehr gut bezahlt.

Dafür darf man dann auch gerne mal ein halbes Jahr in der sibirischen Tundra frieren, um einen Film über die seltsamen Bewohner zu drehen, die dort unter unwirtlichsten Bedingungen leben und im Interview äußern, dass sie sich eigentlich auch nichts anderes wünschen, als dort wegzukommen.

Ausgelöst durch „Rhythm is it!" und Michael Moore schaffen es seit Neustem auch wieder einige Dokumentarfilme ins Kino. Trotzdem ist ein dauerhafter Lebenserwerb mit diesem Beruf wohl nur denkbar, wenn sehr viel gedreht wird. Hilfreich ist es, mindestens ein bestimmtes Thema zu besetzen, das möglichst oft nachgefragt wird. Macht der Filmemacher das gut, wenden sich die Auftraggeber schon automatisch an ihn, sobald dieses Thema auf ihrem Radar erscheint.

6.1.7 Werbung
Wenn Sie wissen wollen, warum so viele bekannte Regisseure Werbung machen, hier kommt der Grund: Werbeclip-Regisseure bekommen für 60 Sekunden gerne mal 30.000 Euro (= 10 % vom Budget).

6.2 Kamera

Die Position Kamera besteht klassisch in Deutschland aus der Kamerafrau oder dem Kameramann und dem Kameraassistenten.

Der Begriff des „Assistenten" ist irreführend, denn der Assistent hat einen ganz eigenen Aufgabenbereich, der mit dem des Kameramanns kaum identisch ist. Das ist etwa parallel zu sehen zum Regieassistenten und dem Verhältnis zum Beruf des Regisseurs.

Der Kameramann bespricht die Auflösung, die Umsetzung des Drehbuchs in (Kamera-)Einstellungen mit dem Regisseur und er setzt das Licht, legt also die Lichtstimmung fest. Er ist der zweitwichtigste Mensch am Set und alles dreht sich nach der Regie um ihn.

Er sichtet mit dem Regisseur täglich die Muster als interne Qualitätskontrolle. In der Post Production ist er dann für die Lichtbestimmung verantwortlich. Organisatorisch ist er „Head of Department" und legt mit der Produktionsleitung fest, welches Equipment und Material das Kameradepartement benötigt.

6.2.1 Wie wird man Kamerafrau/-mann?

Seitdem die Videokameras existieren, werden auch Frauen zur Kamerafrau. Schon wegen des Gewichts einer normalen Ausrüstung war das früher schwierig. Heute gibt es viele Frauen hinter der Kamera. Auch dieser Beruf wird jetzt hauptsächlich von Studienabgängern ausgeübt und nur wenige gehen noch den klassischen Weg über die Assistenz zum Kameraberuf.

6.2.2 Was wird verdient?

Die Kameraleute bekommen laut Tarif 2.405 Euro pro Woche, dafür gibt es aber eigentlich keinen Kameramann oder -frau, die über die notwendigen Erfahrungen verfügen.

In der Realität zahlt der Produzent eher den doppelten Betrag. Mit 3.000 Euro pro Drehwoche muss ein Produzent in jedem Fall rechnen. Bezahlt werden 1–2 Vorbereitungstage (ab und an noch ein weiterer Tag für die Lichtbestimmung), die Drehzeit und etwa 2 Tage für die Lichtbestimmung und Farbkorrektur (Colour Matching) in der Post Production.

Kameraleute brauchen weniger Vorbereitung für eine Produktion als Regisseure. Ihr Selbstverständnis ist auch ein anderes. Zwar feiert sie das Urheberrecht von 1965 noch als Miturheber des Filmwerks, ihnen selber war das aber meist egal. Sie verstehen sich grundsätzlich mehr als künstlerische Handwerker. Übrigens sehen die meisten Rechtsordnungen der Welt das auch anders. Sie können weit mehr Drehtage haben als ein Regisseur, da sie das Projekt zwar ablichten, aber die inhaltliche Arbeit der Regie überlassen, ergo nur für die reine Drehzeit mit Beschlag belegt sind. Viele sind also unterwegs, um von einem Dreh zum nächsten wechseln. Daraus kann dann ein ziemlich anständiges Jahressalär werden.

6.2.3 Kameraassistent

Der Assistent der Kameraleute übernimmt mechanisch Arbeiten an der Kamera. Der Assistent

- stellt das Kameraequipment zusammen,
- macht die Tests mit dem Material, die die Funktionsfähigkeit belegen und
- ist verantwortlich, dass das Material zum Kopierwerk kommt.

Er kontrolliert die Kamera während des Drehs und „zieht die Schärfe", während der Kameramann schwenkt, ändert der Assistent manuell die Schärfeneinstellung.

Der Kameramann muss eigentlich nicht wissen, wie jedes einzelne technische Detail einer Kamera funktioniert, der Assistent aber sollte es wissen. Da der Begriff „Assistent" irreführend oder sogar falsch ist – denn Kameraassistenten assistieren eigentlich nicht, sondern haben einen eigenen Wirkungskreis – nennen sie sich oft „Focus Puller" (in Deutsch Schärfe-Zieher, Bezug nehmend auf ihre Haupttätigkeit).

Der Kameraassistent erhält laut Tarif pro Woche 1.105 Euro, aber unter 1.500 Euro fangen die meisten nicht an. Zur Drehzeit kommen ein Tag Vorbereitung und ein Tag Abwicklung. Also können auch Assistenten einen Großteil des Jahres zu dem Lohn arbeiten, der sich nur summiert, wenn jemand ständig unterwegs ist und ein Engagement an das andere reiht.

Bei großen Spielfilmproduktionen gibt es weitere Assistenten für die Abteilung Kamera. Es kommen der Materialassistent (auch 2. Kameraassistent genannt) hinzu, der ab 790 Euro Tarifgage pro Drehwoche zu haben ist. Hier ist es eine Frage der Erfahrung, ob in dieser Position wirklich mehr drin ist als der Tarifvertrag hergibt.

Eine eigene Position ist die sog. Drehbühne, dort arbeiten Menschen, die Kräne, Motion Control und Dollys bewegen und zusammensetzen (Geräte, auf denen Kamerafahrten und -bewegungen gemacht werden), die nur für die konkrete Einsatzzeit bezahlt werden.

Bei speziellen Szenen, bei denen zeitgleich aus verschiedenen Perspektiven Aufnahmen gemacht werden (z. B. Stunts, Actionszenen), sind auch in Deutschland bis zu sieben Kameras im Einsatz. Sie werden von sog. Operators geführt, die Kameramänner oder aber auch Assistenten sein können. Für sie wird meist eine gesonderte Tagesgage verhandelt.

Genauso werden für spezielle Kameras, wie z. B. Unterwasser- aber auch für Steadycams oft Spezialisten geholt. Diese werden dann pro Drehtag und meist recht hoch abgegolten. Es macht wenig Sinn, hier alle möglichen Formen aufzulisten, auch gibt es hier kein festes Preisgefüge. Je nachdem, welche Qualität erforderlich ist, variieren die Preise sehr.

bvk – Bundesverband der bildgestaltenden Kameramänner und -frauen in Deutschland e.V.

Dr. Michael Neubauer, bvk

Der bvk ist weltweit eine der mitgliederstärksten und einflussreichsten Berufsorganisationen für professionelle Bildgestalter. 1925 als Club Deutscher Kameraleute (CDK) in Berlin gegründet (Neuorganisation 1950), erhielt der Berufsverband 1980 seinen heutigen Namen. Der bvk ist nicht nur die berufliche, wirtschaftliche und soziale Interessenvertretung für die freischaffenden Bildgestalter und ihre Mitarbeiter, sondern kann als Urhebervereinigung für sein Klientel auch gemeinsame Vergütungsregeln gemäß § 36 UrhG verhandeln und abschließen.

Der Bundesverband Kamera ist als fachkundige Stelle im Bereich Bildaufnahme gutachterlich und beratend tätig, zudem Mitglied im Deutschen Kulturrat, der Bundesvereinigung der Filmschaffenden-Verbände und der Fördergemeinschaft Filmtechnik. Sitz des Verbandes ist seit 1950 München. Der bvk ist ein körperschaftssteuerbefreiter Idealverein. Zur Bündelung seiner publizistischen Geschäftsaktivitäten wurde 1990 die bvkmedien GmbH mit Sitz Gräfelfing bei München gegründet, deren einziger Gesellschafter der bvk ist.

Berufspolitik: Der bvk setzt sich als berufständische Vertretung für die Stärkung der professionellen Arbeitsmöglichkeiten, die Verbesserung der Beschäftigungsbedingungen und die Hebung des Ansehens der Bildgestalter und ihrer Mitarbeiter ein. Es wurden Berufsbilder für die Tätigkeitsbereiche Kameramann/DoP (Director of Photography), Operator, Steadicam-Operator, 1./2. Kameraassistent und Colorist erarbeitet und publiziert. Diese Berufsbilder werden in der Branche, aber auch in Ausbildungs-Institutionen als maßgeblich angesehen.

Als zentrale Informations- und Anlaufstelle für die Berufe rund um die Bildgestaltung für Film und Fernsehen ist der bvk in den betreffenden Fragen Partner von Politik, Wirtschaft und Ausbildungsinstitutionen. Die wachsende Bedeutung der Visualisierung und die über neue Gestaltungsmöglichkeiten und Produktions-Workflows gestiegene professionelle Verantwortung und kreative Potenz der Kameraleute spiegelt sich in einer seit den 60er Jahren zunehmenden Verlagerung der formalen Ausbildungsteile auf Akademien und Hochschulen. Der Bildgestalter als Spezialist für künstlerische Bewegtbild-Fotografie hat neben kreativen und gestalterischen Aufgaben auch erhebliche organisatorische und Personal-Verantwortung als Chef der zumeist größten Abteilung in der Filmherstellung. Als Partner des Regisseurs in der Vorbereitungs- und Drehphase, aber auch in der Post-Produktion, ist er für Lichtdesign, Farbgestaltung, Bildkomposition und Bewegungsdramaturgie filmkünstlerisch verantwortlich.

Zur fachlichen Weiterbildung im Berufsfeld bietet der bvk Symposien, Workshops, Seminare, Industrieausstellungen und beteiligt sich an Messen und Informationsveranstaltungen.

Filmpolitik: Filmschaffen in Deutschland findet mangels entsprechender Kontrollen seitens der zuständigen Behörden häufig in einem „rechtfreien Raum" statt. Filmförderung sollte daher nach Auffassung des bvk nur dann gewährt werden, wenn sowohl die Vertragsgestaltung wie auch die realen Verhältnisse bei der Produktion eines Filmes geltendem Recht entsprechen. Dabei wären sowohl die Verträge, als auch die Abrechnungen nach Beendigung der Produktion daraufhin zu überprüfen, ob die Lohnsummen auf der Basis des geltenden Tarifvertrages korrekt ermittelt, und die Abgaben und Versicherungen (z.B. BG, Pensionskasse, Deutsche Rentenversicherung Bund, Krankenkassen, etc.) korrekt berechnet sind. Die Filmförderung muss rückzahlbar sein, wenn diese Kriterien nicht erfüllt werden. Geltende Sozialstandards werden in der deutschen Filmwirtschaft regelmäßig unterlaufen und ausgehebelt. Der geltende Tarifvertrag wird gebrochen, das Arbeitszeitgesetz, Bundesurlaubsgesetz, Reisekostengesetz u. a. zumeist unterlaufen. Das tariflich vereinbarte verpflichtende Arbeitszeitkonto wird von den meisten Firmen entweder gar nicht, oder inkorrekt und zu Ungunsten der Beschäftigten angewendet. Die ausgereichten Arbeitsverträge verletzen somit in der Regel das geltende Arbeitsrecht. Die einzelnen Mitarbeiter können sich nicht wehren, da die Branche sie dann als untragbar verstößt.

Urheberrecht: Nach dem Schöpferprinzip, das dem deutschen Urheberrecht zugrunde liegt, ist der Kameramann(-frau) neben dem Regisseur im Allgemeinen (also im Regelfall) Miturheber des Filmwerks. Ein Film wird kaum jemals von einem Urheber allein kreiert, sondern hat als gemeinschaftlich geschaffenes Werk regelmäßig mehrere Miturheber (Regisseur, Kameramann, Cutter, ggf. Szenenbildner, Kostümbildner u. a.).

Entgegen dem Geist und Buchstaben des deutschen Urheberrechts werden Kameraleute bis dato nicht an Verwertungserlösen aus der Nutzung ihrer schöpferischen Leistungen beteiligt. Es gab weder bei Aufnahme neuer Nutzungsarten am Markt höhere Vergütungen, noch sind bislang Anteile aus den teils erheblichen Erlösen aus dem Handel mit Nutzungsrechten an Filmwerken in irgendeiner Form an die kreativen Bildautoren weitergegeben worden. Mit dem unhaltbaren Argument, die Arbeitshonorare für die Visualisierungs-Spezialisten würden auch alle sich aus der Miturheberschaft resultierenden Nutzungsrechte pauschal mit abgelten, wurden auch in den Jahren seit der Novelle des Urheberrechts (2002) den Bildautoren angemessene Vergütungen und Beteiligungen (§§ 32, 32a UrhG) für die Nutzung ihrer Rechte verweigert.

Der bvk sieht es als eine seiner Aufgaben an, die Umsetzung angemessener Nutzungsvergütungen für die bildgestaltenden Kameraleute zu unterstützen, auch wenn mangels der Möglichkeit der Verbandsklage und des im Falle von Einzelklagen in der Film- und TV-Branche gegebenen faktischen Berufsverbotes die Umsetzung massiv erschwert ist. Als regelmäßig schwächere Partei werden die Urheber leider auch seitens der Politik weitgehend im Stich gelassen. Während penibel auf den Schutz von deutschen Patenten im Ausland geachtet wird, werden die Nutzungsrechte an den geistigen Werken der kreativen Bildgestalter von den Verwertern nach wie vor nicht angemessen honoriert.

Das gesamte Kameraequipment wird heute gemietet. Alle Komponenten werden einzeln zusammengestellt, Kamerabody, Objektive, Stative etc. Die „Königsklasse" für den Kinofilm ist das 35-mm-Format, mit dem alles teurer wird: Die Leihgebühr für die Kamera, die Entwicklung, aber auch Lichtaufwand, Personal, Transport etc., aber allein schon die Kosten für das Material für einen 90-Minuten-Film sind atemberaubend:

6.2.4 Preise für das Material für den 90-Minuten-Film:

Für den 35 mm Film, für 100 Minuten, bei einem Drehverhältnis von 1:15 und 10.370 Meter fallen 11.400 Euro an. Alles bleibt teurer bei der Königsklasse im Film:
Die Kopierwerksleistungen (Negativentwicklung, einrichten, Reinigung, Muster, Negativ sortieren, Blenden und optische Arbeiten, Titel, Grafik) schlagen mit 40.700 Euro zu Buche. Die Mischung muss mit Premix 12.000 Euro und Hauptmix 9.000 Euro kalkuliert werden.

Der Rohschnitt braucht sicher 10 Wochen und der Feinschnitt 4 Wochen und das wird mit ca. 17.500 Euro honoriert. Für 57.000 Euro werden die Mischung und die Geräuschaufnahmen erstellt.

Für den gängigen TV-Standard Super 16 mm ist das Rohmaterial für einen Film mit 90 Minuten Sendelänge mit ca. 6.000 Euro zu kalkulieren.

Die Kopierwerkskosten bis zum Sendeband inkl. Abtastungen und SP Bandmaterial, sind mit ca. 5.000 Euro zu veranschlagen. Für Schnitt, Vertonung und Mischung (exkl. Bild- und Toncutter) sind 23.000 Euro realistisch. Bei aufwändiger Mischung liegen die Kosten eventuell noch etwas höher.

Um ein Gefühl für die weiteren Kosten zu geben: Für einen TV-Movie von 90 Minuten Laufzeit und in Super 16 mm aufgenommen kann man bei ca. 22 Drehtagen mit 55.000 Euro Kosten für technische Ausrüstung rechnen. Tonapparatur, Zusatzgeräte (Mischpult, kabellose Mikrofonanlage [Microport], besondere Mikrofone, digitale Speichermedien können mit bis zu 6.000 Euro, in Ansatz gebracht werden). Für das Kameraequipment mit Zubehör 10.000 Euro. Für das Lichtequipment 15.000 Euro, die Bühne mit Zubehör 7.000 Euro.

Der Kameramann wird in den USA auch als „DOP" – Director of Photographie –bezeichnet und leitet dort ein Department, das leicht 40 Mann umfasst. Er beschäftigt sich eigentlich nur noch mit dem Licht und überlässt alles andere – auch das Durch-die–Kamera-Schauen und die Szene tatsächlich zu drehen – Dritten.

Kameraleute sind nach den Erläuterungen zum Urheberrecht im Kreis der Urheber angesiedelt. Dieser besteht bei einem Film aus Regisseur, Cutter und Kameramann und soll „offen" sein für weitere. Daraus folgt, dass Kameraleute berechtigt sind Verwertungsgesellschaften beizutreten und von denen Tantiemen für die Nutzung der von ihnen geschaffenen Werke zu bekommen.

Da diese sich nach Laufzeiten richten und nur wenige weitere Gewichtungen greifen, verdienen die viel, die viel drehen. Es ist sicher nur ein Zubrot, aber es sind ein paar Hundert bis ein paar Tausend Euro pro Jahr, die es ohne weiteren Aufwand gibt.

Kameraleute verstehen sich aber als Handwerker (besonderer Klasse) und machen wenig von ihren theoretischen Rechten Gebrauch.

Das theoretische Berufsbild ist in der Praxis deshalb abweichend, da Kameraleute über ein „geheimes" Spezialwissen verfügen, das die anderen Teammitglieder respektieren: Regie kann jeder, aber Kameraführen erfordert ein spezifisches Know-how, das man nur über Jahre erlangen kann.

6.3 Ton

Die Tonabteilung beim Dreh besteht aus dem Tonmeister und einem, bei größeren Produktionen maximal zwei, Assistenten. Die Tonmeister haben den legendären Ruf, die schwierigsten Menschen am Set zu sein. Bis hin zu einem Psychogramm der Tonmeister als Neurotiker reicht die Vorverurteilung. Angeblicher Grund soll die Herabstufung und Bedeutungsarmut des Tondepartments im Verhältnis zum Kameradepartment sein. Das ist natürlich Unsinn, denn es hieße, dass alle Tonleute unprofessionelle Selbstdarsteller wären und dann gäbe es keine Tonfilme. Der Tonmeister ist nun mal nur der drittwichtigste Mann am Set. Er hat aber auch eine besondere Aufgabe, die gerne unterschätzt wird und von den anderen Teammitgliedern sprichwörtlich nicht gesehen wird.

Der Tonmeister hat allein auf den Ton zu achten, während alle andern am Set sich rein mit dem Bild beschäftigen, sich auf das Visuelle konzentrieren. Ihnen fallen Störungen beim Ton nicht auf. Egal wie selten ein Tonmeister bei einem Dreh ruft, „das war vom Ton her nichts, noch mal, bitte", und sei es nur ein Mal, die anderen am Set nehmen nur die ihnen unerklärliche Störung wahr, ohne den Grund wahrzunehmen.

Tonmeister kann nur selten an einer Filmschule studiert werden, die meisten Tonmeister haben deshalb eine langjährige Ausbildung, oft in anverwandten Berufen, und sind häufig hervorragende Tontechniker oder bereits im Musikbetrieb geschult und dann langjährig Tonassistenten gewesen, bevor sie zum Tonmeister wurden. Sie haben dadurch oft einen anderen Background und auch einen faszinierenden Perfektionismus ausgebildet, da in der Musik nur die reine Tonaufnahme zählt und jeder Fehler den Kollegen sofort auffällt. Tonmeister sind oft überqualifiziert für den reinen Filmton.

In den größeren Studiobetrieben existieren dann auch Meister ihres Fachs, sog. Mischmeister, die für das gesamte Sounddesign verantwortlich sind und den Überblick auch über Großproduktionen behalten können. Meist gehen sie aus Tonmeistern hervor. Die Begrifflichkeiten werden in Deutschland nicht ganz synonym gebraucht, hin und wieder liest man vom Soundengineer, ein Begriff aus den Staaten. In den USA sind wegen der Gewerkschaften, die ungleich mächtiger sind als hier, die Begriffe besser geordnet.

Theoretisch ist auch der Beruf des Toncutters ein gangbarer Weg für Tonmeister, aber Tonleute bleiben auch gerne Tonleute. Die Einstiegshürden für den Beruf sind hoch, aus einem Tonassistenten wird keineswegs zwingend ein Tonmeister. Der Tonmeister hat eigentlich immer einen Background aus der reinen Tonaufnahme (oft für Musik, also für CDs, Konzertmitschnitte) und das fehlt dem Assistenten, der seine Arbeit erst an einem Filmset aufgenommen hat und nun dem Tonmeister über die Schulter guckt. Assistenten, die Tonmeister werden wollen, gehen dann oft aus dem Film für eine Weile raus und machen eine entsprechende berufliche Station.

Dazu muss der Tonmeister mit einem ständigen Wandel seiner Gerätschaften leben. Während über Jahrzehnte das Equipment konstant war, erst die Tonbandmaschine, dann das DAT-Gerät, hat in den letzten Jahren durch die Digitalisierung ein rasanter Wechsel eingesetzt.

Was gibt es zu verdienen?
Tonmeister sind – wie alle Filmberufe – im Tarifvertrag unterdurchschnittlich weggekommen. Der Tarif bildet deshalb nicht die Realität ab. Immer zu unterscheiden ist natürlich die Art der Produktion. Im Daily- oder Soap-Gewerbe bekommt der Produzent unter der Bedingung, dass die Arbeitsbedingungen geradezu klinisch sind (im Studio gibt es keine Sound-Herausforderungen), manchmal sogar Tonmeister, meist jüngere Leute, zum Tarif. Oft aber ist genau das die falsche Stelle zum Sparen, nämlich dann, wenn ein unerfahrener Tonmann die Produktion aufhält, während eine erfahrene Tonfrau vielleicht mehr kostet, aber die Produktion so voranbringt, dass am Abend des Tages der Aufschlag leicht wieder drin ist, da keine Überstunden anfallen.

Der Tonmeister erhält pro Woche 1.250 Euro laut Tarif, gute Tonmeister erhalten 1.700 Euro. Sie werden meist außer zu den Dreharbeiten nur mit wenigen Tagen Vor- und Nachbereitung bezahlt.

Tonmeister verleihen meist ihr eigenes Equipment für einen Aufschlag. Der Produzent spart trotzdem, da dasselbe Equipment von einem Dritten zu mieten oft teurer wäre. Manche Tonmeister können es sich aber auch leisten, darauf zu bestehen, dass ihr Equipment gemietet wird, selbst wenn ihr Mietpreis höher ist als der Marktpreis. Für das Equipment werden gerne noch mal 300 Euro pro Woche gezahlt.

Der Tonassistent erhält 895 Euro laut Tarif pro Woche – in der Realität sind es eher 1.100 Euro. Dafür hält er z. B. die Tonangel, die der geübte Zuschauer zuweilen im Bild sieht.

Die Toncrew ist angestellt, d.h., sie hat Anspruch auf Urlaub, Sozialversicherung und Krankmeldung und muss über Lohnsteuerkarte abgerechnet werden.

6.4 Beleuchter

Beleuchtung wird dem Kameradepartment zugerechnet. Das Team besteht bei mehr als einem Beleuchter aus einem Oberbeleuchter („Head of Department"), der das Lichtkonzept, das der Kameramann – bei großen Produktionen oder in den USA auch der „lichtsetzende Kameramann" genannt – mit seinem Team umsetzt.

Die Größe des Teams hängt von der Menge des benötigten Equipments ab, bei TV-Produktionen sind es etwa drei Leute insgesamt, bei Kino mindestens vier. Da die Arbeit körperlich sehr schwer ist, denn Scheinwerfer wiegen viel, ist es immer noch eine Männerdomäne. Das heißt nicht, dass es keine Frauen in dem Beruf gäbe und die männlichen Mitbeleuchter freuen sich meist sehr darüber, denn die Kolleginnen müssen jung und durchtrainiert-sportlich sein, um den Anforderungen gerecht zu werden.

Oberbeleuchter erhalten ca. 2.000 Euro pro Drehwoche, Beleuchter ca. 1.200–1.500 Euro. Beleuchter sind Angestellte und erhalten oft als einzige Überstundenzulagen. Sie haben traditionell die stärkste Form der Arbeiter-Organisation am Filmset und ziehen nicht mit, wenn es zum Schluss des Drehtages heißt, „jetzt noch mal und umsonst".

Für das Lichtequipment werden meistens Pauschalpreise vereinbart. Keiner zahlt das, was in den Listenpreisen der Verleiher steht, dann könnte niemand einen Film herstellen. 15.000 Euro für den TV-Film müssen schon eingerechnet werden, gerne das Doppelte wenn für das Kino auf 35 mm gedreht wird.

Die Oscar-Gewinner aus der Kamerafraktion haben allerdings die Angewohnheit sämtlich erhältliches Lichtmaterial eines Filmstandorts zu mieten und allein das kann einen Produzenten ruinieren.

Um alles zu transportieren, benötigt man meist ein paar Lastwagen, die der Produzent gegen Geld leihen muss. Richtig teuer wird es, wenn in unwirtlichen Gegenden gedreht wird, dann wird auch gerne mal einen Wagen gemietet, der ein Kraftwerk auf dem Rücken hat, das den Strom erzeugt.

6.5 Produktionsleitung

Die Produktionsleitung besteht aus dem Produktionsleiter, dem 1. Aufnahmeleiter und dem Set-Aufnahmeleiter.

Hinzu kommen Filmgeschäftsführung, Produktionsassistenz, Sekretariat und die Produktionsfahrer – je nach Größe der Produktion.

Der Produktionsleiter (PL) verantwortet die ökonomische und zeitliche Abwicklung der Produktion. Er erstellt die Kalkulation, legt die Budgets mit den Departments fest, übernimmt das Controlling und stellt das Produktionsteam zusammen. Der PL hat für eine vierwöchige Dreharbeit ca. 3 Wochen Vorbereitungszeit und ca. 1 Woche Nachbereitung.

In einer gut organisierten Filmproduktion sind die PL ebenbürtige Gegenspieler des Producers und verantworten die Ausgaben. Das hilft beiden: Der Producer muss sich nicht zweiteilen und Kosten und Qualität im Blick haben (Producer, die behaupten, dass sie das stets tun, sind solche, die es erfahrungsgemäß am wenigsten beachten; die Forderung von Produzenten, dass Producer die Kosten ebenso schätzen wie die Qualität, ist illusorisch, denn ein Producer will nur das bestmögliche Produkt – sonst ist er seinen Job los. Der PL hat die notwendige Durchsetzungskraft vor dem Team, um die Kosten da zu halten, wo sie sein sollten.

Die PL sollten sich vorsehen und nicht für das Budget „bürgen", „haften" oder „garantieren", wie man es gerne in Arbeitsverträgen findet. Sie können dafür mit ihrem Privatvermögen haftbar gemacht werden und das kann nicht der Sinn sein.

Der 1. Aufnahmeleiter übernimmt operativ die Drehplanung und die Dispos („Bewegungen" des Teams; unmittelbare Organisation) für die Dreharbeiten und organisiert den Dreh an den Motiven. Er beginnt etwas nach der PL und hört mit ihm oder etwas früher auf. Beruflich gehen diese Menschen meist aus den Set-Aufnahmeleitern hervor, wobei nicht jeder Set-Aufnahmeleiter die geforderten Qualitäten hat. Wer schon mal versucht hat, ein paar Freunde Samstagabend zu koordinieren oder eine Skiwanderung mit mehr als acht Beteiligten, weiß, dass es ein komplexer Job ist, Menschen und Material zu einer bestimmten Zeit an einem bestimmten Ort zu vereinen. Das wird nur unwesentlich besser, wenn diese Menschen dafür Geld bekommen, nur die Qualität der Ausreden steigt.

Der Set-Aufnahmeleiter ist die Person vor Ort, die darauf einwirken kann, dass die Koordination der Beteiligten stimmt und alle Ressourcen rechtzeitig am Drehort zur Verfügung stehen. Eine oft vollkommen unterbewertete Funktion. Der Set-Aufnahmeleiter hat nur 1–2 Tage Vorlauf vor dem Dreh und 1 Abwicklungstag. Set-Aufnahmeleiter ist einer der wenigen Einstiegsjobs, die es noch gibt. Man ist der Erste und der Letzte am Drehort, was anstrengend ist, und alle lassen den Frust an dieser Person aus. Auf die Frage nach dem, was sie als Set-Aufnahmeleiter machen und vor allem was sie sind, antworten deshalb auch viele gerne: „Ich bin schuld."

Produktionsleiter bleibt ein Anlernberuf, auch wenn diese Positionen zunehmend mit Abgängern von Filmhochschulen besetzt werden, so sind es doch meist die, die früh ihren Weg über die Stationen zur Produktionsleitung gefunden haben und der klassische Weg Set-Aufnahmeleiter, 1. Aufnahmeleiter, Produktionsleiter ist noch vielen eröffnet.

Dazu existieren weitere Positionen wie Motiv-Aufnahmeleiter, der Motive sichtet und sichert, was insbesondere erforderlich ist bei Produktionen mit sehr vielen Sets, und Set-Runner, die Dinge zum Set schaffen, die dringend gebraucht werden. Nicht zu vergessen die Fahrer, die Personen und Dinge zum Set fahren.

Fahrer ist meist der erste Job, den jemand in der Filmbranche bekommt. Auf einem Fahrertraining, das ein Automobilhersteller für Granden der Branche ausrichtete, stellten sowohl die anwesenden Star-Moderatoren als auch die Produzenten fest, dass sie alle ziemlich gut Auto fuhren, da sie alle mal als Fahrer beim Film gejobbt hatten. – Viele Filmemacher sagen deshalb: „Schlage nie Deinen Fahrer, er könnte morgen dein Auftraggeber sein."

Was wird verdient?

Pro Drehwoche erhält ein PL laut Tarifvertrag 1.480 Euro, dafür bekommt man aber kaum Spitzenkräfte. Die gehen nicht unter 1.800 Euro, für Kinoproduktionen sogar mit 2.000 Euro nach Hause.

Der 1. Aufnahmeleiter erhält 1.010 Euro laut Tarif, aber für größere Produktionen annährend so viel wie der Produktionsleiter. Der 1. Aufnahmeleiter hat etwa eine Woche weniger Vorbereitungszeit als der Produktionsleiter.

Der Set-Aufnahmeleiter steht mit 790 Euro pro Woche in den Tarifgagen, ist aber oft von Anfängern besetzt und bekommt oft weniger.

Produktionsfahrer sind Einstiegsjobs, die Tarifgage sagt 570 Euro, regelmäßig erhalten die Fahrer weniger und Pauschalhonorare.

Das Sekretariat erhält immerhin noch 710 Euro pro Woche laut Tarif,; Filmgeschäftsführer (Buchhaltung, Personalabrechnung, Aufbereitung der Kostenstände für die PL) haben 955 Euro laut Tarif, in der Realität sind es 1.300 Euro.

Nur zur Vollständigkeit: Die in der Hierarchie über den PL angesiedelten Herstellungsleiter sind fast immer fest angestellte Mitarbeiter, die mehrere Produktionen für ein Unternehmen übersehen und verantworten. Den ökonomischen Teil der Filmproduktion – Verträge mit Banken, Förderern, TV-Sendern und Finanziers – überwacht die Herstellungsleitung.

6.6 Art Director

Zumindest Kinofilme und große TV-Events wie „Die Luftbrücke" oder „Dresden" mit Szenen- und Kostümbild-Sektionen sollten eigentlich ein Art Department haben. Der Art Director gibt dem Film ein ganzheitliches Konzept, verantwortet Farbkonzepte für Figuren und ihr Umfeld.

Der Zuschauer hat sich weiterentwickelt. US-Filme und Serien verfolgen schon seit Langem ein ausgefeiltes visuelles Konzept, um die Glaubwürdigkeit einer Filmfigur, eines Filmcharakters schlüssig zu gestalten. Der Zuschauer hat sich daran gewöhnt, er erwartet das. Fehlt das visuelle Konzept, lehnen Zuschauer oft genug eine Filmfigur und damit den Film ab. Durchsetzen und entwerfen kann so ein Konzept nur ein übergeordneter Art Director. Der Art Director erhält meist ein Pauschalhonorar. Wenn seine Anwesenheit wegen der Komplexität der Produktion dauernd erforderlich ist, wird pro Woche abgerechnet. Manchmal entstehen Mischformen aus einer Pauschalgage plus einer Wochen-/Tagesgage. Der Film entscheidet, wie hoch die Pauschale ausfällt: Je komplexer das Vorhaben, desto teurer wird es natürlich. Eine ganz gute Leitlinie ist das Gehalt des Szenenbildners oder des Kostümbildners – je nachdem, welches höher ist. Der Art Director erhält das Doppelte.

6.7 Kostüm

Kostümbild besteht aus Kostümbildner und Kostümassistenz sowie „Garderobe/Gewand" und Garderobieren. Auch hier gilt die Teilung, dass Kostümbild der künstlerisch, gestaltende, kreative Beruf ist, während die Assistenz nicht etwa den Kostümbildner in diesen Tätigkeiten unterstützt, sondern die organisatorische Umsetzung und die Absprache mit den anderen Departments übernimmt. Der Assistent findet zum Beispiel heraus, wo das historische Kostüm zu leihen ist, das der Kostümbildner für sein Konzept haben möchte.

Was wird verdient?
Das Kostümbild, das im Gegensatz zum Szenenbild überwiegend von Frauen besetzt ist, erhält pro Woche 1.230 Euro laut Tarif. Für Historien-, Event- und Kinofilme muss mit 400–600 Euro zusätzlich gerechnet werden.

Die Assistenz wird mit 865 Euro pro Woche im Tarif angegeben, was aber keinesfalls unter 1.100 Euro etwas wird, wenn man eine gute Assistenz für einen Film braucht.

Hinzu kommt die Position „Garderobe/Gewand", die in Wirklichkeit aber Schneidermeister sind und keine Garderobieren, und dokumentieren, wer wann was wo anhat. Es gibt meist eine Position für Frauen und eine für Männer, die pro Woche laut Tarif 840 Euro erhalten, jedoch plus Überstunden, da sie die Ersten und die Letzten am Set sind. Gute Fachleute bekommen gerne über 1.000 Euro.

Der Etat für das Kostümbild
Jeder Versuch, abstrakt einen Etat festzulegen, ist zum Scheitern verurteilt. Der Etat wird vom Department kalkuliert und festgelegt, die Produktionsleitung checkt gegen. Um wenigstens irgendeinen Wert mitzugeben: Der durchschnittliche TV-Movie, der in der Gegenwart spielt und an den keine

Voraussetzungen gestellt werden, was das Kostüm angeht, der in „Straßen-kleidung" gespielt wird, also weder „Wiener Opernball" noch „Feuerwehrein-satz" heißt, kann mit 13.000 bis 25.000 Euro budgetiert werden.

6.8 Szenenbild/Filmarchitekt

Alles, was man im Film sieht, gestaltet der Szenenbildner. Er gestaltet die Moti-ve, macht sich aber auch Gedanken darüber, in welcher Umgebung die Filmfi-guren „leben" und die Erwartungen, die das Drehbuch an das Motiv stellt.

Der Szenenbildner arbeitet konzeptionell, schickt Locationscouts los und setzt die Baubühne ein. Szenenbildner zeichnen den Bau – wie ein Archi-tekt – und haben oft eine Ausbildung als Architekt. Gesonderte Schulen bil-den dann zum Szenenbildner aus. Ein sehr detailreicher Beruf, der nicht bei den groben Linien Halt macht, sondern alle Details festlegt und mitbestimmt, das reicht bis zum Aussuchen der richtigen Farbigkeit von eingesetzten Ka-cheln. Filmarchitekt und Szenenbildner sind eigentlich Synonyme. Sehr sel-ten werden diese Berufe beide in einer Produktion beschäftigt.

Außen- und Innenrequisite sind Teil des Szenenbild-Departments, aber un-terschiedliche Positionen, die meist wiederum einen „Fahrer" beschäftigen.

Die Innenrequisite ist eine Person, die die ganze Zeit am Set im Einsatz ist: Welche Requisiten wann wo stehen müssen, ist ihr Hauptaugenmerk. Der Beruf setzt voraus, dass man handwerklich geschickt ist, denn nahezu alles wird selber befestigt, repariert oder angefertigt. Auch leicht obskure Tätigkei-ten gehören in das Berufsfeld – die Innenrequisite macht z. B. den „Nebel", der für eine Krimi-Produktion gebraucht wird. Das Requisite-Konzept ist aber schon gemacht vom Szenenbildner, bevor die Innenrequisite beginnt, kon-zeptionell wird also nur im Detail gearbeitet.

Im Gegensatz dazu ist die Außenrequisite jemand mit umfassenden Bezie-hungen zu Händlern der Umgebung, der weiß, wo man die richtigen Aus-stattung bekommt; er hat einen eher gestaltenden als einen handwerklich ausführenden Beruf.

Was wird verdient?
Die Position Szenenbild ist laut Tarif pro Woche mit 1.300 Euro bezahlt. Exi-stiert kein Art Department, dem der Szenenbildner untergeordnet ist, muss der Filmemacher etwa 500 Euro drauflegen.

Die Außenrequisite wird laut Tarif mit 1.015 Euro pro Woche abgegolten, die Innenrequisite mit 895 Euro.

Baubühne ist ein „Gewerk", also eine Werkleistung, die sonst auch mal tageweise angeheuert werden und dann auf Rechnung arbeiten kann, ohne die Lohnsteuerkarten abzugeben.

Der Etat für das Szenenbild
Es gelten die gleichen Spielregeln wie beim Kostümbild: Der Head of Department für das Szenenbild erstellt und kalkuliert den Etat, die Produktionsleitung checkt gegen. Um eine Orientierung zu geben: Für den auf der Straße und nicht im Studio gedrehten TV-Movie sind etwa 50.000 bis 80.000 Euro anzusetzen.

6.9 Maske

Herablassend „die Maske" genannt, ist es ein Beruf, der eine verbale Aufwertung verdient und in der professionellen Realität auch schon erhalten hat. Es heißt jetzt: „Das Maskenbild". Es ist ein Beruf, der – richtig ausgeübt – auch immer ein Konzept verfolgt und für jeden Film einen eigenen Stil prägt, der dem Dramaturgischen entspricht.

Die besten Vertreter des Berufs arbeiten so eng mit dem Art Department zusammen, dass es ihnen gelingt, eine den Film durchziehende über alle Departments verquickte Maske zu schaffen, die mit dem Lichtkonzept, dem Szenenbild und dem Kostüm eine übergreifende Einheit bildet. Das ist dann aber auch schon wirklich Kunst.

Was gibt es zu verdienen?
Die Maske erhält pro Woche laut Tarifvertrag 1.055 Euro. Das ist überbezahlt, wenn nur „gepudert" werden muss. Werden aber Perücken geknüpft, sind Special Effects (Wunden, etc.) gefragt oder lässt die Maske einen Schauspielers im Verlauf einer Produktion altern, so reicht der Betrag bei Weitem nicht. Es ist üblich, Tarifgage zu zahlen und für Extra-Effekte einen gesonderten Betrag.

Für Maskenbild existieren gesonderte Schulen, die ausbilden. Kosmetikerinnen oder die schminkenden Zünfte sind hier gegen die Erwartung falsch, es ist ein gestaltender Beruf. Der Ausbildungsberuf gibt allen Friseurinnen Hoffnung, denn der Lehrberuf Friseurin ist meist Voraussetzung für eine weitere Ausbildung, die zwar nicht an Filmhochschulen, aber an spezialisierten Privatschulen absolviert werden kann.

6.10 Catering und Feiern

Das Catering, die Verpflegung am Drehort, ist wohl nicht mehr wegzuden-ken. Natürlich kann der Filmemacher den Posten nirgendwo kalkulieren und in Rechnung stellen, ebenso wenig das Feiern, denn das Drehteam erwartet Eröffnungsfest, Bergfest und Abschlussfest. All das kostet nicht unerhebli-che Summen. Catering ist inzwischen eine riesige, gut genährte Branche.

Zwischen 15 und 50 Euro täglich pro zu verpflegender Nase wird für Catering in Rechnung gestellt. Dafür gibt es Brötchen, Kaffee und Mittagessen.

Vollcatering lohnt sich, wenn ein Team nicht ständig auseinanderlaufen soll, weil sich jeder gerade zu der Zeit, zu der es ihm passt, was zu Essen besorgt. Da werden auch gerne mal 100 Euro pro Nase fällig.

7. Drehteam

Also zusammen sind es etwa 350.000 bis 400.000 Euro für das Drehteam (al-les hinter der Kamera), wenn es an die TV-Movie-Produktion geht, um mal ei-nen Überblick zu verschaffen. Günstiger kommt der Filmemacher nur davon, wenn er eine No- oder Low-Budget-Produktion ausruft und mit Berufsan-fängern arbeitet. Oder einen Kinofilm produziert, da dann die Meisten bereit sind, um dabei zu sein, Abstriche hinzunehmen und Rückstellungsverträge zu akzeptieren, die die Auszahlung der Gehälter an das Erreichen bestimmter Einnahmen koppelt.

Die technische Ausrüstung kostet noch mal 55.000 Euro (mit Super 16 ge-dreht)

Das Kameraequipment ist mit 10.000 Euro gut bezahlt.

Mikros, Mischpult, Speicher sind etwa 6.000 Euro Miete wert.

Das Lichtequipment kostet 15.000 Euro und ist damit bescheiden.

Neben diesem Nötigsten braucht der Filmemacher noch:

Bühne mit Zubehör 7.000 Euro.

Zusätzliche Stromaggregate für Außenaufnahmen.

Helikopterflüge (je Einsatz ca. 2.500 Euro).

Vielleicht einen zusätzlichen Kran (je Tag 700 Euro für Plattform-Kran oder 1.100 Euro für einen Kran mit Remotehead).

Wie auch eventuell einen zusätzlichen Kamerabody (2. Kamera & Sicherheit bei Dreh in der Pampa oder auf dem Wasser) ohne Zubehör für ca. 3.500 Euro über den gesamten Drehzeitraum.

Walkies für den Produktionszeitraum kann man auch schon mal mit 1.200 Euro in Ansatz bringen.

Verbrauchsmaterial für Folien und Brenner geht auch schnell mal auf 2.500 Euro. Für die Ton- und Kameraabteilung sollte auch hier mit 1.000 Euro kalkuliert werden.

Besondere Objektive (Tele) werden auch jeweils zu Tagespreisen angemietet und sind mit 200–300 Euro zu berücksichtigen.

Die Liste lässt sich noch weiter fortführen. Weitere 20.000 Euro sind deshalb für Filmequipment einzuplanen.

Es macht immer Sinn ein Gesamtpaket zu vereinbaren!

Aber auch anderes wie Drehgenehmigungen und Autofahren kostet Geld, und nur das Notwendigste ist:

Für Absperrungen und Drehgenehmigungen können bei Dreharbeiten an Originalmotiven in der Stadt ca. 2.000 Euro kalkuliert werden.

Einzelne Drehgenehmigungen schlagen da mit 40–60 Euro Gebühren zu Buche, die Kosten für die Absperrungen mit Schildern, Aufstellen und Abbau je nach Aufwand und Absperrlänge zwischen 130–170 Euro.

Außerhalb der Stadt, in kleineren Ortschaften oder auf dem Land, kann der notwendig werdende Etat niedriger sein.

Motivmiete wie Häuser, Gaststätten und ähnliches sind in Großstädten gerne mit 700–1.500 Euro jeweils anzusetzen.

8. Schauspieler

Dieses Kapitel entstand unter Mitwirkung von Harald Will, Agent, trusted agents, Berlin.

Der Markt für Schauspieler ist extrem uneinheitlich, das Angebot zu groß. Auch ist der nicht geschützte Titel „Schauspieler" ziemlich beliebig verwendbar. Wer es ernst meint, studiert an einer der staatlichen Schauspielschulen, die immer im Herbst ihre Aufnahmerituale haben. Viele Hundert hoffnungsvolle Anwärter sind dann unterwegs, denn man kann die Schulen auf einer Ochsentour nacheinander abklappern in der Hoffnung, dass eine der Schulen einen aufnimmt. Sönke Wortmann hat in seinem Film „Kleine Haie" dieser Tour ein Denkmal gesetzt. Puristen akzeptieren übrigens für eine Besetzung nur Schauspieler mit einer Ausbildung an der staatlichen Schauspielschule und mit Erfahrung an einer Bühne.

8.1 Wie wird man Schauspieler?

Die privaten Schauspielschulen sind ebenso viele wie vielfältige, einige taugen sogar etwas. Da sie relativ teuer sind, ist es immer schwer zu beurteilen, ob sie jemanden annehmen, weil er oder sie talentiert ist oder weil sie das Geld brauchen.

Die staatlichen Schauspielschulen haben recht strenge Auswahlkriterien, die aber selbstverständlich je nach Schule variieren (Schauspiel ist neben Handwerk eben auch Kunst und erlaubt sehr verschiedene Ansätze und Interpretationen). Jede der arrivierten Schulen prägt und vermittelt einen besondern „Stil" (Hochschule für Schauspielkunst „Ernst Busch", Berlin; Max Reinhardt Seminar, Wien; Otto Falckenberg Schule, München etc.). Studenten dieser Schulen haben sicher überwiegend Theaterarbeit im Visier.

Der Ausbildung für die Bühne wird hier größeres Gewicht beigemessen als der Perspektive Arbeit vor der Kamera. Jungen künstlerischen Nachwuchs wählen Theaterintendanten dann auch im Wesentlichen bei den diversen Intendantenvorsprechen dieser Schulen.

Private Schauspielschulen geben der Vielzahl abgewiesener Bewerber eine weitere Chance auf einen Ausbildungsplatz. Auch hier sind Auswahlverfahren zu durchlaufen.

In Hinblick auf eine berufliche Perspektive gewichtet die Ausbildung der privaten Schulen das Arbeitsfeld vor der Kamera. Angesichts der Vielzahl von Programmstunden mit fiktionalen Programmen erscheint es realistisch, nach der Ausbildung in diesem Markt einen Platz zu finden. Ohne diese Beurteilung wäre wohl kaum ein Student bereit, über drei Jahre monatlich je nach Institut zwischen 300 und 600 Euro Schulgeld aufzubringen.

Einige der privaten Schulen haben sich über viele Jahre einen guten Ruf und damit einen Platz neben den staatlichen Schauspielschulen erarbeitet. Es werden keine Unterschiede gemacht, die Absolventen ebenso unvoreingenommen beurteilt wie die der staatlichen Schulen. Tatsächlich kann sich aber nur eine sehr geringe Zahl der Absolventen, besonders der privaten Schulen, am Markt positionieren, sehr wenige von ihnen können überhaupt ihren Lebensunterhalt mit der Arbeit als Schauspieler bestreiten.

Die Arbeitsfelder sind extrem unterschiedlich. Neben der Arbeit an Bühnen ist die Arbeit vor der Kamera der wichtigste Arbeitsbereich.

Selbst Kameraarbeit ist extrem unterschiedlich organisiert und fordert unterschiedliche Qualifikationen. Die Bandbreite reicht von der sorgfältigen Gestaltung eines Charakters für einen anspruchsvollen Kinofilm bis zur bloßen Darstellung eines Typs mit ellenlangen Textpassagen und ohne Gestaltungsspielraum.

Die realen Schnittzeiten des Tagespensums eines Schauspielers liegen da zwischen Szenenlängen von 2 Minuten in Kinoproduktionen bis hin zu 45 Minuten in täglichen, fast dokumentarischen Formaten.

Wem auch das zu mühsam ist, dem reichen einige Seminare, die von mehr oder minder kompetenten Trainern gerne auch mal nur für ein Wochenende angeboten werden.

Markus Maria Profitlich, Comedian und Produzent, Köln

„Der Comedy Boom ist vorbei!" Ich weiß nicht, wie oft ich diesen Satz im Laufe meiner Karriere schon gehört habe. Aber ich weiß noch, wann ich ihn zum ersten Mal hörte. Es war 1996. „RTL Samstag Nacht" war auf dem Höhepunkt des Erfolgs und bei Sat.1 begann die „Wochenshow" mehr und mehr für Furore zu sorgen. Wohin man auch schaute, es gab Comedy Shows auf allen Kanälen. Und das Feuilleton war sich einig: Die Comedy Welle ist vorbei! Ausgerechnet jetzt, wo ich meine ersten Schritte ins Fernsehen machen sollte …

Eigentlich bin ich durch Zufall zur Comedy gekommen. Es war Mitte der Achtziger Jahre und es gibt wahrscheinlich keinen Job, den ich in bis dahin in meinem Leben noch nicht gemacht hatte. Ich war Schweißer an einer Werft. Ich habe als Waldarbeiter Bäume gefällt. Ich bin Gabelstapler gefahren und ich habe eine Lehre als Schreiner gemacht. Aber keiner dieser Jobs hat mir auch annähernd soviel Spaß gemacht, als auf der Bühne zu stehen und die Menschen zu unterhalten. Mein erster Auftritt war mit zwei Bekannten im Frauenkostüm. Nach dem Vorbild von Mary und Gordy tingelten wir als Travestie Trio „Magic Marabus" durch das Land. Für meine beiden Mitstreiter war nach 450 Auftritten Schluss mit der Comedy-Welle. Für mich war es erst der Anfang. Die nächsten Jahre tourte ich mit Andy Muhlack als Comedy-Duo und gründete in St. Augustin meinen eigenen Comedyclub, in dem ich damals unbekannte Künstler wie Bastian Pastewka, Bernhard Hoëcker und Gaby Köster begrüßen durfte.

Die erste Comedy-Sendung, in der ich als festes Ensemblemitglied mitspielte, war eine Sketchshow namens „Happiness" und wurde von dem legendären Jackie Drecksler produziert. Damals war ich mit meinen 36 Jahren der wahrscheinlich älteste Newcomer im deutschen Fernsehen. Dabei konnte ich schon damals auf knapp 15 Jahre Bühnenerfahrung zurückblicken, in denen ich weit über 1.000 Auftritte hinter mich gebracht hatte. Trotzdem war ich nervös, denn längst nicht alles, was auf der Bühne funktioniert, wirkt auch auf der Mattscheibe noch komisch. Zum Glück war da Jackie Drecksler, ein Fernsehmacher durch und durch, der unendlich viel Erfahrung mit dem TV-Geschäft hatte. Jackie hatte schon damals ein enormes Gespür, welche Gags im Fernsehen funktionieren und welche man besser nicht machen sollte. Jackie wusste genau, was bei den Leuten ankam und warum Wörter mit einem „K" drin Leute zum Lachen bringen. Auch wenn die Show trotz aller seiner Erfahrungen „nur" 30 Folgen überlebte, habe ich von Jackie sehr viel lernen können. Dinge, die sich mir auch heute noch als Produzent als nützlich erweisen.

1999 – der Comedy-Boom war trotz aller Unkenrufe noch immer nicht vorbei – kam dann mein großer TV-Durchbruch. An der Seite von Ingolf Lück, Anke Engelke und Bastian Pastewka spielte ich bei der „Wochenshow" und war für vier Jahre ein Teil der „witzigsten Nachrichten der Welt". Trotz allen Stresses, machte die Arbeit saumäßig viel Spaß. Woche für Woche eine Show zu stemmen, verlangt von allen Beteiligten ein riesiges Engagement. Egal ob Maske, Kostüm oder Produktionsfahrer – jeder ist bei einer Fernsehshow wichtig und es klappt nur, wenn alle als Team zusammenarbeiten. Besonders wichtig sind die Autoren. Alle im Team wissen das und alle tun ihr Bestes, dass die Autoren das nicht herausfinden. Als Bühnenkomiker kann man mit einem guten Gag oder Sketch, den man sich selbst ausgedacht hat, ein ganzes Jahr die Leute unterhalten. Man spielt jeden Abend in einer anderen Stadt vor einem anderen Publikum und der Gag ist jeden Abend frisch und (hoffentlich) lustig. Bei einer Fernsehshow ist das anders. Das Publikum will Abwechslung und daher muss jede Woche ein neuer Sketch her. Oder besser gesagt, bei einer Sendung wie der Wochenshow an die 30 Sketche. Und das Woche für Woche, Jahr für Jahr. Als Komiker kann man das nicht alleine schaffen. Man ist auf die Kreativität der Comedy-Autoren angewiesen. Zum Glück gibt es in Deutschland mittlerweile sehr viele, wenn auch nicht genug, gute Comedy-Autoren. Ohne deren Hilfe wäre es mir niemals gelungen, sechs Jahre lang meine eigene Sketch-Show „Mensch Markus" zu präsentieren. Dank ihrer Unterstützung konnte ich in über 1.800 Sketchen spielen. Ohne meine Autoren wären es vielleicht nur 100 gewesen …

Es gibt viele schlaue Leute, die wissenschaftlicher erklären können, wann etwas komisch ist. Ich habe eine einfachere Erklärung. Komisch ist etwas, wenn die Leute darüber lachen. Nicht mehr und nicht weniger. Ich bin nicht der Theoretiker, bei mir entscheidet der Bauch. Und da es mein eigener Bauch ist und dieser in den letzten 20 Jahren ziemlich häufig richtig gelegen hat, ist es für mich immer wichtiger geworden, alleine die Entscheidung zu treffen, welche Sketche ich spiele und welche nicht. Es ist wie beim Kochen, zu viele Köche verderben einfach den Brei. Bei einer Fernsehshow bestehen diese Köche meistens aus Redakteuren und Produzenten. Jeder hat seine Meinung, besser gesagt Bedenken, zu einem Witz und die endlosen Diskussionen in miefigen Konferenzräumen können einem wirklich jeden Spaß an der Arbeit rauben. Daher war es wahrscheinlich nur eine Frage der Zeit, bis ich begann, meine eigene Sendung selbst zu produzieren. Natürlich muss ich mich immer noch bei dem einen oder anderen Gag mit der Redaktion des Senders herumstreiten, aber als Hauptdarsteller und Produzent in einer Person habe ich natürlich einen ganzen anderen Standpunkt.

Als Produzent und somit als Unternehmer geht es darum, den Markt zu kennen und wie jeder Markt richtet sich auch das Comedy-Geschäft nach Angebot und Nachfrage. Diese Nachfrage ändert sich ständig. Waren es in den 90ern noch die großen Comedy-Shows wie „RTL Samstag Nacht" und „Wochenshow" die die Zuschauer zum Lachen brachten, änderte sich das bald zugunsten von Sitcoms. Hits wie „Ritas Welt," „Nikola" und „Die Camper" hatten zu ihren Glanzzeiten Einschaltquoten, von denen heute so manche Samstagabendshow nur träumen kann. Dann waren eine Zeit lang Impro-Shows der Renner. Zurzeit sind es Sketch-Shows, die den Markt beherrschen. Serien wie „Die dreisten Drei" und „Sechserpack" sind sehr beliebt. Und selbst mit der x-ten Wiederholung einer „Mensch Markus"-Episode, lassen sich noch immer sehr gute Einschaltquoten erzielen. Meine eigene Produktionsfirma produziert zurzeit allein drei verschiedene dieser Serien. Trotz des Erfolges versuche ich meine Firma weiterzubringen. Zurzeit arbeite ich mit meinem Team an neuen Serienkonzepten und auch der Sprung auf die Kinoleinwand ist in greifbare Nähe gerückt. Auch das Internet wird nach wie vor als Zukunft der Unterhaltungsbranche angepriesen. Ich weiß nicht, wie viele Jahre es noch dauert, bis ein Produzent mit seinen Inhalten im Netz Geld verdient. Ich kann auch nicht sagen, ob das Internet den Fernseher ersetzten wird. In einem Punkt jedoch bin ich absolut sicher: Der Comedy-Boom wird auch in 20 Jahren noch nicht vorbei sein. Na ja, ich hoffe es jedenfalls …

8.2 Was verdient ein Schauspieler?

Die Unterschiede könnten größer nicht sein, fangen wir unten an:

Komparsen laufen durchs Bild und sind im Haufen zu sehen, sollen 60 Euro pro Tag erhalten und werden pauschal versteuert (d. h., es muss keine Lohnsteuerkarte abgegeben werden und es fallen keine Sozialversicherungen an).

Haben Sie einen Satz zu sagen, können sie so etwa das Doppelte erhalten. Bei mehr als einem Satz plus ein bisschen Spiel (Im Laden: „Was möchten Sie?" – „Bitte hier, ihr Rückgeld.") sind Sie schon keine Komparsen mehr, sondern Kleindarsteller, die nicht mehr pauschal abgerechnet werden können und 300–500 Euro erhalten.

Schauspielergagen fangen bei 700 Euro für junge Schauspieler ohne Erfahrung (und ohne Agentur) an, mit Bühnenerfahrung beginnt es etwa bei 900 Euro. Es gibt sicherlich auch Angebote, die deutlich darunter liegen.

Die Gagen sind kontinuierlich stark gestiegen, seit die privaten TV-Sender sich auf den Markt begeben haben, aber mit dem Abschwung gingen auch die Gagen runter. Seit ca. 2002 sinken die Gagen wieder. Davor wurden Programmplätze stark mit seriellen Produktionen bestückt, seit 2002 werden preiswertere Programme, insbesondere Unterhaltungssendungen, Talkshows, Quiz und Doku-Soaps von den TV-Sendern bevorzugt, was das Angebot deutlich verringerte. Gleichzeitig hatte der Boom für ein Überangebot an Schauspielern gesorgt und es waren so viele Schauspieler am Markt, dass hohe Gagenforderungen nicht mehr berücksichtigt werden mussten.

Ein Ende der Misere für Schauspieler ist immer noch nicht wirklich absehbar, da die neue Gesetzgebung jetzt Schauspieler zwingt, 365 Tage in zwei Jahren zu arbeiten, um einen Arbeitslosengeldanspruch zu haben, der früher über das Gröbste hinweghalf.

Auch wenn es eine reine Subventionierung der Schauspieler war, die nach EU-Recht nicht mehr zulässig war, ist der neue Zustand jedoch dazu geeignet, die Gagen noch weiter in den Keller zu treiben: Die fehlende soziale Sicherheit wird dazu führen, dass noch mehr Schauspieler ihre Dienste zu günstigeren Konditionen anbieten.

Telenovela- und Daily-Schauspieler werden mit Monatsgagen zwischen 6.000 und 13.000 Euro abgefunden. Hauptdarsteller bekommen natürlich deutlich mehr, die Hauptdarstellerin in einer Telenovela erhält dann auch gut und gerne mal zwischen 250.000 und 400.000 Euro für eine Rolle, die sich über ein halbes Jahr zieht (die reine Drehzeit ist meist deutlich kürzer).

Bei Serien unterscheidet man Ensemble (ständiges „Personal" der Serie) und „Episodenrollen":

Die gute deutsche Serie (13 Folgen pro Jahr) bringt einem Schauspieler pro Drehtag 1.800 Euro. Für interessante Darsteller in durchgehenden Rollen kann es auch gerne mal etwas mehr sein. Deren Tagessatz liegt dann auch mal bei 2.200 Euro.

In Serien, insbesondere in sog. Weeklys, werden für das Stammpersonal Pauschalen ausgemacht. Auch hier wird gerne monatlich abgerechnet, die Beträge bewegen sich zwischen 8.000 und 20.000 Euro.

Der Fernsehfilm als Königsklasse und Premiumprodukt des TV versucht stets mit bekannten Schauspielern zu arbeiten, die auch hoch dotiert werden. Dadurch bleibt für die weiteren Schauspieler schon ein geringeres Budget übrig, denn auch die Schauspieler werden von den Geldgebern ziemlich pauschal in den Budgetierungen angesetzt.

Natürlich berechnet auch ein Sender gerne einen Aufschlag für einen seiner Lieblingsschauspieler, aber eigentlich passiert das selten und es wird immer alles zusammengerechnet und der Produzent muss sehen, wie der damit hinkommt.

Die Stars dieser Filme erhalten Tagesgagen von etwa 3.500 Euro bis 8.000 Euro.

Da es dann unter Schauspielern auch noch besonders begehrt ist, einen TV-Movie zu spielen, im Gegensatz zur Serie, sind die Unterschiede zur Serie nicht mehr so groß, wie sie es einmal waren.

Auch die Sender unterscheiden sich in den Gagen, die sie zahlen: Die ARD und die ZDF haben früher den Hauptrollen eine Wiederholungsgage gezahlt, heute versuchen sie, das zu vermeiden, wann immer es geht. Damit einher ging aber keine Erhöhung der Gagen, insofern zahlen sie heute weniger als die privaten Sender. Hauptrollen erhalten meist 10 % des ursprünglichen Gehalts. Anders als bei Autoren, die 100 % betrugen.

90.000 Euro bis 100.000 Euro für eine Hauptrolle sind nicht unmöglich. Wir sprechen aber jetzt vom Premium-Prime-Time-Produktion, nicht gemeint sind kleine Fernsehspiele oder das „Debüt im Dritten". Für die letzten beiden Produktionen werden Jungschauspielern immer wieder nur Pauschalen angeboten, die gerne mal jede gängige Norm unterschreiten und nur ein paar Tausend Euro betragen.

Etwa 15 % aller Schauspieler werden von Agenten vertreten, die sich sehr dafür einsetzen, die Gagen auf einem vernünftigen Niveau zu halten.

Ebenso wie die Bandbreite der Formate vom TV-Film in Kinoqualität bis hin zur Dokusoap sind die angebotenen Gagen. Budgets für Dokusoaps oder fiktionalen täglichen Programmen sind so knapp bemessen, dass Tagesgagen von 250 Euro für Anfänger und 700 Euro für erfahrene Kollegen mit langer Theater- und Fernsehvita üblich geworden sind.
Verhandlungsspielraum „0". Eine Vielzahl arbeitsloser Schauspieler steht in Konkurrenz um eine immer geringer werdende Anzahl zu besetzender Rollen. Die wenigsten können sich erlauben, ein Angebot auszuschlagen.
Der Erosionsprozess der Gagenhöhen hat aber auch die sogenannten Premiumformate erfasst. Ein Rollenangebot für 1.300 Euro für einen Drehtag, bei selbstfinanzierter Anreise von Berlin nach München mit privater oder preiswerter, aber selbst zu tragender Unterbringung, sind übliche Angebote. Für die Mitarbeit von Schauspielern für TV-Movies privater Sender, die noch vor drei Jahren mit 2.000 Euro vergütet wurde. Anreise und Unterbringung wurden selbstverständlich von der Produktion organisiert und gezahlt.

Sicher haben sich mit dem Markteintritt der privaten Sender die Gagen für Schauspieler in kaum noch zu kalkulierende Sphären entwickelt.

Einzig das ZDF hat durch eine restriktive Gagenpolitik einen annähernd stabilen Rahmen halten können.

Die derzeitige Situation bildet ganz schlicht Marktparameter ab. Einem Überangebot an Schauspielern steht eine relativ geringe Nachfrage gegenüber, die Anzahl von Programmplätzen für Eigenproduktionen der Sender für ausreichend budgetierte fiktionale Programme (TV-Movies oder Serien) ist zugunsten preiswerter internationaler Programme (US-Serien oder Kinofilme) deutlich verringert. Für die wenigen Premium-Produkte rekrutieren Sender und Produzenten aus Angst vor Quoten-Misserfolgen die beim Publikum bekannten, immer gleichen Schauspieler.

Die meisten Timeslots, auf denen Eigenproduktionen programmiert werden, sind äußerst knapp budgetiert.

Eine relativ konstante Anzahl preiswerter täglicher Formate verschafft den glücklichen Auserwählten für sechs Monate bis zu einem Jahr Arbeit. Fast zu allen Bedingungen sind diese Schauspieler gezwungen zu akzeptieren. Von den ca. 18.000 dem Arbeitsmarkt zur Verfügung stehenden Schauspielern gilt das wahrscheinlich für mindestens 15.000.

Karl-Heinz von Liebezeit, Schauspieler,
Gründungsmitglied BFFS, Mitglied der Deutschen
Filmakademie

„Der durchschnittlich bzw. von Jahr zu Jahr mehr oder weniger beschäftigte Film/Fernsehschauspieler (in einem Gagensegment von 1500–3000 Euro pro Drehtag) sieht sich über Jahrzehnte hinweg mit sozialrechtlichen und versicherungstechnischen Problemen bzw. Umständen konfrontiert, die seine gesetzliche Rentensituation und auch die der Arbeitslosenversicherung ad absurdum führen.

Aufgrund der nominell hohen Tagesgage, die in allen Belangen auf den Monat umgerechnet wird, zahlt er – inklusive der höchsten Steuerrate – jeweils Höchstsätze in sämtlichen Versicherungssparten: Kranken-, Renten- und Arbeitslosenversicherung.

Sämtliche gesetzlichen Versicherungsbeiträge werden von der betreffenden Produktion immer nur auf die anfallenden Drehtage gezahlt, obwohl der im Vertrag zugrunde gelegte Zeitraum, für den sich der Darsteller verpflichtet, einen weit größeren Zeitraum umspannt. Dieses Verfahren wirkt sich insofern negativ bzw. gradezu katastrophal auf die Rentenanwartschaft und das Erlangen von Arbeitslosengeld aus, als dass der Arbeitnehmer aufgrund seiner wenigen Versicherungstage pro Jahr eine nur minimale Rente bei aber Höchstbeiträgen erwirtschaftet.
Hinzu kommt, dass der im Filmgeschäft immer zeitlich befristet angestellte Schauspieler so gut wie nie den Anspruch auf Arbeitslosengeld geltend machen kann, da es ihm kaum möglich ist, in 2 Jahren 365 Dreh- bzw. Versicherungstage zu leisten. Freischaffende Film/Fernsehschauspieler, die in solchem Zeitraum dieses

gesetzlich verordnete Pensum an Arbeitstagen absolvieren, gibt es nicht!

Den derzeitigen Versicherungsstatus diktiert einerseits die betreffende Produktionsfirma, die sich aus Kostengründen weigert, Textlerntage/An- und Abreisetage/Kostüm- und Maskentermine sowie anberaumte Probentage als versicherungsrelevante Arbeitstage anzuerkennen; andererseits liegt die Verantwortung für diese soziale Schieflage beim Gesetzgeber, der nominelle „Tagesgroßverdiener" aus den Sozialversicherungen möglichst heraushalten möchte, da die Ansprüche aus den gezahlten Versicherungssummen in einem kritischen Verhältnis zum Anspruch stehen könnten.

Diese Fakten sind nur hinsichtlich der versicherungstechnischen Aspekte relevant und nur e i n Ausschnitt aus dem Alltag von angeblichen „Großverdienern". Insgesamt ist die Lage schon seit bestimmt 30 Jahren für freischaffende Schauspieler ungerecht. Hinzu kommt ein völlig verzerrtes Bild in der öffentlichen Wahrnehmung! Es mag vielleicht um die 100 sogenannte „Topstars" geben; die solche Problemstellungen nicht haben, weil sie horrende Gagen fordern können und auch erhalten. Es sei ihnen gegönnt.
Wenn ich heute einem mittleren Angestellten mit gutem Gehalt erzähle, dass sein Monatsgehalt in etwa meine Tagesgage ist, kann ich nur einen bösen und sarkastischen Kommentar erhalten. Wenn ich ihm dann aber sage, dass meine Rente sich nach 25 Arbeitsjahren auf ca. 280 Euro beläuft, wird er mich bemitleiden oder die Welt nicht mehr verstehen! Das ist aber die rein gesetzliche Realität von hunderten oder tausenden Schauspielern in diesem Land!
Dennoch sind wir – entgegen landläufiger Meinung – keine drogenabhängigen, versoffenen Egomanen mit Profilneurose, die dann noch mit diesbezüglichen Büchern Kasse machen, sondern eine Berufsgruppe, die ihren Job mit Leidenschaft und gehörigem Einsatz erfüllen möchte, wie andere Menschen auch! Wir bereiten unsere Arbeitstage genau und penibel vor, wir lernen über Tage und Wochen seitenweise unseren Text, kommen gut vorbereitet ans Set und wollen aus Überzeugung unser Bestes geben, im Einverständnis mit einem ebenso freischaffenden und zugewandten Regisseur.

Dass sich der Verband BFFS gegründet hat, ist eine längst überfällige Konsequenz, denn es geht neben den sozialrechtlichen Fragen auch um die Felder: Verwertung, Medienrechte, soziale Mindeststandards, Ausbeutung durch Sender etc. Andere europäische Länder und auch die USA haben die Zeichen der Zeit schon vor Jahrzehnten begriffen und höchst schlagkräftige Verbände gegründet! Es wird sicher noch Jahre dauern, bis wir diese Standards in Deutschland erreichen werden, aber ich glaube daran, dass wir uns mit dem BFFS durchsetzen können, ohne maßlos zu werden!

9. Caster

Zum Abschnitt über Schauspieler gehören die Caster. Sie sind in den USA so wichtig, dass sie neben den Granden Regie, Drehbuch Hauptdarsteller, Produzent inzwischen einen Credit im Anspann durchsetzen können. Der Caster übernimmt inzwischen die gesamte Besetzung eines Films und erhält dafür 5.000 Euro pauschal – wenn es kein sehr großer oder sehr kleiner Kinofilm ist.

10. Post Production

10.1 Cutter

Die Position Schnitt meint meist den „Bildcutter", wobei es weitere Cutter braucht, um den Film fertigzustellen. Der Beruf hat eine lange Strecke hinter sich: Begonnen hat es mit dem ehrwürdigen Schnittmeister, einem Menschen, der meist im weißen Kittel am Film operierte und viele Assistenten zur Hilfe hatte.

Die Begründung zum Urheberrechtsgesetz nahm den Cutter als einen von drei möglichen Miturhebern (neben Regie und Kamera) des Films auf, eine Wertung, die nur wenige andere Länder ebenso trafen (in Spanien sind es z. B. nur Komponist, Autor und Regisseur). Mit dem revolutionären Aufbegehren des Autorenfilms in den frühen Siebzigern, zogen die Frauen in den Cutter-Beruf ein. Es war der erste Bereich hinter der Kamera, der von den Frauen erobert wurde, die sich im Film nicht auf eine Rolle als schmückendes Beiwerk beschränken wollten, sondern als gleichberechtigte Filmemacher ihre Rolle suchten und fanden. Bis heute ist der Beruf eine Domäne der Frauen in der Filmwirtschaft und ein Beruf, in dem sie zahlenmäßig eindeutig die Überhand haben.

Erst jetzt, mit den Wirren der Web-2.0-Generation, sind auf einmal wieder Männer in, sagen wir, „der Position des Cutters". Sie haben einen komplett anderen Hintergrund und eine ganz andere Herangehensweise. Sie haben ihr Handwerk nicht in den dunklen Schneideräumen der großen Filmstudios gelernt, sondern sind Computer-Nerds mit einer Hand für die Bildbearbeitung. Die Digitalisierung von Bildfolgen ist ihr Metier.

Florentine Bruck, Cutterin, Hamburg, Vorstand des BFS

Film-Editor, oder wie es früher hieß: „Cutter", ist ein wunderbarer Beruf! Der Weg dorthin ist allerdings oft dornig und langwierig.

Als ich in diesem Beruf begann, im Jahre 1977, gab es kaum Filmhochschulen und schon gar keine, die „Filmschnitt" lehrten. Eigentlich wollte ich anfangs Regisseurin werden. Aber in Ermangelung irgendwelcher Praktikumsplätze machte ich stattdessen ein Praktikum im Schneideraum als 2. Assistentin. Da zu dieser Zeit noch analog geschnitten wurde, war auch die Besetzung des Schneideraums größer. Zudem fand mein „Debüt" bei einem großen Kinofilm, „Der Schimmelreiter", statt. Es gab also viele große Filmrollen zu nummerieren (kleine, von Hand mit weißer Tinte geschriebene, Zahlen auf der Perforation, garantierten bei jedem Schnitt absolute Synchronität von Bild und Ton). Heute wird die Nummerierung durch Time- bzw. Keycodes ersetzt.

Das erste halbe Jahr habe ich brav nummeriert, aber auch Muster getrennt und angelegt sowie gelernt, wie ein Schneideraum organisiert wird. Das Großartige am analogen Schneideraum war, dass man meistens mit dem Film-Editor gemeinsam in einem Raum war und so, neben der eigenen Tätigkeit, viel von der Psychologie des Berufes mitbekam. So haben meine Kolleginnen und ich von der Pike auf gelernt, wie man z. B. mit schwierigen Projekten, im Gespräch mit dem Kopierwerk oder Mischstudio, mit Produzenten und Regisseuren, und deren, teils problematischen Charakteren umgeht bzw. am Besten verfährt. Was für den Regisseur die Schauspieler sind, sind für uns Film-Editoren, die Regisseure.

Ich habe dann sieben Jahre als 1. Assistentin gearbeitet. Die meiste Zeit davon mit dem Cutter, der mich ausgebildet hatte, Klaus Dudenhöfer (Altmeister der ersten Stunde, der u. a. viele Filme von Helmut Käutner geschnitten hat). Nach einer Auszeit vom Schneideraum, in der ich das Gefühl hatte, auf der Stelle zu treten und nicht voran zu kommen, habe ich für einige Zeit die Seiten gewechselt und als Script/Continuity sowie als Regieassistentin gearbeitet, um dann aber wieder zurückzukehren, diesmal aber als Sound-Editor.

Dieses war damals der klassische Weg: Assistent, Sound-Editor, Film-Editor. Damals wie heute, ging es natürlich darum, in der Branche bekannt zu werden und Kontakte zu knüpfen. Während meiner Assistenten- und Sound-Editorenzeit habe ich dann den Regisseur Hans-Christoph Blumenberg kennengelernt, bei dem ich das erste Mal geschnitten habe. (Bis heute haben wir 17 gemeinsame Filme gemacht.)

Natürlich war dieser Werdegang keine klassische „Ausbildung", denn der Beruf des Film-Editors war kein Ausbildungsberuf. Das wurde er erst im Jahre 1996, als das Berufsbild des Film- und Video-Editors geschaffen wurde, welches sich allerdings, auch natürlich durch die Umstellung vom analogen zum digitalen Schnitt, sehr von dem unterscheidet, welches wir „Quereinsteiger" seinerzeit erlebten.

In den letzten zehn Jahren nun hat sich das Business sehr gewandelt. Es gibt viele Filmhochschulen, die mittlerweile auch zum Filmeditor ausbilden (Konrad Wolf/Babelsberg, Filmhochschule Baden-Württemberg/Ludwigsburg und IFS in Köln).

Die Absolventen dieser Schulen sowie die Film- und Video-Editoren, sind natürlich, in den meisten Fällen, noch keine erfahrenen Film-Editoren und arbeiten als Assistenten. Da aber die Assistenten fast nur noch von den Postproduktions-Häusern beschäftigt werden und oftmals keinen engen Kontakt zu den Film-Editoren haben, d. h. von ihnen weiter lernen können, verkommen diese eigentlich qualifizierten Nachwuchskräfte teilweise zu sogenannten „Digigirls" oder „Digiboys", die manchmal mehrere Produktionen betreuen, um zu digitalisieren und Muster anzulegen, sich aber niemals mit einem Projekt an sich identifizieren können, da sie auch beim Schnittvorgang gar nicht mehr involviert sind. Auch der Trend, zu Hause am PC mit diversen Schnittprogrammen zu arbeiten, führt dazu, dass wichtige Vorgänge, wie Kopierwerksbelange, Fehler im Material, Vorbereitung zu Vertonung und Mischung, gar nicht mehr beherrscht werden.

Immer mehr Filme werden immer billiger hergestellt, was bedeutet, dass auch die Mitarbeiter nicht immer qualifiziert sind und die Preise enorm gedrückt werden. Natürlich gibt es eine Gagentabelle für Film- und Fernsehschaffende, in der jedoch der Beruf des Film-Editors in keinster Weise honoriert wird. Die meisten Regisseure bezeichnen ihren Film-Editor als den wichtigsten Mitarbeiter neben dem Kameramann. Nur leider verdient der Kameramann mehr als doppelt so viel, wie der Film-Editor! Die derzeitige Tarifgage (für welche die wenigsten Filmschaffenden arbeiten, denn Gage ist auch Verhandlungssache) sieht den Film-Editor bei 1.145 Euro pro Woche, den Assistenten bei 710 Euro. Der Kameramann dagegen verdient schon nach Tarif 2.405 Euro pro Woche. Der Bundesverband Filmschnitt (BFS), der sich mit aller Kraft für die Rechte der freischaffenden Film-Editoren, Sound-Editoren und deren Assistenten einsetzt, erstellt regelmäßig einen Gagenspiegel, der als höchstes Einkommen für die Jahre 2004/2005 eine Gage von 2.000 Euro pro Woche verzeichnete. Die Durchschnittsgage für eine TV-Produktion von 90 Minuten beträgt (auf Lohnsteuerkarte) 1.500 Euro.

Abschließend wäre zu sagen, dass enormes Engagement sowie das Knüpfen von Netzwerken innerhalb der Branche unerlässlich ist, für einen erfolgreichen Einstieg und ein erfolgreiches Verweilen im Business.

Einen Film zu schneiden ist immer wieder ein Erlebnis. Es ist ein kreativer Vorgang, der niemals gleich ist. Jeder Film ist neuen Gesetzmäßigkeiten unterworfen. Bei jedem Film lernt man neue Menschen kennen und muss sich mit ihnen arrangieren. Oft gibt es Tränen und Zerwürfnisse, oft aber werden Kollegen zu Freunden fürs Leben. Film-Editor ist vielleicht der schönste Beruf in dieser Branche und immer geht er Hand in Hand mit einem großen Maß an Kollegialität und Menschlichkeit.

Die zunehmende Verwendung von bewegten Bildern im Internet, zunächst als Animationen, jetzt auch des Realbilds, hat einen Bedarf nach Menschen ausgelöst, die das Bild bearbeiten können, so dass es auch nach etwas aussieht. Die Anforderungen von Web 2.0 verlangen nach anderen Kriterien als Film, aber die universellen Maßstäbe bleiben gleich: Die Sequenz muss für das Web zwar sehr kurz sein. Aber nur wenn etwas Interessantes gezeigt wird und, bei längeren Sequenzen, wenn etwas Interessantes erzählt wird, weckt es das Interesse der Zuschauer.

Misstrauisch beäugt die neue Generation der Web-Cutter die traditionellen Cutter, mit denen sie nach ihrem Dafürhalten nichts verbindet und derer sie sich gar nicht bewusst waren. Dabei verbindet beide Gruppen mehr als sie trennt. Das Interessante am Film ist, dass es keine Bewegung gibt, die nicht auch wieder Einfluss auf den Film selbst hat. So wird es nicht lange dauern, bis ein Regisseur auf die Idee kommt, seinen Film von einem der Stars der Web-Cutter schneiden zu lassen, dessen Wahrnehmung und Bildsicht dann wiederum den Film beeinflussen wird.

Es wird wohl eine Aufgabe für die Zukunft sein, die beiden unterschiedlichen Welten aneinander heranzuführen.

Das Berufsbild des Cutters verändert sich individuell mit den handelnden Personen. Vorgesehen ist, dass der Cutter, „der Regisseur der Post Production" ist. Er übernimmt von jetzt an das Heft des Handelns und setzt selbstbestimmt den Schnitt des Films um. Der Regisseur überwacht nur, dass der Kontext und die Aussage seiner Regiearbeit nicht beeinträchtigt werden. Gute Regisseure überlassen ihren Schauspielern die Ausfüllung der Rolle und geben nur den Rahmen vor, der notwendig ist, die Geschichte in ihrem Sinne zu erzählen. Für das Verhältnis zum Cutter gilt das Gleiche. Es ist auch eine Frage der Neigung. Einigen Regisseuren sagt die Post Production nichts, andere sind fanatische Scheideraum-Fetischisten. So oder so, ein altes Sprichwort sagt: Der Film entsteht im Schneideraum.

Ein Cutter wird pro Film etwa acht Wochen beschäftigt, Toncutter etwa drei Wochen, wenn sie die Tonmischung begleiten.

Was gibt es zu verdienen?
Cutter sind Angestellte, die 1.800 Euro pro Drehwoche verlangen können. Natürlich wird auch hier nach Produktion, Budget und Schwierigkeitsgrad unterschiedlich bezahlt.

Um einen Anhaltspunkt zu geben: Für Serienproduktionen werden ca. 250 Euro pro Tag gezahlt.

(Kino-)Filmcutter können wiederum 2.200 Euro pro Drehwoche verlangen, aber Spitzenkräfte bekommt der Filmemacher auch dafür nicht.

Cutterassistenten existieren natürlich auch und meist sogar zwei. Der 1. Assistent erhält ca. 900 Euro pro Arbeitswoche, obwohl der derzeit geltende Übergangstarif nur 720 Euro vorsieht.

Der 2. Cutterassistent verdient 700 Euro pro Woche, tariflich angesetzt sind heute 620 Euro.

10.2 Toncutter und Effekte, Atmosphären und Sprache

Der Ton eines Filmes gehört in die Kategorie unterschätzte Wertschöpfung. Das treibt relativ skurrile Blüten: Alle Filmemacher wissen, dass sie auch bei noch so unterfinanzierten Produktionen Geräuschemacher engagieren müssen, die Schritte der Filmcharaktere imitieren. Das ist zwar völliger Quatsch, da in der Realität kaum einer die Schritte eines anderen Menschen wahrnimmt, aber alle Zuschauer gehen sonst aus dem Film und sagen, na ja, war schon gut, aber nicht sooo gut. Warum das so ist, weiß niemand genau, aber es ist auch egal: Engagieren Sie in jedem Fall Schritte-Geräuschemacher für Ihren Film.

Ton wird auf unterschiedlichen Spuren aufgenommen. Die internationale Verwertung schreibt genau vor, auf welchen Spuren Sprache, Musik, Geräusche zu sein haben. Ein neutrales sog. IT-Band wird international mitgeliefert, um mit den Original-Geräuschen synchronisieren zu können.

Für komplexere Filmvorhaben benötigt der Filmemacher unterschiedliche Spezialisten wie Geräusche- und Toneffektemacher, die eine „Atmosphäre" kreieren, wenn sie z.B. den Sound eines Wasserfalls im Hintergrund einfügen. Geräuschemacher, die z.B. wie oben erwähnt Schritte imitieren etc., bekommt der Filmemacher für ca. 1.300 Euro pro Drehwoche.

Die Sprache wiederum wird von einem Toncutter synchron angelegt, der nur geringfügig günstiger ist als der Bildcutter. Ein Cutter wird pro Film etwa 8 Wochen beschäftigt, Toncutter etwa drei Wochen, wenn sie die Tonmischung begleiten.

Premium-Produktionen kennen dann sogar noch den sog. Sounddesigner als kreativen Kopf dieser gesamten Ton-Abteilung.

Der Mischmeister mischt schließlich die Tonspuren zusammen und kreiert die Endmischung des Tons für den Film.

10.3 Kopierwerk

Das Kopierwerk ist eine sterbende, aber keine aussterbende Spezies. Das Kopierwerk belichtet die Filmrolle und stellt Negative, Positive und Duplikate her. Da Film als Material immer weiter zurückgedrängt wird zugunsten von Video, ist der Anwendungsbereich der Kopierwerke inzwischen so stark eingeschränkt, dass ohne große Gefahr prognostiziert werden kann, dass am Ende ein einziges Kopierwerk in Deutschland übrig bleiben wird, für jene Filmemacher, die die Vorteile des Films schätzen, die auf lange Sicht von Video nicht erreicht werden können. Und so wie sich die Schallplatten bei DJs trotz CD und MP3 behauptet haben, so wird der Film eine Zukunft haben – auf niedrigem Niveau.

Die Leistungen des Kopierwerks sind die Negativentwicklung, Kameratests, die Herstellung von Arbeitskopien (Muster).

Ein Kopiervorgang für den 90-Minuten-Film 16 mm kostet 35.000 Euro.

10.4 Production Services

Ohne digitale Geräte geht gar nichts mehr. Der Produzent kann gleich auf digitalem Gerät drehen und die DV-Kamera macht es möglich, dass auch der Nachwuchs eigentlich Gelegenheit hat, billig professionell sein Talent zu zeigen.

Der Production Service füllt die digitale Nische und ist jetzt nicht wegzudenken und in wenigen Jahren wohl wichtiger als Regisseur, Hauptdarsteller oder sonst wer. Denn ohne Wartung läuft keines dieser Geräte und nur noch IT-Spezialisten wissen, wie es geht. Hier wird die gesamte Aufzeichnung, Ton- und Bildbearbeitung am AVID, dem neuen Schneidetisch, sowie das, was „Spezial Effekte" ist, gemacht, hergestellt, gemischt und zum fertigen Film „verarbeitet". Zwischen 300.000 Euro und 3 Millionen Euro kostet dann auch der Dienst, einen Film bis zum Ende zu fertigen.

Frank Evers, Cine plus, Berlin

1989 haben wir unseren Production Service gegründet, der heute Cine plus heißt und einer der größten unabhängigen Anbieter von Postproduktion und AV-Produktionstechnik in Deutschland ist. Als die ersten elektronischen Kameras – große schwere Sony Betacams für 100.000 DM das Stück – begannen, die Welt der Filmkameras zu revolutionieren und die ersten AVIDs die Schneidetische ablösten, schlug unsere Stunde. Die grundlegende Umstellung der Produktionsmethoden von Film auf elektronische Videoaufzeichnung und später die Digitalisierung schufen den Nährboden für unsere Branche.

Ich hatte zuvor keinen typischen Film-Lebenslauf. Ich habe Informatik, Medizin und Psychologie studiert und bin über kleinere Eigenproduktionen von Medizinfilmen und Dokumentationen im Mode- und Musikbereich immer mehr in den Medienbereich eingestiegen. In den stürmischen Anfängen des Privatfernsehens habe ich ab 1985 auch als Cutter und Bildmischer gearbeitet. Dann begann mich die technische Seite immer mehr zu faszinieren und ich konnte mich wegen meiner sehr guten Vorkenntnisse im Elektronikbereich durch fleißiges Selbststudium schnell auf einen professionellen Stand bringen, da ich bereits während der Schulzeit hobbymäßig als Elektronikentwickler und Funkamateur aktiv gewesen bin. Die privaten Sender hatten damals einen großen Bedarf an Fachkräften und so machte ich ziemlich schnell meinen Weg durch die Stationen und fand mich dann in der Position des technischen Leiters von Sat.1 Berlin wieder.

Ab ca. 1990 entstand zunehmend Nachfrage nach Dienstleistern für die neuen elektronischen Kamerasysteme und Medienbearbeitungstechniken, da die Produzenten flexibel auf diese Leistungen zugreifen und die Sender ihren Spitzenbedarf decken wollten. So entstanden neue Geschäftsfelder fernab der klassischen Filmkopierwerke – und ich machte den Schritt in die Selbstständigkeit. Heute beschäftigen wir 100 bis 150 Mitarbeiter fest und bis zu 300 weitere freie Mitarbeiter.

Unsere Tätigkeitsfelder umfassen neben der Postproduktion für Film und TV auch die Produktion von Reportagen, Dokumentationen und TV-Magazinen. Bei der News-Produktion übernehmen wir zusätzlich zu Dreh und Schnitt auch das Play Out über digitale Sendeleitungen und entwickeln eigene Systeme im Bereich drahtloser Livebild-Sendestrecken. Die Einführung von neuen Technologien und der Know-how-Transfer zwischen den verschiedenen Produktionsbereichen sind uns besonders wichtig, damit alle Bereiche voneinander profitieren können.

Im Kinofilmbereich sind wir seit Jahren sehr engagiert bei der Integration von High Definition in den Produktions- und Postproduktionsprozess und konnten bei vielen Filmprojekten, bei denen wir sogar teilweise als Koproduzent tätig waren, die komplette digitale Produktionskette aus einer Hand liefern. Weil die Finanzierung bei den Produzenten immer mal wieder ein Problem ist und es häufig gerade bei den letzten 5-10 % des Budgets eng wird, bieten wir teilweise an, unsere Leistungen als Koproduktionsbeitrag zu erbringen und damit die Finanzierung zu schließen. Das machen wir natürlich nur, wenn wir an das Projekt und die Auswertungschancen glauben oder auch bei jungen Talenten eine interessante Entwicklung unterstützen wollen.

Bei der Produktion von TV-Serien arbeiten wir häufig als technischer Generalunternehmer und Systemhaus: Nach vorheriger gründlicher Beratung und Planung stellen wir die komplette Produktionsumgebung an jedem gewünschten Ort bereit, installieren die gesamten AV-Systeme, setzen im gewünschten Umfang das technische und operative Personal ein, schulen das Produktionsteam und betreuen es während der gesamten Produktionszeit.

Unser Feld ist sehr investitionsintensiv. Jedes halbe Jahr kommt etwas Neues. Ständig aktualisieren wir unsere Hardware, permanent erweitern wir unsere Software. Wer sich verspekuliert und auf die falschen Pferde setzt, ist schnell vom Markt verschwunden – von den Firmen, die einst neben uns gestartet sind, existiert nur noch rund ein Viertel. Wir überleben und wachsen weiter, da wir durch unsere überregionale Ausrichtung eine hohe Auslastung erreichen und durch den umfangreichen Ressourcenpool gleichzeitig hohe Produktionssicherheit und Kosteneffizienz bei der Realisierung der Projekte garantieren können. Außerdem verfolgen wir sehr wachsam die aktuellen Entwicklungen von Medientechnik, IT- und Filmbranche. Es geht nur in eine Richtung: Immer schneller und flexibler reagieren können.

Heutzutage werden vernetzte IT-basierte Bearbeitungssysteme mit gemeinsamem, digitalem Speicherzugriff auf alle Medien eingesetzt und der Trend geht in Richtung Asset-Management-Systeme, die auf den gesamten Produktions-Workflow angepasst und optimiert werden und auch die kompletten Redaktionsarbeitsplätze integrieren. Das wird insbesondere für die TV-Formate immer wichtiger, die unter extrem hohem Zeit- und Kostendruck stehen, wie industriell gefertigte Serien, z. B. Telenovelas und Doku-Soaps. Bei unserem letzten großen Projekt können alle Produktionsbeteiligten an mehr als 30 (Medien-)Arbeitsplätzen gleichzeitig auf das Material zugreifen und integrierte Softwarelösungen nutzen für Materialsichtung und Logging, redaktionelle Bearbeitung, Assetverwaltung und Archivierung, Bildschnitt, Effektbearbeitung und Tonmischung, Farbkorrektur, Verpackung und Sendebanderstellung.

Auch die Spielfilmproduktion wird immer IT-lastiger, was einen höheren kreativen Freiheitsgrad mit sich bringt, da im so genannten „Digital Intermediate" den Bildbearbeitungsmöglichkeiten und der Kreativität des Regisseurs fast keine Grenzen mehr gesetzt sind. Durch die Verkürzung der Zeitspanne zwischen Produktion und Auswertung kann darüber hinaus viel Geld gespart werden.

Die nächste Stufe der digitalen Aufzeichnung kündigt sich schon an – Kameras werden überhaupt nicht mehr auf Film oder Videobänder aufzeichnen, sondern direkt auf die neuesten im IT-Bereich entwickelten Festspeichersysteme. Diese „tapeless"-Aufzeichnungstechnologie ermöglicht eine sofortige Datenübertragung in die Postproduktion und spart noch ein bisschen Zeit, Material und Personalaufwand. Und wir werden dann noch mehr IT-Spezialisten und Ingenieure einstellen, um die Brücke zwischen Medienwelt und IT-Welt weiter auszubauen. Unsere Kunden erwarten bei zunehmender Komplexität immer stärker von uns, dass wir auch die Funktion eines IT-Dienstleisters und System-Integrators übernehmen. Das tun wir aber gern, denn das ganze Team hat viel Freude daran, wenn der Einsatz von spannender, innovativer Technik dabei hilft, schöne Filme zu produzieren.

11. Filmkomponist

Überraschenderweise ist dieser Berufszweig überbordend überlaufen, obwohl die Einstiegshürden hoch sind. Schließlich muss der Filmkomponist komponieren können, einspielen und dann auch noch Musik kenntnisreich mit dem Film verbinden. Trotzdem scheint es so viele Menschen zu geben, die diese verschiedenen künstlerischen und handwerklichen Fähigkeiten beherrschen, dass die Preise ins Bodenlose gefallen sind. Der Zustand dauert auch schon über eine Dekade an, so dass schwer auszumachen ist, was ihn verursacht hat. Die üblichen Verdächtigen wie illegaler Musikdownload über das Internet sind es diesmal nicht, denn dafür dauert das Ganze schon zu lange.

Natürlich sind auch in diesem Feld Stars unterwegs, die mehr als üblich verlangen können und die die Regeln vorgeben, zu denen sie arbeiten. Im Verhältnis zu anderen Gewerken und Tätigkeiten sind es aber wenige.

Der Filmkomponist stellt ein eigenständiges Werk her, das neben dem Film alleine bestehen kann und damit sind die Kriterien erfüllt, die den Komponisten als freien Werkschaffenden qualifizieren, der nicht als Angestellter arbeiten muss, sondern Rechnungen stellen kann über seine Leistung, genau wie der Drehbuchautor.

11.1 Wie wird man Filmkomponist?

Wenige Institutionen bilden zur Filmmusik aus, einige Studiengänge für Komposition haben es als Unterfach. Die meisten sind Musiker, die einen Hang zur Komposition entwickeln und Filme lieben. Viele sind Autodidakten, die das Feld einfach interessiert hat. Eine gewisse Bescheidenheit und Zurückhaltung ist eine gute Eigenschaft, denn der Komponist schafft einen Teil des Tons und Tonmenschen werden in der Filmwelt allgemein nicht wahrgenommen. So lange man nicht Hans Zimmer heißt oder der große Jazzer ist, der sich herabgelassen hat, die Tagesschau-Fanfare zu komponieren, ist man namenlos. Natürlich ist es auch hier hilfreich, wenn der Komponist für ein erfolgreiches Produkt, möglichst eine Serie, komponiert, denn nur bei einer Serie wird die Musik oft genug wiederholt, damit sie auch anderen potentiellen Auftraggebern auffällt. Der Ex-Besitzer von ProSiebenSat.1, „Power Ranger"-Produzent und Medienmogul Haim Saban, hat einst die Titelmelodie von „Dallas" sowie einige andere US-Erfolgsserien produziert und soll damit groß geworden sein.

11.2 Was verdient ein Filmkomponist?

In Deutschland darf der Komponist nicht viel erwarten. Außer für die ein, zwei Ausnahmefilme, die alle paar Jahre in Deutschland gedreht werden, z. B. „Das Parfum", ist mit 10.000 bis 15.000 Euro für einen Film meist Schluss – Hollywood zahlt natürlich gerne mal bis zu einer halben Million.

Warum das so wenig ist im Vergleich zum Drehbuchautor? Neben dem genannten Überangebot an Komponisten dient vor allem eine zweite Einkommensquelle dazu, das Honorar von Komponisten runterzurechnen: die GEMA. Tatsächlich ist es so, dass die GEMA im Ruf steht, eine legale Geheimorganisation ähnlich Opus Dei oder dem Mossad zu sein – der allerdings üblere Methoden zugetraut werden, obwohl sie den Künstlern viel einbringt. Denn die italienische Schwestergesellschaft hat z. B. noch nie nur einen einzigen Cent an die Künstler ausgeschüttet, sondern alles eingenommene Geld für die „Selbstverwaltung" verbraucht.

Die GEMA ist in Deutschland eine zuverlässige Einkommensquelle für den Komponisten und den Texter eines Stücks Musik. Sie schüttet regelmäßig aus und im Gegensatz zu allem Geunke sind ihre Erfassungssysteme gut und – angesichts der Vielzahl von Musiknutzern und Komponisten – erstaunlich fehlerfrei. Einem besonderen Vertrag mit den TV-Sendern verdankt die GEMA ein besonders hohes Einkommen, das an die Komponisten weitergegeben wird. Für jede Minute Musik zahlen die TV-Sender einen relativ hohen Betrag. Der ist nach Sendergröße (= durchschnittliche Zuschauerzahl) gestaffelt und ARD, ZDF, Sat.1, RTL und ProSieben zahlen ziemlich genau gleich viel. Dieser Betrag ist nicht von der Sendezeit (Mitternacht, Frühstücksfernsehen oder Prime Time) abhängig, sondern bleibt immer gleich hoch.

Natürlich nimmt die GEMA auch Geld für die Filmmusik ein, wenn die Filme im Kino vorgeführt werden. Natürlich gibt es auch Geld von den Video-Vertrieben für die Filmmusik auf DVD. Aus all dem folgern die Produzenten nicht ganz zu Unrecht, dass die Komponisten sich ihr Geld ja von der GEMA holen und nicht auch noch bezahlt werden müssten. Aufgrund der schlechten Lage auf dem Komponisten-Markt waren tatsächlich auch viele Komponisten bereit, für mehr oder weniger nichts zu arbeiten, nur um an die GEMA-Erlöse zu kommen. Zumindest für eine TV-Serie war das auch nie ein schlechtes Geschäft, denn die Titelmelodie wird einmal komponiert, aber bei jeder Folge am Anfang, am Ende, oft noch mittendrin gespielt – und immer wieder abgerechnet.

Aber auch die schönen GEMA-Einnahmen kommen nicht allein dem Komponisten (und Texter) zugute, denn 40 % gehen an den Musikverlag. Der Musikverlag ist ein Nachtschattengewächs, das in der Dunkelheit vor sich hin dämmert. Durch die GEMA seiner Existenzberechtigung beraubt und satt und faul geworden, wacht diese Pflanze nur noch selten auf, um einige verbleibende Rechte wahrzunehmen: etwa für Werbung und gelegentlich das Verfilmungsrecht für Kinofilme (dazu muss der Komponist das Verfilmungsrecht, das standardmäßig der GEMA eingeräumt wird, „zurückrufen", nur dann kann der Verlag frei verhandeln). Aber diese 40 % haben eine Menge „Raubtiere" auf den Plan gerufen und sie alle greifen nach diesem nicht unerheblichen Anteil der GEMA-Gelder. Früher war es üblich, dass Komponisten einen eigenen Musikverlag gründeten, um dieses Geld zu bekommen. Damit ist es aber auch vorbei: TV-Sender verpflichten heute Auftragskomponisten, standardgemäß einen Musikverlagsvertrag mit ihnen abzuschließen und so gehen 40 %, die an die GEMA fließen, wieder zurück an den TV-Sender. Dem Komponisten bleiben dann nur noch 60 % der ihm versprochenen GEMA-Gelder. Nein, Komponist sein, ist kein Spaß.

Wird es besser? Nein, die Öffnung in den Osten hat uns Hunderte Komponisten beschert, die nicht Mitglied der GEMA sind und deshalb noch billiger arbeiten.

12. Weitere Kostenfaktoren

12.1 Studios

Die Studios sind als Kostenfaktor in diesem Buch nicht zu kalkulieren: Das Angebot ist stets individuell, bestimmte Filme können nur in Studios gedreht werden, bei manchen Filmen lohnt sich der Vergleich. Die Anfrage lohnt sich immer.

Um ein Missverständnis auszuräumen: Die deutschen Studios haben nichts mit den US-Studios gemein. Die Studios dort verfügen vielleicht auch noch über eine Halle, im Grunde sind sie aber Produktions- und Auswertungsmaschinen für das Produkt internationaler Film.

Die deutschen Studios sind Dienstleister. Sie bieten dem Produzenten Hallen, Technik, Bühne und Bauten, meist noch Post Production. Fast alle verfügen über eigene Produktions-Units, deren Bedeutung aber nicht mit denen ihrer US-Kollegen vergleichbar ist.

Dr. Carl Woebcken,
Vorstandsvorsitzender Studio Babelsberg AG, Potsdam

Bevor ich Studio Babelsberg mit meinem Partner Christoph Fisser erwarb, war ich als Unternehmensberater und Filmfinanzierer tätig. Nach dem Studium des Maschinenbaus an der Universität Darmstadt und der Promotion in der technischen Chemie an der Universität Dortmund, startete ich als Ingenieur bei der Firma Wagner. Ich wollte mich außerhalb der Technik kaufmännisch und unternehmerisch weiterentwickeln und ging deshalb als Unternehmensberater zu der Boston Consulting Group. Danach war ich in der Geschäftsführung verschiedener Beteiligungsunternehmen tätig und wurde Mitglied der Geschäftsleitung der Unternehmensberatung Roland Berger & Partner. Nach der Zeit bei Roland Berger & Partner wurde ich zum Finanzchef und stellvertretenden Vorsitzenden in den Vorstand des Trickfilmproduzenten TV-Loonland AG berufen.

Zur selben Zeit übte ich die Funktion des Vorsitzenden der Geschäftsführung der ehemaligen Sony-Tochter Sunbow Entertainment aus. Unter meiner Mitwirkung als Produzent und Koproduzent entstand u. a. der Kinofilm „Petterson und Findus". Darüber hinaus leitete ich den Aufbau der internationalen Tochtergesellschaften und die Entwicklung eines international führenden Kinder- und Jugend TV-Rechte Kataloges. Nach der Zeit bei TV-Loonland war ich als Programmgeschäftsführer der Berlin Animation Film GmbH (BAF) als Produzent tätig, u. a. für den CGI-Kinofilm „Happily N'Ever After".

Im Juli 2004 habe ich zusammen mit meinem Partner Christoph Fisser Studio Babelsberg vom französischen Konzern VIVENDI erworben. Studio Babelsberg ist ein europäisches Studio, das sich anders definiert als ein amerikanisches Studio. In Europa bietet ein Studio in erster Linie physische Facilities und die Dienstleistungen für die Produktion von Filmen an. In den USA ist ein Studio darüber hinaus viel stärker auch Produzent, Verleiher und oft Besitzer von einer Kette von TV-Sendern.

223

Studio Babelsberg ist ein Volldienstleister für deutsche und internationale Film- und TV-Produktionen, d. h. ein Produzent bekommt bei uns alles, was er für seine Produktion benötigt. Unser Job ist es, die Filmschaffenden bestmöglich bei der Realisierung ihrer Produktionen zu unterstützen. Des Weiteren treten wir verstärkt auch als Koproduzent mit dem Fokus auf Spitzenfinanzierung von Filmprojekten auf.

Studio Babelsberg ist das einzige Studio in Deutschland, das zu etwa 80 % bis 90 % Kinoproduktionen herstellt und zu einem geringeren Anteil TV. Bei allen anderen Studios ist es umgekehrt. Es ist in Europa aufgrund geschichtskultureller Hintergründe übrigens üblich, dass nur ein Großatelier-Studio je Land einen Fokus auf große Kinofilm-Produktionen hat. In England sind es zum Beispiel die bekannten Pinewood Shepperton Studios, in Tschechien die traditionsreichen Barrandov Studios. Eine föderale Verteilung nach Bundesländern wäre auch nicht sinnvoll, denn Großatelier-Studios sind teure zweckgebundene Immobilien, die regelmäßig ausgelastet werden wollen.

Als ein auf große Kinofilme ausgerichtetes Großatelier-Studio haben wir eine andere Risikostruktur als ein TV-Studio. Langlaufende TV-Produktionen machen das Vermietungsgeschäft zwar berechenbarer, jedoch erfordern sie nur in geringem Umfang Produktionsdienstleistungen. Bei der Akquise und Durchführung größerer Kinofilm-Produktionen muss zudem berücksichtigt werden, dass internationale Kinofilm-Produktionen einen eindeutig zyklischen Charakter aufweisen, die besonders intensiv in den Vorlauf- und Anbahnungsphasen sind.

Studiokomplexneubauten wie in Alicante/Spanien haben über 200 Mio. Euro gekostet und können nur bei einer Vollauslastung über sehr viele Jahre amortisiert werden. Studio Babelsberg hat hier im internationalen Vergleich den großen Vorteil, dass die Studios größtenteils abgeschrieben und bilanziell unbelastet sind. Das seit 95 Jahren bestehende, traditionsreiche Studio Babelsberg hat sich weltweit einen enormen Wert und eine hohe Reputation mit den hier realisierten Referenzen aufgebaut. Unsere Mitarbeiter und Crews verfügen über außerordentliche Kompetenzen und Erfahrungen im internationalen Filmgeschäft.

Der Anfang 2007 von Kulturstaatsminister Bernd Neumann initiierte Deutsche Filmförderfond (DFFF), der auch ausländische Filme fördert, hat Studio Babelsberg sehr geholfen, die internationale Wettbewerbsfähigkeit wieder herzustellen. Durch diese innovative Förderstruktur sowie unser Engagement haben wir es ermöglicht, dass in Studio Babelsberg in 2007 zwölf große Produktionen, und hiervon vier mit Hollywood, realisiert werden.

Die positiven Effekte sind enorm: Wir stärken wirtschaftlich die Region und bauen das filmtechnische Know-how in Deutschland auf. In den Hochmonaten waren über 1.200 Mitarbeiter für die Produktionen auf unserer Gehaltsliste. So zahlten wir in diesem Jahr 45 Mio. Euro an Löhnen und Gehältern für direkte Produktionsmitarbeiter. Für weitere 70 Mio. Euro vergaben wir Aufträge an deutsche Subunternehmer aus der Filmbranche.

Den guten Weg, den wir eingeschlagen haben, möchten wir weitergehen. Wir glauben an das Kino. Als Erlebniswelt muss es sich vielleicht wieder neu erfinden, aber das hat das Kino auch schon früher geschafft. Es wird es wieder schaffen. Der kleine und der große Kinofilm werden überleben. In zehn Jahren möchten wir der führende Produktionsstandort für Kinofilme in Europa sein.

12.2 Versicherungen

Versicherungen werden heute im Paket gekauft. Die meisten sind Standards und werden zumindest bei TV-Produktionen gerne beigestellt.

Die wichtigsten Versicherungen sind:
Ausfallversicherung (Schauspieler, Regisseur oder Kameramann können nicht weiter drehen, Budget ist verloren oder es muss neu gedreht werden). Es sind etwa 0,5 % des Budgets für die Versicherung aufzuwenden, hat der Filmemacher Courtney Love oder Pete Doherty im Cast dabei, wird das nicht reichen, denn Menschen mit bekannten Drogen- oder Alkoholproblemen werden nur gegen satte Aufpreise genommen, auch wenn sie kuriert sein wollen. Immer wieder gelten Menschen auch mal als unversicherbar und für Lindsay Lohan wird es wohl eher schwierig, eine Versicherung zu finden.

Negativversicherung versichert das Risiko, dass das belichtete Filmmaterial beschädigt wird, bevor Kopien gezogen wurden. Das heißt, auch hier kann theoretisch das gesamte Budget fällig werden und die Versicherung ist ebenfalls mit 0,5 % vom Budget relativ teuer.

Dazu gibt es Requisiten- und Technikversicherungen (für Kamera und Licht z. B.), die Kassenversicherung für das Bargeld am Drehort, Feuerregress, denn brennen kann es überall, und KFZ-Versicherungen für KFZ im Bild, alles zusammen kostet so 5.000 Euro.

E&O-Versicherungen sind Versicherungen gegen Rechtsbrüche der Urheber- und Persönlichkeitsrechte. Sie spielen in Deutschland nur eine Rolle, wenn der Film exportiert werden soll, da die Summen, die hier verlangt werden können, nicht so wirklich spannend sind. In den USA hingegen ist diese Versicherung eine feste Größe (in England inzwischen auch). Wer sie braucht, sollte versuchen ein australisches Angebot einzuholen, die sind bei gleicher Leistung deutlich billiger.

Achtung nicht vergessen die Versicherungen: Tom Cruise hat mit Stauffenberg („Valkyrie") gerade einen Versicherungsschaden für 19 Drehtage produziert. Ohne Versicherung ist das das finanzielle Ende für einen Produzenten.

12.3 Rechtsanwälte

In den USA verschlingen Rechtsanwälte unglaubliche 10 % des Filmbudgets. Dafür kann man viel schönen Film drehen. Filmanwälte berechnen pro Stunde und die Besseren bringen ihr Netzwerk dafür ein. Es sind nur wenige Spezialisten, die sich auskennen, da das Geschäft nicht an der Uni gelernt werden kann, sondern nur durch lange Stationen bei einem oder am besten mehreren Unternehmen der Branche. Der Stundensatz beträgt je nach Eignung, Wissen und Schwierigkeit zwischen 200 und 350 Euro, manche nehmen bis zu 650 Euro, je nach Qualität und Aufgabe. Durchsehen lassen muss der Produzent in jedem Fall, auch wenn überhaupt kein Geld dafür da ist, die Verträge von Autor, Regisseur, Koproduktion und alle Auswertungsverträge. Gute Anwälte holen das Geld, das sie kosten, da um ein Vielfaches wieder raus. Wer diese Verträge selbst beurteilt, handelt grob fahrlässig.

12.4 Steuern

Sie müssen Steuern zahlen. Das ist das Einzige, was sicher ist. Eine Filmproduktion ohne Steuerberater und Rechtsanwalt zu führen, ist fahrlässig. Die Gebühren die für Innungen, Betriebsschutz, Unternehmensgründung, Unternehmensversicherungen hinzukommen, entsprechen dem, was Sie in einem industrialisierten Land zahlen müssen. Zwangsmitgliedschaften, Verbände etc. fordern Weiteres. Überraschend oft trifft der Berater auf die Meinung, das „gelte alles nicht für Film". Doch, gilt es.

12.5 Musik

Musik kostet nichts, wenn der Filmemacher für das Fernsehen produziert. Sonst kostet es richtig viel Geld. Das Problem ist, dass die Ausnahme so häufig ist, dass der Regelfall vergessen wird. Die GEMA hat die Rechte der Komponisten und Textdichter, die GVL die Rechte der Musiker. Beide haben Verträge mit den TV-Anstalten und lizenzieren die Rechte gegen einen Festpreis. Der Filmemacher kann auf das ganze Repertoire zugreifen.

Für Kino, Werbung und alle Formen der Koproduktion und den Weltvertrieb müssen zum einen das Recht, die Musik mit dem Film zu verbinden und den Film mit der Musik zu nutzen, eingeholt werden. Bekannte Titel können für 30 Sekunden Werbung Millionen machen. Komponisten werden engagiert um Kosten zu drücken. Ein Etat für einen Kinofilm könnte man mit 50.000 Euro angeben, wenn es dafür irgendeine Orientierung gäbe, denn Musik besteht meist aus bereits bekannten Titeln und neu komponierten.

13. Beispielkalkulationen

Um an dieser Stelle eine Übersicht zu geben, veröffentliche ich die Kalkulationen die zu keinem bestimmten Film gehören, sondern das Extrakt aus mehreren Kalkulationen tatsächlich gedrehter Filmen sind. Es sind:

- ein Low-Budget-Film,
- ein durchschnittlicher deutscher TV-Film,
- ein deutscher Kinofilm (Budget bei 4 Mio. Euro).

Um keinen Zahlenfriedhof zu veranstalten, sind für den ersten und den dritten Film nur die groben Kostengruppen angegeben, mit denen aber eine gute Übersicht erzielt werden kann. Die zweite Kalkulation ist ausführlicher.

13.1 Low-Budget-Film

Der Low-Budget-Film heißt so, weil niemand anständig bezahlt wird. Wer also einer der Berufsgruppen angehört, wird jetzt laut aufstöhnen. Zu Recht.

Position	Kosten in Euro
1. Produzent	xxx,xx
2.a Autor	5.000,00 – 7.000,00
2.b Drehbuch	7.000,00 – 10.000,00
3. Regisseur	7.000,00 – 10.000,00
4. Besetzung/Schauspieler	6.000,00 – 8.000,00
Zwischensumme 1:	**25.000,00 – 35.000,00**
5. Rohfilmmaterial	6.000,00 – 24.000,00
6. Kopierwerk	15.000,00
7. Kamera	12.000,00
8. Kleinmaterial (Verbrauch)	2.000,00
9. Tonausrüstung	5.000,00
10. Tonbearbeitung	4.000,00
11. Licht/Grip	6.000,00 – 9.000,00
12. Dolly	3.000,00
13. Kameramann	7.000,00 – 8.000,00
14. Produktionsleiter/Aufnahmeleiter	6.000,00
15. Ausstatter	7.000,00 – 8.000,00
16. Crew	15.000,00 – 18.000,00
17. Bühnenbild/Ausstattung	
18. Kostüm	
19. Drehgenehmigung	
20. Versicherungen	4.000,00 – 12.000,00
21. Synchronisation	3.000,00 – 4.000,00
22. Stunts/Auto	0,00
23. Locations	2.000,00
24. Büro	4.000,00
25. Public Relation (PR)	2.000,00 – 10.000,00
26. Essen	6.000,00 – 9.000,00
Zwischensumme 2:	**109.000,00 – 155.000,00**

27. Schnitt	12.000,00	–	13.000,00
28. Kopierwerk	3.000,00		
29. Tonschnitt	8.000,00	–	9.000,00
30. Nachsynchronisation	1.000,00	–	2.000,00
31. Geräuschaufnahmen	1.000,00	–	2.000,00
32. Filmmusik	5.000,00		
33. Tonmischung	3.000,00	–	5.000,00
34. Int. Tonbänder	3.000,00		
Zwischensumme 3:	**36.000,00**	**–**	**44.000,00**
35. Titel	2.000,00		
36. Optische Blenden	3.000,00		
37. Schnitt	5.000,00		
38. Kopieanfertigung	7.000,00	–	15.000,00
Zwischensumme 4:	**17.000,00**	**–**	**25.000,00**
Gesamtherstellungskosten 1–4:	**187.000,00**	**–**	**259.000,00**

Selbstverständlich kann der Produzent einige Menschen besser bezahlen, dann muss er es aber jemand anderem wieder abziehen ...

13.2 TV-Film, deutscher Standard

Wir sind von einem Film für einen öffentlich-rechtlichen TV-Sender ausgegangen. Der Film ist etwas teurer als ganz gewöhnlich, da wir eine etwas ungewöhnlichere Finanzierung mit Filmförderung zeigen wollten. Hier schlüsseln wir auch die weiteren Gagen auf.

Zunächst folgt der Finanzierungsplan, dann die einzelnen Posten.

A. FINANZIERUNGSPLAN
Produktion TV-Koproduktion öffentl.-rechtl. Sender
Bsp: Ö-R TV-SENDER (ARD)

Der FILMBUSINESS-FILM

TV-Koproduzent: Ö-R TV-Sender
Hersteller: Filmbusiness-Produktion

Gesamtherstellungskosten	**1.290.000,00**
Ö-R TV-SENDER-Koproduktion	520.000,00
Ö-R TV-SENDER TV-Lizenz	520.000,00
Filmförderung	215.000,00
Eigenmittel Produzent (ohne Anteil Sendelizenz)	35.000,00
Gesamt	**1.290.000,00**

Erforderliche Eigenmittel mind. 5 % (Filmförderung)

Herstellungskosten	1.290.000,00
davon 5 %	64.500,00

Verhältnis Eigenmittel – Eigenanteil

anteilige TV Lizenz 2,5 %	32.250,00
zzgl. Eigenmittel Produzent	35.000,00
Eigenmittel gesamt	**67.250,00**
Entspricht Eigenmittel Produzent in Prozent:	**5,2 %**

B. Übersicht über die Kalkulation

1.	Vorkosten	0,00
2.	Rechte und Manuskript	65.000,00
3.	Gagen	
	1. Produktionsstab	65.456,00
	2. Regiestab	124.365,00
	3. Ausstattungsstab	71.960,00
	4. Sonstiger Stab	43.605,00
	5. Darsteller	254.700,00
	6. Musiker	0,00
	7. Zusatzkosten Gagen	150.000,00
4.	Atelier	
	1. Atelier-Bau	0,00
	2. Außenbau durch Atelier	0,00
	3. Atelier Dreh	0,00
	4. Abbau Atelier und Außenbau	0,00
5.	Ausstattung und Technik	
	1. Genehmigung und Mieten	47.000,00
	2. Bau und Ausstattung	52.000,00
	3. Technische Ausrüstung	70.290,00
6.	Reise- und Transportkosten	
	1. Personen	65.950,00
	2. Lasten	13.200,00
7.	Filmmaterial und Bearbeitung	41.305,00
8.	Endfertigung	34.000,00
9.	Versicherungen	18.000,00
10.	Allgemeine Kosten	9.500,00
11.	Kostenmindernde Erträge (./.)	0,00
A.	**Netto-Fertigungskosten (inkl. Buy-Out)**	**1.126.331,00**
B.	Handlungskosten 6,00 %, ab einem Betrag von 0,00: 0,00 %	67.579,86
C.	Überschreitungsreserve % von A	0,00
D.	Gewinn 7,5 % von A + B	89.543,31
E.	Completion Bond % von A	0,00
F.	Finanzierungskosten	0,00
G.	Treuhandgebühren	7.500,00
H.	**Zwischensumme**	**1.290.954,17**
I.		0,00
J.	**Netto-Herstellungskosten**	**1.290.954,17**

Von folgenden Voraussetzungen wurde für den Film ausgegangen:

Format:	Color Super 16	Produktion:	Filmbusiness
Version:	TV für WDR		
Länge:	90,00 min	Regie:	N.N.
		Kamera:	N.N.
		Szenenbild:	N.N.
		Produktionsleitung:	N.N.

Vorgesehene Ateliers: keine

Orte Außenaufnahmen:
      a. Inland: Berlin und Brandenburg
      b. Ausland:

			in Tagen:
Geplanter Drehbeginn: N.N.		**Rohschnitt:**	20
Bautage:	Atelier:	**Feinschnitt:**	20
	Außenbau:	**Sprachaufnahmen:**	1
	Originalmotive:	**Geräuschaufnahmen:**	3
	Insgesamt:		

Drehtage:	Atelier:	0	**Musikaufnahmen:**	2
	Außenbau:	0	**Mischung:**	3
	Originalmotive:	22		
	Insgesamt:	22	**Ablieferung der 0-Kopie:** Feb. 2008	
Reisetage:				

Geplanter Drehschluss: N.N.

C. Detaillierte Kalkulation zum Film

Position			EURO
1. Vorkosten			
2. Rechte und Manuskript			
9. Verfilmungsrechte dt. Roman			30.000,00
10. Drehbuch			25.000,00
...			
19. Auftragskomposition Filmmusik			10.000,00
			65.000,00
3. Gagen			
I. Produktionsstab			
28. Produktionsleiter	15,00 Wo. à	1.480,00	22.200,00
31. Produktionsleiter-Assistent			2.000,00
32. 1. Aufnahmeleiter	11,00 Wo. à	1.010,00	11.110,00
33. 2. Aufnahmeleiter	5,40 Wo. à	790,00	4.266,00
34. Motivaufnahmeleiter	7,20 Wo. à	790,00	5.688,00
36. Produktionssekretärin	12,80 Wo. à	700,00	9.088,00
39. Filmgeschäftsführer	8,80 Wo. à	955,00	8.404,00
44. Aufnahmeleiter-Hilfe	6,00 Wo. à	500,00	3.000,00
			65.456,00
II. Regiestab			
45. Regisseur			35.000,00
46. Regie-Assistent	9,00 Wo. à	1.115,00	10.035,00
49. Continuity	5,60 Wo. à	895,00	5.012,00
51. Casting Director			7.500,00
54. 1. Kameramann			26.000,00
56. 1. Kamera-Assistent	5,60 Wo. à	1.105,00	6.188,00

Position				EURO
58.	Material-Assistent	5,60 Wo. à	790,00	4.700,00
60.	2. Kamera-Assistent			7.000,00
61.	Tonmeister	5,20 Wo. à	1.255,00	6.526,00
62.	Tonassistent	5,20 Wo. à	895,00	4.654,00
67.	Cutter		pauschal	10.000,00
72.	Standfotograf vom bis	10,00 Ta. à	175,00	1.750,00
				124.365,00
III.	**Ausstattungsstab**			
75.	Produktionsdesigner/Szenenbildner		15.000,00	
81.	Außenrequisiteur	9,00 Wo. à	1.015,00	9.135,00
84.	Innenrequisiteur	6,80 Wo. à	895,00	6.086,00
86.	Requisitenhilfe/-fahrer	6,40 Wo. à	570,00	3.648,00
87.	Kostümbildner			10.000,00
88.	Kostümbildner-Assistent	7,80 Wo. à	865,00	6.747,00
89.	Garderobier	5,80 Wo. à	840,00	4.872,00
97.	Maskenbildner 1	5,40 Wo. à	1.055,00	5.697,00
98.	Maskenbildner 2	5,00 Wo. à	1.055,00	5.275,00
105.	Baulöhne			5.500,00
				71.960,00

Position			EURO
IV. Sonstiger Stab			
106. Oberbeleuchter	6,00 Wo. à	1.200,00	7.200,00
107. Beleuchter	5,40 Wo. à	1.320,00	7.128,00
108. Beleuchter	5,40 Wo. à	1.320,00	7.128,00
111. Drehbühnenmeister	5,40 Wo. à	1.370,00	7.398,00
112. Drehbühnenmann	5,00 Wo. à	765,00	3.825,00
113. Drehbühnenmann Kran	2,00 Ta. à	350,00	700,00
120. Produktionsfahrer 1	7,60 Wo. à	570,00	4.332,00
121. Produktionsfahrer 2	5,20 Wo. à	570,00	2.964,00
122. Produktionsfahrer 3	2,60 Wo. à	550,00	1.430,00
127. Hilfskräfte	10,00 Ta. à	150,00	1.500,00
			43.605,00
V. Darsteller			
132. Hauptdarsteller		(s. Anlage)	240.000,00
133. Nebendarsteller		(s. Anlage)	10.000,00
134. Komparsen		(s. Anlage)	4.000,00
136. Komparsen Casting	35,00 à	20,00	700,00
			254.700,00
VI. Zusatzkosten Gagen			
154. Überstunden		(s. Anlage)	35.000,00
155. Urlaubsabgeltung		(s. Anlage)	25.000,00
156. Zusatzverpflegung		(s. Anlage)	6.000,00
157. Berufsgenossenschaft		(s. Anlage)	7.500,00
158. Sozialversicherung (AG-Anteil)		(s. Anlage)	72.000,00
159. Künstlersozialversicherung (AG-Anteil)		(s. Anlage)	4.500,00
			150.000,00

Position		EURO
4. Atelier		
5. Ausstattung und Technik		
I. Genehmigung und Mieten		
213. Drehgenehmigungen	(s. Anlage)	5.000,00
214. Motivmieten	(s. Anlage)	18.000,00
215. Motivnebenkosten	(s. Anlage)	6.000,00
216. Absperrungen	(s. Anlage)	1.500,00
218. Mieten für Büroräume	(s. Anlage)	8.000,00
219. Mieten für sonstige Räume	(s. Anlage)	2.000,00
220. Telefon		1.500,00
		47.000,00
II. Bau und Ausstattung		
229. Kostüm (Kauf/Verbrauch)	5.500,00	
230. Kostüm (Miete)	9.000,00	
233. Schminkmaterial und Haarteile (Kauf/Verbrauch)	(s. Anlage)	2.000,00
234. Schminkmaterial und Haarteile (Miete)	(s. Anlage)	1.500,00
235. Requisiten (Kauf)		4.500,00
236. Requisiten (Miete)		16.000,00
238. Fahrzeuge im Bild		5.000,00
240. Tiere und Nebenkosten	2 Hunde pauschal	2.000,00
241. Dekoration Malarbeiten		1.500,00
242. Pyrotechnik-Material		2.500,00
247. Baumaterial		2.500,00
		52.000,00

Position			EURO
III.	**Technische Ausrüstung**		
248.	Kamera		9.000,00
249.	Kamerazubehör und Verbrauch 22,00 à	150,00	3.300,00
252.	Tonapparatur 22,00 à	210,00	4.620,00
253.	Tonzubehör und Verbrauch (inkl. Batterien)		500,00
255.	Sprechfunkgeräte	(s. Anlage)	3.000,00
256.	Beleuchtungsgeräte	(s. Anlage)	25.000,00
257.	Verbrauch, Schaden		
	(Beleuchtungsgeräte)	(s. Anlage)	2.500,00
258.	Technische Geräte Steiger 2,00 à	285,00	570,00
260.	Kran, Dolly usw.	(s. Anlage)	7.000,00
261.	Aggregat	(s. Anlage)	6.500,00
263.	Lastwagen für Beleuchtungsgeräte	(s. Anlage)	3.500,00
264.	Lastwagen für Bühnengeräte(s. Anlage)		3.000,00
265.	Kameratransportwagen (s. Anlage)		1.800,00
			70.290,00
6.	**Reise und Transportkosten**		
I.	**Personen**		
273.	Reisekosten zum Drehort – Inland (Darst.)(s. Anlage)		1.500,00
275.	Tage- und Übernachtungsgelder		
	am Drehort-Inland	(s. Anlage)	52.000,00
277.	Reisekosten zu Synchron/Endfertigung		450,00
279.	Sonstige Personentransporte (s. Anlage)		12.000,00
			65.950.00
II.	**Lasten**		
284.	Transport zum Drehort – Inland		2.000,00
287.	Sonstige Lastentransporte (s. Anlage)		10.500.00
290.	Kurierdienste		700,00
			13.200,00

Position		EURO
7. Filmmaterial und Bearbeitung		
291. Rohfilmmaterial	(s. Anlage)	8.000,00
292. Tonbandmaterial	(s. Anlage)	400,00
293. Kopierwerksleistungen	(s. Anlage)	7.000,00
294. Digitale Bildbearbeitung		12.000,00
296. Tonüberspielung	90,00 à 4,50	405,00
297. Video- und MAZ-Bearbeitung	(s. Anlage)	12.500,00
298. Fotomaterial + Bearbeitung		1.000,00
		41.305,00
8. Endfertigung		
302. Schneideraum (Bildschnitt)	(s. Anlage)	13.000,00
303. Schneideraum (Tonschnitt) 8	(s. Anlage)	9.500,00
306. Sprachaufnahmen	(s. Anlage)	2.000,00
307. Geräuschaufnahmen	(s. Anlage)	3.500,00
310. Mischung	(s. Anlage)	6.000,00
		34.000,00
9. Versicherungen		
313. Ausfallversicherung (pauschal)		18.000,00
		18.000,00
10. Allgemeine Kosten		
321. Vervielfältigungen	(s. Anlage)	2.500,00
322. Büromaterial		1.500,00
323. Bürogeräte		1.000,00
324. Telefon, Porto		3.500,00
325. Dialoglisten		500,00
326. Kleine Ausgaben		500,00
		9.500,00

13.3 Der deutsche Kinofilm

Diese Rechnung ist eine Beispielsrechnung. In der Kostenzusammenstellung, die idealisiert ist, stecken zwei Filme, die gemacht wurden. In den einzelnen Departments verschieben sich die Kosten, und einige Position können pro Projekt günstiger eingekauft werden, aber es ist eine recht realistische Zusammenstellung.

Kostenzusammenstellung

Bezeichnung		EURO
1.	Vorkosten	46.500,00
2.	Rechte und Manuskript	100.000,00
3.	Gagen	
	1. Produktionsstab	180.000,00
	2. Regiestab	290.000,00
	3. Ausstattungsstab	190.000,00
	4. Sonstiger Stab	330.000,00
	5. Darsteller	590.000,00
	6. Musiker	0,00
	7. Zusatzkosten Gagen	310.000,00
4.	Atelier	
	1. Atelier-Bau	440.000,00
	2. Außenbau durch Atelier	0,00
	3. Atelier-Dreh	130.000,00
	4. Abbau Atelier und Außenbau	15.000,00
5.	Ausstattung und Technik	
	1. Genehmigung und Mieten	60.000,00
	2. Bau und Ausstattung	375.000,00
	3. Technische Ausrüstung	235.000,00
6.	Reise- und Transportkosten	
	1. Personen	38.000,00
	2. Lasten	0,00
7.	Filmmaterial und Bearbeitung	390.000,00
8.	Endfertigung	62.000,00
9.	Versicherungen	55.000,00
10.	Allgemeine Kosten	35.500,00
11.	Kostenmindernde Erträge (./.)	0,00

A.	Netto-Fertigungskosten (inkl. Buy-Out)	3.255.500,00
B.	Handlungskosten 6,00 %,	
	ab einem Betrag von 1.022.583,00: 5,00 %	195.330,00
C.	Überschreitungsreserve 3,00 % von A	81.387,50
D.	Producers Fee 2,50 % von A	96.988,78
E.	Completion Bond	0,00
F.	Finanzierungskosten	30.000,00
G.	Treuhandgebühren	30.000,00
Netto-Herstellungskosten		**4.300.000,00**

13.4 Cashflow-Plan

Neben den Ausgaben, die der Filmemacher hat, muss er auch noch wissen, wann er sie hat. Der Cashflow-Plan sichert die Liquidität. Das Ganze ist nicht ganz einfach, denn die meisten Finanzierungsquellen zahlen erst zur Abnahme des Films (jedenfalls den größten Teil). Diese Zahlen können nur beispielhaft sein.

Beispiel Kino-TV Koproduktion öffentlich-rechtlicher Sender:
Budget 1,5 Mio. Euro

Produktionsphase I			
Vorproduktion			
Kapitalbedarf	**Kapitalzufluss**	**Quelle**	**Deckungslücke**
80.000	60.000	PVV Sender	**–50.000**
30.000			
110.000			
Gesamt	60.000		

Produktionsphase II			
Dreh bis Drehmitte/kurz vor Ende			
Kapitalbedarf	**Kapitalzufluss**	**Quelle**	**Deckungslücke**
750.000	150.000	FiFö geschl. Finanz.	**–222.000**
	150.000	FiFö Drehbeginn	
	138.000	1. Rate TV PV	
	50.000	Referenzmittel	
	50.000	Presale/MG Verleih	
Gesamt	538.000		

Produktionsphase III
Drehmitte bis Drehende

Kapitalbedarf	Kapitalzufluss	Quelle	Deckungslücke
			keine
250.000	150.000	FiFö Drehmitte	38.000
	138.000	2. Rate TV-Drehbeg.	
Gesamt	288.000		

Produktionsphase VI
Post-Produktion

Kapitalbedarf	Kapitalzufluss	Quelle	Deckungslücke
			keine
390.000	90.000	FiFö Rohschnitt	174.000
	60.000	FiFö Ende Prod.	
	138.000	3. Rate TV-Drehende	
	138.000	4. Rate TV-Rohschnitt	
	103.500	5. Rate TV-Feinschnitt	
	34.500	6. Rate TV-Abnahme	
Gesamt	564.000		

Finanzierungsplan		Auszahlung FiFö	600.000
750.000	Sender Lizenz und Koprod.anteil	25 %	150.000
50.000	Referenzmittel	25 %	150.000
500.000	Filmförderung I	25 %	150.000
50.000	Presales MG Verleih	15 %	90.000
50.000	Eigenmittel	10 %	60.000
100.000	Filmförderung II		
1.500.000			600.000

Gesamt	Ratenzahlung TV ohne Prod.vorb.geld		750.000–60.000 =
bei geschl. Finanzierung	20 %	138.000	Prod.vertrag
Drehbeginn	20 %	138.000	Drehbeginn
Drehmitte	20 %	138.000	Drehende
Rohschnitt	20 %	138.000	Rohschnitt
Ende der Produktion	15 %	103.500	Feinschnitt
	5 %	34.500	Abnahme + Lief.
		690.000	

Teil III: Auswertung

„Sagt er zwölf, meint er zehn,
will er haben acht,
wird es wert sein sechs,
will ich geben vier, werd ich sagen zwei."

(arabisches Sprichwort)

Früher war alles einfach: Kino, Video, TV – Schluss. Der Dreiklang beherrsch-te die Auswertung komplett und dem war nichts hinzuzufügen. Die Kanäle, über die Filme heute bezogen werden, sind fast lächerlich in ihrer Vielzahl und es ist immer noch nicht Schluss.

Das scheint gut für den Film, für die Filmemacher und die Filmverwerter, denn es wird einfach für so viele Kanäle mehr Programm gebraucht und be-reits jetzt werden Aufträge von Playern vergeben, die es vor wenigen Jahren noch nicht mal gab.

Wenn sich der Filminteressierte jetzt über so viele neue Quellen freut, die Filme finanzieren oder in Auftrag geben, so ist das wie im flachen Wasser zu planschen und das untergetauchte Krokodil zu übersehen. Die Frage ist ja, was machen die vielen neuen Kanäle mit dem Film? YouTube, Games, Han-dys werden ihre Wirkung auf das, was wir als Film kennen, nicht verfehlen und es wird eine Rückkopplung geben. Schon fragte ein besorgter Filmma-nager: Wird der Film überhaupt noch eine akzeptierte Form der Generation sein, die jetzt mit all den Neuerungen aufwächst? Ist es nicht viel zu öde, ja ist es für sie nicht eine Zumutung, 90 Minuten vor einer Leinwand sitzen zu sollen und sonst nichts zu tun?

Fragen an die Zukunft
Außerdem darf der deutsche Filmfreak sich nicht täuschen lassen: Jedes neue Medium wird zunächst von den Hollywood-Blockbustern angetrieben und denen hat kein Filmer auf der Welt etwas entgegenzusetzen. Es nützt den deutschen Filmen nichts, dass es eine höhere Nachfrage nach Film gibt. Bis der deutsche Markt hier etwas merkt, muss eine Markteinführung eines

neuen Kanals komplett gelungen sein. Jetzt erst überlegt Premiere zum Beispiel, wieder in das aktive Filmfinanzierungs-Geschehen einzugreifen.

Die wirklich spannende Frage ist auch, welche Plattformen werden es sein, die sich durchsetzen? Werden sie so stark wie die TV-Sender? Werden sie selber Geld für die Produktion von Filmen zahlen? Die Hollywood-Blockbuster machen so lange jedes Geschäft erst einmal komplett unter sich aus. Hollywood-Blockbuster waren schon immer teuer. Inflationsbereinigt sind einige ältere Filme wie „Heavens Gate", „Cleopatra", „Vom Winde verweht", „Ben Hur" immer noch teuerer als die meisten neueren Produktionen. Die Spirale dreht sich einfach weiter.

Während der Kinomacher sich über all die neuen Chancen freut, fragt sich der Hollywood-Filmproduzent, wann ein „overstretch of the empire" eintritt und welche Folgen es hat, dass dieselben 25 Filme pro Jahr auf immer mehr Plattformen zu sehen sind. Schon wird darauf hingewiesen, dass US-Free-TV-Sender die Blockbuster nachlässig irgendwo programmieren, da sie bereits so durch das System von Kino, Pay per View, Video, Pay-TV geschleust wurden, dass das Zuschauerinteresse so gering ist, dass die originär für das TV hergestellte Produktion einfach mehr Quote erzielt.

Das Hauptinteresse der Filmemacher ist es natürlich, möglichst denselben Film auf immer wieder andere Weisen auszuwerten, in allen Medien, weltweit und die einmal gemachte Anstrengung zu vermarkten. Tatsächlich wird es so einfach nicht sein.

Verschiedene Kanäle erfordern verschiedene Produktionen. Nur einige wenige Filme sind geeignet, unverändert über mehrere Kanäle zu laufen. Darin liegt sowohl eine Herausforderung als auch eine Chance: Weder wird man mit durchschnittlichem TV-Programm eine Chance auf dem Handy haben noch mit schrägen, abgefahrenen Kurzfilmen im Internet. Niemand will das. Es ist inzwischen bewiesen – die Seiten, die so etwas anbieten, guckt keiner.

Neue Kanäle sind eine Chance für eine neue Generation von Filmemachern und Filmunternehmen. Firmen, die sich auf das jeweilige Medium spezialisieren und dafür produzieren. Und das Spannende an Film ist, dass das wiederum eine Rückkopplung haben wird. Schon jetzt haben die Handy-Filme, die mit der bordeigenen Kamera gefilmt wurden, den Weg ins Nachrichtenprogramm gefunden. Look and feel der YouTube-Gemeinde beeinflusst gerade die Musikclips. Und es wird nicht lange dauern, bis ein Hollywood-Streifen das aufgreift. Das nächste „Blair Witch Project" wird diesen YouTube-Look-and-feel haben.

Warum klappt die Auswertung nicht?

Ein großes Problem der Auswertung von Filmen ist die Spezialisierung unserer Arbeitswelt und die Tendenz von Menschen, ihre eigenen abgeschotteten Kultur- und Geschäftskreise zu bilden. Filmemacher umgeben sich am liebsten mit anderen Filmemachern. Sehr ungern reden sie mit Menschen, die Filme auswerten. Filmemacher haben deshalb oft nur zu einigen wenigen Auswertungsmöglichkeiten Zugang, weil sie dort ein paar der Menschen kennen und verstehen, wie z. B. Manager von Kinoverleihern oder TV-Executives. Und zu vielen anderen besteht kein Kontakt, entweder weil sie die „Sprache" nicht sprechen oder das Geschäftsmodell der anderen nicht verstehen oder weil sie sich einfach nicht einigen können.

Das beginnt schon mit der Musikbranche, die völlig eigenen Regeln, Terms of Trade und Riten folgt. Obwohl man meinen könnte, Film und Musik wären doch zumindest verwandte Branchen. Früher war die Video-Branche im Auftritt, im Habitus, im Lebensstil so anders als die Filmemacher, dass – obwohl sie deren Produkt vertrieb (!) – beide Seiten nur miteinander sprachen, wenn es unbedingt notwendig und gar nicht vermeidbar war und selbst dann am liebsten nur durch Anwälte. Die DVD hat das geändert, irgendwie hat das eine neue Generation übernommen, die mit den Filmemachern eine Beziehung aufbauen kann.

Was folgt daraus? Es kann den Filmemachern immer nur geraten werden, die Auswertung in andere Hände zu geben oder sich einen „Dolmetscher" für fachfremde Sparten zu suchen, damit keine Auswertungschancen ungenutzt bleiben.

Es fällt auf, dass die meisten Filmemacher von den Anstrengungen der Produktion so entkräftet sind, dass keine Zeit, Muße und Kraft mehr bleibt, um die Auswertung mit gleicher Verve voranzutreiben. Oft verlieren sie auf dieser Strecke alles, was sie vorher in mühsamer Arbeit aufgebaut haben. Sind sie vorher der größte Fisch im Teich, werden sie nun selbst gejagt. Das ist bedauerlich und es führt dazu, dass Filme in Deutschland oft nicht profitabel sind oder jedenfalls nicht so profitabel, wie sie es sein könnten.

In unserer hocharbeitsteiligen Welt, in der es Spezialisten für alles gibt, wäre es wirklich an der Zeit, dass die Filmemacher sich mit „Filmauswertern" zusammentun. Leider existieren in Deutschland (noch) keine Experten, die sich ausschließlich auf die Auswertung von Filmen spezialisiert haben, der Filmemacher muss sich immer noch selbst eine Fachkraft suchen.

Was tun, wenn man keine Ahnung hat?

Jeder, der im Filmbusiness Geschäfte macht, steht irgendwann vor der Situation: Er bekommt ein Angebot, mit dem er nicht gerechnet hat. Die andere Seite will regelmäßig einen Preis wissen, bevor sie sich entscheidet. An dem Preis hängen der Zuschlag wie auch die Ablehnung. Das Geld hätte man ja meist gerne, aber man möchte sich nicht zu billig verkaufen, was tun? Wenn man alle gefragt hat, die man kennt, ob sie den branchenüblichen Preis für die Leistung kennen und alle verneinen, bleibt eine Taktik:

Es ist ziemlich wichtig, zunächst die gesamte erwartete Leistung abzufragen. Nicht nur, um wirklich zu wissen, was eigentlich gefragt ist, sondern auch, da erfahrungsgemäß eine längere Verhandlung dem Anbieter nutzt: Will der Käufer zunächst nur irgendeine Leistung dieser Art haben, verengt die längere Verhandlung sich zunehmend auf das eine Angebot.

Wenn beide Parteien noch nie zusammengearbeitet haben, liegen überraschend oft auch bei scheinbar eindeutigen Anfragen völlig unterschiedliche Vorstellungen über eine Leistung vor. Ein weiterer Vorteil ist, der erste Gedanke ist oft falsch. Man „pokert" zu hoch. Die längere Diskussion führt meist dazu, dass der Verkäufer, der sein Angebot kennt, ein Gefühl für einen Preis entwickelt, der auch meist stimmt. Analog zum Wetter nenne ich das mal den „gefühlten" Preis.

Kennt man die Leistung, kann man sich eine uralte Kaufmanns-Weisheit zu Nutze machen: Wer den ersten Preis nennt, verliert. Also: So lange darauf bestehen, dass die Käuferseite sagt, was sie zahlen will, bis sie nachgibt. Den Preis verdoppeln und in der Mitte einigen. Beispiel: Sagt der Käufer 40.000, bietet man 80.000 an und einigt sich auf 60.000.

Diese Taktik funktioniert nicht zwingend im arabischen Raum und China, da dort andere Sozialisationsmechanismen im Kaufmanns-Segment herrschen. Die großartigen Kaufmanns-Dynastien dieser geografischen Regionen haben andere Mechanismen entwickelt, siehe das Zitat über dem Kapitel, und finden einen Preis über eine längere Reihe von Angeboten und Nachfragen. Mit dem ersten genannten Preis liegt man auch bei einer Verdopplung zu niedrig. Als grobe Maßgabe: Den ersten Preis verdreifachen.

1. Kino

Kino ist die Königsdisziplin. Trotz des Siegeszugs des Fernsehens, hat Kino nichts eingebüßt von seiner Faszination auf die Filmemacher. Alle wollen Kino machen, aber ob es noch genug Menschen gibt, die Kino sehen wollen, ist die Frage, die sich in den nächsten 20 Jahren beantwortet. Die Branchenzeitung „Blickpunkt:Film" berichtet in ihrem täglichen Online-Dienst „Blickpunkt:Film.daily" vom 3.8.2007 über eine Studie, nach der in den USA das Kino als sozialer Treffpunkt bereits ausgedient hat.

Die Kids und Teens und Twens heute treffen sich bei „Second Life", „YouTube", „World of Warcraft" oder sonst wo im Internet. Auch stellt sich die Frage, ob die Rezeptionsform „Der Zuschauer setzt sich vor eine Leinwand und schaut zwei Stunden einfach nur zu", nicht abgelöst wird durch wesentlich interaktivere Formen. Das Kino muss aufpassen, dass es nicht (wieder einmal) Boden verliert. Es überrascht, wie statisch die Angebote der Kinomacher seit jeher sind.

1.1 Die Zahlen

In den USA existieren immer noch rund 44.000 Kinoleinwände, die pro Woche im Schnitt 160 Mio. Dollar einspielen. An den starken Wochenenden sind es gerne bis zu 240 Mio. Dollar pro Woche. Die „starken" Wochenenden sind traditionell die langen Wochenenden im Sommer rund um den 4th of July, zu denen die stärksten Filme der Studios gestartet werden.

In Deutschland sind es immerhin rund 4.900 Kinoleinwände in über 1.800 Kinos. Die Brutto-Einnahmen der Kinos betrugen in den letzten Jahren zwischen 745 und 890 Mio. Euro, Beträge, die in der „echten" Industrie bei Daimler z.B. nur für ein müdes Lächeln sorgen können. Die Umsätze, die die obige Schwankung aus einem einzigen Jahr zeigt, sind extrem abhängig von einigen Blockbustern. Das gilt im Übrigen auch für den Marktanteil des deutsche Films, der nur so unbestimmt mit von 16–25 % angegeben werden kann. Der deutsche Film behauptet einen Marktanteil also von rund um die 20 %. Viel zu oft sind höhere Werte abhängig von einem einzigen Film, wie z.B. Bully Herbigs „Schuh des Manitu" oder von Produktionen, die nur dem Produzentennamen nach deutsch sind, wie „Das Parfum". Ohne ein „Good bye Lenin" rutscht der Anteil sofort ab.

In Deutschland war der erfolgreichste deutsche Film 2006 „Das Parfum",
wenn man den Film als „deutsch" zählen mag, mit 5.480.670 Zuschauern,
der zweit erfolgreichste war die Dokumentation „Deutschland. Ein Sommermärchen" mit 3.991.913 Zuschauern. Das Jahr war recht repräsentativ, es
gab drei Filme mit mehr als drei Millionen Zuschauern, das ist einer mehr als
im Schnitt, zwei mit über zwei Millionen (das ist einer weniger als im Schnitt
über die Jahre) und fünf mit einer runden Million Zuschauer. Der deutsche
Marktanteil betrug rund 25 %, „Das Parfum" trug viel dazu bei. Es gaben 122
deutsche Filme ihre Premiere auf der Leinwand. Insgesamt waren 487 Lein-
wandpremieren zu bestaunen, zu viel – finden die Kinobetreiber, denn vor
Jahren waren es nur 320.

Auch das ist repräsentativ: Von den zehn erfolgreichsten Filmen waren sieben Hollywood-Blockbuster-Produktionen. „Das Parfum" steht dazwischen.

Es waren 136,7 Mio. Besucher im Kino, das ist bei 80 Mio. Einwohnern nicht
so schlecht, aber ein Schnitt von 1,66, der in Frankreich jedoch weit überbo-
ten wird, dort geht statistisch jeder Einwohner dreimal ins Kino. Sie gaben
zusammen 814 Mio. Euro für Kinotickets aus.

Nie vergessen darf der Filmemacher, der für das Kino Filme produziert, dass
50 % der Zuschauer unter 29 Jahre sind. immerhin gehen jetzt breitere Bevölkerungsschichten ins Kino, es sind 40 % der Gesamtbevölkerung, früher
waren es nur 29 %.

1.2 Zur Geschichte

Der Kinofilm ist die älteste Form Filme zu präsentieren. Filme sind bewegte
Bilder. Den ersten Projektor dazu hat kein Geringerer als der Glühbirnen-Er-
finder Thomas Alva Edison selbst erfunden. Eifersüchtig bewachte er lange
Jahre das Patent und monopolisierte dadurch schon damals die gesamte
Entwicklung.

Film war eine Kuriosität und wie alle Kuriositäten jener Zeit war sie neben Ele-
fantenmenschen und „dem stärksten Mann der Welt" auf Kirmes, Jahrmarkt
und Rummelplatz zu sehen. Der Film stammt vom Jahrmarkt, er war lange
nur eine Jahrmarktsattraktion – allerdings eine, die sehr erfolgreich war.

Nach dem Jahrmarkt, aber noch bevor es wirklich „Kino" gab, wie wir modernen Menschen es verstehen, begab es sich zur Jahrhundertwende 19./20.

Jhd., dass einige der Jahrmarktsaussteller sesshaft wurden und sich wegen der schönen Sonne und der billigen Grundstücke im weitgehend unbesiedelten Kalifornien niederließen. Die Schausteller siedelten am Platze einer grauenhaft schiefgegangenen Grundstücksspekulation namens Hollywood (benannt nach einer Stechpalme = holly).

Die Herkunft des Films als Jahrmarktattraktion ist nicht ganz unwichtig, denn sie beinhaltete eine sehr erfolgreiche Kombination: Die Jahrmarkt-Aussteller stellten die Filme selber her, veröffentlichten sie selbst und zeigten sie selbst, sie waren also Produzent, Kinoverleiher und Kinobetreiber in einer Person. Sie setzten dieses Prinzip fort, nur dass die Ausstellungssäle immer mehr und immer größer wurden und statt einer Jahrmarktsbude gleich Hunderte von Theatern füllten.

Diesen zornigen Männern jener Zeit wird eigentlich der gesamte Filmbetrieb, wie wir ihn kennen, inklusive der Herstellung und Auswertung von Filmen im TV, geschuldet. Zornige Männer, denn ihnen wurde die Anerkennung in der bürgerlichen Gesellschaft des Amerikas der Ostküste verweigert aufgrund ihrer Herkunft und Religion. Sie bauten sich eine Ersatzwelt mit schierem Willen und unglaublichem Despotismus. Sie haben alle Grundsteine der Filmindustrie gelegt und als sich die Branche von ihren Prinzipien abwandte, hat sie sich damit nicht immer einen Gefallen getan.

Vieles mutet heute seltsam an: Die Schauspieler und Autoren waren damals Angestellte, alles war in diesem „integrierten Medienunternehmen" der Konzernleitung unterstellt, von der ersten Drehbuchfassung bis zur Tüte Popcorn im Kino. Und das Prinzip war sagenhaft erfolgreich. Schaut man sich die Bemühungen der heutigen Medienkonzerne an, so ist es all ihr Streben, genau wieder diesen Zustand herzustellen, es gelingt nur keinem so recht.

Die Filmproduktion und Auswertung jener Zeit hatte etwas „Manufakturähnliches". Die Autoren saßen in einem Saal (Großraumbüro würde man das heute nennen) und mussten unter Aufsicht schreiben. Schrieben sie nicht, wenn der Studio-Boss vorbeikam, gab es einen fürchterlichen Anpfiff plus Abmahnung.

Schauspieler waren wie Büroangestellte, die zwar gewisse Freiheiten hatten, wenn sie nicht drehten, aber es war eigentlich dafür gesorgt, dass sie ständig vor der Kamera standen. Am Anfang des Jahres wurde ein Jahresplan gemacht und der Schauspieler verplant – er erhielt dann noch eine Liste, wann er zu welchem Film dazusein hatte. Das klingt heute kurios, jedoch wären heute eine Menge Schauspieler begeistert, am Anfang des Jahres so eine Liste zu erhalten.

Es war eine Frau, die den Anfang vom Ende des sog. Studiosystems einläutete, eine Schauspielerin nahm es mit den Tycoonen auf. Sie stritt solange mit ihnen, bis man sie aus ihren Verträgen entließ und ihre Gesundheit ruiniert war. Auch ihre Karriere war arg ramponiert, aber sie war diejenige, die die nächste Ära einläutete, die man als „Star-System" bezeichnen kann.

Die Schauspieler-Stars waren nun die Hauptprotagonisten der Hollywood-Filmbranche. Große Stars waren die Leuchtfeuer, um die sich alle versammelten. Es war die große Zeit der John Waynes.

Ein weiter Schlag ereilte die Studios, als ihnen die US-amerikanische Kartellbehörde verbot, gleichzeitig Kinosäle zu betreiben. Die Macht war den Kartells zu groß. Aus heutiger Sicht unverständlich, hat es damals die Studios/Filmhersteller weiter beschnitten in ihrem Bestreben, eine Dienstleistung aus einer Hand zu liefern.

Die 68er Jahre gingen an Hollywood und seinen Studios nicht spurlos vorbei. Engagierte Filmemacher und New Hollywood drängten die Studios weiter zurück, die als Vertreter des „Kapitals" und der „Vietnam"-Falken galten und mit Trends wie Blaxploitation, der Freiheitsbewegung der Afroamerikaner – damals noch „Blacks" genannt – im Kino wenig anfangen konnten und die Zeichen der Zeit verschliefen.

Diese Phase wurde abgelöst durch eine fürchterliche Zeit, in der Agenten und Anwälte das Sagen hatten. Ein Grund, warum es kaum einen guten Film aus den 80ern gibt – mit Ausnahme einer kurzen Zeit, in der die Starregisseure (meist aus der Werbung stammend: Alan Parker, Adrian Lyne, Ridley Scott) die Oberhand hatten. Danach übernahmen wieder Kreative, diesmal aber Produzenten in der Funktion als Producer das Ruder.

Die Produzenten sind heute als sog. Satelliten an die großen Studios angeschlossen. Offiziell unabhängig, meist als Unternehmen organisiert, produzieren sie exklusiv für ein Studio. Die Studios haben eingesehen, dass sie nach den Schauspielern und Autoren auch die Produzenten „freigeben" müssen, um die kreativen Produzenten an sich zu binden.

Am bekanntesten in der Öffentlichkeit ist vermutlich das Produzentenpaar Tom Cruise und Paula Wagner, die zusammen alle „Tom Cruise"-Filme produzieren und die gerade einen Studiowechsel hinter sich haben, der mit viel Mediengetöse über die Bühne ging.

Auch in Deutschland setzt sich das Prinzip durch und nun arbeiten die großen Unternehmen in Deutschland auch nach dem Satellitenprinzip, z. B. die Constantin oder die Odeon haben erfolgreich ein Netz kreativer Produzenten an das Unternehmen gebunden.

Das Bemerkenswerte ist, dass die 6–7 Hollywood-Studios, die damals gegründet wurden, letztlich bis heute die Herstellung und Auswertung der meisten US-amerikanischen Filme steuern. Sicher, immer mal wieder verliert eines der Studios an Boden oder sogar mal den Namen, aber überraschend oft kehren sie zurück und ihre Gesamtzahl hat sich eigentlich gar nicht verändert.

Die Studios gehörten nach den Gründern und ihren heillos zerstrittenen Erben lange Zeit großen US-Unternehmen, teilweise besaß Ford Hollywood-Studios. Das waren Allianzen, die meist unheilvoll endeten, da Autobauer die Kinomacher nicht verstanden und umgekehrt.

Heute gehören die Studios meist großen Unterhaltungskonzernen, nur Disney gehört sich selbst. Auch das Zusammengehen mit einem großen Unterhaltungskonzern wie Sony, der die Hardware (Unterhaltungselektronik) liefert oder wie Viacom und Rupert Murdoch, die Software in anderen Bereichen herstellen, war schwierig. Mitunter sind die Rivalitäten so groß und die Synergieeffekte so klein, dass viele entnervt aufgegeben haben und alles wieder verkauften. Nur Sony war über eine sehr lange Zeit so geduldig und so gewillt, auch größere Verluste hinzunehmen, dass es entweder als japanische Tugend oder als Masochismus angesehen werden muss. Aber es hat sich gelohnt und letztlich sehr bewährt: Das Studio ist groß und gesund und ein Treiber für Filme, die Inhalte sind, um Unterhaltungselektronik zu verkaufen und neue Systeme oder Geräte einzuführen.

In Deutschland wurde wie immer alles staatlich gesteuert. Die Ufa, wohl der erste erwähnenswerte Produzent, war im Prinzip eine Gründung der staatlichen Verwaltung. Die Gründung erfolgte auch noch ausgerechnet im Gebäude des stellvertretenden Generalstabs. Die Ufa, bis heute existent, aber jetzt im Besitz der Bertelsmänner, begann 1945 alles bei Null.

1.3 Kino heute

Heute existieren zwei große Player, die Filme für das Kino herstellen und auswerten, die Constantin in München (gerade aus der Insolvenz geholt) und die Senator in Berlin. Nur wenige reine Kinofilmproduzenten sind noch zu identifizieren, die meisten mischen ihr Film-Geschäft solange mit dem TV-Geschäft, bis nur noch TV übrig bleibt. In Berlin existiert die Produktionsfirma X-Filme, die langsam aber stetig den Weg von einer rein kreativen Schmiede zum Major im Kinobereich absolviert.

Die Kinoauswertung heute hat eine seltsame Funktion übernommen: Böse Zungen sagen, mit Kino wird gar kein Geld mehr verdient, der Film erlöst seine Gewinne nur noch mit der DVD-Auswertung. Unbestritten aber ist, dass ohne die Kinoauswertung, der DVD-Verkauf nicht richtig in Gang kommt. Kino wird deshalb gerne als „Lokomotive" bezeichnet, die zwar selbst nichts einbringt, aber unabdingbar ist für die weiteren Auswertungen.

Das stimmt so natürlich nicht, denn ohne das schöne Geld aus der Kinoauswertung würde es wohl keine weiteren Kinofilme geben, aber es ist etwas dran. Der Marketing-Aufwand für einen Kinostart ist inzwischen immens hoch, so dass die Produktionskosten und das Marketingbudget sich oft entsprechen. Floppt der Film, amortisieren sich beide Budgets nicht. Das Risiko ist immens und nur die Verteilung auf sehr, sehr viele Auswertungsarten reduziert das Risiko so, dass selbst der größte Flop aller Zeiten „Heaven's Gate", der die Karriere aller Beteiligten nachhaltig ruinierte (bis Kris Kristoffersen in „Blade" ein spätes Erwachen vergönnt war), nach Auskunft des Studios inzwischen „Break Even" erreicht hat.

Martin Bachmann, Geschäftsführer Sony Pictures, Berlin

Obwohl ich über keine klassische Filmausbildung verfüge, sondern Jura studiert habe, bekam ich die Chance, bei der deutschen Dependance des Hollywood-Studios Columbia TriStar, das sich inzwischen Sony Pictures nennt, ein Management-Trainee-Programm zu absolvieren. Bereits kurze Zeit später wurde ich zum Marketing Director ernannt, und vor sechs Jahren geschah etwas völlig Unerwartetes: Das Home Office schlug mir vor, als Senior Vice President International Marketing nach L. A. zu kommen. Für einen Deutschen wie mich war das ein verlockendes Angebot, denn eigentlich kommen dafür gewöhnlich nur Kollegen aus dem englischsprachigen Ausland in Frage. Ich sagte also mit großer Freude zu und erlebte drei unglaublich spannende Jahre. Vom Hauptquartier in Hollywood aus wurde ich in die ganze Welt geschickt, um den jeweiligen Marketing-Teams in den verschiedenen Ländern dabei zu helfen, unsere Filme zu vermarkten. Dabei zeigte sich mir schnell, dass jedes Land anders ist und seine Besonderheiten hat. Auch in Deutschland werden natürlich viele fantastische Filme hergestellt, die den amerikanischen in nichts nachstehen. Aber die Besonderheit von Hollywood ist und bleibt, dass nur dort Filme für den Weltmarkt produziert werden.

Eine weitere Besonderheit ist, dass die Leute in Hollywood Film regelrecht atmen und leben. Die Menschen dort verschreiben sich dem Medium Film mit einer Intensität, wie man das sonst nirgends auf der Welt findet. Das einmal live vor Ort mitzuerleben und dort zu arbeiten, war für mich eine äußerst wertvolle Erfahrung.

Im Anschluss an diese drei Jahre in Los Angeles bot mir das Studio an, als Geschäftsführer der deutschen Dependance von Sony Pictures zurück nach Berlin zu gehen, was ich mit großer Begeisterung getan habe.

Unsere Hauptaufgabe als Verleih besteht darin, die Filme von Sony Pictures in Deutschland zu vermarkten und außerdem den deutschen Markt im Auge zu behalten. Hollywood-Filme werden zwar global angeboten, aber lokal vermarktet. Weltweit gesehen, bleibt Amerika der größte Markt, nicht nur, weil die USA die meisten kaufkräftigen Einwohner haben, sondern auch, weil jeder Einwohner statistisch gesehen beachtliche fünf Mal im Jahr ins Kino geht. In Deutschland sind es lediglich 1,6 Besuche pro Einwohner im Jahr. Aus diesem Grund ist auch Frankreich, obwohl es weniger Einwohner hat, als Kinomarkt genauso wichtig wie Deutschland, denn jeder Franzose geht im Schnitt drei Mal im Jahr ins Kino. Die Spitzenposition in Europa haben die Engländer inne. Der Grund dafür ist aber weniger das hohe Kinobesuch-pro-Kopf-Verhalten als der Umstand, dass das britische Pfund im Vergleich zum Euro viel teurer ist und somit höhere Ticketeinnahmen erzielt werden.

Im internationalen Vergleich ist Japan nach den USA der wichtigste Markt – zumindest bei erfolgreichen Blockbustern wie beispielsweise „Spider-Man". 120 Millionen Japaner übertrumpfen sogar eine Milliarde Chinesen, denn die Eintrittspreise in China müssen den dort üblichen niedrigen Gehältern angepasst werden. Allerdings lieben die Japaner andere Filme aus Hollywood als die Europäer: Starke Emotionen und technische Gadgets sind der Schlüssel zum Herzen der japanischen Besucher. Ohne diese Zutaten wird ein Film in Japan schnell zum Flop – leichter als bei uns.

Auch in Europa sind Unterschiede unübersehbar: England und Frankreich zum Beispiel werden von ihren Hauptstädten bestimmt. Wer London oder Paris in der Tasche hat, hat gewonnen. 30–40 % des Umsatzes der Filmindustrie dieser Länder werden in der Hauptstadt gemacht. Dagegen ist Berlin fast unbedeutend. In der deutschen Hauptstadt werden gerade einmal 6 % des Umsatzes des gesamten Landes erreicht. Deutschland ist viel stärker dezentralisiert. Bei uns können auch Städte, die weniger als 100.000 Einwohner haben, umsatzstark sein. Jede Marketing-Kampagne muss das berücksichtigen. Es genügt nicht, in der Hauptstadt viele Plakate aufzuhängen und eine große Premiere zu feiern – Sony Pictures muss sich in Deutschland bundesweit für einen Film stark machen.

Wir sind uns sicher, dass die großen Blockbuster auch künftig die Filmindustrie antreiben und beflügeln werden. Ich persönlich denke nicht, dass beispielsweise die Möglichkeit, sich Filme auf dem Handy anzusehen, wirklich dazu führt, dass das klassische Kino stirbt. Die Menschen wollen auch weiterhin etwas gemeinsam erleben, gemeinsam lachen oder weinen. Nur im Kino wird dem Zuschauer eine Technik geboten, die er nirgendwo sonst hat: Kein Heimkino kann eine große Leinwand und den herausragenden Kinosound auch nur annähernd ersetzen. Die anstehende Digitalisierung der Kinos wird zu einer weiteren Qualitätsverbesserung führen. Es ist die Aufgabe der Kinos, ihr Ohr am Puls der Zeit zu haben und den Menschen das Ambiente zu bieten, das sie möchten.

Ich glaube nicht, dass es eine Konkurrenz zwischen deutschen und amerikanischen Filmen gibt. Ich glaube aber, dass es eine

Konkurrenz zwischen guten und schlechten Filmen gibt. Egal, woher sie kommen. Egal, ob es sich um große Blockbuster oder kleine Arthaus-Filme handelt: Qualität ist entscheidend, nicht das Ursprungsland oder das Budget. Großartige Filmemacher und talentierte Regisseure gibt es überall auf der Welt.

Ich denke auch nicht, dass das Kino seine wichtigste Zielgruppe, die Kids, verliert. Man muss sie nur anders und gezielt ansprechen. Sony Pictures ist auf dem besten Weg, dieser Herausforderung gerecht zu werden.

1.4 Das Prinzip

Zur Herstellung und Auswertung von Kinofilmen stehen sich drei Parteien gegenüber, nur manchmal handeln sie zusammen. Der Produzent stellt den Film her. Der Verleiher übernimmt die Herstellung der Filmkopien, die Werbung und übergibt den Film an die Kinos. Die Kinos zeigen den Film gegen Eintrittsgeld und verkaufen Popcorn.

Der Verleiher gibt dem Produzenten oft einen Betrag zur Produktion hinzu. Seltener ist es, dass Produzenten fertiggestellter Filme einen Verleiher suchen und finden. Dazu erfüllen die Filmfeste einen ihrer Zwecke. Es existiert eigentlich kein anderes Mittel, um auf Filme aufmerksam zu machen, die international oder auch im eigenen Land noch keinen Verleiher gefunden haben. Nach ein, zwei Preisen findet sich meist doch einer, der bereit ist, den Film herauszubringen.

Der Verleiher ist oft intensiv in die Produktion eingebunden, da er Geldgeber ist und Entscheidungen mitträgt, seltener Koproduzent ist. Einige Verleiher produzieren auch selbst – mit wechselndem Erfolg.

Die Branchenzeitung „Blickpunkt:Film" gibt stets Woche für Woche einen Überblick, welcher Verleiher welchen Marktanteil hält. Konstant bleibt über viele Jahre die Zahl der genannten Verleiher. Bevor der Abschnitt „sonstige" Verleiher beginnt, sind meist 11–13 Unternehmen namentlich genannt, die einen echten Marktanteil ausweisen können, also wirklich als Verleiher aktiv am Markt vertreten sind. Der stärkste Verleiher hatte in 2006 einen Marktanteil von gerade einmal etwas über 17 % und der Letzte in der Reihe hat aber auch nur etwas über 1 % – das heißt, es herrscht ein Mangel an starken

Verleihern im Land bzw. das Land gibt nicht mehr her. Der größte Verleiher ist immer ein US-Major, in 2006 war es Fox, aber das heißt nichts, es hängt immer davon ab, welches Studio in dem Jahr die erfolgreichsten und meisten Blockbuster hatte. In dem Jahr hatte Fox „Ice Age 2" und „Der Teufel trägt Prada" unter den Top Ten.

Die Kinos wiederum zahlen an den Verleiher einen bestimmten Prozentsatz vom Kinoticket. Der ist in den USA so hoch, dass die Kinobesitzer vom Verkauf des Popcorns leben – ähnlich wie Tankstellenbesitzer, die mit dem Verkauf von Benzin gerade mal die Miete decken und den Umsatz mit Bier machen. In Deutschland ist das nicht ganz so fürchterlich, selbst bei Spitzenfilmen innerhalb der ersten Wochen erhält der Kinobetreiber noch knappe 50 % eines Tickets. Früher brachten die Verleiher die Kinokarten mit, die nummeriert waren und an denen der Verleiher sehen konnte, wie viele Leute im Kino waren. Aber auch das System scheint mir nicht unfehlbar. Umso erstaunlicher – irgendwie scheint es zu funktionieren.

Eine Symbiose gehen die Kinobetreiber und Verleiher bei der Werbung ein, da das Kino durch Trailer und Plakate selbst für den nächsten Umsatz wirbt.

1.5 Das Geschäftsmodell

1.5.1 Der Kinobetreiber

Das Geschäftsmodell ist relativ einfach: Der Zuschauer geht an die Kinokasse, löst ein Ticket, kauft für den doppelten Betrag Eis, Kuchen, Popcorn und Bier und schaut sich dann eine halbe Stunde Werbung an, Letzteres für immerhin 92,5 Mio. Euro in 2005. Das fließt alles in die Kasse des Kinobetreibers. Nur vom Ticket muss er zwischen 56 % und 20 % abgeben, je nachdem wie alt und interessant der Film ist. Der durchschnittliche Kinoeintrittspreis liegt bei 5,96 Euro und selbst die Programmkinos liegen noch bei glatten 5,90 Euro und konnten sogar ein Besucherplus von 18,6 % feststellen („Blickpunkt:Film.daily" vom 15.9.2007).

Üblicherweise starten Filme mit einem hohen Prozentsatz und werden von Woche zu Woche billiger. Unvergessen ist das Desaster von 20th Century Fox mit „Star Wars", die den aus ihrer Sicht lächerlichen Märchenfilm so unterschätzt hatten, dass sie erst dem Regisseur die Merchandisingrechte zurückgaben, die das Dreifache vom Kinoeinspielerlös erbrachten, und dann auch noch den Kinos extrem günstige Prozentzahlen anboten, damit sie den Film überhaupt nahmen. Für das Studio war der Film der größte anzunehmende Unfall, für die Kinogeschichte lange der gewinnträchtigste Spitzenreiter aller erfolgreichen Filme.

Der erfolgreichste Film überhaupt, inflationsbereinigt, soll immer noch – glaubt man den Zahlenjongleuren – „Vom Winde verweht" sein.

Die Kinos haben mit der Einführung der Multiplexe einen Besucheransturm von 30 % bis 40 % erlebt, sich aber dann nicht mehr viel bewegt. Zurzeit sind sie in einer defensiven Position, gefordert werden ein breiteres Angebot an Menus (Gesund + Starbucks + Weinkellerei), aber DVD und Flatscreen habe die Kinos in die Ecke gedrängt – nicht so schlimm wie es zu Beginn der 70er das Fernsehen vermochte, aber sie müssen sich nach Einschätzung ihres eigenen Branchenvorstandes bewegen.

Bundle-Angebote jeder Art wie „Singleabend", „Tanz + Kino" oder was auch immer, werden nie angeboten. Die Kinos sind sehr statisch und konservativ.

1.5.2 Der Kinoverleih

Der Kinoverleiher ist je nach Sicht der Ärmste der Branche oder der größte Hai im Teich. Ersteres ist natürlich eine Selbstbetrachtung. Der Verleiher erhält einen Film, den er erst an die Kinos und dann an Mann und Frau bringen muss. Dazu muss der Verleih einen immensen Aufwand treiben.

Der größte Posten sind die als P+A bezeichneten Kosten, die der Verleih aufbringen muss. Und da ist TV-Werbung der höchste Posten – ohne den aber massenwirksame Filme nicht gestartet werden können. Die Plakat-Kampagne ist obligatorisch. Websites und Werbung im Web sind es inzwischen auch. Der Verleih entwirft die Marketing-Kampagne, legt den Marketing-Mix fest, die Interviews, zahlt die Premiere, erledigt die reine Pressearbeit und hat dazu noch die Kopiekosten zu bezahlen.

Eine Filmkopie ist bares Gold. Gut 2.500 Euro kostet eine einzige und ein flächendeckender bundesweiter Start erfordert gut und gerne 100 Kopien. Leider verschwinden viele von den Kopien alsbald im Archiv ohne jede weitere Nutzungsmöglichkeit, denn nach dem Startwochenende geht es eigentlich mit den Zahlen nur noch runter. Sog. Sleeper, Filme, die nach langer Zeit im Kino durchstarten, sind so selten, dass sie eher als Kuriosum gewertet werden müssen. Ebenso selten sind Filme, die auf hohem Niveau lange Zeit gleichbleibend erfolgreich sind. Meist sind damit Kultfilme entstanden wie „Diva" oder „Blues Brothers" (beides Uralt-Beispiele). Ein Film ist an der Kinokasse eine verderbliche, schnell vergängliche Ware.

Es bleibt oft dem Geschick des Verleihs überlassen, ob er den richtigen Start-termin erwischt, denn es sind genügend Termine, die wegen Überfrachtung, guten oder schlechten Wetters, Ferien oder Fußball-WM nicht geeignet sind.

Der Kinoverleih erhält einen Anteil an den Kinotickets, meist 40–55 %, de-gressiv absteigend nach der Wochenanzahl, die der Film im Kino ist (am En-de werden 40 % auch gerne deutlich unterschritten). Um das Risiko, den Flop an der Kinokasse, zu minimieren, wird der Kinoverleih versuchen, Video und TV-Auswertung ebenfalls übernehmen zu können und aus diesen Einnahmen ggf. ein Defizit an der Kinokasse zu regulieren.

Laut Fred Kogel, dem Vorstandsvorsitzenden der Constantin und damit Deutschlands größtem landeseigenen Verleih (sprich keine Dependance der US-Majors), ist es „idealerweise so, dass die Kinoerlöse Kopiekosten und P+A decken" . Mehr wäre also nicht drin.

Der Kinofilm ist heute spätestens nach drei Monaten an der Kinokasse aus-gewertet, dann wird es spannend.

Die Kinoverleiher kämpfen mit den fast 480 Filmen, die in 2005 zum Beispiel an den Start gingen, und der Tatsache, dass 90 % aller Filme nicht einmal die 10.000-Zuschauer-Grenze erreichen.

Der Verleihvertrag
Überblick

Gero Worstbrock,
Constantin Prokurist und Chefjurist, München

Mit dem Verleihvertrag lizenziert der Produzent (bzw. insb. bei internationalen Filmen häufig dessen „Sales Agent") die Kino-Rechte sowie ggf. weitere Auswertungsrechte an seinem Film an einen Verleiher. Nachstehend eine „Checkli-ste" der Vertragspunkte:

1. Vertragsgegenstand (Film)
2. Lizenzierte Rechte
3. Lizenzgebiet/Sprachfassung

4. Lizenzzeit/Verfügbarkeit
5. Material
6. Vergütung (Minimumgarantie)
7. Verleihspesen/Abrechnung
8. Verleihvorkosten (*)
9. Parameter der Veröffentlichung im Kino (*)
10. Optionen/First Negotiation-Rechte (*)
11. Rechtegarantien (*)
12. Abtretbarkeit/Sicherungsübereignung (*)
13. Kündigung (*)
14. Schlussklauseln

Die mit „*" markierten Punkte sind – insbesondere in einem Deal Memo – oft verzichtbar.

1. Vertragsgegenstand (Film)

Verleihverträge sind typischerweise ein wesentlicher Bestandteil der Finanzierung eines Films und werden daher bereits lange vor dessen Produktion abgeschlossen. Der Verleih wird dann daran interessiert sein, **wertbestimmende Eigenschaften** („Essential Elements") des als „Katze im Sack" erworbenen Films im Vertrag so detailliert und verbindlich wie möglich festzuschreiben. Dies betrifft insbesondere:

* Drehbuch (Fassung)
* Besetzung von Regisseur und Hauptrollen
* Budget („production value" – die zulässigen Budgetpositionen sind ggf. zu definieren bzw. einzugrenzen)
* spätestes Lieferdatum
* Länge (minimal/maximal) (ggf. wegen der Anzahl der zulässigen Werbeunterbrechungen wichtig für die Auswertung im Privatfernsehen)
* FSK-Einstufung (für alle Auswertungsarten aufgrund der jeweiligen gesetzlichen Auswertungsbeschränkungen mehr oder minder wichtig, insb. jedoch für die TV-Auswertung)
* bei internationalen Filmen zusätzlich: Kinostart in den USA und ggf. weiteren „Major Territories", ggf. in einem definierten Mindestumfang

Das Interesse des Produzenten wird demgegenüber dahin gehen, sich eine möglichst große Flexibilität zu erhalten. Insbesondere wird es ihm z. B. schwer fallen, eine vorgesehene hochkarätige Besetzung, für die jedoch zu diesem frühen Zeitpunkt noch gar keine Verträge abgeschlossen wurden, zu garantieren. Ein möglicher Kompromissansatz ist es, für den Fall, dass eine Änderung eines wesentlichen Elements erforderlich wird, vertraglich ein Mitspracherecht des Verleihs vorzusehen.

2. Lizenzierte Rechte

Ob es aus Sicht des Produzenten vorteilhafter ist, alle bzw. zumindest die wesentlichen Auswertungsrechte Kino, Video/DVD und TV an den Verleih zu lizenzieren oder aber stattdessen die Video-/DVD-Rechte bzw. die TV-Rechte separat an einen Video-/DVD-Auswerter bzw. TV-Sender zu lizenzieren, hängt sehr von dem Umständen des Einzelfalles ab (insb. z. B. die Qualität der Kontakte des Produzenten, die Höhe des Finanzierungsbedarfs, die zur Verfügung stehende Zeit etc.). Dies gilt auch für die sog. Nebenrechte (wie z. B. Airline-, Klammerteil-, Merchandising-, Tonträger- und Drucknebenrechte) und die Abruf-/On-Demand-Rechte.

Bei der **Abruf-/„On-Demand"-Nutzung** handelt es sich, wie seit 2003 in § 19a UrhG verankert ist, um eine eigenständige neue Nutzungsart. In der Praxis hat sich mittlerweile herauskristallisiert, dass diese Rechte (im Gegensatz zu praktisch allen anderen Nutzungsarten) auf nicht-exklusiver Basis, d. h. gleichzeitig an mehrere verschiedene Abruf-/"On-Demand"-Services lizenziert werden. Allgemein wird erwartet, dass diese neu hinzugekommene Nutzungsart einerseits – wie seinerzeit bereits z. B. die Video-Auswertung – den „Kuchen" der mit der Auswertung eines Films erzielbaren Erlöse vergrößern wird, andererseits aber auch das bis jetzt auf Verleih-Video/-DVD entfallende „Kuchenstück" verkleinern bzw. ggf. langfristig ersetzen wird.

In jedem Fall sollten die lizenzierten Rechte – aus Sicht des Verleihs nicht zuletzt wegen § 31 Abs. 5 UrhG – genau bezeichnet und definiert werden.

3. Lizenzgebiet/Sprachfassungen

Die Frage, ob Rechte an den (deutschen) Verleiher mitlizenziert oder lieber separat vergeben werden sollten, stellt sich für den Produzenten auch bzgl. der Auswertungsrechte für Österreich (einschließlich ggf. der deutschsprachigen Rechte für Alto Adige) und die Schweiz (einschließlich Liechtenstein) sowie ggf. der deutschsprachigen Rechte für Luxemburg.

Gemäß der Schweizer Filmverordnung von 1993 müssen die **Kino-Rechte in der Schweiz für alle Sprachfassungen bei ein und demselben Verleih** liegen. Demgegenüber werden die Video-/DVD- und die TV-Rechte typischerweise getrennt nach Sprachfassung lizenziert, d.h. die Video-/DVD-Rechte und TV-Rechte für die deutsche Sprachfassung liegen bei dem deutschen, für die französische Sprachfassung beim französischen und für die italienische Sprachfassung beim italienischen Auswerter.

Insbesondere bei internationalen (d.h. nicht-deutschsprachig gedrehten) Filmen ist für den Verleiher der **Schutz der deutschen Sprachfassung** wichtig, d.h. der Schutz gegen jegliche Auswertung einer deutschen Sprachfassung insbesondere im EG-Ausland. Aufgrund des Grundsatzes des freien Warenverkehrs innerhalb der EG könnten anderenfalls DVDs mit der deutschen Sprachfassung legal aus dem EG-Ausland nach Deutschland exportiert werden, ohne dass der deutsche Verleih etwas dagegen unternehmen könnte. Gleichzeitig ist es für den deutschen Verleih nicht minder wichtig, die **Rechte zur Auswertung der nicht-deutschsprachigen Originalfassung** (ohne „eingebrannte" Untertitel) auf DVD (sowie auch im Kino und im Pay-TV) mit zu erwerben. Eine DVD ohne nicht-deutschsprachige Originalfassung wäre doppelt diskriminiert – zum einen gegenüber der (meist früher veröffentlichten, wegen des Dollarkurses sehr billigen und über Internet-Händler leicht erhältlichen) US-DVD desselben Films und zum anderen gegenüber deutschen DVDs vergleichbarer Filme, die regelmäßig mit der Original-Sprachfassung ausgestattet sind.

4. Lizenzzeit/Verfügbarkeit

Im Hinblick auf die Lizenzzeit ist zu regeln, ab welchem Zeitpunkt der Ablauf berechnet wird („x" Jahre z. B. ab Vertragsunterzeichnung, Materialabnahme, Kinostart oder Verfügbarkeit des jeweiligen Nutzungsrechts).

Bei geförderten Filmen darf gemäß § 25 Abs. 4 Nr. 5 FFG in der Erstlizenz die **Lizenzzeit der TV-Rechte nur noch maximal 5 Jahre** betragen, wobei allerdings gleichzeitig die Anschlussrechte fest optioniert werden können.

Im Übrigen sollte der Produzent zumindest bei geförderten Filmen vertraglich die Beachtung der in § 30 FFG vorgeschriebenen **Verfügbarkeitssperren** fixieren.

5. Material

Aus Sicht des Verleihs ist neben der eigentlichen Materiallieferung vor allem eine **Ziehungsgenehmigung** wichtig, mit der das Kopierwerk erklärt, dass der Verleih von dem eingelagerten Ausgangsmaterial jederzeit und ohne Einschränkungen Kopien bzw. Master für alle Auswertungsarten ziehen lassen kann.

Zusätzlich zu den bislang üblichen Materialien sollte – insbesondere bei internationalen Filmen – darauf geachtet werden zu regeln, welches als DVD-Bonusmaterial geeignetes Zusatzmaterial im Lieferumfang ohne zusätzliche Lizenzgebühren enthalten ist bzw. unter welchen Bedingungen verfügbar gemacht werden kann.

6. Vergütung (Minimumgarantie)

Insbesondere bei einem Verleihvertrag, der vor Beginn der Dreharbeiten abgeschlossen wird und bei dem die Zahlung der Vergütung überwiegend während der Produktion des Films fällig wird, ist das gegenseitige Sicherungsinteresse der Vertragspartner von zentraler Bedeutung. Für den Produzenten ist es wichtig, dagegen geschützt zu sein, dass der Verleih während der Produktion des Films die Zahlungen zurückhält oder einstellt; dem Verleih ist es nicht minder wichtig, dagegen geschützt zu sein, dass der Film trotz der von ihm geleisteten Teilzahlungen nicht fertiggestellt oder nicht geliefert wird. Dabei kommen insbesondere folgende – ggf. auch miteinander kombinierbare – **Sicherungsmittel** in Betracht:

- **Fälligkeit der Vergütung erst bei Lieferung** vereinbaren
  - Nachteil: schützt nur den Verleih; nicht praktikabel, wenn Verleihgarantie zur Finanzierung der Produktion benötigt wird

- **aufschiebend bzw. auflösend bedingte Rechteübertragung** (Rechteübergang erst bei vollständiger Zahlung durch den Verleih bzw. automatischer Rechterückfall bei Nichtzahlung) vereinbaren
  - Nachteil: schützt nur den Produzenten, ohne ihm aber dabei fristgemäße Zahlungen des Verleihs wirklich zu sichern

- vertraglich vereinbaren, dass ein **Completion Bond** abgeschlossen wird
  - Nachteil: schützt nur den Verleih, ist relativ teuer und bürokratisch

- **Bankbürgschaft**
  - Nachteil: Um beide Parteien zu sichern, müssten gleichzeitig sowohl Bürgschaften des Verleihs für die gesamte jeweils noch offene Vergütung als auch des Produzenten für eine eventuelle Rückzahlung der jeweils bereits erhaltenen Vergütung beigebracht werden, was jeweils nicht nur teuer und aufwendig ist, sondern auch die jeweilige Kreditlinie in voller Höhe belastet

- **Akkreditiv ("Letter of Credit")**
  - Nachteil: schützt zwar beide Parteien, belastet aber einseitig die Kreditlinie einer Partei (= des Verleihs), ist recht teuer und bürokratisch und daher jedenfalls bei innerdeutschen Verleihverträgen unüblich

Bei einem ausländischem Produzenten bzw. Lizenzgeber ist zusätzlich zu beachten, dass zur Vermeidung von **Abzugssteuer** ("Withholding Tax") gemäß § 50a EStG eine Steuerfreistellungsbescheinigung ("Declaration of Tax Exemption") einzuholen ist.

7. Verleihspesen/Abrechnung

7.1 Grundsatz

Die vom Verleih zu zahlende Vergütung ist eine nicht-rückzahlbare, aber verrechenbare **Minimumgarantie auf die vom Verleih an den Produzenten abzurechnenden Erlösanteile.** Zur Auszahlung von Erlösen an den Produzenten kommt es (soweit nicht vertraglich z. B. ein „Korridor" oder sonstige Ausnahmen vereinbart werden; siehe dazu im Folgenden) erst, nachdem der Verleih von den bei ihm aus der Auswertung aller an ihn lizenzierten Rechte eingehenden Erlösen seine Spesen abgezogen und seine Verleihvorkosten und eine von ihm gezahlte Minimumgarantie zurückgedeckt hat.

7.2.1 Kino-Abrechnung/Ausgangsmodell

Die Kino-Verleihspesen sind gemäß FFG-Richtlinien (RL 29 Projektfilm) bis zur Rückzahlung von FFG-Förderdarlehen auf höchstens 35 % der Erlöse beschränkt. 35 % sind daher aus Sicht des Verleihers auch die „Standard-Ausgangsgröße" für die Höhe der Verleihspesen, wobei nach Rückzahlung der Förderdarlehen regelmäßig von einer Erhöhung des Spesensatzes auf 50 % ausgegangen wird; d. h. der Produzentenanteil, der vom Verleiher zunächst zur Rückdeckung der Verleihvorkosten und der Minimumgarantie verwendet wird, beträgt zunächst 65 % und dann 50 %. Bei diesem (zumindest aus Verleiher-Sicht) „**Standard-Ausgangsmodell**" für die Verleihabrechnung fallen, wie aus der **Beispielsrechnung 1** ersichtlich wird, selbst bei einer geringen Minimumgarantie im Regelfall erst spät Erlöse zur Auszahlung an den Produzenten an, nämlich bei ca. 800.000 Kinobesuchern in Deutschland oder mehr (die statistisch gesehen nur von jährlich ca. 3–5 deutschen Spielfilmen erreicht werden).

7.2.2 Gründe für den Anstieg der Verleihvorkosten

Dieses für den Produzenten unerfreuliche Ausgangs-Szenario ist im Wesentlichen auf die **immens gestiegenen Verleihvorkosten** zurückzuführen, die sich lt. FFA-Statistik in den letzten 20 Jahren von durchschnittlich umgerechnet ca. 150.000 Euro auf ca. 1,5 Mio. Euro erhöht haben. Dieser Anstieg der Verleihvorkosten ist wiederum zurückzuführen auf die **sehr teure TV-Werbung** für Kinofilme, die vor Aufkommen des Privatfernsehens nicht existierte, ohne die jedoch mittlerweile ein Film kaum noch auf breiter Basis kommerziell zu vermarkten ist. In Frankreich ist, damit sich die Verleiher nicht gegenseitig „totrüsten" und um realistische Chancen dafür zu schaffen, dass für die Produzenten „etwas übrig bleibt", TV-Werbung für Kinofilme verboten, was sich in einem weniger dirigistisch geprägten Land wie Deutschland jedoch kaum durchsetzen lassen wird. – Außerdem ist der Anstieg der Verleihvorkosten auf die Entwicklung zurückzuführen, dass kommerzielle Filme immer schneller mit **immer mehr Kopien** (und entsprechendem Werbedruck) ins Kino gebracht werden und dort immer kürzer laufen: Während in den 80er Jahren kommerzielle Filme noch mit ca. 100 bis maximal 200 Kino-Kopien ausgewertet wurden, hat sich diese Zahl inzwischen auf ca. 450–900 vervielfacht.

7.2.3 Faktoren für die Höhe der Verleihspesen

Die mit 35 % relativ hohen Verleihspesen sind im Übrigen – entgegen einem weit verbreiteten Irrglauben – nur zum kleineren Teil ein Entgelt für die vom Verleih geleistete Arbeit, sondern vielmehr im Wesentlichen als **Risikoausgleich** für die Investition des Verleihs (= Minimumgarantie und Verleihvorkosten) anzusehen. Der Verleiher erbringt eben nicht nur eine Dienstleistung, sondern übernimmt typischerweise de facto auch die Funktion eines Risiko-Financiers bzw. einer Bank – mit dem Unterschied, dass der Produzent keine Bank finden würde, die als Alternative zum Verleih dessen Risiko übernehmen würde.

Je höher dieses Investment des Verleihs ist, desto mehr wird dieser – grundlegender kaufmännischer Logik folgend – bei der Verhandlung des Verleihvertrages auch auf einer hohen Verdienstchance und damit auf dem höchstzulässigen Spesensatz bestehen. Aus Sicht des Verleihs muss ein wirtschaftlich wirklich erfolgreicher Film in der **Mischkalkulation** über eine Verleihstaffel statistisch gesehen mindestens ca. 3–4 Filme mittragen, die das Investment des Verleihers nicht wieder einspielen (im Musik- und Buchverlags-Bereich gilt dies entsprechend, wobei dort jeweils einerseits statistisch sogar noch mehr erfolglose Titel auf einen erfolgreichen Titel kommen, andererseits jedoch die mit der Veröffentlichung eines Titels verbundenen Kosten auch nicht annähernd so hoch sind wie im Kinoverleih).

In den Ausnahmefällen, in denen der Verleih keine Minimumgarantie zahlt und auch kein Verleihvorkosten-Risiko tragen muss,
d. h., wenn die Verleihspesen einmal wirklich ausschließlich zur
Abgeltung der Dienstleistungen des Verleihs dienen (wie dies bei
ohne Verleihgarantie finanzierten und erst nach Fertigstellung an
einen Verleih lizenzierten Filmen, sog. „Pick-Ups", der Fall sein
kann), betragen die Verleihspesen dementsprechend nur ca. 15 %
(und in manchen Fällen sogar noch deutlich weniger).

7.2.4 Alternative Kino-Abrechnungsmodelle

Natürlich werden trotz alledem – je nach den Umständen, insbesondere dem Grad des Interesses des Verleihers an dem betreffenden Film – nicht selten geringere Verleihspesen als 35 % ausge-
handelt. Um den Produzenten besser als im „Standard-Ausgangsmodell des Verleihers" zu stellen, gibt es allerdings neben einer
schlichten Verringerung der Verleihspesen auch Möglichkeiten,
einen grundsätzlich anderen Abrechnungsmodus zu vereinbaren:

Nach dem „**costs off top**"-**Abrechnungsmodell** werden bis zur
Rückdeckung der Verleihvorkosten gar keine Verleihspesen erhoben, nach Rückdeckung der Verleihvorkosten werden die Erlöse
geteilt, wobei die Minimumgarantie als Vorauszahlung auf den
Produzentenanteil weiterhin aus diesem zurückgedeckt wird
(siehe **Beispielrechnung 2**). Nach diesem Modell erhält der Produzent ab einem wesentlich früheren Zeitpunkt als im „Ausgangsmodell" Erlöse ausgezahlt; im Falle eines überragenden Erfolges
mit mehreren Millionen Kinobesuchern können allerdings geringere Produzentenanteile anfallen als unter dem „Ausgangsmodell".

Eine andere Möglichkeit ist es, einen sog. „**Korridor**", d. h. eine
Umsatzbeteiligung des Produzenten an den Kino-Erlösen des Verleihs auszuhandeln; demnach werden z. B. von dem 65 %-Produ-
zentenanteil weiterhin 60 % erst nach Rückdeckung von Verleihvorkosten und Minimumgarantie, 5 % jedoch sofort („vom ersten
Euro an") an den Produzenten ausgezahlt (siehe **Beispielrechnung
3**). Wenn der Film die Verleihvorkosten und die Minimumgarantie einspielt, so ist der „Korridor" für den Produzenten allerdings
(abgesehen davon, dass der Korridor-Betrag etwas früher zur Auszahlung fällig sein kann) wirtschaftlich neutral. Der „Korridor" erfüllt
insofern lediglich einen begrenzten Zweck, nämlich dem Produzenten auch für den Fall, dass der Film das Investment des Verleihers

nicht einspielt, abzusichern und ihm dann dennoch einen – für den Verleih verkraftbaren – Erlös zukommen zu lassen.

In der Praxis können alle drei vorgestellten Modelle weiter variiert bzw. ggf. z.T. kombiniert werden; mitunter werden z.B. Abrechnungsmodelle (auch „Waterfall" genannt) kreiert, in denen zahlreiche Stufen definiert sind, bei deren Erreichen sich der Spesensatz bzw. die Erlösverteilung jeweils ändert.

Als weitere Möglichkeit könnte vertraglich vereinbart werden, dass z.B. Video-/DVD- bzw. TV-Erlöse auch dann, wenn der Verleih die Verleihvorkosten und Minimumgarantie aus den Kino-Erlösen noch nicht zurückgedeckt hat, bereits an den Produzenten auszuzahlen sind. Eine derartige Aufhebung der **Verrechenbarkeit** (**„Cross-Collateralization"**) zwischen den lizenzierten Rechten wird allerdings praktisch für den Produzenten kaum durchsetzbar sein, da der Verleih ja gerade deshalb an einer Lizenzierung von Video-/DVD-Rechten bzw. TV-Rechten interessiert ist, um sich für den (statistisch sehr wahrscheinlichen) Fall abzusichern, dass die Kino-Erlöse allein zur Rückdeckung der Verleihvorkosten bzw. der Minimumgarantie nicht ausreichen.

7.2.5 Ansätze zur weiteren gesetzlichen Reglementierung der Verleihspesen

Zur Unterstützung der Produzenten wird immer wieder vorgeschlagen, den zulässigen Verleihspesen-Höchstsatz weiter zu senken, z.B. auf 30 % oder weniger. Dieser sicherlich gut gemeinte Ansatz übersieht allerdings, dass man, wenn eine Rechnung für eine Seite (= die Verleiher) wirtschaftlich insgesamt nicht mehr aufgeht, diese wirtschaftliche Realität nicht per gesetzlicher Verfügung ändern kann. Wenn die in vorstehender Ziffer beschriebene Mischkalkulation aufgrund gesetzlicher Beschränkungen nicht mehr in ausreichendem Maße möglich wäre, so würde sich die Verleihlandschaft noch mehr ausdünnen, was der deutschen Filmwirtschaft und insbesondere auch den Produzenten mittelfristig schaden würde. Die zu erwartende praktische Folge einer derartigen einseitigen gesetzlichen Vorgabe wäre allerdings, dass Verleiher (in noch stärkerem Maße als dies bereits der Fall ist) sich für ihr Investment jeweils einen Koproduzenten-Status einräumen lassen und dadurch ihre jeweilige Gesamtrechnung wieder „ins Lot bringen" würden.

7.3 Video-/DVD-Abrechnung

Mit dem Boom der DVD-Auswertung haben auch die Video-/DVD-Erlöse an Bedeutung gewonnen. Während in den 90er Jahren die Auswertungsarten Kino/Video/TV in einer typischen Deckungsbeitragsrechnung eines Verleihers mit ca. 15 %/15 %/70 % allokiert waren, so hat sich demgegenüber der Anteil von Video/DVD im Durchschnitt (zulasten des TV-Anteils) wesentlich erhöht. In traditionell starken Video-Ländern wie USA, UK und Frankreich machen die Deckungsbeiträge aus Video/DVD sogar oft bereits 50 % und mehr des „Gesamtkuchens" aus.

Die traditionell am meisten verbreitete Video-/DVD-Abrechnung ist das „**Royalties**"-**Modell,** bei dem ausschließlich auf Grundlage der vom Video-/DVD-Distributor „**at source**", d. h. auf der Stufe der in Videotheken bzw. Einzelhandel erzielten Umsätze abgerechnet wird (das Royalties-Modell entspricht insoweit technisch dem unter vorstehender Ziffer vorgestellten „Korridor"). Der Charme dieses Abrechnungsmodells ist seine Einfachheit und Klarheit, da weder die Herstellungs-, Marketing- bzw. Vertriebskosten des Video-/DVD-Distributors noch dessen Spesen berücksichtigt werden und auch z. B. die Vertragsgestaltung zwischen einem Verleiher und einem Video-/DVD-Distributor, an den der Verleih die Video-/DVD-Rechte sublizenziert, für den Produzenten keine Rolle spielt. Die Royalties des Produzenten betragen – wiederum jeweils abhängig z. B. von der Höhe der Minimumgarantie – typischerweise ca. 30–35 % für Verleih-Video/-DVD („Rental") und ca. 12,5–25 % für Verkaufs-Video („Sell-Through").

Eine gängige **Alternative** ist eine dem in vorstehender Ziffer 7.2.1 vorgestellten Ausgangsmodell der Kino-Abrechnung entsprechende **Video-/DVD-Abrechnung unter Berücksichtigung von Spesen und Kosten,** wobei der gemäß FFG-Richtlinien (RL 31 Projektfilm) vorgegebene Spesen-Höchstsatz von 30 % regelmäßig ausgeschöpft wird. Auch nach diesem Spesen-/Kosten-Modell, das bei einer sehr erfolgreichen Video-/DVD-Auswertung für den Produzenten in aller Regel vorteilhafter sein wird als das „Royalties"-Modell, wird „at source" abgerechnet.

Beide vorstehend dargestellten „at source"-Abrechnungsmodelle haben gemeinsam, dass z. B. eine Minimumgarantie, die der Verleiher von einem Video-/DVD-Distributor (an den er die Video-/ DVD-Rechte sublizenziert hat) erhält, nicht an den Produzenten abzurechnen ist. Um dies zu erreichen, müssten nicht die „at source"-Erlöse, sondern die Erlöse, die der Verleiher von seinem Sublizenznehmer erhält, zur Abrechnungsgrundlage gemacht werden, was wenig sachgerecht und praktikabel wäre und in der Praxis daher auch kaum gemacht wird.

7.4 TV-Abrechnung

TV-Rechte können – im Gegensatz zu den Kino- und Video-/DVD-Rechten nicht „at source" abgerechnet werden. „At source" hieße im Free-TV die durch die Ausstrahlung des Films erzielten Werbeerlöse und im Pay-TV die (anteiligen) Abonnentengebühren; eine Abrechnung dieser Erlöse durch die TV-Sender ist jedoch praktisch undenkbar. (Auch sog. „Bartering-Modelle", bei denen ein Produzent/Lizenzgeber vom TV-Sender keine Lizenzvergütung, sondern stattdessen Werbezeit zur freien Verfügung erhält, haben sich in Deutschland nie durchgesetzt).

Abrechnungsgrundlage kann daher nur die **Lizenzvergütung** sein, **die der Verleih jeweils vom TV-Sender erhält.** Diese Lizenzvergütung kann von zahlreichen, vom Produzenten kaum erkennbaren Faktoren (wie z. B. der Entscheidung des Verleihs, die TV-Rechte vor Kinostart zu lizenzieren oder damit bis nach Kinostart zu warten) beeinflusst werden und ist daher, zumal die Marktlage für Spielfilme im deutschen Fernsehen (soweit es sich nicht um herausragende Kinoerfolge handelt) mittelfristig schwierig bleiben wird, mit mehr oder minder starker Unsicherheit behaftet. Versuche, diese Unsicherheit z. B. durch ein „Matching Right" des Produzenten zu verringern, haben sich als wenig praktikabel erwiesen.

Als Alternative zu einer Abrechnung kann zwischen Produzent und Verleiher daher auch ein TV-Festpreis vereinbart werden, der dem Produzenten von vornherein die Sicherheit einer festen Kalkulationsgrundlage gibt. Ggf. kann zusätzlich ein „Escalator", d. h. an das Erreichen einer bestimmten Kinobesucherzahl in Deutschland gekoppelte fixe zusätzliche Zahlungen, vereinbart werden.

7.5 Abruf-/"On-Demand"-Abrechnung

Für die noch sehr junge und dementsprechend wirtschaftlich noch nicht bedeutende Auswertung der Abruf-/"On-Demand"-Rechte haben sich bis jetzt im Verhältnis Verleiher/Produzent Abrechnungssätze von 50 % der dem Verleiher vom jeweiligen Abruf-"On-Demand"-Service zufließenden Erlöse bzw. 25 % der „at source" anfallenden, d. h. von den abrufenden Endkunden gezahlten Beträge, herauskristallisiert. Ob sich diese Prozentsätze grundlegend verändern, wenn diese Auswertungsart wirtschaftlich an Bedeutung gewinnt, erscheint noch nicht absehbar.

8. Verleihvorkosten

Bei von internationalen Produzenten bzw. Lizenzgebern vorgelegten Vertragsentwürfen enthält die Definition der Verleihvorkosten – meist eine lange und unübersichtliche Klausel in den „Standard Terms" – mitunter überraschende und ungerechtfertigte Ausschlüsse. Ein entsprechend zähes Ringen um derartige Formulierungsdetails ist bei innerdeutschen Verleihverträgen eigentlich nicht erforderlich, da auf den **Katalog der abzugsfähigen Verleihvorkosten in den Richtlinien zum FFG** (§§ 17, 24, 27 RL Projektfilm) verwiesen werden kann.

9. Parameter der Veröffentlichung im Kino

„Checkliste" denkbarer Vertragspunkte:

- Test-Screenings (Wer kann sie verlangen, wie und wie viele, Konsequenzen der Test-Ergebnisse?)

- Bestimmung der zu veröffentlichenden Schnittfassung (ggf. als Konsequenz von Test-Screenings) und des Filmtitels

- Verpflichtung des Verleihs zum Kinostart? Recht des Verleihs zur Sublizenzierung der Kino-Rechte

- Mindestanzahl von Startkopien, Mindest- und Höchstgrenzen des Verleihvorkosten-Startbudgets

- Abstimmung des Kinostarts (Startdatum, Verleihvorkosten-Budget, Auswahl der Filmplakate und sonstigen Elemente der PR- bzw. Werbekampagne)

- Verpflichtung des Produzenten bzgl. der Verfügbarkeit von Regisseur und Hauptdarstellern für die PR-Kampagne

10. Optionen/First Negotiation-Rechte

Eine **Option** bzw. z. B. ein „**First Look**"-**Recht** oder ein „**Right of First Negotiation and Last Refusal**" könnten z. B. bzgl. einer Verlängerung der Lizenzzeit oder bzgl. einer Wiederverfilmung („Re-Make"/"Sequel") vereinbart werden. Von einer „Option" im juristischen Sinne (aufschiebende Bedingung, §§158, 161 BGB) kann nur gesprochen werden, wenn alle Konditionen verhandelt sind und nur noch eine einseitige Ausübungserklärung erforderlich ist.

11. Rechtegarantien

Zusätzlich zur Rechtegarantie des Produzenten sollten im Regelfall die „**Chain Of Title**"-**Dokumente** (= die Rechtekette bzgl. aller für die Auswertung des Films erforderlichen Urheberrechte) vom Produzenten vorgelegt werden. Auch kann es aus Sicht des Verleihs sinnvoll sein, den Abschluss einer „**Errors & Omissions**"-**Versicherung** und die Eintragung des Verleihs als „Additional Insured" zu verlangen.

12. Abtretbarkeit/Sicherungsübereignung

Zu regeln ist, inwieweit der Verleih zur Abtretung bzw. Sublizenzierung der lizenzierten Rechte berechtigt sein soll. Der Verleih wird dabei regelmäßig zumindest die Möglichkeit zu einer Sicherungsabtretung der Rechte an eine Bank sowie zu einer Sublizenzierung der Rechte, die er nicht selber auswertet, benötigen. Weiterhin kommt z. B. in Betracht, dass sich der Verleih die zugrundeliegenden Rechte an dem Film und dessen Materialien sicherungshalber abtreten lässt, um im „worst case scenario" den Film notfalls selber fertigstellen lassen zu können.

13. Kündigung

Hier sind – über die nach deutschem Recht ohnehin bestehenden Kündigungs- bzw. Rücktrittsmöglichkeiten hinaus – insbesondere die Nachfristen zu regeln, nach deren Ablauf im Falle der Nicht-Leistung des Vertragspartners die Kündigung bzw. der Rücktritt vom Vertrag erklärt werden kann.

Zu beachten ist, dass die früher gebräuchlichen Insolvenzschutz-klauseln, wonach im Falle der Insolvenz des Vertragspartners gekündigt werden kann, gemäß § 112 InsO rechtsunwirksam sind. Der Aspekt des Schutzes vor einer möglichen Insolvenz des Ver-tragspartners sollte daher im Rahmen der allgemeinen Sicherung der jeweiligen Gegenleistung (siehe dazu Abschnitt 6 – „Vergü-tung/Minimumgarantie") berücksichtigt werden.

14. Schlussklauseln

Hier sollten sog. „salvatorische Klauseln" eingefügt sowie der **Gerichtsstand und das anwendbare Recht** geregelt werden.

Bei einem internationalen Verleihvertrag ist es für den deutschen Verleiher oft schwierig, deutsches Recht bzw. einen deutschen Gerichtsstand durchzusetzen, insbesondere wenn – was regelmä-ßig der Fall ist – US-Banken bzw. US-Completion-Bond-Gesell-schaften in die Finanzierung involviert sind. Bank und Bond sind allerdings regelmäßig in erster Linie nur an der Sicherstellung der Lieferung und der Zahlung der Minimumgarantie interessiert, so dass es oft möglich ist, wenigstens für alle Streitfälle, die nicht die Lieferung bzw. die Zahlung der Minimumgarantie betreffen, deutsches Recht und Gerichtsstand zu vereinbaren.

Wenn es sich bei dem Verleihvertrag um ein **„Deal Memo"** han-delt, sollte das weitere Procedere geregelt werden – insbeson-dere ob das Deal Memo im Zweifel allein Bestand haben oder aber von der späteren Ausfertigung eines „Long Form"-Vertrages abhängig sein soll.

1.5.3 Der Produzent

Der Produzent ist meist so beschäftigt, bei der Herstellung des Films alles unter Kontrolle zu halten, dass er vergisst die Auswertung im Griff zu behalten. Die Abgabe an einen Verleih beinhaltet meist den Zeitpunkt, an dem der Produzent aufhört zu denken. Die Nullkopie ist gemacht und eingelagert, die Hauptdarsteller und der Regisseur sind auf Interviews verpflichtet, die Pressefotos sind griffbereit – das war's.

Produzenten beklagen oft, dass die Erlöse aus den Kinoverleih-Aktivitäten gar nicht oder zu spärlich fließen. Einige ziehen daraus den Schluss, dass dort das Geld versandet und die einzige Möglichkeit wäre, selbst einen Verleih zu gründen. Tatsächlich werden dabei aber das Risiko und die gewaltigen Investitionen, die das erfordert, leicht übersehen.

Der Produzent bekommt neben einer Minimumgarantie (siehe dazu „Finanzierung") einen Anteil an den Erlösen des Verleihs. Hier beginnt der Streit:

Der Verleiher will, und kann sich damit immer durchsetzen, seine Vertriebsprovision, meist 30 %, vorab abziehen. Eine alte Forderung der Produzenten ist producers dollar equal distributor dollar, also eine gleiche Verteilung der einkommenden Gelder 50 % zu 50 % auf beide Parteien, aber damit haben sie sich noch nie durchsetzen können.

Die Verleiher verweisen auf ihr hohes Risiko und es gibt anscheinend immer weniger Verleiher am Markt als Produzenten und insbesondere wenige, die dauerhaft überleben. Die Website des Medienboards Berlin-Brandenburg (medienboard.de) listet viele Verleiher auf, aber die meisten sind wohl kaum erfolgreich im Geschäft.

Auch hat die Bestimmung einiger Förderungen, erst einen Verleih vorweisen zu können, bevor eine Kinoförderung vergeben wird, dazu geführt, dass viele Verleihe gegründet wurden, deren einzige Aufgabe es war, für einen Film einen Verleihvertrag auszustellen.

Nach der Verleihprovision werden die P+A-Kosten sowie alle weiteren Kosten abgezogen. Sodann wird erst die Minimumgarantie abgezogen, bevor die Beteiligung des Produzenten endlich gezahlt wird. Nun ist es üblich, dass der Produzent ab hier 100 % erhält, oft aber, insbesondere wenn der Verleih mit weiteren Summen Koproduzent ist, wird die Summe dann auch noch reduziert, teilweise bis auf 20 %.

Ohne dass der Verleih den Produzenten übervorteilen würde, ist offensichtlich, dass es lange dauert und viele Zuschauer braucht, bis der Produzent Geld sieht.

Ganz besonders schwierig ist die Rückführung der Einnahmen: Diese geschieht in sogenannten „Rängen". Der Begriff hat sich so eingebürgert, dass ihn sogar die Förderungen benutzen. Einige Gelder sind gleicher als andere: Aus irgendeinem Grund werden sie bevorzugt zurückgeführt. Das können Gelder sein, die als erste gezahlt wurden oder solche, die als letzte (Schlussfinanzierung) gezahlt wurden oder Investments, die sehr hoch waren. Bis zu 17 Ränge in der Verteilung habe ich schon gesehen und es gibt noch mehr. Es ist deshalb nicht nur wichtig in der Reihenfolge zu stehen, sondern auch aufzupassen, welchen „Rang" man hat.

Peter Schulze, Fox, freier PR-Agent, Berlin

(Geboren 1956 in Sachsen-Anhalt, aufgewachsen in der Nähe von Potsdam und schon seit Kindertagen filmbegeistert, 1974–1976 Ausbildung als Filmkopierfacharbeiter im DEFA-Studio für Spielfilme, anschließend arbeitete er als Regie-Assistent, später als 1. Regieassistent, 1986 Wechsel in den Bereich Öffentlichkeitsarbeit des Studios. Studierte Filmwissenschaft, seit 1990 in Berlin für 20th Century Fox of Germany als PR-Mann tätig, ab Ende der 90er Jahre zusätzlich deutschlandweit als Eventmanager der FOX. Parallel dazu gründet er gemeinsam mit Jutta Heyn 1994 die Agentur „Schulze & Heyn FILM PR", die sich mit Filmprojektbetreuung, Filmproduktions- und Verleihpresse und Filmbuchpromotion beschäftigt. Im Rahmen der Agentur betreut er mehr als 20 Schauspieler als PR-Agent, darunter Sylvester Groth, Dagmar Manzel, David Kross, Matthias Schweighöfer, Robert Stadlober, Kostja Ullmann u. a.
Schulze hat seit 1992 einen Lehrauftrag an der Hochschule für Film- und Fernsehen „Konrad Wolf" [Potsdam Babelsberg] zum Thema „Film-PR und Medien".)

Gedanken zu Film-Pressearbeit und -Marketing

Die völlige Veränderung der Medienlandschaft seit Anfang der 90er Jahre, die geradezu explosionsartige Zunahme an elektronischen Medien, ein sich wandelnder Printmarkt und die „Neuen Medien" – z. B. alle Möglichkeiten des World Wide Web – mussten zwangsläufig auch ein Umdenken in wesentlichen Fragen der PR und des Marketings nach sich ziehen.

Reichten vor nicht allzu langen Jahren noch das Beschreiten der klassischen Wege wie Plakatierung, Anzeigen, Kinotrailer und die Rezension in der Zeitung, so ist das heute nur noch eine Form, keine unwesentliche, aber eine bei Weitem nicht ausreichende.

Die Informationsmöglichkeiten des Publikums spalten sich heute in derart verschiedene Bereiche, dass es für die Filmindustrie nicht ausreichend sein kann, die „klassischen" Wege zu beschreiten. Hinzu kommt, dass heute zwischen 450 und 600 Filme jährlich den Sprung auf die Leinwand schaffen wollen. Wie lange sie da zu erleben sind, hängt ganz unmittelbar davon ab, wie sie im Vorfeld wahrgenommen werden, wie präsent sie sind. Neustarts von ca. 7–15 Filmen jeden Donnerstag erfordern Ideenreichtum von den PR-Experten. Die Frage, für wen der entsprechende Film eigentlich gemacht ist, wen er anspricht, also die Frage nach der Zielgruppe, stellt sich bei diesem übergroßen Angebot mehr denn je.

Allein viel Geld auszugeben, kann der Weg nicht sein – viel Geld heißt nicht unbedingt viele oder gute Ideen. Ich leugne natürlich nicht, dass es nicht ohne Geld geht – aber selbst explodierende Marketingbudgets haben ihre Grenzen und können bei unklarer Publikumsansprache schnell im Nirwana enden.

Ziel jeder PR-Kampagne für einen Film muss es sein, mit möglichst effektiven Mitteln eine Breitenwirkung in den Medien und in den Bereichen des öffentlichen Lebens zu erreichen.

Der Film muss Gesprächsstoff sein, und das am besten bevor er auf der Leinwand zu sehen ist!

Natürlich ist zuerst der Journalist, der seine Meinung über den Film mit seinen Möglichkeiten in der Zeitung, im Rundfunk, im Fernsehen verkündet, ein wesentlicher Partner geblieben. Aber was nützt das allein, wenn ein Großteil unseres potentiellen Publikums keine Zeitung mehr liest, Musik nicht mehr im Radio, sondern nur vom Ipod hört und Fernsehen oft nur noch am Computer bei YouTube wahrnimmt? Von seriösen und meinungsbildenden Internetseiten wie Spiegel Online bis hin zu Filmseiten, die ein filmbegeisterter Fan schreibt, der kein großes Filmwissen hat, das Œuvre eines Künstlers vielleicht gar nicht kennt, aber die Sprache derer trifft, die lesen, was er schreibt – das sind hinzugekommene Meinungsbildner. Sie zu ignorieren, hieße der Realität zu entweichen, was bekanntermaßen wenig ratsam ist.

Die Spezialisierung der Medien, ob im Printbereich das Ende der „Zeitschrift für alles und alle" und die Geburtsstunde einer unzähligen Vielfalt von Special Interest-Magazinen in den letzten Jahren, verlangen von uns Übersicht und Weitsicht! Deutschland ist heute prozentual der größte Printmarkt der Welt. Über 360 Tageszeitungen, über 2.600 Zeitschriften, über 3.400 Fachpublikationen ringen um Leser und wir drängen an und in sie!
Über 50 werbetreibende Sender (inklusive ARD und ZDF) sprechen oft nur noch über Quoten. Das Fernsehen wäre noch ärmer ohne Filme, nur berichten will das Fernsehen darüber immer weniger. Gab es vor wenigen Jahren in den meisten Dritten Programmen der ARD, im ZDF, bei Pro Sieben u. a. noch mehr oder weniger klassische Filmsendungen, die das Publikum über die Neustarts einerseits und Hintergründe andererseits informierte, so obliegt die Aufgabe heute meist den Boulevardformaten wie „Brisant", „Leute heute", „Exclusiv", „Taff". Dass es hierbei mehr um das „wer war da, was hatte sie an" geht als um Inhalte, hat ursächlich mit der Aufgabenstellung dieser Sendeformate zu tun. Nie hätte ich geglaubt, dass das alte „Tagesschau"-Motto „bist Du noch so fleißig, gesendet wird 1:30" (also die unglaubliche Länge von 1 Minute und 30 Sekunden) so wahr werden würde. Und es gibt keine Unterschiede mehr zwischen öffentlich-rechtlichem und privatem Fernsehen. Der Sendeauftrag von ARD und ZDF scheint auch in den Hirnen der dort Verantwortlichen nur noch als Quotenmeter existent. Die Frage der Qualität und der Auftrag, kluges Fernsehen für kluge Menschen zu machen, ist es jedenfalls schon lange nicht mehr. Aber irgendwann werden wir alle alles kochen können, ganze Häuser selbst errichten und dafür aber wenigstens ständig an Deutschkursen im Fernsehen mitmachen können – ist ja auch was.
Häufig besteht die einzige Möglichkeit im Fernsehen auf Kinofilme hinzuweisen darin, Werbung zu kaufen – aber das ist teuer und einer der wesentliche Gründe, die bei uns zu viel höheren Budgets bei der Herausbringung der Filme geführt haben.

Da es gegenwärtig so ist, dass der Kinofilm nur in den erwähnten Formaten oder solchen Inseln der Glückseligkeit wie „Aspekte" (ZDF), „TTT" (ARD) und der letzten übrig gebliebenen alten Filmsendung „KINO, KINO" (BR) Platz finden, sind Wege zu gehen, die steiniger, aber oft sinnvoller sind.

Die Kinofans erreichen wir leichter. Den Teil des potentiellen Publikums, der sich vielleicht mehr auf den Inhalt eines Films oder seine Gesellschaftsrelevanz als auf sein Starpotential einlassen würde, den müssen wir erreichen.

Bei Roland Emmerichs „The Day after Tomorrow", in dem es um den Klimawandel ging, lag es nahe, ein Publikum mittels der PR-Arbeit anzusprechen, welches eher den Politikteil der Zeitung liest und politische Sendungen sieht. Und so war Emmerich u.a. Gast bei „Berlin Mitte" (Heute: „Maybritt Illner") und Sandra Maischberger. Flankierende Berichte in Zusammenarbeit mit Wissenschaftlern unterstützten die Bemühungen um eine Breitenwirkung.

Bei Marco Kreuzpaintners erstem US Film „Trade – Willkommen in Amerika" – die sensible und dennoch harte Geschichte um Menschenhandel zum Zwecke sexueller Ausbeutung – wurde mit sechs der wesentlichsten Hilfsorganisationen des Landes zusammengearbeitet, um ein Problembewusstsein zu schaffen. Flyer, die zusammen mit Partnern, die sich dieser Aufgabe verschrieben haben, wurden nicht einfach in die Kinos gelegt, sondern einer bundesweit erscheinenden Tageszeitung beilgelegt und der Film in den „Tagesthemen" vorgestellt. Robert Redfords „Von Löwen und Lämmern" erlebte eine andere Art von „Premiere". Hier war weniger der Rote Teppich das Ziel, als vielmehr etwas wirklich Ungewöhnliches: Es gab eine hochkarätig besetzte Podiumsdiskussion nach der Filmaufführung, gemeinsam organisiert von 20th Century Fox und DER SPIEGEL, und so saß neben einem Historiker, dem SPIEGEL-Auslandschef und Robert Redford als Produzent, Regisseur und einem der Hauptdarsteller (der andere Gast des Abends war Tom Cruise) eben auch Außenminister a. D. Joschka Fischer als Diskutant auf dem Podium. Das Außergewöhnliche konnte man am Medienecho spüren. Alle großen deutschen Tageszeitungen besprachen diese Diskussionsrunde, meistens als Feuilletonaufmacher oder als Titelgeschichte (FAZ). Und der SPIEGEL widmete der Diskussion und dem Film vier Seiten – was dort nicht so oft vorkommt!

Das alles ergänzt selbstredend die klassischen Formen, wie Interviews, Rezensionen, Plakatierungen, Kinotrailer und Anzeigen.

Das sind einige, vielleicht nicht repräsentative Beispiele, aber ich wollte eine Richtung beschrieben, die der nicht gewöhnlichen, nicht ausgetretenen Wege.

Ein Film allein, sei er noch so gut, noch so besonders, noch so innovativ, schafft sich keinen Erfolg. Er braucht Helfer – und zwar viele – engagierte, einfallsreiche, begeisterungsfähige!

1.6 Was bringt die Zukunft?

Digitalisierung! Die ersten zwei digitalen Filmkopien (wobei genau genommen nicht mehr von Filmkopie gesprochen werden kann, denn die wird gerade nicht mehr gebraucht, wurden von George Lucas für „Star Wars Episode I" eingesetzt. Seitdem wartet die Branche auf den unvermeidlichen Effekt, dass die Filmkopie komplett verschwindet und durch die digitale Revolution ersetzt wird. Die Verzögerung hat einen guten Grund:

Die Branche fürchtet sich vor den Kosten, denn wie alle neuen digitalen Geräte kostet die neue erste Generation von digitalen Kinoprojektoren, the must have, je 100.000 Euro. Wie bei allen digitalen Revolutionen kostet dann die zweite Generation vermutlich noch 20.000 Euro und die dritte 4,50 Euro. Gefährlich, den falschen Zeitpunkt zu erwischen und entweder ruiniert oder zu spät zu sein.

Die Umstellung sollte ziemlich zeitgleich und flächendeckend erfolgen. Den richtigen Zeitpunkt nicht zu verschlafen, ist derzeit die wichtigste Aufgabe der Kinobetreiber.

Was sind die Folgen? Das Kinogeschäft ist heute sehr physisch: Kinofilmkopien sind wirklich schwer, sie müssen manuell durch das Land transportiert werden. Sie müssen eingesetzt und beaufsichtigt werden. Ihre Anzahl ist endlich, nicht jedes Kino kann eine Kopie jedes Filmes haben. Hat man sie im Haus, muss man sie als Kinobetreiber nutzen. Mehr als einmal die Woche einen Film zu wechseln, scheitert schon an dem Transportaufwand.

Die digitale Kinokopie ermöglicht einen flächendeckenden Start eines Kinofilms ohne Kosten. Digitale Kopien sind beliebig herstellbar, jederzeit einsetzbar, kurzfristig lieferbar.

Das heißt, das Kino wird sich sehr verändern. Statt in einem Kinosaal eine Woche lang einen Film zeigen zu müssen, kann der Kinobetreiber im selben Saal zu jeder Vorstellung ohne Aufwand das Programm ändern. Nachmittags kann er Kinderfilme nach Alter gestaffelt zeigen, abends einen Blockbuster und nachts Filmkunst – oder das Gegenteil – einen kompletten Splatter. Das Kinoprogramm ähnelt dann mehr einem TV-Programm. In einem Kino mit acht Sälen kann die ganze Palette der aktuellen Kinoproduktionen gezeigt werden.

Viel spannender ist aber, was wird das mit den Kinos machen, die wir heute kennen? Die digitale Kopie braucht auch keine Kinobauten mehr. Digitale Kopien könnten dann in einem ganz anderen Rahmen gezeigt werden, vorausgesetzt, man hat den teuren Projektor. Also könnte es gut sein, dass sich die heute üblichen Kinosäle wiederfinden in einer Vielfalt anderer Räume, in denen Filme gezeigt werden – seien es Einkaufszentren oder Freizeiteinrichtungen wie große Thermalbäder, große Tankstellen etc. Wir dürfen gespannt sein. Was bringt die Zukunft in der schönen neuen Welt des Web 2.0? Fragen wir die Experten:

Fan Farming 2.0
Filmmarketingstrategien für MySpace, Facebook und Co.

Jacob Bilabel, MySpace, freier Medienberater Thema1, Berlin

In den vergangenen Jahren konnte man beobachten, dass Produktionen großer Studios mit immer aufwendigeren Kampagnen zum Filmstart um die Aufmerksamkeit der Zielgruppen buhlten. Es galt, in den entscheidenden zwei Wochen vor und nach der Premiere die Marketingmaschine auf maximaler Leistung zu fahren: Anzeigenkampagne, Fernseh- und Kinospots, Interviewtouren mit den eingeflogenen Stars waren das Pflichtprogramm eines jeden Verleihers. Eine glamouröse Premierenfeier in allen europäischen Hauptstädten galt ab einem gewissen Budget als normal.

Parallel schienen aber auch einige eher kleinere Produktionen plötzlich erstaunlich viel Aufmerksamkeit zu erzeugen. Neben der unbestrittenen Qualität der Filme hatten sie eines gemeinsam: Die Marketingabteilungen hatten begonnen, das Internet als neuen Kommunikationskanal in den Mediamix mit einzubeziehen.
Was bei „Blairwitch Project" gelernt wurde, wurde nun in aktuellen Strategien verfeinert umgesetzt. Für „Borat", „Snakes on the Plane" oder „James Bond" war die Internet-Kampagne schon maßgeblicher Bestandteil des Erfolgs.

Zwei Parameter entscheiden klassisch über Erfolg oder Misserfolg einer Filmmarketingkampagne: ein genügend großes Budget. Und eine gute Idee. Idealerweise kommt beides zusammen.
Aber welche Anforderungen stellen die neuen Möglichkeiten des Web 2.0 an eine Filmkampagne?

Die großen neuen Social Networks wie MySpace, Facebook (oder: StudiVz in Deutschland) oder MyVideo bestehen zum Großteil aus User generated content. Die klare Trennung zwischen Produzent und Konsument verschwimmt immer mehr. Statt von New Economy spricht man heute von einer Attention Economy. Aufmerksamkeit wird zur Währung dieser neuen Welt.

Eine effektive Filmmarketingkampagne für das Web 2.0 sollte sich daher idealerweise an 5 Grundsätze halten:

1. Interagiere mit der Zielgruppe.

Das Web 2.0 zeichnet sich durch eine hohe Interaktionstiefe aus. Statt bloßer Kommunikation mit der Zielgruppe kann hier ein echter Dialog entstehen. Der Fan wird so zum Botschafter des Films. Virale Effekte können schon bei einem überschaubaren Budget generiert werden. Bei der Weinstein-Produktion „Clerks 2" bat man die Fans, den Link zur MySpace-Seite der Produktion auf ihren Seiten prominent darzustellen. Im Gegenzug bot man ihnen eine Namensnennung in den Credits des Films an. In weniger als 2 Stunden hatten sich mehr als 10.000 Fans gefunden, die Lust hatten, all ihre Freunde auf den Filmstart hinzuweisen! Die deutsche No-Budget-Produktion „Videokings" hat mit einer ähnlichen Idee so bereits zum Kinostart 1.500 garantierte Abnehmer der DVD generiert.

2. Kommuniziere rechtzeitig und kontinuierlich.

Statt bloß eine Website zu produzieren und sich zu wundern, dass keiner vorbeikommt, gilt es im Web 2.0 den kontinuierlichen Dialog zu suchen. Das mag am Anfang aufwendiger erscheinen, gibt er enormes Potential entlang der gesamten Auswertungskette bis hin zum DVD-Start.

Der Begriff Fan Farming bezeichnet diesen kontinuierlichen Aufbau und Pflege eines aktivierbaren Pools von potentiellen Botschaftern. Hierbei ist es von enormer Wichtigkeit, rechtzeitig mit der Arbeit zu beginnen und die Zielgruppe möglichst früh in die Marketingaktivitäten mit einzubeziehen: Videotagebücher aus der Produktion, Pre-Screenings nicht nur für Journalisten oder Interviews mit den Beteiligten helfen virale Effekte früh zu initiieren.
Lange vor dem offiziellen Filmstart veranstaltete Fox zusammen mit MySpace geheime (oder eben auch gerade nicht) Screenings des neuen „Borat"-Films zu dem Hunderte von begeisterten Fans kamen. So war der Film in den relevanten Zielgruppen schon lange Thema, bevor die erste Medienwelle anrollte.

3. Schaffe exklusive Inhalte.

Um den Fan als (unbezahlten) Botschafter der Kampagne zu gewinnen, muss man ihn zumindest auf eine Art entlohnen:
Im Web 2.0 kann dies durch exklusive Inhalte stattfinden, die in der klassischen Kampagne nicht auftauchen. So wird man statt des normalen Trailers besser eine Internet-Variante produzieren, die durch ihre Exklusivität weitere virale Momente erzeugen kann. Denn gerade im Netz gilt: man spricht gerne über das, was vielleicht noch nicht alle kennen. Und wer verschickt nicht gerne den vermeintlich noch geheimen Ausschnitt aus einem noch nicht angelaufenen Film?

Sehr gute Effekte kann auch ein RSS Reader haben, ein sogenanntes Widget, das aktuelle News aus der Produktion mit dem jeweiligen Link zu der Website abbildet. Ein ähnlich gutes Tool kann ein Countdown-Widget sein, das die Zeit bis zum Filmstart zählt. Die Community bindet es in ihren Internet-Seiten ein und generiert so massiv unbezahltes Marketing.

Aber auch andere Formen von exklusiven Inhalten schaffen Aufmerksamkeit: Auf der Website des neuen „Halloween"-Films können sich Fans die Michael Myers Maske herunterladen und so auch in ihrer Nachbarschaft Angst und Schrecken verbreiten.

4. Eine Hand wäscht die andere.

Wenn Aufmerksamkeit die neue Währung im Web 2.0 ist, so kann auch eine Filmkampagne der Community etwas zurückzahlen. Auf der Website des Tanzfilms „Step Up" wurden junge Tänzer aufgefordert, Videos von sich hochzuladen. Diese konnten dann von allen gesehen und bewertet werden. Die besten erhielten eine Rolle im Film und wurden auf der DVD eingebunden. Plötzlich waren auch sie kleine Stars. Und zudem begeisterte Botschafter des Films.

Die Logik ist einfach: Wenn man auf den User-generated-Content-Angeboten der Zielgruppe präsent sein will, muss man ihr im Gegenzug auch Fläche auf den Seiten des Films einräumen. Ein Geschäft, von dem beide etwas haben.

5. Nimm dich selbst nicht zu ernst.

Das Web 2.0 reagiert empfindlich auf allzu kommerzielle Versuche seitens großer Firmen. In der Folge kommt es oft zu Hohn, Spott bis hin zu offener Ablehnung. Daher gilt in der Kommunikation immer ein Maß von Selbstironie als wichtiger Punkt. Und nur so lassen sich virale Effekte initiieren. In der Kampagne zu dem neuen „Rocky"- Film wurde die Community herausgefordert, den berühmten Treppenlauf aus den frühen Film nachzustellen. Herausgekommen sind extrem lustige Filme mit Kindern, Senioren oder Tieren. Eine Sache ist ihnen allen gleich: Alle laufen eine Treppe hoch und schreien am Ende: „Adrienne!". Die Videos laufen fröhlich bei YouTube & Co. Und für den Filmstart von Rocky gab es neben den klassischen Trailern eine wunderbare, ironische, unbezahlte Kampagne mit Kultstatus.

2. Video-on-Demand (VoD)

Der Kronprinz VoD erinnert allmählich an Prinz Charles. Video-on-Demand galt als die Zukunft und als der sichere Tod der DVD, denn jeder kann den Film ohne Umweg über die Videothek bequem von zu Hause aus bestellen, er wird auf ein Gerät geladen und los geht es.

Jedoch sieht die Realität wohl anders aus. Die Zuwachszahlen sind mager bis alarmierend niedrig. Die Möglichkeit, dass aus dem Kronprinzen noch mal ein König wird, scheint immer unwahrscheinlicher. Für das Jahr 2010 wurden weltweit Umsätze von 4,4 Mrd. US-Dollar vorhergesagt, im letzten Jahr sollen es gerade mal 281 Mio. US-Dollar gewesen sein, gerade einmal 0,1 % des globalen audiovisuellen Mediengeschäfts. In den USA bricht sogar dieses niedrige Niveau noch ein.

Seit Jahren gehen alle davon aus, dass diese Form des Filmkonsums alle anderen bekannten Arten unterjochen wird: Niemand wird mehr ins Kino gehen, niemand läuft mehr in eine Videothek, keiner schaut mehr Fernsehen, denn da muss man auf Anfangszeiten und Ähnliches warten oder darauf, dass der Film, den man sehen will, überhaupt erscheint.

Der Wachstumsmarkt Nummer 1, die USA, meldet erschreckend niedrige Zahlen, mediale Entwicklungsländer wie Deutschland stellen keinen Wirtschaftsfaktor Video-on-Demand fest.

Die meisten nennen am liebsten überhaupt keine Zahlen. Wenn welche genannt werden, sagen seriöse Wirtschaftsreporter „das Unternehmen hätte nach eigenen Angaben …". Maxdome, das VoD-Portal der Pro7Sat.1-Gruppe will 170.000 Besucher haben, RTL meldet mit RTLnow (der RTL VoD-Dienst) monatlich und drei Millionen Abrufe der Daily Soap „Alles was zählt".

Bereits im Jahr 2000 war VoD das Thema. Damals, mitten im „Neuen Markt", in dem viele Medienfirmen erst an die Börse und dann in die Insolvenz gingen, sprachen bereits alle davon, dass VoD definitiv die Zukunft sei und sie in kurzer Zeit umfassende Lösungen dazu anbieten würden. Das Ergebnis war recht mager:

Für eine Weile musste der Zuschauer bei Premiere anrufen und dann konnte ein Film freigeschaltet werden. Das war dann auch noch unendlich teuer und es funktionierte nur für die neuen Spitzenfilme. Das Angebot wurde so selten in Anspruch genommen, dass man sich nicht traute Zahlen zu veröffentlichen.

Die viel gescholtene Telekom übernahm es dann Pionierarbeit zu leisten. Hier darf eine Lanze gebrochen werden: Ohne die Telekom und ihre Nachfolgegesellschaften wäre Deutschland ein Entwicklungsland im Mediensegment. Sie stellte den ersten funktionierenden VoD-Service auf die Beine, der aber auch das Problem hatte, primär zu langsam zu sein. Die technischen Probleme gelten bis heute nicht als befriedigend gelöst. Es ist alles schwieriger als gedacht.

Trotzdem setzen die meisten Fachleute noch auf VoD – die Argumente sind zu überzeugend und verlockend.

2.1 Das Prinzip

Video-on-Demand heißt, der Zuschauer sitzt zu Hause und wählt einen Film aus, den er schon immer sehen wollte. Der Film wird ihm ohne Zeitverzögerung auf den heimischen Flatscreen eingespielt.

Erforderlicher Aufwand: Eine Set-Top-Box, eine Kreditkarte, ein TV. Irgendeine Leitung zu diesem TV, denn die Übertragungswege könnten Kabel, Internet und sogar Satellit sein.

Alle gehen davon aus, dass VoD Pay-TV und DV kannibalisiert und TV und Kino schwere Schäden zufügen wird.

Und trotzdem ist es anscheinend nicht das, was der Zuschauer will.

Die Kinos sind zwar in keiner Wachstumsphase, aber sie haben die Konsolidierung gut überstanden.

Die Videotheken schwächeln überhaupt nicht, das Einzige, was ihnen ein Bein stellt, ist der Preiskrieg, den sie selbst begonnen haben.

Die TV-Sender erfreuen sich bester Gesundheit, von gelegentlichen Schadensmeldungen darf sich keiner irritieren lassen. Sie machen Milliarden.

Warum? Der technische Fortschritt lässt auf sich warten. Gerade erst waren Wunderboxen aus China zu besichtigen, die angeblich der endlich erwartete Durchbruch waren: Set-Top-Boxen, die auf Kommando einen Film abspielten. Jedoch war es wie vieles aus China in den letzten Jahren, eine Ankündigung, die keiner genauen Prüfung standhielt. Die Datenverarbeitung für ganze Filme ist ein enormes Problem.

Ein Problem ist der Übertragungsweg. Der Transport von großen Datenmengen über das Internet ist teuer und über Telefonleitungen sowieso. Die Lösungen über Kabel haben vergleichbare Probleme. Regelmäßig muss ein VoD-Anbieter über eigene Übertragungswege verfügen oder er ist auf Gedeih und Verderb der Preispolitik der Anbieter ausgeliefert.

Die Lösung wird seit Jahren in Aussicht gestellt und ist doch nicht so einfach. Solange der Film nicht auf Knopfdruck startet, so lange sind die Erwartungen des Zuschauers nicht erfüllt. Gut, gehen wir davon aus, die Probleme werden irgendwann gelöst.

Trotzdem bleibt die Frage, ob der Zuschauer Video-on-Demand vielleicht aus ganz anderen Gründen nicht will. Oder nur als Teil seines Film-Universums ansieht.

Bei allen guten Argumenten übersieht man leicht die Vorteile der anderen, etablierten Formen:

Kino ist cool. Beim allerersten Date als Teenager führt niemand die Angebetete zum Essen aus (zu teuer, keine Ahnung, was in der Speisekarte steht, man muss sich benehmen, was macht das Paar danach?).

Fernsehen ist unendlich billig. Es gibt in der modernen Konsumgesellschaft keine günstigere Form der Unterhaltung. Jeder kann sich davor setzen und muss nichts zahlen (GEZ ausgenommen). Stunde um Stunde. Es erfordert keinen aktiven Umgang. Es stellt das Hirn auf Null.

Was so abfällig klingt, hat einen Vorteil, auch für jeden denkenden Menschen. Unterhaltung heißt: Der Zuschauer wird unterhalten und muss sich nicht selbst unterhalten.

Wer Kasperle-Theater auf einem Geburtstag sieht, schreit: „Kasper, pass auf!", aber er dirigiert nicht, was Kasper macht. Kasper macht nämlich das, was ihm das Drehbuch vorschreibt und landet im Maul des Krokodils oder unter dem Knüppel des Räubers. Aber gerade das ist der Witz.

Egal, ob der Kasperle-Zuschauer später Universitätsprofessor wird: Man will auch mal unterhalten werden. Der Zuschauer will etwas angeboten bekommen und der Zuschauer will sich nicht viel Gedanken machen müssen.

Das heißt: Programmplaner sind unentbehrlich. Der Programmplaner unterhält den Zuschauer, er denkt sich eine Folge von Programmen und Inhalten aus und der Zuschauer überlässt es ihm, die Unterhaltung zu übernehmen. Video-on-Demand heißt, ich bin mein eigener Programmplaner. Im schlimmsten Fall: Ich wähle den falschen Film, die falsche Unterhaltung, die falsche Programmierung und ich zahle auch noch extra Geld dafür.

Keiner mag Videotheken, aber alle gehen hin. Es ist wie bei Mac Donalds. Aber vielleicht erfüllen die Videotheken ein soziales Bedürfnis, das viel zu gering eingestuft wird: Es hängen viele Filme an den Wänden, die ich gar nie sehen will. Aber sie bringen mich auf neue Ideen.

Andere Menschen laufen umher und das ist spannend zu sehen, denn Menschen sind soziale Wesen und interessieren sich dafür, was andere Menschen tun. Es ist auch spannend zu sehen, welche Filme diese Menschen sich anschauen. Es stellt sich dem Zuschauer gleich die Frage, ob er nicht auch lieber einen von den begehrten Filmen schauen soll.

Auch sehe ich, welche Filme häufig ausgeliehen werden, denn nur dort gibt es keine Kärtchen mehr, die anzeigen, dass Exemplare des Films nicht mehr zu leihen sind, denn alle sind bereits weg. Vielleicht ist eine Videothek eine Entsprechung für das Urbedürfnis des Menschen auf einen Markt zu gehen. Von Tokyo bis Ghana, von Berlin bis Papua Neuginea, überall gibt es Märkte, die Obst und Gemüse verkaufen. Sie erfüllen auch ein soziales Bedürfnis und vielleicht ist die Videothek eine der Stätten, die uns deshalb anzieht, weil sie eine Adaption eines Marktes ist.

2.2 Das Geschäftsmodell

VoD wird an den Endkunden verkauft und regelmäßig zahlt dieser pro Film. T-Vision, der wohl größte VoD-Service, verlangt zurzeit 0,99 Euro bis 3,99 Euro.

Ein Anbieter hat jetzt auch eine Flatrate im Angebot, die der Zuschauer monatlich für eine Anzahl von Filmen zahlt. Das Geschäftsmodell ist äußerst riskant, denn der Filmeinkauf, das Geschäftsmodell der Filmhändler, erlaubt es kaum, einen Topfilm zu guten Konditionen zu zeigen. Also wird eine Flatrate entweder an schlechten Filmen leiden oder der Ertrag wird von den Top Movies aufgefressen.

Daneben ist meist die Set-Top-Box zu mieten, zu kaufen oder zu leasen und ein guter VoD-Service könnte auch daran Gewinn machen, jedoch werden die meisten Set-Top-Boxen zum Selbstkostenpreis oder darunter abgegeben, damit die Einstiegsschwelle für den Kunden niedrig gehalten wird. Aber auch das spricht Bände über die Beliebtheit dieses Mediums.

Es gibt immer noch lange Ladezeiten für einen Film, teilweise wird er über eine ganze Nacht geladen. Hinzu kommen Leitungskosten für die meist über Internet betriebenen VoD-Dienste. Was bleibt von 3,99 Euro? Vielleicht 0,99 Euro. Eher weniger? Und dafür der ganze Aufwand?

Dazu kommt, dass die Annahme, die Distributionskosten wären gering, nicht zutrifft. Der VoD-Service benötigt Unmengen an Leitungskapazitäten und leitet einen Datentransfer durch die Netze, bei dem mancher militärische Geheimdienst blass vor Neid wird. Tatsächlich kann jemand, der sich im Internet etwas mehr auskennt, das auch auf Kosten anderer abwickeln, jedoch nicht ohne bemerkt zu werden.

VoD kann nur von sehr finanzstarken Unternehmen betrieben werden, die zusätzlich Zugriff auf Leitungsnetze haben und ein hohes Know-how bezüglich der Hardware, denn nicht funktionierende Set-Top-Boxen haben schon Premiere beinahe den Garaus gemacht.

Die sog. „Einstiegshürden", wie der BWLer sagt, sind sehr, sehr hoch. Soweit ersichtlich, hat sich nur ein Anbieter bisher gefunden, der nicht bereits ein etabliertes Geschäftsfeld hat wie Leitungsnetze oder Bezahlfernsehen und das VoD als reines Add-on, als reines Zusatzgeschäft, betreibt.

Im Anbieten von sog. „Bundles" wird VoD als ein Angebot unter dreien oder vieren (letzteres auch Quadrupel genannt) interessant. Ein Anbieter bietet aus einer Hand Telefon, Internet und VoD an. Tatsächlich wird das Geld dann aber meist mit dem Telefon verdient und VoD ist oft nur ein kostendeckendes Angebot.

Es hat natürlich Auswirkungen, wenn das Kerngeschäft VoD für die Anbieter mit erheblichen Investitionen verbunden ist und die Gewinnmöglichkeiten extrem limitiert sind. Es ist bis jetzt kein ernst zu nehmender Gewinnmaximierer geworden.

Auch die Filmrechtehändler, die sich über jeden neuen Auswertungskanal freuen, sind nicht restlos glücklich. Sie fürchten bei jeder Verwertung auch eine Entwertung eines aktuellen Films und schätzen, dass der Zuschauer einen Film nur eine bestimmte Anzahl von Malen sehen mag. Egal ob im Kino, im TV auf DVD oder eben per VoD. Daraus ergibt sich eine Entwertung mit jeder Nutzung und die muss (hoch) bezahlt werden.

Ein Unternehmen aus der Unterhaltungselektronik-Branche wollte seine Geschäftstätigkeit in die Programmsphäre ausweiten und einen VoD-Dienst gründen. Da sie direkten Zugang zu den Unterhaltungsgeräten der nächsten Generation hatten, sahen sie einen starken Wettbewerbsvorteil auf ihrer Seite. Das Unternehmen bat mich, den Einkauf der Filmrechte zu übernehmen, Vorverträge zu schließen, ein Finanzierungs- und Programmmodell zu konzeptionieren und umzusetzen. Kurz: den gesamten Einkauf der Filme zu organisieren. Da sie Kaufleute und keine TV-Manager sind, überließen sie mir die Auswahl, mit der für Kaufleute typischen Maßgabe: Der Einkauf sollte natürlich zu möglichst günstigen Konditionen erfolgen.

Zum Einkauf von Filmrechten für VoD-Services existieren drei Modelle:

- Der-VoD Service kauft für einen Fixpreis pro Film. Das ist sehr teuer. Die Filmrechtehändler haben Sorgen, dass sie den Preis falsch einschätzen könnten und verlangen (zu) viel. Sie tragen das Risiko, dass ein Film so extensiv genutzt wird, dass der VoD-Betreiber ein gutes Geschäft macht, sie aber nur die einmal fixierte Summe erhalten und Verluste machen, da ein Film, der auf VoD oft gesehen wird, dann im Free-TV oder auf DVD vielleicht weniger absetzt.
- Der VoD-Service zahlt nur eine Beteiligung pro Download (Nutzung) pro Film. Die Rechtehändler, die sich darauf einlassen, geben meist nur ihre Ladenhüter her.
- Ein anderes Modell, insbesondere für ältere Filme und Massenware wie Serien etc., sind Lizenzpreise für einen gesamten Filmstock. Der VoD-Betreiber kauft einen größeren Programmstock für eine einmalige Summe auf. Wie hoch der Betrag ist, hängt entscheidend von der Ware ab.

Von mir angewendet wurde ein Modell, das die Zahlung einer Minimumgarantie fordert. Also pro Film musste eine Summe X gezahlt werden. Diesen Betrag bekam der Filmrechteverkäufer in jedem Fall. Mit jeder Nutzung eines Zuschauers erhielt der Filmrechtehändler einen gewissen Betrag Y, meist nur einige Cent. Dieser Betrag wurde aber zunächst mit der vorab gezahlten Minimumgarantie verrechnet.

Weiter optimiert werden konnte das Modell dadurch, dass ich Paketeinkäufe verhandelte, die relativ große Mengen von Programm umfassten und damit aber die Minimumgarantien pro Film auf einen „Paketpreis" für alle Filme zusammen reduzierte, was deutliche Abschläge zur Folge hatte.

Paketkäufe haben immer zur Folge, dass der Einkäufer auch eine Reihe nicht so starker, nicht so überzeugender Top-Titel erhält, was in unserem Fall von mir in Serienfolgen sehr populärer TV-Serien umgewandelt wurde, die für den Verkäufer mit leichter Hand vergeben werden konnten.

Da VoD normalerweise pro Nutzung gezahlt wird, muss der Kaufimpuls hoch sein. Nur spezielle Filmware kommt – anscheinend – in Betracht.
Trotzdem zeigten die ersten Versuche nur mit Hollywood-Top-Movies, dass dem Zuschauer der „Mittelbau" fehlte, also gerade die Serien etc. Der Einkauf der Serienfolgen rundete das Angebot ab – der Zuschauer konnte für wenig Geld eine Lieblingsfolge einer Lieblingsserie oder ganze Staffeln angucken. Ein Modell, das mir logisch schien, nachdem mir auffiel, dass all meine Freundinnen in Berlin-Mitte ihre unbeschäftigten Herbstabende mit dem Schauen ganzer Staffeln von US-Serien verbrachten.

Von einem VoD-Dienst wird eine gewisse kritische Masse an Programm erwartet. Ohne Auswahl und Vielfalt wird ein VoD-Dienst nicht angenommen.

Durch die Paket-Deals waren beide Kriterien erfüllt. Der Einkauf war insgesamt für einen sechsstelligen Betrag zu bewerkstelligen, die Anlaufkosten für den Content des VoD waren damit ein Bruchteil der Kosten für die technischen Erfordernisse.

Die Zuschauer der VoD-Dienste sehen keineswegs nur Hollywood-Blockbuster. Tatsächlich sind es in der wirklichen Nutzung eher geringe Zahlen – bis gerade einmal 8 %. Der Löwenanteil geht in kleinere Angebote, so dass auch normales TV-Programm eine Chance hat. Alle VoD-Services sind sich aber einig: Ohne Blockbuster-Angebot gibt es keine Chance. Erste Billiganbieter sind auf dem Markt und bieten Programm, das sie umsonst oder für eine kleine Beteiligung erwerben konnten, an: Der Erfolg lässt auf sich warten.

Ein Versuch der TV-Sender startet jetzt, ein VoD-Angebot kostenlos zur Verfügung zu stellen und allein über die zwischengeschaltete Werbung – wie im Free-TV – die Rendite zu verdienen.

Im US-Markt, der aufgrund der längeren Erfahrung immer etwas weiter ist, hat dieses Modell bereits die Versuche der Sender abgelöst, über kostenpflichtige Angebote ein Geschäft zu machen.

Aus Sicht der Free-TV-Sender ist der Versuch auch konsequent, denn ihre größte Sorge muss sein, dass ihre Werbeerlöse durch die Vielzahl neuer Medien und Kanäle so erodieren, dass ihr Geschäftsmodell nicht mehr rentabel ist. Die jetzt neu angebotenen Dienste, bei denen der Zuschauer die Werbung nicht „vorspulen" kann, sollen dazu beitragen, dass nun auch bei aufgezeichneten Programmen die Zuschauer als Werbekunden zählen und von der Werbewirtschaft anerkannt werden.

Jedoch hat das Modell seine Tücken. Die Tauschbörsen für TV-Programme und die Konkurrenz der weiteren Medien werden die Suche nach weiteren Auswertungsmöglichkeiten bald wieder auf das VoD hinführen und dann wird der Vorteil, ein TV-Programm zu einer bestimmten Zeit sehen zu können, wieder so attraktiv sein, dass man daran nicht vorbeikommt, den Service entgeltlich zu gestalten.

2.3 Was bringt die Zukunft?

Nun ja, vielleicht doch den Durchbruch; vermutlich in viel fernerer Zukunft, als man sich das heute so denken mag. Vermutlich lange nicht so umfassend, wie angenommen. Aber es wird sich durchsetzen, dass man Filme auf ein Medium laden und abspielen kann, wann immer der Zuschauer das möchte.

Ob der Sammelcharakter die DVD erhält und ob das One-Screen-Prinzip (s. dazu „Mobil") nicht auch die DVD stützt, wird keiner heute mit Sicherheit sagen können. Festzuhalten ist, es liegt Zukunft in der Auswertung, aber lange nicht so viel und so schnell wie einst gedacht.

Peter Kerckhoff, Bereichsleiter Content Sourcing & Media
Cooperation T-Online/Deutsche Telekom

Das Mediengeschäft und ich haben unsere langjährige und treue Freundschaft mit Verzögerung begonnen. Nach klassischer Betriebswirtschaftsausbildung in Köln und MBA in den USA trat ich einen ersten Job – noch ohne feste Branche im Kopf – bei Boston Consulting an. Es folgten Beratungs-Jahre im Banking und Anlagenbau.

So waren mir weder der Branchentreff selbst noch die Vorstellung, eines Tages Dauergast bei der MIP in Cannes zu sein, präsent, während wir z. B. Unternehmen bei der Fertigungsoptimierung von Ersatzteilen für Schaufelradbagger und Ähnlichem berieten. Aber wie immer hält das Leben Überraschungen bereit.

Durch den Ruf eines ehemaligen BCG-Kollegen und späteren Bertelsmann-Vorstandes wechselte ich für sechs Jahre zur CLT-UFA/Bertelsmann in Hamburg. Pay- und Digital-TV waren der Internet-Hype der 90er und die großen Medienunternehmen stritten um die Vormachtstellung bei der Verteilung von Marktanteilen.

Seit fünf Jahren bin ich für die Deutsche Telekom im Contentgeschäft tätig. Glücklicherweise setzten sich im Internet und Breitbandgeschäft die aufregenden und bewegenden Zeiten fort.

Meine Aufgabe ist als Medienmann die Schnittstelle zwischen der accessgetriebenen Telekom und den Medieninhalten, sprich unseren Medienpartnern, zu organisieren, neudeutsch Content Sourcing und Partnering. Dies bedeutet insbesondere die Besorgung der lebensnotwendigen Contentrechte z. B. im Film-, Musik-, TV-, Spiele- und Sportgeschäft (begrüßt wurde ich im Einstellungsgespräch mit der Frage „Was halten Sie von interaktivem Fernsehen?"). Weiterhin war ich für das Portalgeschäft der TOI zuständig. „Starting from scratch" haben wir mittlerweile sämtliche zentralen Contentrechte für unsere Plattformen im Festnetzgeschäft erworben, der nächste Quantensprung steht im Mobilgeschäft an. Mehr als 300 Partner sind in unserem Contentpartnernetzwerk ebenso organisiert wie Telekom-Kollegen aus 15 Ländern. Große Deals werden übergreifend abgestimmt, Lernerfahrungen aus einzelnen Märkten ausgewertet und übertragen. Da sich die Rahmenbedingungen (Recht-, Regulierung, Technologien, Market Player) kontinuierlich ändern, sind ein wachsames Auge, Interesse am Neuen und Erfahrung unerlässlich. Rückblickend lässt sich eine positive Bilanz ziehen, kontinuierliche, langfristige Arbeit, aber auch – und gerade im Mediengeschäft – Glück gehören dazu. Danken möchte ich an dieser Stelle dem Team (Vorgesetzte und Mitarbeiter), ohne das dieser Erfolg nicht machbar gewesen wäre. Diejenigen, die wechselten, haben ihre Laufbahn erfolgreich, insbesondere bei den Hollywood-Studios, fortgesetzt, so dass wir uns jetzt oftmals auf verschiedenen Seiten des Tisches gegenüber sitzen.

Möglich wurde alles durch zwei grundlegende technische Entwicklungen: Zum einen die Digitalisierung der Inhalte und aller Elemente in der Übertragungskette. Zum anderen die dadurch ausgelöste Konvergenz der Endgeräte. 2001/2 startete die Deutsche Telekom unter der Marke T-Online bereits das Breitbandportal T-Online Vision, der Vorfahre des heutigen IPTV-Angebotes T-Home Entertain. Unser erster Auftrag war, die Akquise von VoD-Rechten für die IFA 2003 sicherzustellen und so starteten wir Richtung Hollywood im Januar desselben Jahres. Die erste Begegnung mit einem Studio Top Executive verlief ernüchternd: „Ihr seid das letzte Haar auf dem Schwanz des Hundes und wollt mit dem Kopf wackeln?". Erst als wir diese Frage vehement bejahten und gleichzeitig einige Details über die Power der Telekom präsentierten, wurden die Gespräche konkreter. Die Verhandlungen gestalteten sich im Fortgang z.

T. zäh, Vertrauen musste aufgebaut, technische Fragen wie Anti-Piracy-Maßnahmen geklärt, Durchlaufzeiten bei den Studios, aber auch bei uns, beschleunigt werden. Mein letzter Aufenthalt in LA vor der IFA 2003 dauerte mehr als 4 Wochen und wir schafften es gerade noch rechtzeitig, die ersten drei Deals unter Dach und Fach zu bringen. Mittlerweile haben alle 8 Studios unterschrieben und wir sind in unserem Segment VoD over IP eine feste und etablierte Größe (im Übrigen außerhalb der USA einer der wenigen Player mit dieser Bilanz), zumal sich auch im Linear-TV mit vielen Studios Anschlussgeschäfte durch die Einspeisung entsprechender Kanäle ergeben haben.

Was sind nun rückblickend die sogenannten Erfolgsfaktoren für diese Markterschließung gewesen?

Erstens ist die Reihenfolge der Abschlüsse mit den einzelnen Studios entscheidend. Die größeren US-Studios wollen nicht unbedingt die Ersten sein, auch und gerade in Hollywood zählen Rangigkeit (gemessen am Output und Marktanteil), daher sind Referenzen mit Deals eher kleinerer Studios entscheidend. Mitzubringen sind außerdem Zeit, tiefe Taschen auf Käuferseite sind jedoch zu vermeiden, da sich dies schnell herumspricht.

Zweitens zählen Glaubwürdigkeit und Vertrauen in die Geschäfte des Käufers. Da sich VoD zu dieser Zeit parallel auch in den USA entwickelte (z. B. Movielink) wich die anfängliche Skepsis in das Internetfilmgeschäft, insbesondere nachdem langfristige Konzepte vorgelegt und Kernfragen (Business-Pläne, Marketing Commitments) hinreichend beantwortet werden konnten.

Drittens gilt es, die Konditionen der einzelnen Studios genauesten im jeweiligen Context der Marktanteile abzugleichen. Kein Studio-Executive möchte später im kleinen Kreis mit bösen Überraschungen konfrontiert werden.

Und viertens, ohne dass diese Aufzählung den Anspruch auf Vollständigkeit erheben kann, ist das Mediengeschäft People Business. Erst durch den Aufbau konstruktiver Beziehungen und eines entsprechenden Standings auf allen Ebenen (Sales, Technik, Legal) ist es überhaupt machbar, den Fuß in die berühmte Tür bzw. in diesem Falle auf das Studiogelände zu bekommen.

Festzustellen bleibt, dass das Contentgeschäft notwendig ist, um Kunden zu binden (sog. Churn prevention) und weitere Erlösquellen zu erschließen. Das VoD-Geschäft fand seine späteren Analogien in der Load-family (Launchdaten 2003–2006): dem Musikgeschäft (Musicload), dem Download von Spielen (Gamesload) und von Software (Softwareload). T-Home Entertain, das IP-basierte Triple Play Angebot der Telekom mit mehr als 140 TV-Sendern, gelauncht im Oktober 2006, bildet den vorläufigen Abschluss dieser konsequenten Strategie.

Tatsache ist außerdem, dass die mediale Nutzungszeit des Internets kontinuierlich anwächst, z. T. in Ergänzung zu anderen Medien, teilweise diese jedoch auch verdrängend (z. B. Hörfunk). Konvergente Technologien wie W-LAN, Dual Download auf den PC und das Handy, bisher nicht gekannte Dealvolumina wie die Bundesliga im Jahre 2005/6 erobern den Markt. In diesen Entwicklungen hat die Telekom aufgrund ihrer Erfahrung eine marktführende Position eingenommen und das Content-Geschäft eine strategisch besonders relevante Funktion. Allerdings stehen wir in diesen Märkten auch nicht alleine. Gerade aus dem anglo-amerikanischen Raum treten kontinuierlich neue Wettbewerber auf den Plan, erinnert sei hier nur an Google, My Space et al., die mit User Generated Content eine komplett neue Content-Kategorie, ergänzend zum professionellen Industriecontent aufgebaut haben. Mit diesen Partnern ergeben sich im Bewegtbildbereich kontinuierlich innovative Partneringoptionen, die allerdings auch komplett neue Geschäftsmodelle und ein Umdenken des bisher Gelernten erfordern. Gleichzeitig gründen die Hollywood-Studios eigene Vertriebsansätze und platzieren diese als Wettbewerb gegenüber etablierten Distributionskanälen.

Diese Erfahrungen sind sowohl für die Studios als auch für uns als deren Kunden von enormer Wichtigkeit. Da die Entscheidungsträger in den Studios langfristig und konservativ denken – erinnern möchte ich an die gravierenden Absatzeinbrüche im Musikgeschäft durch Peer-to-Peer-Netzwerke –, können erst auf der Basis existierender Kundenbeziehungen weitere Modelle entwickelt werden. Zu nennen sind hier Electronic Sell Through (EST) und SVoD (Subscription Video-on-Demand), beide noch in den Anfängen, doch die Vorboten einer zunehmenden Auflösung klassischer offline, handelsorientierter Vertriebsmodelle. Hierbei ist jedoch zu konstatieren, dass innerhalb der Studios die Hausmacht oftmals nach Marktanteilen des jeweiligen Vertriebsweges organisiert ist und hier spielt der physische Vertrieb im Bereich Home Video nach wie vor eine dominante Rolle. Dies wird sich jedoch in dem Maße ändern, wie online basierte Strukturen an Raum gewinnen.

Kurz eine Anmerkung zu den geschäftlichen Möglichkeiten im mobilen Contentgeschäft: Hier steht die Industrie noch vor den Anfängen der digitalen Revolution. Die anfänglichen Bedenken (kleiner Bildschirm, unscharfe Bilder aufgrund mangelnder Bandbreite) sind mittlerweile 3G-Streaming, Lizenzvergaben im Bereich DVB-H und vor allem einem florierenden Downloadmusikgeschäft gewichen. Die Studios haben hierauf durch zunehmende Offenheit und einen umfassenden Aufbau von Vertriebsressourcen im New Media/Digital Business reagiert.

Last but not least bleibt festzuhalten, dass die letzten 10 Jahre uns allen im Bereich der elektronischen Medien enorme Chance geboten haben. Und wie es aussieht, bleibt es weiterhin spannend und eine Freude an diesem Thema mitzuarbeiten.

3. Pay-TV

Pay-TV ist erstaunlich hart im Nehmen. Mehrfach totgesagt, pleite gegangen, wieder auferstanden, in den USA, Frankreich und Großbritannien zum Leitmedium erstarkt und nun immer noch vorhanden – in fast jedem wichtigen Medienmarkt der Welt. Eine Besonderheit: Es hat sich überall fast nur ein Anbieter durchsetzen können, auch in Italien haben die beiden wichtigsten Plattformen fusioniert. In Deutschland ist Pay-TV identisch mit Premiere. Gerade hat wieder ein potentieller Mitbewerber sang- und klanglos das Feld geräumt, „arena" gab auf.

Die Geschichte von Premiere ist unheilvoll und hat nach derben Misserfolgen ein – bis jetzt – gutes Ende gefunden, zur Überraschung nicht weniger.

3.1 Das Prinzip

Nur gegen eine Gebühr erhält der Zuschauer einen Decoder, mit dem er allein das Programm entschlüsseln kann. Sein Vorteil ist, dass er durch Auswertungsfenster geschützt, spannende Kinofilme früher sehen kann als ein Free-TV-Zuschauer, dass er Programme gucken kann, die ein normaler TV-Zuschauer nicht sehen darf (z. B. brandneue Spielfilme, aber auch Pornos), das besondere Angebote zur Verfügung gestellt werden, die sehr aufwendig sind, wie z. B. die „Bundesligakonferenz" oder das „Formel-1-Rennen" aus mehreren Kameraperspektiven sowie Programme, die sonst nirgendwo zu sehen sind (früher einmal z. B. „Kalkofes Mattscheibe").

Wer hätte gedacht, dass sich Pay-TV in den USA durchsetzen kann? Endlos viele TV-Kanäle buhlten schon um die Aufmerksamkeit der Zuschauer, alle kostenfrei und im Mutterland des Entertainments mit den besten Programmen der Welt. Aber das Management von dem Pay-TV-Kanal in den USA hat mit bemerkenswerter Analytik die Schwächen des amerikanischen Free-TV ausgemacht und genau in diese Lücke seine Schwerpunkte gesetzt.

Die sog. Networks (die Free-TV-Kanäle in den USA) haben den Zuschauer so überbordend mit Werbung überschwemmt, dass oft der Sinn einer Sendung entstellt wurde. Die Unterbrechungen waren unlimitiert, die Programme wurden immer schlechter, weil immer breiter und auf Werbeunterbrechung ausgerichtet. Jahrzehnte kam überhaupt kein Programm auf die internationalen Weltmärkte, da das amerikanische TV sich völlig in der Bedienung eines Werbemarktes verlor, der nur Unterbrechungen forderte, um Werbebotschaften möglichst oft wiederholen zu können. Der Zuschauer zahlte zwar keine GEZ, aber das Programm war schlecht und zerstückelt.

HBO, der amerikanische Pay-TV-Sender, inzwischen eine Macht im gesamten Markt weltweit und nicht nur in den USA im Pay-TV, setzte dagegen und auf sehr gutes Programm ohne Werbebotschaften. Natürlich hatten sie auch das beste Spielfilmangebot lange vor den anderen TV-Sendern. Sie sahen aber auch alle Nischen, z. B. die Nöte der Menschen, die nicht so gut englisch sprechen: Auf HBO gab es Untertitel, spanische Programme. Der Einwanderer konnte mit HBO die Sprache besser lernen.

Als keine guten Serien in den USA zu finden waren, produzierte HBO selbst Serien und das so erfolgreich, dass diese Serien (um nur ein paar zu nennen: „Band of Brothers", „The Sopranos", „Six Feet Under", „Sex and the City") der erste Exportschlager seit Jahrzehnten wurden und Millionen auf den

Weltmärkten einbrachten. Dadurch wurde HBO von einem „Rising Star" zu einer echten Macht und schließlich dem dominierenden TV-Sender der USA.

In England setzte sich das von Rupert Murdoch betriebene Pay-TV primär durch, da sie die Rechte an der englischen Fußball-Premier-League kauften und live in sehr guten Sendungen Fußball nonstop ausstrahlten. Der Unterschied zu Deutschland war allerdings der, dass es nur eine sehr schlechte, gegen 22 Uhr ausgestrahlte Fußballsendung der Öffentlich-Rechtlichen zuvor gab – also kein „ran", keine Sportschau um 18 Uhr. Der Zuschauer bekam etwas völlig Neues und der Engländer, der Fußball liebt, liebte gleich auch noch den Sender.

In Frankreich ist Canal Plus zum geliebten Kofinanzierer guter französischer Kinofilme geworden. Kein anspruchsvolles Filmvorhaben ohne Kofinanzierung von Canal Plus. Aber den Berichten französischer Medienmanager zufolge hat den Durchbruch etwas anderes herbeigeführt. Die Franzosen, stets mit einem wachen Auge auf Film, TV und Medienindustrie, erlaubten dem schwächelnden Pay-TV-Kanal einmal im Monat einen Porno zu zeigen. Das war zwar damals auch nach französischen Gesetzen illegal, aber in Frankreich ging so etwas, wenn es den „nationalen Interessen" diente. Auf einmal waren die Straßen leer und die Pay-TV-Decoder weg.

Premiere hatte es dagegen schwer. Fußball wurde mit „ran" und Sportschau gut bedient und jedes Mal, wenn Premiere nach den exklusiven Rechten griff, schaltete sich gleich die höchste Politik ein. Pornos wurden Premiere zwar erlaubt, aber erst nachdem alles schon zu spät war und bis heute stehen sie vor dem Problem, dass sie dem Zuschauer in ihren Werbebotschaften nicht mitteilen dürfen, dass sie Pornos senden. Dazu kam ein erzwungener Wettbewerb, der den Sender fast tötete und den Unternehmer umbrachte.

Zunächst kämpften zwei Pay-TV-Sender gegeneinander, einer im Besitz von Bertelsmann, einer im Besitz von Kirch. In einem ruinösen Bieterwettkampf trieben beide die Preise für das Pay-TV-Recht an US-amerikanischen Spielfilmen in so absonderlichen Höhen, dass sie nur noch zu refinanzieren gewesen wären, wenn jeder der 80 Millionen Deutschen sich einen eigenen Decoder gekauft hätte.

Also sanken die beiden alten Feinde erschöpft zu Boden und vereinbarten als letzte Alternative einen Waffenstillstand und den gemeinsamen Betrieb eines Pay-TV-Senders. Das hätte klappen können. Aber dann kam das Kartellamt und verbot den gemeinsamen Betrieb. Daraufhin musste einer der Unternehmer alleine weitermachen und mit den komplett überhöhten Spielfilmpreisen existieren, ohne die finanzielle Unterstützung des anderen.

Es ist Georg Kofler allein zu verdanken, dass Premiere überhaupt noch existiert. Das immer defizitäre Unternehmen überstand den Zusammenbruch des Kirch-Imperiums, obwohl es der eigentliche Grund war. Schon das wäre ohne die Gallionsfigur Kofler nicht möglich gewesen. Die Gunst dieser Stunde zu nutzen, weist dann allerdings tatsächlich jemand mit außergewöhnlichem Optimismus aus: Er verhandelte alle letalen US-Hollywood-Studios-Verträge neu, die Premiere die Gurgel zuschnürten. Die Hollywood-Studios sahen ein, dass es ohne Premiere in Deutschland überhaupt kein Pay-TV mehr geben würde. Zu der Zeit hätte sich nach einem Zusammenbruch kein ernsthafter Player über einen langen Zeitraum an dieses Geschäftsmodell gewagt. Damit hätte es aber auch keine Verwertung des Pay-TV-Rechts – ein gesondertes, viel Geld wertes Recht – gegeben. Die Studios zu dieser Einsicht zu bringen, muss einiges an Überzeugungskraft gekostet haben.

Aus dieser Situation das Unternehmen in die Gewinne zu fahren und mehr Zuschauer zu akquirieren, was allen Geschäftsführern zuvor misslang, ist eine Leistung, die Georg Kofler so schnell keiner nachmacht.

3.2 Das Geschäftsmodell

Das Geschäftsmodell ist diffiziler als es zunächst den Anschein hat. Natürlich lebt der Pay-TV-Sender erst einmal von dem Abonnement, das die Zuschauer eingehen. Natürlich werden viele Varianten angeboten, so dass der Zuschauer so viel ausgeben kann, wie er möchte. Tatsächlich ist die Abo-Gebühr zum Einstieg verführerisch niedrig, um dann weiter zu steigen, wenn wirklich spannende Inhalte gesehen werden wollen. Das wird dann ganz schön teuer. Davon lebt Pay-TV.

Die früher propagierte „Werbefreiheit" ist ein Bein, das sich Pay-TV selber gestellt hat. Die Freiheit von Werbung ist nämlich keineswegs der USP von Pay-TV, der USP ist, dass der Zuschauer tolle Filme früher sehen kann. Premiere ist dann auch unter der Führung von Georg Kofler folgerichtig in das Sponsoring von Sendungen wieder eingestiegen und lässt einzelne Werbespots zu (auch wenn sie offiziell nicht Werbespot genannt werden).

Tatsächlich aber verfügt der Sender auch über sehr genaue Zuschauerdaten, die der Werbeindustrie viel Freude machen, weil sie den Zuschauer auf verschiedenen Wegen erreichen kann – sei es durch eine hauseigene Programmzeitschrift, sei es durch andere Werbeformen. Die amerikanische und französische Variante haben es auch geschafft, Inhalte zu kreieren, die weltweit verkauft werden konnten, sowohl ans Free-TV als auch an andere Plattformen. HBO aus den USA, aber auch Discovery Chanel sind leuchtende Beispiele und waren lange Schrittmacher bei der Entwicklung und Produktion von international erfolgreichem Programm.

Das Anbieten vieler Spartensender ist ein weiterer Erlöszweig, da nur eine gemeinsame Dachmarke geschaffen werden muss, ein Decoder und die Zahl der Special-Interest-Angebote von Golf bis zum Business ist unbegrenzt.

3.3 Was bringt es dem Filmemacher?

Zurzeit nicht viel. Die Pay-TV-Rechte werden meistens von dem Geldgeber, ob Free-TV-Sender oder Kinoverleih, einfach mitverlangt und ohne zusätzliche Vergütung okkupiert. Meist werden sie nicht einmal genutzt, da Premiere nur manche Rechte ankauft, die seinem sehr speziellen Anforderungsprofil genügen.

Der deutsche Filmemacher sieht also in die Röhre. Anders die US-Kollegen. Hier hat HBO eine führende Stellung nicht nur im Ankauf von Filmen, sondern auch in der Produktion und Koproduktion. Sie sind ein wichtiger Finanzierungs- und Auswertungspartner der Filmemacher geworden. Ihre Politik, alle Rechte bei den Künstlern zu lassen, hat dazu geführt, dass die Besten für HBO arbeiten. HBO war in den vergangenen Jahren führend. In Deutschland hat Premiere folgerichtig wieder eine Abteilung Eigenproduktion gegründet, so dass die Filmemacher wieder hoffen dürfen.

Hans Seger, Vorstand Premiere, München/Unterföhring

Mein Lebenslauf hatte so viele Stationen, dass ich ihn tabellarisch darstellen muss:
Ausbildung: Abitur, klassische journalistische Ausbildung – von der Lokal- über die Regional-zeitung zum landesweiten und später bundes-weiten öffentlich-rechtlichen Fernsehen.
Berufliche Stationen: Volontär, Redakteur, Pro-ducer und Entwickler neuer Programmformate bei der ARD und verschiedenen öffentlich-rechtlichen Rundfunkanstalten. Diverse Führungspositionen bei der Walt Disney Company in den Bereichen Production, Sales und Broadcasting, zuletzt Entwicklung des Disney Channel auf der Premiere-Platt-form als Vice President Broadcasting and Production und Managing Director.
Heute: Programmvorstand Premiere AG, zuständig für die Bereiche Fiction & Special Interest sowie Technology. In dieser Position verantwortet er die Programmgestaltung und den Programmrechteeinkauf für die Film- und Themenkanäle, die Pay-per-View-Angebote, die Video-on-Demand-Dienste, High Definition-TV und die technische Distribution dieser Angebote über alle Verbreitungswege.

Wie wird man in der Filmbranche, was man ist?
Wenn ich dafür das Patentrezept wüsste, würde ich darüber wohl ein dickes Buch schreiben. Die Wege in die bunte Film- und Fernsehwelt sind vielfältig, das zeigt auch ein Blick auf die Lebensläufe der Kollegen im Vergleich zu meinem. Wer in die schnelllebige Medienbranche einsteigen will, sollte zuerst einmal neugierig sein, die vielen Trends und Veränderungen als Chance sehen und ein gesundes Maß an Risikobereitschaft mitbringen. Ein wenig Kreativität schadet übrigens auch nicht und eine gute Portion Glück ist ebenfalls hilfreich. Leider muss man auch in der Medienbranche Ahnung vom Geschäft haben und für den Erfolg hart arbeiten: Ohne klaren Verstand, Ehrgeiz und Bodenhaftung geht auf Dauer wenig in dieser nur scheinbar glamourösen Welt, in der Rückschläge und Flops inbegriffen sind. Davon darf man sich nicht beirren lassen – es sollten nur nicht zu viele sein. Um gutes Programm zu machen oder es sogar zu verkaufen braucht es viel Erfahrung: Entscheidungen kann man nicht nur mit dem Kopf tref-

fen, auch das Bauchgefühl spielt eine große Rolle. Das alles lässt sich aber nur sehr begrenzt mit Powerpoint-Charts und Excel-Spreadsheets bewerkstelligen, den Waffen der Betriebswirte, die neuerdings in die Branche drängen. Denn am Ende entscheidet noch immer der Zuschauer was reüssiert, welcher Stern verglüht oder dauerhaft strahlt – vor oder hinter den Kulissen.

Wie sieht das Business im betreffenden Beruf aus?
Wir verkaufen Fernsehen in einem Land, in dem Dutzende von Free-TV-Sendern das Volk berieseln und eine 14-tägliche Programmzeitschrift mal eben rund 270 Seiten dick ist. Kann Pay-TV in so einem solchen Markt erfolgreich sein? Ja, ganz offensichtlich, denn sonst gäbe es wohl nicht so viele ehemalige Zweifler, die jetzt als Berater durch das Land ziehen und ihren Klienten die Segnungen des Wachstumsmarktes Pay-TV und die Vorzüge dieses Geschäftsmodells lobpreisen. Die Formel dafür ist relativ einfach, wenngleich auch nicht einfach umzusetzen: Premium-Pay-TV funktioniert nur mit einem Mix attraktiver und exklusiver Programme. Das überzeugendste Verkaufsargument ist und bleibt: Ich sehe was, was du nicht siehst. Nicht Marktanteile, audience flow oder Sendergesichter machen Premiere so einzigartig, sondern exzellente Inhalte, die es sonst nirgendwo zu sehen gibt: Erfolgreiche und hochwertige Filme, auf höchstem schauspielerischem und technischem Niveau produzierte Serien, bildende und unterhaltsame Familienprogramme und natürlich Live-Sport – unabhängig davon, wie viele andere Kanäle um die Gunst der Zuschauer buhlen. Premiere-Kunden bezahlen freiwillig Geld fürs Premium-Fernsehen. Entsprechend hoch müssen die Qualität und die Vielfalt der Programme sein, damit sich der Kunde immer wieder in seiner Abonnement-Entscheidung bestätigt sieht. Premiere kann hier aus dem Vollen schöpfen: Langfristige Verträge mit allen relevanten Filmstudios, der größte Library-Stock Europas und die besten Serien aus den USA garantieren Tag für Tag ein Spitzenprogramm für jeden Geschmack auf über 40 Sendern. Eine kluge Zuschauerführung ist bei einem so vielfältigen Angebot unverzichtbar, aber auch die Präsentation muss stimmen: Premiere sendet im 16:9-Format, bietet Dolby Digital-Sound und Filme wahlweise in der Originalfassung – alles ohne Werbeunterbrechung und Filme vom Anfang bis zum Ende des Abspanns – es wird ja seinen Grund haben, warum viele Kinobesucher bis ganz zum Schluss im Sessel sitzen bleiben.

Wie sieht die Zukunft aus?

Heute sendet praktisch jeder Kanal 24 Stunden am Tag, auch die Anzahl der Sender scheint schier unbegrenzt. Die wichtigste Ressource für unser Geschäft bleibt jedoch limitiert: Es ist die Aufmerksamkeit des Publikums. Und genau darum geht es im Wettbewerb der Medien. Zeitungen, Zeitschriften, Radio, Fernsehen und das Internet konkurrieren um die Zeit und die Aufmerksamkeit der Konsumenten. Trotz aller Konkurrenz, Web. 2.0 und anderer Trends: Das Fernsehen wird zukünftig weiterhin das Leitmedium der Massenkommunikation und Massenunterhaltung bleiben. Die Frage ist nur, wer es wie und wo nutzt. In den letzten Jahren war die Digitalisierung das Topthema auf den einschlägigen Mediengipfeln. Da wir hier zumindest ein Stück weitergekommen sind, wird jetzt über Internetfernsehen, Interaktivität, Mobiles TV, Video-on-Demand etc. gefachsimpelt. Das sind natürlich alles spannende Themen, die Premiere schon lange auf dem Radar hat, eigene Angebote plant oder sogar schon in den Markt gebracht hat. Aber die schönen neuen Spielzeuge werden nichts daran ändern, dass selbst der umtriebigste Panelteilnehmer eines Medienforums, genauso wie der Automechaniker oder der Arzt, abends nach einem anstrengenden Tag einfach die Füße hochlegen wird und sich einen guten Film ansieht. Auf dem Fernseher, nicht am Computer. Fernsehen ist einfach und wird es bleiben. Nur gut sollte es sein.

3.4 Was bringt die Zukunft?

Das Pay-TV ist so oft totgesagt worden, dass die Chancen gut stehen, dass es überleben wird. Pay-TV wird mehr als andere Verwertungskanäle sehr wache Manager haben müssen, die die Entwicklung und Trends der Zeit sehen, antizipieren und rechtzeitig aufnehmen. Premiere ist natürlich auch ein Video-on-Demand-Betreiber und nimmt die Zukunft damit ins Repertoire auf.

Wer die Folgerung zum (bisherigen) Misserfolg von Video-on-Demand gelesen hat, kann folgern, dass auch im Pay-TV ein Programmplaner Wunder wirkt. Der Zuschauer will unterhalten werden und sich nicht unbedingt sein Programm selbst zusammenstellen – jedenfalls nicht immer. Die Programmplaner von Premiere haben einen großen Vorteil gegenüber ihren Kollegen aus dem Free-TV, sie haben unlimitierte Kanäle zur Verfügung für SciFi bis Comedy und dürfen jedes nur denkbare Spartenprogramm anbieten.

4. Basic-TV

Basic-TV beschreibt eine relativ neue Form der Fernseh-Verwertung. Im Zuge der Digitalisierung sind zum einen digitale Kabelkanäle als auch Satelliten-Programme entstanden, die ein neues gesondertes Geschäftsmodell haben: Regelmäßig werden ein paar Kanäle zusammengefasst und als sog. „Bundle" angeboten. Der Zuschauer zahlt eine geringe Gebühr von z. B. etwa 10 Euro im Monat für 10 Kanäle. Natürlich kann für das Geld kein Kanal betrieben werden, es ist also kein Pay-TV, auch schalten diese Kanäle Werbung, aber regelmäßig reicht die Werbung nicht, um den Kanal zu finanzieren, erst alles zusammen macht ein Geschäftsmodell, das ertragreich sein soll. In den USA hat sich dafür der Begriff „Basic-TV" eingebürgert. Meist sind es sog. Special-Interest-Programme, die eine spezielle Nachfrage bedienen (z. B. Haustiere, Oper, Motorrennsport) und ohne Aufwand eine spezifische Zielgruppe erreichen wollen.

Für die Filmproduzenten und die Filmcrews ist Basic-TV auf Sicht kein Gewinn: Basic-TV ist bisher viel zu klein und zu schwach, um eine Rolle in der Auswertung von Filmen zu spielen. Das, was bei den erfolgreicheren Produktionen vorkommen kann, ist, dass sie eine Gesprächssendung oder etwas ähnlich Einfaches produzieren lassen. Gesprächssendungen sind das günstigste Segment der Filmherstellung, die Kosten und der Aufwand sind so überschaubar, dass es meist das erste Produkt ist, mit dem ein TV-Sender in Produktion geht. Regelmäßig senden diese Basic-TV-Sender günstig erworbenes Lizenzmaterial. Sie sind bis jetzt nicht als nennenswerte Auswertungskanäle in Erscheinung getreten. Zurzeit ist Basic-TV nur der Vollständigkeit halber zu erwähnen.

Das interessanteste am Basic-TV ist die Gefahr, die es beinhaltet: Mit etwas mehr als 100 digitalen Kabelkanälen und dazu etwa gleich viel Satellitenkanälen fällt eine Armada von Heuschrecken über den säuberlich verteilten TV-Markt her.

Die großen Senderketten reagieren richtig und haben sich selbst so viele Programmplätze wie möglich gesichert und bestücken sie bewusst mit sehr uninteressantem Spartenprogramm – um ihren großen Sendern und Gewinnbringern keine Konkurrenz zu machen.

Der Druck, der durch hundert neue Sender entsteht, ist immens. Im schlechtesten Fall geht die Hälfte pleite und vernichtet ein Vermögen hoffnungsvoller

Neu-TV-Unternehmer. Die andere Hälfte findet mehr recht als schlecht ein Auskommen, das heißt, ohne jede Bereicherung des TV-Marktes halten sich 50 schlecht gemachte Programme, ziehen den Zuschauern Geld für den privaten Konsum aus der Tasche und saugen gleichzeitig soviel Werbegeld aus dem Markt ab, dass die anderen Free-TV-Sender ins Straucheln kommen. Einige der Free-TV-Sender werden daraufhin ihr Programm billiger machen müssen, was zu weiteren Zuschauer-Verlusten führt und zu noch weniger Werbung und wieder billigerem Programm. So wäre es sicherlich kein Wunder, wenn am Ende alle verlieren – mit mieseren, weil billigeren Programmen, einem zersplitterten Werbe- und TV-Markt und ohne wirklichen Zugewinn. Die bisher erhältlichen Zusatzprogramme lassen nicht hoffen.

5. Free-TV

Das Fernsehen, heute schon nur noch als Free-TV beschrieben, was ebenso unpassend wie falsch ist, ist der größte Finanzier von Filmen überhaupt. Ein paar tausend Filme im Jahr werden gesendet. Viele Hundert werden selbst produziert, weitere koproduziert. Ohne TV keine Filmindustrie, wie wir sie kennen.

Der etwas verunglückte Begriff „Free-TV" soll das uns als „Fernsehen" bekannte Medium von „Pay-TV", „Basic-TV" und allen anderen Formen abgrenzen. Gemeint ist das Fernsehen, das wir haben, wenn wir ein TV-Gerät einschalten.

5.1 Das Prinzip

Das Prinzip wurde schon zu Beginn des Buches erklärt, denn TV-Sender sind auch die größten Finanziers. Sender kaufen Film um Publikum zu erreichen. Die gebührenfinanzierten TV-Sender können und müssen auf weitere Faktoren achten, wie die Grundversorgung, die kulturelle Seite und den Anspruch, den nicht jedes Programm haben muss, aber der auch zu berücksichtigen ist. Die ARD-Sender berücksichtigen regionale Gepflogenheiten, 3sat und Phoenix hingegen die Sparten, in denen sie tätig sind.

Bettina Reitz, BR, München,
Programmverantwortliche im öffentlich-rechtlichen TV

Aufgewachsen in einer Kleinstadt im Taunus bin ich mit Freundinnen und meiner Schwester Samstags- und Sonntagsnachmittags oft in das dortige Kino gegangen. Das hat sicher meinen Blick und die Liebe zum Kino geprägt. Später entdeckte ich mit großer Leidenschaft das Theater in Frankfurt (Städt. Bühnen, T.A.T. und Mousonturm u. v. a.) und kam eher zufällig zum Fernsehen. Ein Redakteur des HRs hatte zufällig einen Kurzfilm über Blechspielzeug von mir gesehen, den ich während meines Studiums an der Johann-Wolfgang-Goethe-Universität in Frankfurt im Rahmen der Theater-, Film- und Fernsehwissenschaften gedreht hatte. Er war von diesem Film so begeistert, dass er mich spontan anrief und in den HR einlud. Von da an gab es attraktive Jobs beim Fernsehen (die damals sehr gut bezahlt wurden!) sowohl in Redaktionen als auch am Set von Filmen und schließlich nach Beendigung meines Studiums mit dem Magisterabschluss die erste Redakteursstelle.

Da ich mittlerweile angefangen hatte, selber Dokumentarfilme zu machen und im fiktionalen Bereich mitzuschreiben, war ich unsicher, ob ich die angebotene Redakteursstelle wirklich annehmen sollte. Da es aber ein großes Privileg war, ohne Voluntariat direkt als junger Mensch mit 25 eine Redakteursstelle zu bekommen, willigte ich ein. Ich konnte mir allerdings schwer vorstellen, für den Rest des Lebens Redakteurin zu sein. Gleichwohl habe ich im Laufe der Jahre verschiedene Systeme des öffentlich-rechtlichen Rundfunks kennengelernt und bis auf die aktuelle Berichterstattung fast alle Bereiche von Fernsehproduktionen erlebt und schließlich auch mehrere Jahre als Produzentin für Kino- und Fernsehfilme in der freien Wirtschaft gearbeitet.

Dass ich dann Programmbereichsleiterin SPIEL FILM SERIE und Fernsehspielchefin des BR wurde, ist ebenfalls Zufall. Der Liebe wegen ging ich vor einigen Jahren nach München. Dass eine solche Stelle dann zur richtigen Zeit neu besetzt wird und die Verantwortlichen durch Empfehlung auf mich kamen, hätte ich allein nicht beeinflussen können. Die aktuelle Tätigkeit ist ein Geschenk, weil die Verantwortung vom Dokumentarfilm über

Serien, Fernsehfilme bis hin zu großen, auch internationalen Kino-Koproduktionen reicht.

Ein außergewöhnlich spannendes Feld mit wunderbaren Begegnungen, interessanten Menschen, großen Themen und einer großen Entscheidungskompetenz, sowohl inhaltlich als auch finanziell.

Als Programmbereichsleiterin SPIEL FILM SERIE verantwortet man Programme unterschiedlicher Redaktionen. Bei mir sind es z. B. die Redaktion „Fernsehfilm", die Redaktion „Film und Teleclub" mit Dokumentarfilmen, die Kinomagazine „Kino Kino" und „Spielfilm", die Redaktion „Dokumentarfilm" mit ebenfalls Dokumentarfilmen und der Reihe „Lebenslinien", die Redaktion „Kinderspielfilm", die Redaktion „Reihen und Mehrteiler", die Redaktion „Nachwuchs und Debut" sowie Kinokoproduktionen. Bei fiktionalen Filmen werden gemeinsam neben dem Stoff und dem Autor auch über Regie und Hauptdarsteller entschieden sowie durch die Programmbereichsleitung aktuell auch stark die Vertragsverhandlungen mitgeführt. Gleichwohl hat es beim BR eine lange Tradition, dass innerhalb der Redaktionen auch noch selbst entwickelt wird und somit Drehbuchverträge direkt in Auftrag gegeben werden. Die jeweiligen Redakteure besprechen mit ihren Redaktionsleitern die Stoffe und wenn sie von dort gutgeheißen werden, kommen je nach Aufstellung der Redaktion entweder die Redaktionsleiter zur mir oder auch die Redakteure, um ihre Wünsche zu diskutieren und in einen finanziellen Rahmen zu bringen. In Einzelfällen betreue ich Produktionen auch noch redaktionell mit, dafür wird die Zeit immer knapper, so dass meine Arbeit auch im Wesentlichen vom Delegieren an mein sehr gutes Team bestimmt wird.

Die Programmbereichsleitung kümmert sich auch um alle Personalangelegenheiten, die im PB anfallen, alle Veränderungen, die sowohl in der Landesrundfunkanstalt – in dem Fall das BFS-Programm betreffend – aufkommen, sowie in der ARD.

Zu meinem Arbeitsumfeld gehören noch eine Mitgliedschaft in der Degeto-Buyout-Gruppe, eine Mitgliedschaft in der GR Vorabend der ARD sowie regelmäßige Teilnahme an der Koordinationssitzung Fernsehfilm der ARD. Daneben engagiert man sich an Filmhochschulen und Medien-/Filmveranstaltungen (Panelteilnehmer etc.).

Gremien- und Kommissionsarbeiten gehören ebenso zum Alltag wie z.B. die Mitgliedschaft im Vergabeausschusses des Film-FernsehFonds Bayern, des BKMs und der Filmpreisjury Bayerischer Filmpreis, u.v.a.

Die Tagesabläufe sind eher unregelmäßig. In einem öffentlich-rechtlichen System ist ein normaler Arbeitsalltagsbeginn 8.30 Uhr bis abends üblich, allerdings hat man sehr viele Abendtermine durch z.B. Premieren, Festivals etc. und auch Reisetermine, zum einen ARD-bedingt, zum anderen aber auch festivalbedingt, z.B. Berlinale, Cannes, Hof u.v.m.

Was bringt die Zukunft?

Wir befinden uns aktuell in einer großen Umbruchphase, da sich sowohl das Fernsehverhalten, als auch das Angebot in den nächsten Jahren massiv verändern werden. Zur Zeit herrscht eine große Unsicherheit, sowohl mit welcher Geschwindigkeit und in welchem Zeitraum sich diese Veränderungen abspielen werden, als auch, wie die neuen Angebotsplattformen der digitalen Verbreitung tatsächlich zu verwerten sind. Es werden aktuell Gespräche und Verhandlungen mehr ums Prinzip, als um überprüfbare Wertigkeiten geführt. Der Arbeitsalltag, vor allem bei Koproduktionen im Fernseh- und Kinobereich, ist aktuell sehr anstrengend, da die Sender keine Rechte hergeben möchten, die sie evtl. zur Grundversorgung brauchen und die Produzenten nicht auf Rechte verzichten wollen, die ggf. in naher Zukunft sehr viel wert sein werden.

Wie sich das Wertesystem eines Films durch zusätzliche Auswertungsmöglichkeiten insgesamt verändern wird und dieses aber auch dann neu bewertet werden muss, werden die Grundherausforderungen der nächsten Jahre sein. Das öffentlich-rechtliche System wird weiterhin eine stabile Angebotsgröße der medialen Grundversorgung in Deutschland bleiben. Allerdings wird es immer weniger Geld für die geforderten Aufgaben zur Verfügung haben. Daraus werden Schwerpunkte entstehen, die anderes vernachlässigen lassen. Wo genau diese Schwerpunkte sein werden, wird sich in den nächsten Jahren ebenfalls erst herauskristallisieren, und lässt sich aktuell nicht benennen. Das Kino wird sich in zwei Bereiche aufteilen, zum einen die sog. Eventproduktionen, die dann auch häufig als Zweiteiler im Fernsehen gezeigt werden und zum anderen die Autorenfilme, die mit persönlichen Handschriften und unverwechselbaren Geschichten ein eher cineastisch interessiertes Publikum ansprechen, die noch immer den dunklen Kinoraum mit seiner besonderen Aura dem Massenmedium TV oder dem PC vorziehen.

Wie sich DVD über VoD tatsächlich verändert, werden ebenfalls die nächsten Jahre zeigen. Und was dann mit dem Handy und sonstigen Abrufmöglichkeiten passieren wird, bleibt spannend. Es werden ganz neue Anbieter- und Vertreibermärkte erobert und auch ganz neue Inhalte geschaffen werden, an die wir vielleicht aktuell so noch gar nicht denken. Eines wird aber unverändert bleiben: Das Einzige, was am Ende zählt, ist die lebendige Leinwand oder der lebendige Schirm, wo immer er dazugehört, Vertriebswege oder Rechte allein interessieren den Zuschauer/ User nicht. Ohne interessanten Content, ohne kraftvolle Bildergeschichten wird es auch in der Zukunft nicht gehen.

TV-Sender suchen heute auch nach Lücken, die sie besetzen können. 250 Regional-Sender buhlen um die Aufmerksamkeit ihres Publikums, ab Kanalplatz 15 auf der Fernbedienung sind es Spartensender. Gesucht wird die kritische Masse an Zuschauern, die einen TV-Sender „leben" lässt und TV–Sender sind teuer. Schätzungen gehen von 3 Mio. Euro im Jahr an Mindestkosten aus.

Für das Jahr 2006 wurde eine durchschnittliche Sehdauer von 212 Minuten pro Person am Tag festgestellt.

5.2 Das Geschäftsmodell

Zu unterscheiden sind Sender, die dem Staat gehören, und Sender in der Hand von Unternehmen – gerne öffentlich-rechtliches und Privat-TV – genannt. Erstere finanzieren sich aus Gebühren und Werbung oder Staatszuschüssen, Letztere aus Werbung.

Das Geschäft der kommerziellen TV-Sender ist sehr einfach: Wie in jedem beliebigen Laden an der Straße kauft der Sender Ware – nämlich das Programm – ein und versucht es mit einer Gewinnspanne zu verkaufen. Möglichst mit 80–120 %, wie in der Bekleidungsindustrie. Textil- und Schuhläden arbeiten etwa mit den gleichen Margen. Davon sind die Betriebskosten der Sender abzuziehen und die Tatsache, dass es oft genug nicht funktioniert, 100 % Gewinn zu erzielen.

Die gebührenfinanzierten TV-Sender haben meist einmal Geld für die Programmplätze festgelegt und erhöhen das nach Inflation und Gebührenaufkommen alle paar Jahre.

3,6 Mio. Werbespots die 1,3 Mio. Werbeminuten füllten, gab es im TV in 2006. Die Netto-Werbeeinnahmen betrugen 4,1 Milliarden Euro in 2006. Dafür kann schon etwas Film produziert werden. Der Automarkt ist, gefolgt von Schokolade und Telekommunikation, der Hauptwerbeträger (allein 570 Mio. Euro Werbeumsatz 2006).

Die Gebühreneinnahmen werden mit etwa 7 Milliarden Euro angegeben, wobei davon auch unendlich viele Aufgaben zu finanzieren sind, die die Politik den Sendern aufgegeben hat. So ist der Personalstamm in Zeiten der Massenarbeitslosigkeit auch auf Druck der Politik weit hochgefahren worden. Die Sender finanzieren auch viele Dinge, die mit Rundfunk wenig zu tun haben, nicht weil sie das wollen, sondern weil sie es mussten.

5.3 Was bringt die Zukunft?

Die Zukunft kann nicht golden werden. Jedenfalls nicht für die werbefinanzierten TV-Sender, denn die gebührenfinanzierten TV-Sender haben eine Berechtigung und eine Finanzierung, die ihnen so schnell keiner nehmen wird.

Nach immer mehr TV-Sendern stürmen jetzt IP-TV und digitale Sender auf den Markt, dass sind mehrere Hundert Sender, die Publikum und Werbung abziehen.

Die Games sind jetzt online und das heißt, die Spielekonzerne können Werbung schalten, die sie regelmäßig austauschen, z. B. an den Seitenbanden ihrer Fußballspiele und damit in dem Werbemarkt fischen.

Die Online-Werbung frisst immer mehr vom Werbekuchen. Und die Internet-Welt ist sehr hungrig.

Festplattenrekorder zeichnen Programm auf und TV-Tauschbörsen geben Programme an Zuschauer ab, beides zählt nicht zu den Nutzern von TV, die

die Werbeindustrie anerkennt. Das erste Mal merkt das RTL II als die erste Staffel von „24" ausgestrahlt wurde. Das ganze Land sprach darüber, aber die Einschaltquote war mäßig. Der Grund: Viele Zuschauer zeichneten die Serie auf Video auf. Das zählt nicht zur Einschaltquote.

Die echte Gefahr ist die Spirale: Je mehr Werbung wegbröckelt, desto weniger kann in das Programm investiert werden. Mit großem Pech endet das in einem Teufelskreis.

Die Gegenstrategie der RTL und ProSiebenSat.1-Gruppe lautet, alle Konkurrenten und Kanäle selbst zu nutzen, selbst VoD anbieten, selbst Internet anbieten, selbst Pay-TV anbieten, selbst alles zu machen, was geht.

Es wirkt sehr bemüht und die Erfolge sind bei näherem Hinsehen nicht groß. Ein bisschen was wird mit den Telefonanrufen verdient (49 Cent die Minute, die Hälfte für die TV-Sender), ein bisschen was mit Home Shopping. Aber die TV-Sender sind zumindest konsequent: Sie schießen aus allen Rohren. Sie bedienen alles selbst. Vielleicht zündet etwas.

Deshalb verlangen die Sender von den Filmemachern alle Rechte und das umsonst. Das größte Ärgernis der Filmemacher ist, dass es keine zusätzlichen Erlöse gibt für die extensive Nutzung ihrer Filme durch die TV-Sender. So lange das verschlossen ist und so lange sich keine Auswertung findet, die auch den TV-Sendern richtig viel Geld einbringt und an der ein Filmemacher beteiligt werden könnte, sind vom TV keine weiteren Auswertungserlöse zu erwarten.

IPTV wird zur Überraschung vieler ein starker Player:

Peter Rampp, DAF Deutsches-Anleger-Fernsehen

 IPTV ist derzeit das wohl am meisten gebrauchte Buzzword im Fernsehen – es ist Hip – es steckt voller Fantasie und riesigem Potential und ... jeder versteht etwas anderes darunter. Fest steht aber: Auch IPTV ist TV. Die Grundgesetze des klassischen Fernsehens gelten auch hier: Erreiche möglichst viele der richtigen Zuschauer.

Die zusätzlichen Möglichkeiten machen IPTV aber zu TV 2.0. Denn durch die Übertragung per Internet-Protocol (IP) ist eines auf jeden Fall gegeben, was Fernsehen schon jahrelang ankündigt, aber bislang nicht einlösen konnte: Interaktion. Ob und wie stark dieser Zusatznutzen zum Tragen kommt, wird sicherlich ein entscheidender Faktor dafür sein, in wieweit IPTV die großen Erwartungen erfüllen kann.

Wie wird man Chef eines IPTV-Senders?

Generell ist Chef eines Fernsehsenders kein klassischer Ausbildungsberuf. Wenn ich mir die Lebensläufe meiner Kollegen (mangels IPTV-Masse hier vor allem die Kollegen aus dem klassischen TV) ansehe, zeigt sich, dass es zwei Grundströmungen gibt. Einerseits rekrutieren sich Senderchefs aus Content-affinen Berufsgruppen (Journalisten, Unterhaltungschefs etc.) – andererseits aus Verwaltungsbereichen (Controller, Juristen). In meinem Fall liegt ein journalistischer Werdegang zu Grunde. Nach meiner Ausbildung an der Akademie für Neue Medien in Kulmbach, volontierte ich bei einem lokalen Radiosender, war bei landesweiten Radio-Sendern in den Bereichen Nachrichten und Magazinen tätig, bevor ich als Chef vom Dienst beim dpa/rufa Hörfunkdienst arbeitete. Anschließend wechselte ich zum entstehenden Nachrichtensender N24. Hier war ich als Chef vom Dienst für die politische Berichterstattung der ProSiebenSat.1-Gruppe verantwortlich.

Von dort aus wurde ich zum Programmdirektor N24 und Mitglied der Geschäftsleitung berufen. Mit neuer Programmstrategie (Nachrichten & Dokumentationen) konnten wir innerhalb von 24 Monaten die Reichweiten verfünffachen. Im Jahr darauf schaffte N24 den Break-Even.

Um mir die aus meiner Sicht notwendigen Management-Fähig-
keiten und BWL-Kenntnisse anzueignen, machte ich zeitgleich
den Master of Business Administration (MBA) an der Steinbeis-
Hochschule Berlin mit internationalen Seminaren an den Part-
neruniversitäten Bocconi (Mailand) und Stern-Business-School
(New York).
Danach entwickelte ich für die Börsenmedien AG das Deutsche
Anleger Fernsehen DAF, Deutschlands ersten IPTV-Sender.

Welche Business-Möglichkeiten bietet IPTV?

Da mit IPTV zunächst nur ein Übertragungsprotokoll definiert ist,
gehen die Anwendungen und Dienste derzeit weit auseinander.
So reicht die Spanne momentan von Video-on-Demand-Plattfor-
men (VoD) wie maxdome über Anbieterplattformen wie Alicehome
me TV oder T-Home bis hin zu Lösungen wie das DAF, das über
IP sendet aber mit PC zu nutzen ist.
Allen Angeboten ist aber gemein, dass es zunächst darum gehen
muss, die technische Möglichkeit, TV-Kanäle über Internet zu
übertragen, in das Bewusstsein der Öffentlichkeit zu bringen.
Dies kann vor allem durch einzigartigen Content gelingen.
Das Deutsche Anleger Fernsehen hat dies im ersten Schritt
sicherlich geschafft. Als Live-Börsensender arbeitet das DAF
mit den größten Finanzseiten im Internet zusammen. Die Inhalte werden, so wie es das Protokoll zulässt, in die bestehenden
Angebote der Seitenbetreiber integriert und können so für den
Nutzer einen medialen Mehrwert bringen. Chartanalyse der Inter-
netplattform vereint mit Vorstandsinterview ist eine Kombination, die beim Nutzer gut ankommt. 200.000 Unique User am Tag
sind nach knapp 1 Jahr Sendebetrieb eine Leistung, die viele
Programme auf Astra-Satelliten nicht erreichen. Auch Interaktion
wird beim DAF groß geschrieben. So können zeitgleich mit dem
Bewegbild-Angebot HTML-Inhalte gesteuert werden. Zum Werbespot im Videostream gibt es zeitgleich das passende Banner,
was zum Angebot des Werbetreibenden verlinkt wird. Zum ersten
Mal bringt Fernsehen einen konvergenten Mehrwert. Dass dies
auch in der Nutzung deutliche Vorteile bringt, zeigen die Click-
raten dieser konvergenten Bannerflächen. Bis zu 5 Prozent Nutzung sind hier keine Seltenheit, ein Wert von dem andere Kom-
munikationsformen teilweise nur träumen.

Doch Interaktion wird auch über einen zweiten Bereich beim DAF ermöglicht. Alle Inhalte, die im Live-Stream gesendet werden, stehen anschließend auch als Video-on-Demand-Inhalte zur Verfügung. So kann der User, der beispielsweise BMW-Aktien im Depot hat, gezielt nach allen Beiträgen zu BMW suchen – oder bekommt eine Nachricht, dass neue Video-Inhalte zu seiner Aktie bereitliegen.

Dieser Service kommt an. Bis zu 25 Tausend Einzelabrufe am Tag kommen so zustande.

Sicher ist das Deutsche Anleger Fernsehen ein ganz spezieller Fall. Es verdeutlicht aber, was die Treiber für IPTV sein können. Inhaltlicher Mehrwert und bessere Usability.

Was bringt die IPTV-Zukunft?

Die „Verspartung" im Fernsehen wird durch IPTV sicherlich noch verstärkt vorangehen. Professor Klaus Goldhammer von Goldmedia sieht das Zeitalter der Mesomedien auch im TV anbrechen. Angebote für eine Nutzerschaft von Kleinst- und Kleinzielgruppen (ab 1.000 Nutzer) könnten durch IPTV betriebswirtschaftlich darstellbar werden.

Die Treiber von IPTV werden in den nächsten Jahren die Internet-Infrastruktur-Anbieter sein. Fernsehen im Internet ist die Killerapplication für breitbandige Internet-Zugänge. (ADSL2, 16 Kbit/s bzw. VDSL mit bis zu 50 Mbit/s). Denn diese Bandbreiten werden beim bisherigen Gebrauch des Netzes, z. B. für E-Mail oder klassisches Internetsurfen, nicht benötigt.

Mit dem bereits integrierten Telefonieren über das Internet (VoIP) entsteht durch IPTV das sogenannte „Triple Play". Damit können die Internet-Provider die Kommunikationsbedürfnisse der Informationsgesellschaft vollständig abdecken. Sie werden somit zu ernsthaften Konkurrenten, sowohl für klassische Telefonanbieter, als auch für TV-Kabelgesellschaften wie z. B. Kabel Deutschland.

Die Angebotsformen werden dabei die ganze Palette umfassen. Von Pay-TV-Angeboten wie maxdome bis hin zu klassischen Free-TV-Angeboten wie das DAF, inklusive diverser Mischformen, wird die Spanne reichen.

Dadurch entsteht für die Inhalte-Produzenten ein neues, spannendes Feld. Sind IPTV-Rechte eigenständige Verwertungsrechte? Werden VoD-Auswertungen in Zukunft extra bewertet? Werden Produktionsfirmen, die für das klassische Fernsehen Inhalte wie z. B. eine fiktionale Serie produzieren, in Zukunft auf der IPTV-Plattform eines Providers den eigenen Serienkanal starten? Fragen die zum jetzigen Zeitpunkt wohl von niemandem abschließend beantwortet werden können. Fragen, die aber zeigen, warum IPTV in der Medienbranche das wohl am meisten gebrauchte Buzzword ist.

6. Filmrechtehandel

Der Vertrieb von Filmen rund um den Erdball ist die Aufgabe des Filmrechtehandels. Was prosaisch, aufregend und nach viel Geld klingt, relativiert sich bei genauerem Hinsehen.

Der Filmrechtehandel war lange eine Einbahnstraße in Richtung Deutschland. Filme wurden verkauft, meist an Leo Kirch und der vertrieb sie an ARD, ZDF und Sat.1. Die Versuche der staatlichen „Deutschen Export Union", Filme ins Ausland zu verkaufen, scheiterten kläglich.

Inzwischen gab es aber eine Explosion der TV-Sender weltweit und damit stieg der Bedarf an Programm. Die Eigenproduktion – die Entscheidung, dass ein Sender selbst Filme in Auftrag gibt – ist teuer und verschiedene Sender entscheiden sich dann lieber für die Lizenz. Auch ist es den deutschen Produzenten gelungen, Filme zu produzieren, deren Qualität, Inhalt und Machart auch in anderen Ländern Anklang fanden. Mit einer Serie wie „Kommissar Rex" (ironischerweise nicht von Deutschen, sondern von Österreichern produziert) gelang dann auch ein Durchbruch auf den internationalen Märkten.

Heute sind die Italiener, Franzosen und Spanier Abnehmer von deutschen TV-Movies. Deutsche TV-Ware verkauft sich inzwischen auch in den Ostblock, jedoch zu erbärmlichen Raten, meist gerade einmal vierstellig. Überraschend ist oft, was sich verkauft (ein Beispiel nenne ich weiter unten), so richtig vorhersagen können das auch Profis nie.

So wie unser deutsches Programm immer etwas dem amerikanischen hinterherhinkt – ob wir das nun zugeben wollen oder nicht, so gibt es wieder gewisse Verzögerungen im TV-Programm anderer Länder im Verhältnis zu uns.

Jede große Tendenz des amerikanischen TV kommt mit Zeitverzögerung zu uns. Der Grund ist, dass die Amerikaner schlicht 50 Jahre länger Fernsehen für die Werbemärkte produzieren und mehr Erfahrung haben im Produzieren von Programmen für die freien TV-Märkte. Nun wiederum sind wir den Osteuropäern ca. 10 Jahre voraus.

Die sehr unterschiedlichen Geschmäcker, aber auch Kulturen werden immer dann deutlich, wenn man auf einmal Automagazine mit unerschwinglichen Automobilen zu Topquoten nach Slowenien verkaufen kann, aber Polen entrüstet „Lenßen & Partner"-Lizenz-Folgen als viel zu erotisch zurückweist. Lieber produzieren die polnischen TV-Sender selber züchtige, aber unglaublich blutrünstige Folgen und zeigen sie im frühen Abendprogramm.

7. Mobil

Der große Hoffnungsträger! Nachdem sich das Internet zwischen 2001 und 2005 als ziemlicher Flop in der Filmverwertung und den Impulsen für die Filmwirtschaft erwies, blickte sich die Branche um und guckte, was die Zukunft denn noch bringen könnte. Das Internet brachte den illegalen Download und hatte schon erfolgreich die Musikindustrie ruiniert, Ähnliches stand jetzt der Filmbranche bevor. Dem Internet-Nutzer war es einfach nicht einzubläuen, dass er für irgendetwas bezahlen sollte.

Nachdem also der Internet-User ein hoffnungsloser Fall schien, guckte der Filmemacher sich um und entdeckte ein armes Opfer, das es gewohnt war, dass man ihm Monat für Monat unfassbare Summen aus der Tasche zog: den Handy-Besitzer.

Die Mobilfunk-Unternehmen verfügen in rauen Mengen über etwas, was kein Unternehmen, das sich mit Film beschäftigt hat: Geld. Wer auf die absurden Umsätze dieser Unternehmen schaut, begreift, dass denen bei allem, was im Film an Kapital umgesetzt wird, nur ein müdes Jabba-the-Hut-Lachen hervorrufen kann. Dagegen sind auch Hollywood-Studios nur kleine Mittelständler.

Wenn man an das Geld der Mobil-Firmen möchte, muss der Filmemacher wissen, wie die ticken. Das ist deswegen so wichtig, weil es keine (verhinderten) Filmemacher sind, wie die in den meisten anderen Auswertungsoptionen.

315

Das Handy-Geschäft ist Domäne der Unternehmensberater und damit BWL-getrieben. Der Grund ist, dass in Deutschland ausgerechnet der Röhren-Hersteller Mannesmann das Geschäft an sich zog. Das Management gab zu, keine Ahnung von diesem Geschäft zu haben, und holte sich Berater, die das Geschäft aufziehen und permanent begleiten sollten. Unternehmensberater sind eine Art Parasit, der sich selbst ernährt. Die durchschnittliche Verweildauer eines Beraters liegt bei dem Unternehmensberater vier Jahren. Dann sucht der Betrieb eine Position möglichst bei einem Kunden. Das geschieht in der Hoffnung, dass der Berater sich in der Krise an seine altes Unternehmen erinnert und als Erstes, genau: wieder Unternehmensberater ruft. Das funktioniert ganz erfolgreich und hat dazu geführt, dass viele Berater heute in der Handybranche arbeiten.

Damit der Filmemacher diesen Menschen etwas verkaufen kann, muss er wissen, wie die ticken. Der durchschnittliche BWL-Student erbringt seine Studienleistung durch das Erlernen gewisser Schlagworte. Da ihnen die Funktionsweise der Filmwelt fremd ist, klammern sie sich an das Erlernte.

Das hier zählende Schlagwort ist deshalb Marke, Marke, Marke. Die Einkäufe für die Nutzungsform „Handy" beschränkten sich also auf Namen, die sie kannten. Während also Filmemacher an eine Renaissance des Kurzfilms glaubten, Animationen entwickelten und Comedy vorne sahen – Formate, die nicht viel Zeit beanspruchten und für kleine Displays geeignet waren – kauften Handy-Manager 90 Minuten Fußballübertragung und 120 Minuten (Action-)Filme fürs Mini-Display – schlicht, weil es „Marken" waren, die ihnen bekannt sind.

Das war sicherlich auch einer der Gründe, weshalb das Handy-Geschäft nicht wie erhofft in Gang kam. Der Handy-Nutzer konnte schlicht nichts mit dem Angebot anfangen. Auch der Gedanke, ganze TV-Sender auf das Handy umzuleiten, war ein Schlag ins Wasser. Zu lang, ohne ein Seherlebnis, viel zu kleine Displays, viel zu lange Sendungen – es passte alles nicht. Aber wieder zählte nur: Marke. Die dann gestarteten Handy-Angebote wie z.B. eine Handy-Telenovela oder ein Handy-Krimi machten zumindest schon mal den Versuch, das Programm an das Medium anzupassen.

Die Fernsehproduktionsfirma Phoenix produzierte schon im ersten Halbjahr 2006 eine Handy-Serie namens „Kill you Darling" mit 30 Episoden à 3 Minuten zum Preis eines kleinen Fernsehspiels (ca. 700.000–800.000 Euro) . Abnehmer zu finden war schwierig, denn Mobilfunker ticken nicht wie TV-

Verantwortliche, wie sich zeigen wird, aber trotzdem war es ein Schritt in die richtige Richtung.

Aber auch darin lag ein Denkfehler. Die Handy-Manager hatten TV-Produzenten gefragt, als es darum ging, Programm extra für das Handy zu machen. TV-Produzenten haben sich aber über Jahre auch eine bestimmte Art zu Denken zugelegt und die funktioniert über gewisse Genres und Formate wie z. B. Serien, Krimifolgen, Quizshows, Soaps etc. Die sind aber wiederum gemacht für den TV-Schirm, den der Zuschauer stundenlang in Folge angukken kann.

Das Handy-Display bietet andere Herausforderungen. Es wird wahrscheinlich dauern, bis sich aus der Generation der Handy-Nutzer eine eigenständige Produzenten-Spezies rekrutiert, die mit dem Medium umgehen kann. Mit der Zeit kamen aber auch die Verantwortlichen, zuerst bei T-Mobile darauf, dass sie eine Form suchen mussten, die dem Handy entsprachen. Jetzt orderte die Telekom-Gesellschaft kürzere Stücke mit einem witzigen Ende.

Wirklich innovativ und dem Handy angemessen reagierte aber nur der viel geschmähte Klingeltonverkäufer Jamba, der als Erweiterung seiner Leistung zu den Klingeltönen Bildsequenzen anbot. Das ist Bewegtbild, also Film, für den Mobilfunk angefertigt und passgenau hergestellt. Eigentlich das erste echte Handy-Programm. Der Blickwinkel ist auch der richtige: Hier ist ein Hersteller, der ausschließlich Entertainment für den Mobilfunk produziert.

Spannend wird es übrigens, wenn die Gegenbewegung einsetzt und ein Film aus der Mobilfunkwelt so erfolgreich wird, dass daraus Filme für das Fernsehen oder gar das Kino gemacht werden. Eine der großen Eigenschaften des Kinos, ist die Aufnahme von Tendenzen, neuen Sehgewohnheiten und die Aufarbeitung zu neuen Filmen. So wie die Games längst ihren Weg ins Kino gefunden haben – und zurück (!) – so wird es nicht lange auf sich warten lassen, bis wir den „Crazy Frog" oder eine andere für den Mobilfunk gemachte Schöpfung auf der großen Leinwand sehen.

Eine sehr spannende Frage ist auch, welchen Einfluss die in Handys eingebauten Kameras haben werden, mit denen jeder heute eine Filmsequenz schießen kann. Klar ist nur, dass das Seherlebnis bereits jetzt die Filmemacher beeinflusst.

Aber vielleicht besteht ja eine ganz andere Hoffnung, die jede Transformation überflüssig macht:

Alles änderte sich, als die PSP (Play Station Portable von Sony) auf dem Markt erschien und jeder dachte, da fehlt jetzt nur noch ein Telefon dran. Das stellte Apple etwas später vor, das iPhone ist ein Bildschirm, mit dem der Zuschauer Filme betrachten kann – und wenn er unbedingt möchte: auch telefonieren.

Wir erleben gerade einen spannenden Prozess: Verschiedene Funktionen und Geräte wachsen zusammen, Konvergenz entsteht. Aus Spielkonsole, Handy und tragbarem DVD-Player wird ein Gerät und der Prozess, überall Bildschirme zu installieren (Autos, in jedem Zimmer), könnte schon gestoppt werden, bevor er richtig begonnen hat, weil das Handy alles ersetzt. Denn die Frage ist doch, brauche ich noch Bildschirme in der Kopfstütze eines Sitzes, um mein Kind zu unterhalten während langer Auto-, Bahn- und Flugzeugreisen, wenn ich dem Kind mein Handy geben kann, auf dessen Display es sich den Film anschauen kann?

Ein Hersteller wie Sony Ericsson setzt heute auf eine unterschiedliche Palette beider Geräte und entwickelt poppige MP3-Spiele-Handys und angeblich ernst zu nehmende, extrem kompliziert zu bedienende Business-Handys.

Und was will man eigentlich als Inhalt anbieten? Selbst der Vorstandsvorsitzende der Constantin, Fred Kogel, sagt, dass er sich nicht vorstellen kann, dass Spielfilme und der jetzige TV-Content gezeigt werden.

Er sieht speziell gestaltete Formate – News, Sport, Musik – und damit einen Markt für Produzenten, die sich auf dieses Segment spezialisieren. Da widersprechen aber die Insider von Cisco Systems, deren Rechner das globale Internet antreiben und deren Verknüpfung zum Film sich auf den jährlichen Kinobesuch reduziert: Der Zuschauer wird Filme auf seinem Handy angukken, einfach, weil er es kann.

Paulus Neef, Geschäftsführer Neva Media, Berlin

Meine Affinität zu Film und TV ist größer als man meinen mag: Bevor ich Pixelpark gründete, habe ich als Student den ersten digitalen Spartenkanal mit aufgebaut. Damals noch mit Macs der ersten Generation, verfügten wir über eines der ersten großen Apple-Netzwerke. Aus dem Unternehmen und dem Umfeld, auf das ich dort traf, ging Pixelpark hervor, das 1991 von mir gegründet wurde.

Neva Media bzw. unser Joint Venture Mobile 3.0, bündelt die Programmkanäle und bringt Film- und TV-Content auf das Handy – wobei wir schon weiter denken, als nur an das reine Handy – eine SIM-Karte ist eigentlich nicht erforderlich, nur ein mobiles Endgerät. Es geht uns darum, schnell an Reichweite zu gewinnen.

Neue Techniken führen eigentlich immer dazu, dass es zwei Sichtweisen gibt: Die Techniker sagen, was machbar ist und sie sind daran interessiert, das Medium mit allen Features voll auszureizen, z.B., dass Hollywood Filme auf dem Handy gesehen werden können.

Die klassische (TV-)Industrie möchte immer eine Verlängerung ihres Geschäftsmodells oder jedenfalls keine Konkurrenz neuer Playerund sagt, dass das neue Medium sich genau dafür eignet und nicht für mehr. Eigentlich alter Wein in neuen Schläuchen: Es geht um die Verlängerung und Verbreiterung der bestehenden Distributionskanäle.

Kaum einer fragt, was der Konsument eigentlich will. Ich glaube, dass er weder das eine noch das andere möchte. Statt dessen setzen wir im Mobile-TV-Markt auf kurz getaktete Angebote. Statt wie im TV auf Stundentakt wird es Programmangebote im Minutentakt geben. Die Interaktivität wir ein zentraler Baustein: Das Handy hat neben dem TV-Bild einen davon getrennten Rückkanal – den Mobilfunk. Das eröffnet Möglichkeiten für innovative Medienformate, die es jetzt noch gar nicht gibt und für neue innovative Produzenten.

Für uns ist deshalb mit Film- und TV auf dem Handy (oder dem mobilen Endgerät) auch noch lange nicht Schluss. Wir sehen die Online Communities und die Games auch in unserem Angebot. Die klassischen Angebote, wie Nachrichten etc. sowie die „reichweitenstarken Sender" wie RTL & P7S1, wird es auch geben, das verlangen schon die Landesmedienanstalten, aber der Mix wird komplett neu.

Es wird eine hochattraktive Fläche für die Werbung geben, denn der Zuschauer ist als Mobil-Kunde bestens bekannt. Er wird also zielgenau Angebote bekommen, die ihn persönlich interessieren. Es wird Transaktionsgewinne geben, da über unser Angebot passgenau bestellt werden kann. Für all diese Dienste, Informationen, Entertainment wird es ein Flatrate geben, die nicht allzu teuer ist, die aber das Programm mitfinanziert, so dass wir in ein attraktives Businessmodell für alle Beteiligten in einer interaktiven, mobilen Zukunft vertrauen.

7.1 Das Prinzip

Ziemlich schnell hat sich der Einkauf von Filmen für Handys zu einem dem Fernsehsender vergleichbaren Modell entwickelt – wenn auch nicht in großem Umfang: Mobilfunkbetreiber kaufen Filme als Lizenz, sie geben sie in Auftrag und sie übernehmen von dritten Anbietern ganze Programmstrecken.

Bewegtes Bild hat definitiv auch auf dem Mobiltelefon eine Zukunft: Die Displays werden größer und besser, der Zuschauer hat es immer dabei, die Technik lässt immer mehr zu, die Akkus auch.

Es hat sich allerdings als Irrglauben herausgestellt, dass der Handy-Nutzer bereit ist, für das alles Unsummen zu zahlen. Ja, er ist es gewohnt, viel Geld für die Telefonie zu zahlen und ja, für ein gewisses Entertainment zahlt er im Moment noch, nämlich für Klingeltöne, aber schon bei den Handy-Games stockt der Markt. Erst recht bei den Film-Angeboten, die der Zuschauer zurzeit erhalten kann.

Also ist man sehr schnell dabei, das Angebot von kostenpflichtig auf gratis umzustellen mit dem Argument, es würde eine höhere Bindung entstehen, wenn auf dem Handy auch noch kostenlos ein Unterhaltungsprogramm läuft. Das mag dahinstehen, denn was nicht bezahlt wird, muss zwangsläufig schlecht sein. Woher soll das Geld für ein ordentliches Programm kommen?

Sat.1 hat so den mal sehr erfolgreichen Markt für das einst geldwerte Airline-Recht zerstört. Hier war ein Film viel Geld wert und auch TV-Programme wären es, wenn die Marketing-Abteilung nicht entschieden hätte, dass das Anschauen von Sat.1-Programm auf Flügen die Fluggäste dazu bringen würde, auf dem Boden wieder ganz viel Sat.1 zu gucken, was zumindest als Ergebnis nicht messbar und als Annahme nicht nachvollziehbar war.

Trotzdem wird auch die Gratis-Unterhaltung für Handy-Kunden eine Zukunft haben. Vermutlich hat deshalb auch Werbung auf Handy-Displays eine Zukunft, mit der wiederum der kostenlose Film bezahlt werden soll.

Unternehmen der Mobilfunkbranche verhalten sich also bis jetzt wie TV-Sender. Sie kaufen Programm, sie geben Programm in Auftrag und sie suchen nach Finanzierungsmodellen, die entweder Werbung heißen (wie im Free-TV) oder Bezahlung für Programm (wie Pay-TV oder VoD).

Wie groß der Markt wird oder werden könnte, ist reines Glaskugel-Geguk-ke. Interessierte Vertreter rechnen hoch, von Studien, die sie nicht nennen, dass 15 % der Mobilfunkteilnehmer Handy-TV demnächst nutzen würden, das wären 10,5 Mio. Zuschauer. Weiter wird gerechnet, dass jeder 5 Euro im Monat ausgibt oder ausgeben könnte, was zu einem Jahresumsatz von 600 Mio. Euro führen würde. Solche Zahlenspiele gehen gerne und oft schief. Das reine Hochrechnen von Menschen, die die Möglichkeit hätten, ist meist Pfeifen im Wald. So hat man sich schon zweimal verkalkuliert, als es um die Interessierten für einen deutschsprachigen TV-Sender in den USA ging. Es wurden alle deutschen Einwanderer gerechnet und wenn davon nur 10 Prozent … jedenfalls war der Sender bald pleite, denn die deutschen Einwanderer wollten nun wirklich nichts Deutsches sehen, sondern in ihrer neuen Heimat ankommen. Genauso werden Handy-Nutzer ihr Handy nutzen, ja – um zu telefonieren. Das heißt nicht, dass hier keine Zukunft liegt, aber welche? Und welche Formate werden sich durchsetzen? Zahlenmaterial, das überzeugt, liegt dazu zurzeit nicht vor.

Zur Drucklegung dieses Buches wurden gerade Lizenzen vergeben und es setzen sich überraschend das Unternehmen Neva von Paulus Neef und ein Kooperationspartner gegen die altgedienten Mobilfunker durch.

7.2 Das Geschäftsmodell

Es gibt (noch) keins. Die Branche sucht noch nach ihrem Modell. Es wird sich unterscheiden, je nachdem, ob Programm extra produziert oder als Lizenz eingekauft wird. Wird Programm eingekauft, so versucht das Mobilfunkunternehmen Festpreise zum Buy-Out durchzusetzen, also alle Rechte, für alle Medien, für immer. Erstaunlich wacker wehren sich die Produzenten dieser Mobilfunk-Clips noch. Es sieht aus, als könnte ein Ausstieg aus dem Buy-Out-Prinzip – in dem ein Filmproduzent alle Rechte für immer verkauft – gelingen. Aber wahrscheinlich wird die Gegenbewegung einsetzen.

Bezüglich der Lizenzen für Abruf-Content, also individuell vom Zuschauer angefordertes Programm, wäre das Logischste ein Minimumgarantie-Modell, also ein feste Zahlung vorab, verrechenbar gegen alle Nutzungen und Unkosten. Pro Abruf ein Entgelt. Das ist jedoch bisher eher selten. Tatsächlich mag das daran liegen, dass es noch nicht genug interessantes Programm für dieses Modell gibt.

Der für Mobilfunk produzierte Anteil an Programm ist noch viel zu gering, um etwas darüber aussagen zu können, welche Modelle sich hier durchsetzen werden.

Zwei Varianten sind für das Lizenzprogramm denkbar: Minimumgarantie und einen Anteil pro Abruf oder eine einmalige Lizenzzahlung.

7.3 Was bringt es dem Filmemacher und was bringt die Zukunft?

Unklar. Wenn sich Bewegtbild, produziert für Mobile, als Kommunikationsmittel durchsetzt, also von den Usern akzeptiert wird, hat es das Potential, einer größeren Zahl von Filmemachern eine berufliche Zukunft zu geben. Bis dahin ist es ein langer Weg:

Die Kosten müssen für den Einzelnen erträglich sein, es muss ein großes Publikum erreicht werden, möglichst Millionen, und bis jetzt ist keine Form ersichtlich, die das Programm haben könnte. Die bisherigen Versuche mit Animationen, Sketchen und Telenovolas haben alle nicht die notwendige Durchschlagskraft gehabt. Und noch haben längst nicht genügend Menschen ein Handy mit (guter) Bildschirmfunktion.

Immer hilfreich ist es, sich anzugucken, was so 17-Jährige auf ihren Handys haben. Zurzeit sind Klingelton begleitende Animationen – recht krude – ziemlich erfolgreich und Funktionen ähnlich denen eines Tamagotchis, auf das der Besitzer (meist eine Besitzerin) aufpassen muss, es „füttern" oder sonst wie unterhalten. Also Entertainment, das der Funktion des Handys als ständigem Begleiter entgegenkommt.

Für die Filmindustrie wird Mobilfunk ein zusätzlicher Absatzkanal für bestimmte Produkte und vielleicht ein zusätzlicher Markt für die Produktion. Spannender ist die Frage, ob sich Film, wie wir es kennen, hier durchsetzt oder ob sich eine ganz eigene Formensprache entwickelt.

Wir müssen uns etwas völlig neues angewöhnen, den Blick in die Zukunft bietet nicht Amerika. Die Zukunft ist bereits Realität in – Südkorea! Das Land ist allen anderen High Tech Nationen enteilt. Die Displays der Handys sind am modernsten, die Sevices am weitesten fortgeschritten und für Filmrechte auf Mobilphones werden hier schon fünfstellige (!) Beträge bezahlt. Überraschung: Die Zuschauer hier schauen bereits Filme auf dem Handy und sie schauen keine Kurzfilme, tatsächlich nutzen sie es als vollwertige Fernsehgeräte. Häufigste Nutzung: Die verpasste Folge einer Telenovela wird im Vorortzug auf dem Weg von der Arbeit geschaut. Damit hat der Zuschauer wieder Anschluss an die Serie, wenn er abends zu Hause ankommt und die nächste Folge im TV beginnt.

8. Video, Videogramm, DVD

Nichts hat die Welt der Videos so stark verändert wie die Einführung der DVD. „Die Faszination der silbernen Scheibe" wie es die Managerin eines Videovertriebs einst nannte, hat ihre Wirkung getan. Das schmuddelige VHS-Band ist zum reinen Kultobjekt geworden, das vom Besitzer stolz in „Bibliotheken" gesammelt wird. Aber 674 Mio. Euro erlöste die DVD-Branche 2005 nur im ersten Halbjahr – ohne Weihnachtsgeschäft!

Heute macht die DVD-Branche das Doppelte an Umsatz wie die Kinos 1999, war es noch der gleiche Betrag. Nur 37 % der DVD-Umsätze sind Kinofilme, die anderen zwei Drittel sind TV oder eigene, für DVD kreierte Inhalte wie Pilates-Kurse.

Das VHS-Band war noch ein Medium, dem die Porno-Industrie zum Durchbruch verhalf. Ein Ruf, den es nie wieder losgeworden ist. So ist in Vergessenheit geraten, dass sehr bald der Kinderfilm und da besonders der Animationssektor, die Führung übernahm. Erstaunlicherweise wurden in 2005 immer noch rund 50 Mio. Euro aus dem Verkauf von VHS-Bändern erlöst und 2006 noch ca. 14 Mio. Euro.

Das Video-Geschäft war ein großer, überschaubarer Markt und die Verhältnisse waren klar: Die deutschen Kinomacher mochten die Videomenschen nicht, die sie als unseriös empfanden, und die Videobetreiber machten keinen Hehl aus ihrer Verachtung für eine Gruppe von Filmern, deren Produkte niemand auf Video haben wollte. Videovertriebe beschränkten sich auf US-Major-Filme, die in Videotheken verliehen wurden, Selbsthilfe- und Schulungskurse, die für Zuhause und Büro gedacht waren, sowie Kauf-Videos für den heimischen Bereich. Da sind die Renner Kinderfilme, etwa von Walt Disney, da Kinder einen Film 35 Mal sehen können und immer noch ganz begeistert sind, und Pornos, die sich mancher Mann genauso oft anschaut, wenn auch aus anderen Beweggründen.

Beliebt bei den Filmemachern war das Segment „Straight to Video", das nicht wenige Karrieren finanzierte, z. B. Robert Rodriguez („Sin City", „El Mariachi"), das allerdings auf allen anderen Kontinenten außer Europa größere Erfolge feierte.

In dieser gemütlichen Welt gegenseitiger Verachtung hatte man sich eingerichtet. Damit war Schluss, als die DVD erschien. Die gefürchteten Video-Proleten, wandelten sich zu eleganten Business-Menschen in dunkelblauen Kostümen und Blazern. Völlig neue Geschäftsmodelle entstanden, alte verschwanden. Während kaum jemand Videobänder in seinem Wohnzimmer hatte, gehört eine anständige DVD-Sammlung heute zum guten Ton. Bei Jungs inspizieren Mädchen heute oft erst die DVD-Sammlung und nicht die „Platten" (CDs).

Eine erstaunliche Zahl aus den USA sagt, dass 15 % aller DVDs, die in heimischen Bibliotheken stehen, nicht aus dem Zellophan ausgepackt wurden. Sie stehen da als reine Besitztümer, sollen den Besitzer aufwerten und seinen Gästen Aufschluss über seine Person geben. Statussymbole, Identifikationsstifter, Träger von Geschmack und Gesinnung.

Völlig neue Geschäftsmodelle wurden geschaffen. Da die DVD viel billiger in der Herstellung ist, konnten ganz andere Filme auf DVD ausprobiert werden. Die Zuschauer entwickelten einen richtigen Hunger nach den silbernen Scheiben und waren auch bereit – ohne Imageverlust für den Silberling – völlig neue Vertriebswege zu akzeptieren wie Tankstellen und Drogeriemärkte.

Eine verschlafene Tochter der ARD wollte auch gerne an dem Boom teilhaben und dachte angestrengt nach, was man denn wohl veröffentlichen könnte, sah in die Lager des ersten deutschen Fernsehens und entdeckte die arg
verstaubte, aus den Siebzigern stammende „Augsburger Puppenkiste". Es
schien mehr eine Verlegenheitslösung als eine betriebswirtschaftlich-strate-
gisch geplante Verkaufsoffensive. Binnen weniger Wochen stürmten glück-
strahlende Eltern die Verkaufsräume, um die heile Welt dieser Filme ihrer Kin-
dertage für ihre Sprösslinge (und sich selbst) zu erwerben. Und die böse,
von ihnen nicht verstandene Welt der „Ninja-Turtles" und „Transformers" gegen „Urmel" einzutauschen. Eine Million DVDs wurden verkauft. Für ein Programm aus den frühen siebziger Jahren. That's Business.

Der DVD-Vertrieb nur von TV-Produktionen lag übrigens nur im ersten Halbjahr 2006 allein bei 103 Mio. Euro und da ist noch kein Weihnachtsgeschäft
dabei gewesen. Der Gesamtmarkt nur an Kauf-DVDs erzielte 1.295 Mio. Das
waren knapp über 100 Millionen Stück und allein zu Weihnachten wurden davon im Dezember 18 Millionen verkauft.

Der DVD-Käufer ist überraschend alt: 38 Jahre. Der Mieter in den Videotheken hingegen ist überraschend jung, etwa 25 Jahre. Frauen rücken auf, sie
sind für etwa 37 % des Marktes verantwortlich Animes und Bollywood sollen
es ihnen besonders angetan haben.

Die Videotheken machen nur noch 68 % ihres Umsatzes mit Verleih von DVD.
Der Rest ist eine Mischkalkulation aus Spielen, Food und DVD-Verkauf.

8.1 Das Prinzip

DVDs werden verliehen oder verkauft. Die große Preisdiskrepanz besteht
nicht mehr. Zu seligen Video-Zeiten kostete der Verleih einer VHS-Kassette in
einer Videothek gerne das Zehnfache, der Kauf einer Kassette gut und gerne
mal 300 D-Mark – wobei die Kauf-VHS auch dann keiner haben wollte.

Die DVD-Nutzungsrechte können so geteilt werden, dass bestimmte DVDs nur
zum Verleihen und andere nur zum Verkauf bestimmt sind. Jedoch hat sich das
über die Jahre aufgrund des Drucks der Videothekenbesitzer so abgeschliffen,
dass eigentlich keine höheren Preise als zu den Kauf-DVDs erzielt werden können. Die unglaubliche Anzahl von 4.273 Videotheken erlöste aus dem Verleih-
geschäft immer noch 284 Mio. Euro für 2,55 Euro pro Verleih.

Ein DVD-Rohling, in großen Mengen gekauft, ist spottbillig. Einen Film darauf zu pressen, ist ungleich preiswerter als ein langes VHS-Band zu bespielen, nahezu alles am Preis ist Gewinn. Verpackung und Transport sowie Marketing kosten noch am meisten. Aber auch dann bleibt ein fetter Gewinn. DVD ist also nicht nur sexy für den Zuschauer, sondern auch sehr gewinnbringend für den Unternehmer. Gutes Produkt.

Lange war das „Straight to DVD"-Prinzip verschollen. Erst seit einigen Jahren existieren wieder Filme, die direkt auf DVD herausgebracht werden, aber danach meist keine großen anderen Verbreitungswege finden. Wie ein erfahrener Manager sagt, „es muss krachen und die Köpfe müssen rollen". Zumindest das ist gleich geblieben im Videomarkt und hat die VHS überlebt.

Neben den Kinoblockbustern aus Hollywood, die immer gehen, egal ob im Kino, im Pay-TV, im VoD oder im TV sind auf einmal TV-Serien echte Renner geworden. Auf DVD verkaufen sich selbst Serien, die durchschnittliche Erfolge der ARD und des ZDF waren, in teils überraschenden Stückzahlen.

8.2 Das Geschäftsmodell

Etwa 2 Euro kosten Rohling, Überspielung und Verpackung. Indifferent – und der größte Posten, um Geld verschwinden zu lassen – sind die Marketingkosten. DVDs sind ein glänzendes Geschäft für den Vertrieb. Der Transport ist geschenkt, denn die Scheiben nehmen keinen Platz weg und wiegen nichts. Die Preisspannen haben sich eingependelt auf ein Segment zwischen 19,90 Euro im obersten Bereich – übertroffen nur von wenigen Sondereditionen, meist mit aufwendigen und auch in der Produktion teuren Booklets – und etwa 3,99 Euro am unteren Ende. Der Schnitt sind 12,90 Euro.

Natürlich gibt es sog. „Give away"-DVDs, die Zeitungen oder sonstigen Produkten hinzugegeben werden und gerade mal 0,50 bis 1 Euro kosten und trotzdem für Hersteller und Vertrieb Gewinn abwerfen.

Der Produzent und Künstler hat eine Bandbreite von 0,25 Euro bis 7 Euro zu erwarten – je nach Verhandlungsgeschick und eigenem tatsächlichen Beitrag. Beteiligungen von über 4 Euro sind allerdings sehr schwer durchsetzbar, es sei denn, das Programm ist vom Künstler, es heißt wie er und er tritt darin (nahezu) allein auf.

Die DVD hat auch ganze Filmproduktionszweige erst angestoßen. Yoga-Kurse, Selbsthilfe-Kurse, Anleitungen zur Autoreparatur sind speziell für DVD-Verlage produziert worden. Einen anderen Vertriebsweg gibt es dafür gar nicht. Für jede Art von TV wäre das viel zu speziell.

Zunehmend profitieren auch die Rechteinhaber. Bei VHS war den Filmemachern schnell klar geworden, dass sie nichts zu erwarten hatten außer der Minimumgarantie, die zum Budget gezählt wird. Die Garantie, die gegen alle einkommenden Gewinne verrechnet wurde, war stets der Zankapfel zwischen VHS-Vertrieb und Produzent. Der Produzent wollte sie so hoch wie möglich, eben weil er sonst nichts mehr erwartete, die VHS-Vertriebe wollten eine reelle Chance sehen, das Geld zurückzuverdienen. Viele deutsche Filme wurden nicht auf Video ausgewertet oder erst wesentlich später, nachdem das eigentliche Geschäft gelaufen war. Und dann ohne Minimumgarantie und ohne den Schwung, den ein aktueller Film hat, und zum Nachteil von beiden Protagonisten, nämlich Video-Vertrieb und Produzent, die beide leer ausgingen.

Jetzt ist die DVD die treibende Kraft bei der Filmauswertung. In Hollywood ist inzwischen das Saying legendär: „Mit Kino wird kein Geld verdient, Gewinn macht allein die DVD." Der Spruch wird gerne für Deutschland übernommen, stimmt aber so nicht. In Hollywood haben die Majors zumindest auch den DVD-Vertrieb allein unter Kontrolle. Das sichert die Gewinnmargen auf allen Ebenen. In Deutschland hat es Quantensprünge gegeben. Die neue Generation an Unternehmern und Unternehmen, die sich an der DVD-Auswertung beteiligt, hat transparentere Abrechnungen und tatsächlich Auszahlungen (!) von Beteiligungen zur Folge gehabt.

Das Geschäftsmodell ist also nach wie vor: Der Filmproduzent erhält eine Minimumgarantie zur Produktion des Films. Mir fällt auf, dass diese Garantien inzwischen deutlich höher sind als die Beträge, die auch zu besten VHS-Zeiten für die spannendsten Filmprojekte gezahlt wurden.

Im Stadium der Filmproduktion gibt der DVD-Vertrieb einen Betrag zum Budget hinzu. 100.000 Euro sind heute zu erzielen, wenn ein paar Ingredienzien zum Film gehören, die ihn für den durchschnittlichen Videotheken-Besucher attraktiv machen: Das sind Namen besonderer Schauspieler, ein bestimmtes Genre, ein klarer Unique Selling Point (USP).

Es macht Sinn, bereits im Stadium der Entwicklung mit einem DVD-Vertrieb Kontakt aufzunehmen und frühzeitig zu prüfen, ob das Projekt kompatibel mit den Bedürfnissen der DVD-Käufer und Händler entwickelt werden kann. Auch hat es den Vorteil, dass ein DVD-Vertrieb frühzeitig auf ein Projekt aufmerksam wird und als Partner gewonnen werden könnte.

Der DVD-Vertrieb räumt eine Beteiligung pro DVD ein. Regelmäßig ist es keine gute Idee für einen Produzenten, die sehr selten angebotene Flatrate zu akzeptieren, da die stets sehr niedrig berechnet sein muss, damit der DVD-Vertrieb keine Verluste macht. Eine Minimumgarantie plus Beteiligung sieht daneben immer besser aus.

Die Minimumgarantie wird meist zum Budget, also noch vor Produktionsbeginn, gezahlt. Gerade im Video-Segment wird aber überraschend oft die Video-Auswertung erst angegangen, wenn der fertige Film vorliegt. Eine Nachlässigkeit der Produzenten, die den Video-Vertrieben natürlich gut gefällt: Sie können sich in Ruhe die fertige Produktion anschauen.

Nun kann der Produzent sich mit dem Vertrieb fantastisch streiten, auf welcher Bezugsgröße die Beteiligung angeboten wird. Denkbar ist der Brutto-Verkaufspreis – also der Preis, den der Zuschauer im Laden zahlt, oder der Nettoabgabepreis des Vertriebs an den Laden. Letzterer hat für den Vertrieb den Vorteil, dass er seiner Kontrolle unterliegt, während der Bruttoladenpreis unter Umständen eine Chimäre sein kann und vom Ladenbesitzer beliebig erhöht werden kann, ohne dass der Vertrieb mehr verdient.

Die Beteiligung wird in Prozent oder in Euro-Beträgen festgelegt. Es hat Vorteile für den Produzenten, feste Euro-Beträge zu vereinbaren, da die Abrechnung dadurch sehr überschaubar wird. Video-Vertriebe versuchen das zu vermeiden, denn eine feste Beteiligungshöhe nimmt ihnen die Flexibilität Preise zu gestalten. Senken sie den Preis für die DVD, sinkt die Beteiligung nicht mit.

Der Video-Vertrieb sollte sehen, dass er den Verkauf der DVD über einen langen Zeitraum auf einem hohen Niveau hält und die Preise langsam dem nachlassenden Interesse anpasst, ohne zu große Sprünge unternehmen zu müssen und auch nach langer Zeit noch stabile Gewinne bei geringen Margen und Verkaufspreisen einzunehmen. Der Produzent dagegen kann sein Interesse auf hohe Beteiligungen immer dann am besten durchsetzen, wenn er externe Quellen über die Verkäufe heranziehen kann, wie etwa Verkaufscharts von neutralen Organisationen und eine fest bestimmte, unverrückbare Beteiligung erhält. Wie so oft ist der Gegensatz nicht auflösbar und der eine oder der andere verliert in der Verhandlung.

Eine längere Allianz, die Vertrauen schafft in die Fähigkeiten beider, wäre ein Lösung der gegensätzlichen Positionen, setzt aber viel voraus: einen Produzenten, der regelmäßig ein vergleichbares Produkt schafft, und einen Vertrieb, der im Vertrauen darauf, stets ein gleichwertiges Vertriebsprodukt zu erhalten, mit großer Transparenz den Auswertungszyklus offenlegt.

Der Konflikt ist jedoch nicht so groß wie gerade dargestellt: Im Augenblick verdienen beide gut.

Für erfolgreichere und größere Filme sind Auswertungsergebnisse von 300.000 bis 400.000 Euro keine Seltenheit mehr. Das ist besonders attraktiv, da zu dem Zeitpunkt, zu dem die Erlöse den Produzenten erreichen, meist alle anderen Budgetdefizite bereits bezahlt sind und das Geld Reingewinn ist. Das weckt natürlich auch Begehrlichkeiten: Andere Finanziers möchten an den DVD-Erlösen beteiligt werden, was die Produzenten natürlich scheuen wie der Teufel das Weihwasser.

Bisher erhalten nur Comedians zuverlässig Anteile an DVDs, die sie nicht selbst produziert haben. Anderen Künstlern ist der Zugang zu dieser Erlösform noch nicht gelungen. Die meisten Autoren, Regisseure und Schauspieler verhandeln immer noch an Erlösen herum, die die Kinokasse einbringt – und sehen keine, vielleicht auch, weil es selten welche gibt.

Die DVD ist auch ein internationales Medium. Relativ leicht ist die Auswertung selbst in Asien möglich. Nur bitte für diesen Markt keine Liebesfilme machen. Die Geschmäcker sind hier zu verschieden. Für den asiatischen DVD-Markt passt es am besten, wenn es ordentlich auf die Zwölf gibt.

Wie sagte einer der wenigen berühmten Philosophen der Neuzeit:
„Eine Komödie wird schon außerhalb der Landesgrenzen nicht mehr begriffen, einen Tritt in die Fresse versteht jeder."
(Jean Claude van Damme)

Das trifft trotz aller Seriosität immer noch die DVD-Branche ganz besonders gut.

8.3 Was bringt es dem Filmemacher?

Die DVD hat den Filmemachern unendlich viele Vorteile eingebracht. Es beginnt mit ganz einfachen Sachen:

Fast jede Schauspieler hat heute von sich eine DVD, mit der er für sich werben kann. Was viel billiger, einfacher und überzeugender ist als die früheren Demo-Bänder, die eh keiner sah.

Das Demoreel auf DVD ist so weit verbreitet, dass es auch Regisseure, Szenenbildner und eigentlich jeder kreativ Tätige hat. Sogar ganze Standorte wie Babelsberg/Brandenburg verfügen über DVDs mit ihren besten Schauplätzen, um Werbung für sich zu machen.

Filmemacher können sehr einfach Kleinserien ihrer No-Budget-Filme herausbringen, was früher unmöglich, unattraktiv und teuer war.

Die DVD ist auch eine Form, laufende Bilder Dritten zu zeigen, die gut angenommen wird. In Demo-Bänder schaute niemand, der nicht musste. DVDs können auch auf Computern und mobilen Abspielstationen angesehen werden und haben eine deutlich höhere Akzeptanz bei professionellen Zuschauern.

Die DVD ernährt inzwischen auch bestimmte Filmemacher im Alleingang. Das „Straight to DVD"-Prinzip bietet den jungen, No-Budget- und Low-Budget-Filmern, allerdings auch den Splatter-Filmern und ähnlichen Randgruppen, eine Möglichkeit, ihre Zuschauergemeinde zu erreichen und verschafft ihnen ein Auskommen. Der bereits totgesagte Industriefilm, Imagefilme sowie kleine Werbefilme erlauben es Filmemachern zu überleben, die nicht die großen Etats der Markenartikler an sich ziehen können.

Der Industriefilm war lange tot, denn er war zu teuer, kaum einsetzbar und ohne Impulse über Jahrzehnte. Dem Unternehmer gefällt es aber inzwischen ebenso wie seiner PR-Abteilung, den Kunden – und solchen, die es werden sollen – eine DVD über den Betrieb mitzugeben.

Daneben hat es sich etabliert, alles, was jemandem beigebracht werden soll, per DVD-Kurs zu erklären. Ob Boote vertäuen oder Blumenzucht, nichts, was nicht auf DVD erhältlich ist. Und auch das bringt Lohn und Brot für eine ganze eigene Branche.

Die DVD hat dazu geführt, dass der Markt insgesamt deutlich größer geworden ist. Erst die DVD ermöglicht viele neue Anwendungsformen und -fälle. Filme können jetzt auf Computern und im Auto gesehen werden. Problemlos beinhaltet das Bordprogramm auch durchschnittlichster Airlines zwölf verschiedene Filmangebote. In Asien wird auf jedem Boot, in jedem Bus, in jedem Zug eine DVD gezeigt. DVDs laufen auf Bahnhöfen, in Einkaufszentren, nahezu überall, wo Menschen lange genug beisammen sind. Das erhöht den Bedarf nach Filmen ungemein.

Das Attraktivste sind natürlich die Verdienstmöglichkeiten. Die DVD ist eine echte Säule in der Gewinnausschüttung geworden, eine zuverlässige Größe. Zunehmend ist der Betrag, den DVD-Vertriebe als Minimumgarantie zu Filmbudgets beisteuern können, wirklich interessant. Schon sind Summen von bis zu 1 Mio. Euro für Top-Filme mit internationalem Auswertungscharakter selbst für Deutschland denkbar.

8.4 Was bringt die Zukunft?

Welches System Blue oder HD siegt ist für uns im Filmgeschäft egal, die Unterhaltungselektronik wird auch das überstehen. Totgesagte leben länger. Alle waren sicher, dass der DVD nur eine kurze Blütezeit beschert wäre. Körperlose Datenströme, Video-on-Demand würden sie alsbald ablösen. Und nun verzeichnen die Videotheken, deren Ende bereits Gewissheit war, anziehende Umsätze. Ein Wunder.

Sicherlich, VoD funktioniert immer noch nicht richtig, die Technik und das notwendige Zubehör sind zu teuer. Aber es fragt sich auch, ob VoD in absehbarer Zeit so billig wird, dass es eine DVD, die in Berlin-Mitte für einen Euro am Tag verliehen wird, schlagen kann. Vielleicht dauert es auch wieder zwei Jahrzehnte, bis die Menschen mit der Technik vertraut sind.

Der Spruch: „Die können nicht einmal ihren Videorekorder bedienen", gilt für die große Mehrheit der deutschen Bevölkerung, wenn es darum geht, dass ca. 60 % immer noch nicht in der Lage sind, ihren eigenen Videorekorder zu programmieren.

Wie soll die Bevölkerung mit VoD zurechtkommen? Oder wie lange wird sie dafür brauchen? Auch wenn der Bequemlichkeitsbonus eingerechnet wird, der besagt, dass VoD einen nicht zwingt, bei Wind und Wetter vor die Tür zu gehen, so übersehen die Propheten vielleicht wieder einmal den Faktor

Mensch, der schon dafür gesorgt hat, dass die Kinos nicht von der Bildfläche verschwunden sind.

Zwar sind Videotheken hässlich und schlecht beleumundet, aber sie sind Stätten der Begegnung.

DVD ist ein Allround-Medium. Die Bildschirme um uns herum werden immer mehr, wir haben jetzt in den Rückenlehnen unserer Autos Bildschirme für unsere Kinder, portable Abspielgeräte mit Bildschirm und nach der PSP (der Play Station Portable), die Film zeigen kann, auch das erste Handy, auf dem der Zuschauer wirklich Filme sehen kann.

Jetzt fragt sich, wie zwischen den einzelnen Bildschirmsystemen hin- und hergewechselt werden soll. Ein Beispielfall, der täglich vorkommt:

Die Eltern haben „Shrek" gekauft und zweimal mit allen Kindern auf dem großen Flatscreen gesehen. Der kleinen Carla reichte das aber noch nicht, einmal hat sie ihn bei sich auf dem Zimmer gesehen, auf ihrem Bildschirm, der zum Lerncomputer gehört, weil sie den Film nicht richtig verstanden hat, was sie aber vor ihren älteren Brüdern nicht zugeben wollte. Die Brüder haben ihn einmal mit allen Freunden gesehen, da sie angeben wollten mit den tollen Filmen, die sie haben. Jetzt steht eine lange Urlaubsreise mit dem Familien-Caravan an, die Eltern suchen das Unterhaltungsprogramm zusammen, das ihnen „Frieden" garantiert, bis dass das Urlaubsziel erreicht ist. „Shrek" kommt wieder mit.

Es ist nicht wirklich zu glauben, dass diese Intensiv-Nutzung, die allen Kinderprogrammen eigen ist, unkörperlich vorgenommen werden kann. Allein der Übertragungsvorgang vom Flatscreen auf Carlas Rechner und in das Auto erfordert eine komplizierte technische Prozedur, die auch nur begrenzt vereinfacht werden kann.

Ähnlich wie bei der Musikentwicklung ist es denkbar, dass bei Bedarf mehr mit Rohlingen gearbeitet wird, aber auch die Rohlinge haben ihre Nachteile, die sie schon beim Musikhören zeigen: Nie weiß man, was man gerade in der Hand hat, das Booklet fehlt, Qualität und Lebensdauer sind geringer.

Noch ein zweites Argument:

Die DVD bedient wieder einen Anwendungsbereich, den VoD nicht ersetzen kann: Die Sammellust, die Stücke zum Anfassen braucht, kann durch eine noch so schöne VoD-Datenbank nicht ersetzt werden.

Jan Rickers , Kinowelt, Leipzig

Ich war Reisebüroverkehrskaufmann, Diplomkulturwirt, studiert an der Universität Passau, bevor ich Geschäftsführer der Kinowelt Home Entertainment wurde mit einem Jahresumsatz in 2007 von ca. 58 Mio. Euro.

Sicherlich nicht untypisch für unsere Branche, habe ich das Erreichen meiner jetzigen Position nicht in verschiedenen, aufeinander abgestimmten Schritten geplant und es war auch nicht mein lang ersehnter Wunsch, in der Filmbranche in dieser Position zu arbeiten. Vielmehr haben viele verschiedene Umstände dazu beigetragen, dass ich heute den Beruf des Geschäftsführers in einem erfolgreichen deutschen Independent-Home-Entertainment-Unternehmen ausüben kann. Entscheidend für meine jetzige Position waren persönliche Kontakte und der Mut, etwas Neues zu starten. Die Bewältigung meiner vielfältigen Aufgaben ist mir möglich, da ich in verschiedenen Unternehmen in unterschiedlichsten Positionen in mehreren Ländern gearbeitet habe. Heißt: nach dem Abitur Reiseleitung in Europa, Ausbildung in Reisebüros in Mainz und in London, Studium des internationalen Wirtschafts- und Kulturraums in Passau und Kalamazoo/USA, Jobs in der Filmproduktion (Geo Film) in Berlin und London, im Bereich Marketing in New York und Koblenz (SelectNY) und eine eigene Agentur im Event-Bereich (be branded) in Berlin und Barcelona. Bei all diesen Stationen konnte ich viel lernen und wurde mit unterschiedlichen Menschen konfrontiert. Außerdem habe ich gemerkt, dass ich gerne selbstständig arbeite und kein Problem habe, Verantwortung zu übernehmen und eigenständige Entscheidungen zu treffen. Das Schönste ist, dass ich oft mit kreativen und spannenden Menschen zusammenarbeiten konnte, mit denen gemeinsam die unterschiedlichsten Projekte realisiert wurden. Das Besondere in einem Home-Entertainment-Unternehmen ist, dass man sehr viele Möglichkeiten hat, dem Endverbraucher völlig unterschiedliche Filme präsentieren zu können. Ich freue mich tatsächlich, wenn ich unsere Produkte in Verkaufsregalen sehe. Außerdem ist es faszinierend zu beobachten, wie die eigenen Einschätzungen und Überlegungen in der Realität tatsächlich eintreten.

Nach fast fünf Jahren bei der Kinowelt habe ich gemerkt, dass sich das Business für mich über die Jahre sehr verändert hat. Mit dem Neustart Anfang 2003 wurde ein Team zusammengestellt, das von heute auf morgen ein Home-Entertainment-Unternehmen mit Tradition weiterführen sollte. In den Schoß gelegt wurde uns ein ganz besonderer Filmkatalog, der auf DVD ausgewertet werden sollte. Unsere Vorgänger haben uns gezeigt, wie man die Titel auf DVD bringt und an den Handel verkauft. Mit dem Umzug nach Leipzig im Juni 2003 waren wir dann auf uns gestellt und durften mit freier Hand loslegen. Die wenigen Mitarbeiter haben den heißen Sommer genossen und in ihrer Unbekümmertheit relativ viel richtig, aber auch einiges falsch gemacht. Mit mehr als fünf Jahren Erfahrung in der Kosmetikindustrie habe ich festgelegt, dass wir uns erst mal auf die Verbesserung der Verpackung stürzen. So haben wir dann jede Menge Sonderverpackungen kreiert, von denen tatsächlich auch einige pünktlich ausgeliefert wurden. Nicht so erfreulich war, dass wir mehr oder weniger alle alten Zulieferer austauschen mussten, um die neue Mannschaft auf unsere Richtung einzustellen. Darüber hinaus haben wir alle Werbematerialien aufgefrischt und begonnen, die Marke „Arthaus" weiter auszubauen. Jeden Tag gab es viele Überraschungen, aber auch erste Erfolge. Da der Home-Entertainment-Markt sehr überschaubar ist, konnte ich bei der ersten Branchen-Veranstaltung im Herbst die wichtigsten Personen kennen lernen. Die ersten entscheidenden Gespräche gab es dann bei der Vorstellung des Jahresprogramms 2004 bei unseren wichtigsten Key Accounts. Jahresgespräche sind ein entscheidender Termin, bei dem mit den Kunden (Media Markt, Amazon, Saturn, Karstadt, Weltbild ...) die wichtigsten Ziele für das Jahr festgesetzt werden. Für jeden Kunden wird ein Umsatzziel für das Jahr festgelegt. Wichtigster Bestandteil hierfür sind die neu erscheinenden Titel. Daneben werden die gesamten Konditionen und Sondervereinbarungen verhandelt. Entscheidend ist, die Kunden zu überzeugen, dass man über ein anspruchsvolles Programm verfügt, das im Handel gut verkauft werden kann.

Interessant an dieser Zeit war, mitzuerleben, wie das VHS-System vom Markt verschwand. Erst wurde entschieden, dass neue Titel gar nicht mehr auf VHS herausgebracht werden und dann versucht, so viel wie möglich der Lagerbestände zu verkaufen. Der Rest wurde vernichtet. Heute gibt es keine bespielten VHS-Kassetten mehr zu kaufen und die neuen Formate HD und BD stehen vor der Tür. Nachdem die CD noch zehn Jahre benötigt hat, die LP abzulösen, waren es bei der DVD gerade mal fünf Jahre. Positiv für unseren Neustart war, dass der DVD-Markt jährlich mit zweistelligen Umsatzraten anstieg. So konnte das eine oder andere Problem durch gute Zahlen verdrängt werden.

Momentan spricht man im Home-Entertainment-Segment nur über DVDs. Ab nächstem Jahr werden sicherlich HDs und BDs eine Rolle spielen. Der Markt unterteilt sich in zwei Segmente: Den Rental-Bereich (Videotheken) und den Sell-Through-Bereich (DVD Verkauf über Händler). Im Rental-Bereich wurde ein Umsatz von ca. 300 Euro Millionen, im Kaufbereich von ca. 1.300 Millionen Euro erzielt. Zum ersten Mal wurden mehr als 100 Millionen DVDs in Deutschland verkauft. Der Rental-Markt spiegelt zeitversetzt den Kinomarkt wider, da er zum größten Teil sein Geschäft mit dem Verleih der großen Kinotitel macht. Dazu kommt das Geschäft mit so genannten Videopremieren. Das sind neue Filme, die aber nicht im Kino gezeigt werden. Katalogtitel (alte Filme) spielen eine untergeordnete Rolle. Der Anbieter (wir) verkauft der Videothek die DVD mit Verleihrecht. Wenn die Videothek die Titel nicht mehr verleiht, kann sie die Titel ‚gebraucht geprüft' verkaufen. Der Kaufhandel verkauft ein großes, unterschiedlich sortiertes Repertoire an Filmen. Je nach Qualität variieren die Mengen sehr.

Die Kinowelt ist ein Independent-Unternehmen im Gegensatz zu den Major-Unternehmen (Warner, Disney, Universal, Fox, Paramount, Sony). Mit einem Marktanteil von ca. 5 % im Kauf liegen wir hinter Universum Film und vor Eurovideo, Highlight und Concorde. Neben großen Blockbuster-Titeln („Mr. & Mrs. Smith", „SAW Trilogie", „Die Reise der Pinguine", „Deutschland. Ein Sommermärchen") verfügt die Kinowelt über einen sehr großen Backkatalog mit mehr als 1.400 Filmen auf DVD. Diese werden mit dem Qualitätslabel „Arthaus" oder dem „Kinowelt"-Label vertrieben.

Dem Inhaber ist es zu verdanken, dass ein einmaliges Repertoire gekauft wurde. Unsere Aufgabe ist es, diese Filme optimal auszuwerten. Und wie funktioniert das?

Ziel ist es, eine fertige DVD z. B. in das Regal eines Saturn-Marktes zu bringen, um darauf zu hoffen, dass ein Endverbraucher die

DVD kauft. Dazu braucht man erst mal die Rechte an dem Film. Diese erwerben wir für einen festgesetzten Zeitraum (meistens 7 bis 15 Jahre) für das deutschsprachige Gebiet. Titel können entweder einzeln oder im Filmpakt gekauft werden. Die Aufgabe jeder Verwertungsstufe ist es, die Umsatzerwartung der Titel abzuschätzen. Wenn man sich mit dem Lizenzgeber einig ist und die Verträge unterschrieben sind, fordert die Materialabteilung das Material ab, aus dem dann über ein Authoring-Studio ein Master (DLT) produziert wird, mit dem das Presswerk die DVDs herstellen kann. Koordiniert wird das alles vom Produktmanager, der sich auch um sämtliche Freigaben, die Ausstattung des Produkts und das Marketing kümmert. In Absprache mit dem Vertrieb werden Verkaufseinschätzungen abgegeben. Der Vertrieb stellt dem Handel das Produkt vor und schafft Aufträge. Ein zentrales Logistikzentrum sorgt für die Produktion, Lagerung und Auslieferung.

Der Geschäftsführer ist für die Koordination der Vorgänge verantwortlich – von relativ weitreichenden Einkaufsentscheidungen bis hin zu Fragen, welches Cover denn nun das beste ist. Dazu kommt die Führung von 34 Mitarbeitern. Als ‚Kopf' der Firma, ist man für die Vertretung nach außen verantwortlich und kann so mit dazu beitragen, die Unternehmensphilosophie publik zu machen.

Was bringt die Zukunft?

Herausforderung und Spannung zugleich bestimmen die Frage, wie der Filmmarkt der Zukunft aussieht. Hier bewegen uns zwei Themen:

Inhalte
Wie wird der Film konsumiert
In gewisser Weise stellt sich bei den Inhalten auch die Frage, ob Menschen in der Zukunft überhaupt noch Spielfilme sehen wollen. Ähnlich wie im Musik- oder Buchgeschäft lässt sich die Frage wohl kaum beantworten. Dennoch gibt es Veränderungen, aktuelle Trends und Moden. Während der Musikbereich relativ einfach nach Jahrzehnten aufgeteilt werden kann, scheint der Film vielschichtiger und stärker von nationalen Besonderheiten getragen. Diese Unterschiede wird es hoffentlich auch noch in der Zukunft geben. Schwieriger wird es, einzuschätzen, ob der

Konsument weiter an Spielfilmen interessiert ist oder seine Frei-zeit lieber mit Games und Internet-Surfen verbringt. Der Sprung von der VHS zur DVD hat gezeigt, dass sehr großes Interesse an Spielfilmen besteht, wenn das Trägermedium passt. Begleitet wurde dieser Übergang von einer guten Entwicklung im TV- und Home-Cinema-Bereich. Die aktuelle Kinoentwicklung lässt auch noch keine Rückschlüsse darauf zu, ob es zu einer Ermüdung beim Spielfilmkonsum kommt. Momentan scheinen gerade in Deutschland die Blockbuster eine stärkere Rolle einzunehmen, obwohl auch nicht jedes Angebot aus Amerika mit der gleichen Euphorie aufgenommen wird. Im Fernsehen sind die Ausblicke verhalten optimistisch, was sicherlich mit der stärkeren Segmen-tierung des Angebots zusammenhängt.

Obwohl die Antwort vielleicht zu einfach ausfällt, kann man gene-rell prognostizieren, dass sich ein gutes Produkt immer durchset-zen und für eine große Gruppe von Interesse bleiben wird.

Für die Home-Entertainment-Industrie stellt sich die Frage, über welches Medium das Produkt Film zum Konsumenten gelangt. War es zuerst nur das Kino, erreichte das Fernsehen sehr viel mehr Endverbraucher. Mit der VHS-Kassette konnte man zum ersten Mal sein Programm selbst bestimmen. Unter diesem Aspekt waren DVD/HD/BD nur eine technische Weiterentwick-lung. An der Nutzung hat sich nichts geändert. Mit der Digitalisie-rung und der Verbreitung des Internets eröffnen sich völlig neue Möglichkeiten. Die Musikindustrie hat es vorgemacht. Schöne Plattencover und aufwendige CD-Booklets sind schnell verges-sen, wenn ich mir die Ware Musik über das Internet sehr viel einfacher besorgen und sie zu jeder Zeit flexibel einsetzen kann. Dafür nimmt der Konsument sogar Qualitätsminderung in Kauf. Ohne Frage ist der Konsum von Musik und Filmen nicht eins zu eins vergleichbar. Für einen Spielfilm benötige ich 90 Minuten Zeit, Unterbrechungen sind nicht erwünscht und keiner wird sich die besten Szenen von verschiedenen Filmen auf einem digita-len Medium speichern. Was aber passiert, wenn ich über meine Fernbedienung das gesamte Filmrepertoire in HD-Qualität, in allen verfügbaren Sprachen und mit Zusatzmaterial schnell und unkompliziert abrufen kann? Laufe ich dann noch bei Wind und Wetter in die Videothek um die Ecke und bin stolz darauf, meine DVD-Sammlung zu erweitern? Wohl kaum, da sich das Erlebnis Film in diesem Fall nicht von dem Erlebnis-Film auf der besten

HD unterscheidet. Das Argument „ja aber Bücher werden immer gekauft" zählt nicht, da der Anspruch an ein Buch ein vollkommen anderer ist. Ich will nicht auf dem Laptop 500 Seiten lesen und ich will auch nicht 500 Kopien durchblättern. Aber beim Film geht es mir um die bestmögliche Ausstrahlung und nicht darum, wie ich an den Film komme. Ich investiere doch viel lieber in einen Full-HD-Fernseher, als in eine teurere Filmsammlung. Soweit zu den Möglichkeiten, die so aber noch lange (wie lange?) nicht gegeben sind. Das oben beschriebene Szenario scheint für den Massenkonsum noch in weiter Ferne zu liegen. Aber es hat sich gezeigt, dass, wenn die Möglichkeiten da sind, sowohl die Industrie als auch der Konsument sehr schnell reagieren. Es gibt Haushalte, in denen die Eltern noch über eine ansehnliche Plattensammlung verfügen und die Kinder schon keine CDs mehr kaufen. Die Vorhersage, ob in zehn Jahren noch DVDs oder sogar HD/BD verkauft werden, ist sehr schwer zu beantworten. Neben den technischen Voraussetzungen müssen die rechtlichen Verfügbarkeiten geklärt werden. Sollte eine Auswertungsstufe wegfallen (DVD/HD/BD), ergeben sich völlig neue Situationen im Einkaufsbereich, was wiederum Auswirkungen auf die Produktion von Filmen haben wird. Eins ist sicher: Es wird in Zukunft weiterhin tolle Filme geben. Nur wie sie in die Köpfe der Filmliebhaber gelangen, ist nicht so klar.

9. Soundtrack

Vorbemerkung: Das Wort „Plattenfirma", sollte eigentlich ersetzt werden. Schon weil es keine (kaum!) Platten mehr gibt. Andererseits hat sich der Begriff so eingebürgert, dass man es dabei belassen kann. Synonyme wie „Tonträgerunternehmen" wirken lächerlich. Was sagen die Amerikaner: Label.

Der Soundtrack ist auch nicht mehr das, was er einmal war. Früher eine der wenigen Nebenerlösquellen, ist es heute schwer, selbst für Hollywood-Produktionen, nennenswerte Mengen abzusetzen, so lang nicht Quentin Tarrantino den Film gemacht hat.

Der Versuch, den meist sehr langweiligen Soundtrack etwas aufzuhübschen, indem man Platten machte „inspired by the movie" wie z. B. Prince' „Bat-

man"-Album oder Eminems „8 Mile", Platten also, die vollwertige Studio-
alben waren und bei denen die Begleitmusik zum Soundtrack entfiel. Die
Soundtracks sind natürlich auch Opfer der Downloaditis, der Krankheit, Musik umsonst aus dem Internet zu ziehen, geworden, ihre Verkäufe sind weit
zurückgegangen. Selten gelingt noch ein Erfolg wie zum Uschi-Obermaier-
Streifen „8 Miles High", in dem Natalie Avalon und Vince Vallo gemeinsam
einen Hit landeten, der Film aber in der Versenkung verschwand.

Soundtracks sind rechtlich gesprochen sog. „Nebenrechte", die ausgewertet
werden, und genau das ist von ihnen zu erwarten: Nebeneinkünfte. Nachdem
sich die Plattenfirma und der Künstler bedient haben, bleibt für den Produzenten eigentlich kaum noch etwas übrig.

Die Plattenindustrie hat ein ganz eigenes, sehr verschwurbeltes Vergütungs-
system erfunden, das ihr – aufgrund jahrzehntelanger Übung – völlig selbstverständlich, logisch und einleuchtend vorkommt, aber auf jeden Außenste-
henden den Eindruck macht, Don Corleone und Scarfacce hätten gemeinsame Sache gemacht, und das wäre dabei herausgekommen:

Am Anfang steht eine Beteiligung, die überraschend hoch ausfallen kann,
vergleicht man sie mit den Einkünften anderer Künstler. Der Musiker kann
die üblichen 10 %, teilweise sogar 17 % erhalten. Das macht einen froh und
glücklich, dann aber kommen die Abzüge:

Zunächst erhält der Künstler diese Prozente nur vom HAP. Das ist der „Händ-
ler-Abgabe-Preis", der Preis, für den die Plattenfirma die CD an den Handel
abgibt. Das sind zwar nicht mehr 50 % Gewinnmarge, die der Händler dort
macht, gerade bei Musik ist der Markt so eingebrochen, dass sich die Händler nur noch trauen, geringe Gewinnspannen zu nehmen, aber trotzdem hat
es wenig zu tun mit der Zahl, die im Verkaufsregal steht.

Dann sind Abzüge für alles Mögliche eingetragen: Auslandsverkauf, Abver-
kauf, Sinken des Verkaufspreises unter 50 % des ersten Händlerpreises,
Sonderverkäufe, Online-Verkäufe, Verkäufe außerhalb der CD-Läden …

Das ist aber noch nicht alles; zum Schluss kommt ein sog. „Technik-Abzug",
satte 25 % (eventuell auf 20 % runterhandelbar). Ein kluger Manager einer
Plattenfirma hatte mal starke Verhandlungsgegner, die argumentierten, dass
ihre Beteiligung höher sein müsste, da sie doch den größten Teil beisteuer-
ten, denn sie allein machten ja den urheberrechtlich geschützten Inhalt. Daraufhin sagte dieser Manager: Ja richtig, aber die Beteiligung kann sich ja

eigentlich nicht auf den Teil beziehen, der gar nicht urheberrechtlich ist, nämlich den CD-Rohling. Den müsste man vorher rausrechnen.

Seitdem hat sich ein Abzug für den CD-Rohling durchgesetzt. Wie es aber oft so ist, hat sich dieser Posten völlig verselbstständigt, natürlich allein zum Nutzen der Plattenfirmen, denn jeder kann ausrechen, dass die CD-Rohlinge nicht 25 % von 17,99 Euro ausmachen. Auch das Argument, es würden weitere technische Leistungen erbracht, zählt nicht, denn alle Überspielungs- und Presswerkkosten sind lächerlich niedrig. Sie müssen aber mit diesem Abzug leben, wenn sie mit der CD-Branche verhandeln, denn sonst werden sie angeguckt, wie ein UFO, sollten sie die Streichung verlangen.

Für Filmemacher ist der Soundtrack finanziell unergiebig. Außer für „Dirty Dancing" waren die Verkaufszahlen nie nennenswert, schon gar nicht für deutsche Filme. Vorab gibt es meist kein Geld, die Beteiligung, die für die Filmemacher übrigbleibt nach Abzug der Gelder für Künstler und Komponisten, sind wenige Prozentpunkte – und dann kommen noch die Abzüge.

Es hat sich nie durchgesetzt, dass die Plattenfirma einen Vorschuss zahlt oder eine Minimumgarantie und das, obwohl sie für das Platten-Cover und die Bewerbung massiv auf das Artwork und die Marketing-Power von Produzent und Verleih zurückgreift. Sicher ein Ansatzpunkt, in Zukunft besser zu verhandeln.

10. Das Buch zum Film

Nichts ist so ausgekaut und langweilig wie der Verlagsvertrag. Da ewig auf der Welt, ist er praktisch ohne Überraschungen. Auch was es zu verdienen gibt, birgt keine Neuerungen: 10 %. Die Frage ist nur, wovon: Gut verhandelt vom Bruttoladenverkaufspreis (= Ladenpreis minus Mehrwertsteuer), normal verhandelt vom Abgabepreis an den Händler.

Der Abgabepreis ist natürlich erstmal nur gut 50 % vom Ladenpreis und der Lohn damit nur 5 % vom Verkaufspreis. Aber es kommt noch schlimmer: Der Abgabepreis hat den Nachteil, dass Buchverlage den Grossisten unglaubliche Nachlässe auf ihre Preise geben, gerne bis zu 50 %, und entsprechend sinkt dann die Beteiligung noch weiter.

Natürlich möchte der Verlag diese Abschläge weitergeben und rückt deshalb die Bruttobeteiligung nicht so gerne heraus. Die Verlage tun es nur, wenn der Autor prominent genug ist oder andere gute Argumente existieren.

Tatsächlich wird der geneigte Verhandlungsführer nach einer Vielzahl von Sitzungen feststellen, dass die 10 % gar nicht so statisch sind, wie die Verlage glauben machen wollen. Sind mehrere Rechteinhaber beteiligt, wie z. B. Illustratoren und Texter, vermehren sich die Prozente wundersam. Hat der Autor eine überragend starke Stellung, werden auch gerne bis zu 20 % eingeräumt. Aber wirklich, wirklich ungern vom Ladenpreis.

Buchverlage zahlen selten, aber manchmal einen Vorschuss, der – wie die oben beschriebenen Minimumgarantien – verrechenbar gegen künftige Erlöse ist. Meistens ist dazu die Voraussetzung eine gewisse Bekanntheit des Autors. Die Beträge, die zu erwarten sind, sind für Filmfinanzierungen nicht allzu bedeutend, kaum werden sie fünfstellig in Deutschland. Anders ist es natürlich wenn ein Bestseller-Autor sein Glück versucht.

Die Verträge sind so langweilig und altbekannt, dass der Produzent beim Einschlafen über dem Vertrag manchmal zu prüfen vergisst, welche Abzüge zulässig sind. Es wird immer eine Verramschungsklausel aufgenommen, meist auch eine Klausel, in der steht, dass das Buch im Ausland dem Autor nur die Hälfte der Erlöse bringt. Diese beiden Klauseln sind in Ordnung, aber gerne werden ab und an weitere Reduzierungsklauseln angeführt. Diese sollten getrost hinterfragt oder gleich rausverhandelt werden.

Nach alledem ist die Frage, was hat eigentlich der Filmemacher davon? Der Buchmarkt und der Filmmarkt haben sich weitestgehend entkoppelt. Dass die Kampagne für das Buch allen Ernstes den Film befruchtet, ist nicht zu erwarten, es sei denn, sie verfilmen „Harry Potter". Der Buchmarkt hält sich wacker, aber seine einstige Bedeutung und Dynamik sind weg.

Der Produzent kann sich gegen die Autoren einen Teil des Vorschusses und einen Anteil an den Prozenten erkämpfen mit dem Argument, dass er das Buch ja durch den Film bekanntmacht. Allerdings kann sich jeder anhand der oben genannten Zahlen selbst ausrechnen, wie viel das sein kann. Wir sprechen über niedrige vierstellige Summen und einstellige Prozentzahlen. Zur Finanzierung eines Films hat das keine Bedeutung, setzen kann der Filmemacher auf diesen Posten nicht und kommt dann Geld – sollte es einen freuen.

Eine Bedeutung hat das Buch zum Film heute noch – und zwar im Kinderbuch und besonders im Animationssektor. Einige Förderungen geben nicht mal Geld, wenn kein Buch zur Animationsgestalt existiert. Die Überlegung ist gut und logisch, denn eine Kinderfigur muss eingeführt werden.

Bücher und Hörbücher sind billiger und bereiten einen Film gut vor. Da Kinder dazu tendieren, eine Figur am liebsten immer wieder sehen zu wollen, kommt das dem Film nur zugute.
Ein Animationsfilm kann heute über zwei Jahre mit 4–8 Büchern und zeitgleich 4–8 Hörbüchern vorbereitet werden und hat dann ein aufbereitetes Feld, um einen Film erfolgreich zu starten, da die Animationsfigur bereits eine feste Fangemeinde hat.

Täuschen Sie sich nicht, auch wenn Kinderbücher sich großer Beliebtheit erfreuen, so sind sie doch nicht die Treiber und Träger. Das sind die Hörbücher, die zu einem unglaublich großen Geschäft geworden sind.

Immer wieder wird als „Buch zum Film" das Buch zu den Dreharbeiten und zum Drehbuch missverstanden. Tatsächlich ist hier ein anderes Nebenrecht betroffen, das „Druckrecht" aber anyway – dieses spielt keine Rolle und ist reine Liebhaberei. Das letzte Mal, dass so etwas wie ein Buch über die Dreharbeiten nennenswerte Stückzahlen absetzen konnte, war 1978 zu „Star Wars". Sollte jemand Ihnen anbieten, zu Ihrem Film ein solches Buch aufzulegen, fragen Sie ihn nicht nach Geld, sondern seien Sie froh, wenn Sie ihm keins geben müssen.

11. Merchandising

Merchandising hat sich komplett verändert. Kaum jemand produziert noch die legendären Kaffeetassen zu einem Film. Das Geschäft hat sich von den Gegenständen zu den Dienstleistungen verlagert. Heute kann der Marketing-Manager ein reines Motto nehmen und darunter Merchandising-Produkte verkaufen. Der Pro7-Slogan „We love to entertain you" war eines der erfolgreicheren Merchandising-Produkte des Konzerns. Es konnten Party- und Eventveranstaltungen organisiert, Klingeltöne verkauft, Computergames angeboten werden. Der Slogan, für Merchandisingzwecke auf „We love" zusammengeschrumpft, der weder etwas ausdrückt noch zu einem Film gehörte, zeigt, wie abstrakt Merchandising geworden ist.

Merchandising ist eigentlich – auch im Gegensatz zum Soundtrack oder „Buch zum Film"– die Herstellung von Produkten mit Emblemen des Films (z. B. Kaffeetassen mit dem Filmtitel) oder Figuren aus dem Film (z. B. Luke-Skywalker-Puppen). Letzteres wurde das sog. „Star Wars"-Recht genannt, da erst dieser Film zu einer Ausbeutung dieser Ressource führte und die Merchandising-Erlöse die damals phänomenalen Einspielerlöse um das Dreifache überstiegen. Wir sprechen von 1978. Damals waren 333 Mio. Kinoeinspielerlöse eine unvorstellbare Summe, lächerlich jedoch gegen das Eine-Milliarde-US-Dollar-Merchandising-Ergebnis. Dieses Ergebnis wurde dann aber auch nie wieder erzielt.

Die Nachfolger des ersten „Star Wars"-Films sind immer noch sehr erfolgreich im Merchandising, aber die meisten anderen Filme, gemeint sind 99,8 %, sind es nicht. Zu 98 % erscheint kein Merchandising-Artikel. Wenn doch, ist das eher eine flitzige Idee – wie der „Shit happens"-Aufkleber aus den Forrest-Gump-Filmen – als ein systematisch funktionierendes Geschäftsmodell. Um vollständig zu sein, muss erwähnt werden, dass recht erfolgreich immer noch reines Kindermerchandising zu TV-Serien funktioniert.

Tatsächlich interessant ist, dass es ein, ich nenne es „abgeleitetes Merchandising" gibt, das allerdings nicht der Kontrolle der Filmemacher unterliegt.

Natürlich ist es ein Effekt des bekannten Hollywood-Films, dass es heute in jeder Stadt eine Show gibt, oft als Wanderzirkus, die den „Pferdeflüsterer" zeigt.

Ohne den Film mit Robert Redford wäre das vollkommen undenkbar und die „Attraktion" würde niemand interessieren. Jedoch steht kein steuernder, planender Wille der Hollywood-Studios dahinter, sondern andere Geschäftsleute kamen auf die Idee im Zuge des Erfolgs des Films.

Ist Merchandising tot? Nein, Merchandising ist nicht tot, aber es wartet auf eine Revitalisierung. Was den TV-Sendern zurzeit schon gelingt, kann auch den Filmemachern glücken. Sie müssen Merchandising als Dienstleistungs-Produkt planen, kontrollieren und dafür sorgen, dass die Erträge in ihren Taschen landen – und nicht in denen von irgendwelchen Trittbrettfahrern.

11.1 Das Prinzip

Merchandising ist eine Übertragung des Wortes to merchandise, was in unserem Sinne übersetzt „Handel treiben (wie ein Kaufmann)" heißt. Und es beschreibt die „Vergegenständlichung" von filmischen Elementen mit denen Handel getrieben werden kann. Die klassischen Handelsobjekte waren T-Shirts, Kaffeetassen und Figürchen.

Erfunden hat es Walt Disney bereits in den 30ern (des vergangenen Jhs.), auch wenn sie es damals anders genannt haben. Mickey Mouse und Donald Duck waren die ersten Merchandising-Figuren (im Filmsegment).

Auch heute noch ist Merchandising am erfolgreichsten im Kinderfilmsegment und besonders natürlich im Animationsfilm. Aber auch die „Wilden Kerle" reichen aus, um einen Merchandising-Boom zu kreieren. Die legendären Zeiten, in denen Merchandising-Hersteller allerdings den Produzenten Blanko-Schecks schickten und auf die verwunderte Nachfrage antworteten, der Produzent solle den Betrag selber einsetzen, sind wohl vorbei.

Warum dieser Erfolg? Die BWLer haben den Kindermarkt in die Hand genommen und in die Hand bekommen. Sie haben durchgeplant, welche Altersgruppe wie viel Taschengeld erhält, in welchem Alters-Segment welche Gegenstände Aufmerksamkeit erregen und alles danach durchdesignt. Ziel: die optimale Abschöpfung von Kindertaschengeld plus „Quengelgeld" (Geld, das Eltern bereit sind auszugeben, damit die Gören Ruhe geben).

Es kann sein, dass dazu TV- oder Filmleitfiguren gebraucht werden, wie die Teletubbies für die Allerjüngsten. Von dort kann man sich über „Prinzessin Lillifee" bis zu Harry Potter durch alle Altersstufen hochhangeln.

Im besten Fall befruchten Merchandising-Auswertung und Filmauswertung sich gegenseitig. Die Merchandising-Attacke beginnt zeitgleich oder leicht zeitversetzt mit dem Kinostart. Die Werbeaufsteller in Spielwaren-Abteilungen und Spielwarenläden führen dazu, dass Kinder auf den Film aufmerksam werden und ihre Eltern dazu bringen, mit ihnen ins Kino zu gehen. Der Film wiederum löst den Kaufimpuls für ein Spielzeug aus.

Merchandising wird heute aber überschätzt. Es lohnt immer die Frage, ob das, was der Filmemacher herstellt, merchandisingfähig ist. Außerhalb des Kinderbereichs kann das nur für Animationen, lang laufende Formate und/oder Events gelten, die eine klare, eindeutig von der Realität abweichende

Formensprache haben. Gemeint ist eine Parallelwelt mit eigenen Formen und Erkennungszeichen.

Das ist mit „Herr der Ringe" genauso erfüllt wie mit der Bundesliga. Besonderes Augenmerk ist darauf zu legen, dass sich die Produkte von Tassen, T-Shirts und Figuren auf Klingeltöne, Computer-Games und sog. Wallpapers (Hintergründe für den Bildschirm von Handys) verlagert haben.

11.2 Das Geschäftsmodell

Grundsätzlich prallen im Merchandising wieder zwei Kulturen aufeinander, die unterschiedlicher nicht sein könnten und die sich nicht verstehen. Wir haben auf der eine Seite im besten Falle Fabrikanten und auf der anderen Seite Filmemacher. Im besten Falle Fabrikanten heißt, dass heute eine ganze Palette an Unternehmern hinzugekommen sind: z.B. Partyveranstalter, Klingeltonhersteller, Games-Entwickler.

Was bedeutet das für den Filmemacher? Geduld. Die andere Seite verstehen, deren Geschäftsmodell nicht von vornherein als Betrug abstempeln, sondern gelassen darüber nachdenken. Achtung! Der erste Vertragsentwurf und das erste Angebot dienen immer dazu, die Unerfahrenen zu entlarven (und zu übervorteilen). Das machen die Filmemacher oft genug genauso. Also in Ruhe das Angebot prüfen, keinen Vertrag abschließen, den man – auch auf Nachfrage – nicht versteht, Verbesserungen verlangen und den Deal versuchen. Die Alternative ist nämlich: kein Deal. Und damit auch: kein Geld.

Es existieren nur zwei gewöhnliche und akzeptierte Deals im Merchandising: der Buy-Out und das Beteiligungsmodell

11.2.1 Buy-Out
Nichts Ungewohntes ist der Buy-Out, die einmalige Lizenzzahlung gegen Übertragung des Merchandisingrechts. Unterteilt werden kann noch für verschiedene Produktgattungen, also nur Klingeltöne, nur Mobil-Wallpapers, nur Figürchen. Ob so ein Deal Sinn macht, ist meist eine Frage des Zeitpunkts des Abschlusses. Natürlich lauert immer die Gefahr, übervorteilt zu werden und als dummer August dazustehen.

Erhält der Filmemacher eine Summe X, sagen wir 5.000 oder 50.000 Euro (beides ist denkbar, es kommt auf die Umstände an), so ist er derjenige, der

Hohn und Spott ausgesetzt ist, wenn die Auswertung nachher in die Millionen geht. Realistisch gesehen ist das eigentlich nie der Fall, aber wer möchte schon die eine Ausnahme sein, wie jener 20th-Century-Fox-Manager, der George Lucas die Merchandising-Rechte an „Star Wars" zurückgab? Es macht Sinn, sich zu fragen, wie hoch eigentlich die Erwartungen bei einem Projekt sein könnten. Denn wenn jemand Geld gibt, dann wird er sich auch einen Gewinn versprechen.

Manchmal macht es aber auch Sinn: Will der Merchandiser etwa eine Partyreihe in verschiedenen Städten machen oder eine Tournee mit dem Namen des Films oder des Stars, so ist das Lizenzmodell die Regel. Dann ist es auch wenig sinnvoll zu versuchen, von jedem Bier oder jeder Karte etwas abzubekommen, schlicht, weil der Filmemacher es nicht kontrollieren kann.

Auch wenn der Filmemacher nur ein Label oder den Filmtitel lizenziert und der gesamte Inhalt vom Merchandiser kommt, sind reine Lizenzvereinbarungen für eine Festsumme gängig.

11.2.2 Beteiligungsmodell

Das Beteiligungsmodell ist der normale Modus von Vorschuss (möglichst!) und Beteiligungen. Es ist schwer zu bemessen, wie hoch der Anteil des Filmemachers pro verkauftem Objekt sein sollte. Faustregel: Je unkörperlicher die Leistung, desto höher sollte der Anteil sein. Beispiel: Wird ein Gegenstand hergestellt, eine Plastikfigur, so sind Herstellungs-, Lager- und Transportkosten einzurechnen. Dagegen kann eine simple Handy-Wallpaper mit geringstem Aufwand (einmal Grafik und Programmierung) für viel Geld weitergegeben werden. Das ist eine unkörperliche Leistung.

12. Auslandsverkauf

Das ist die beste Disziplin: Tatsächlich ist am meisten Geld zu verdienen, wenn der Filmemacher direkt ins Ausland verkauft. Dazu gehört nicht, dass keine bessere Alternative vorhanden ist, die schiere Not, sondern die langfristige Planung. Das, was den Preis hochtreibt, sind ein bekannter Schauspieler aus dem anderen Land, ein Thema aus dem Land, ein verfilmter Roman aus dem Land. Koproduzenten leisten hier gute Dienste, aber auch die permanente Reisetätigkeit zu Festivals und Messen. Für den deutschen Film kann nur hier die (Finanzierungs-)Lösung liegen. Von diese Stelle weitere Tipps zu geben, ist deshalb schwierig, weil jedes dieser Geschäfte individuell ist, soviel: Gesucht werden muss ein inhaltlicher Fixpunkt (ein Star, etc.) und möglichst ein Auswertungskanal (TV-Sender).

13. Weltvertrieb

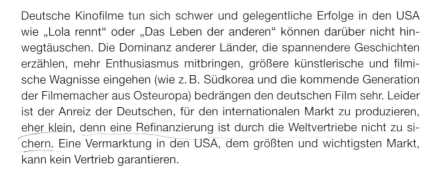

Deutsche Kinofilme tun sich schwer und gelegentliche Erfolge in den USA wie „Lola rennt" oder „Das Leben der anderen" können darüber nicht hinwegtäuschen. Die Dominanz anderer Länder, die spannendere Geschichten erzählen, mehr Enthusiasmus mitbringen, größere künstlerische und filmische Wagnisse eingehen (wie z. B. Südkorea und die kommende Generation der Filmemacher aus Osteuropa) bedrängen den deutschen Film sehr. Leider ist der Anreiz der Deutschen, für den internationalen Markt zu produzieren, eher klein, denn eine Refinanzierung ist durch die Weltvertriebe nicht zu sichern. Eine Vermarktung in den USA, dem größten und wichtigsten Markt, kann kein Vertrieb garantieren.

Inzwischen haben sich so drei bis vier deutsche Weltvertriebe etabliert, die nicht wie ihre Vorgänger ständig pleite gehen. Die große Herde der Weltvertriebe kommt natürlich aus den USA, allen voran die großen Studios, die es tatsächlich schaffen, inzwischen genauso viel Geld im Ausland zu erzielen wie im eigenen Land – ein Ziel das in Deutschland noch in weiter, weiter Ferne ist.

In den angloamerikanischen Ländern sind schneller funktionierende Weltvertriebe entstanden, da der Handel mit anderen Ländern einfacher war wegen einer gemeinsamen Sprache und eines doch vergleichbaren „looks". So gibt es starke Vertriebe in England und Australien, selbst das kleine Neuseeland kann sich sehen lassen.

Frankreich hat wie stets mit Staatsdirigismus reagiert und ein Geschöpf ähnlich der Export Union, nur ungleich stärker finanziert, geschaffen. Der Erfolg hat sich aber auch hier nicht eingestellt, denn der französische Film hat seine internationale Bedeutung schon lange eingebüßt. Die echten Talente zieht es dann auch – wie überall – nach Hollywood.

Die Hoffnung vieler freier Produzenten, die frei finanzierte Filme herstellen oder Kinofilme produzieren, liegt auf dem Weltvertrieb und dessen internationalen Erlösen. Hoffnungen, die ein Weltvertrieb kaum je erfüllen kann. Die Preise sind zu niedrig, der Aufwand, den ein Weltvertrieb treiben muss, um Filme zu verkaufen, ist zu groß. Die wirre Hoffnung, das Geld mit dem „internationalen Filmmarkt" zu verdienen, ist eine Illusion. Geld auf den internationalen Filmmärkten wird nur durch Koproduktion oder Kofinanzierung verdient. Der fertige Film ist als Handelsgut ein Subjekt, das stark dem Preis-Dumping unterliegt.

13.1 Das Prinzip

Wie schon gesagt, die meisten Produzenten sind mit der Aufgabe überfordert, ihre Filme selbst zu vertreiben. Die Kosten sind zu hoch, das Know-how nicht vorhanden, der Ausstoß an Filmen pro Produzent ist in Deutschland zu gering.

Die größten Produzenten in Deutschland gehören zumindest indirekt den öffentlich-rechtlichen Sendern, Bavaria Film und Studio Hamburg. Diese beiden und Leo Kirch begannen einst, Versuche in die Gegenrichtung zu starten und deutsche Filme mit Gewinn – ohne Gewinn gelang es dem ZDF und der Export Union schon vorher – zu verkaufen. Es entwickelten sich kleine Units, die selbstständig den Vertrieb von Filmen deutscher Produzenten gegen Kommission und Kosten übernahmen. Im Großen und Ganzen arbeiten so auch die Weltvertriebe in den angloamerikanischen Ländern außer den USA. Hier haben die Studios den Vertrieb ihrer Produktionen selbst übernommen und halten die Zügel fest in der Hand.

Ausgerechnet das gerne als modern gescholtene Medium „Film" wird wie im Mittelalter verkauft: Käufer und Verkäufer treffen sich auf Märkten, Filmmärkten, von denen es nur ein paar rund um den Globus gibt. Da muss man hinfahren und das ist teuer. Die größten sind sicherlich Cannes (Mipcom) sowie der American Film Market AFM, inzwischen Berlin zur Berlinale, früher Mailand, gerade im Aufbau Rom. Die meisten Filme werden trotz des Versuchs, Internethandelsplattformen aufzubauen, hier auf den Märkten verkauft. Natürlich haben einige der größeren Fische im Teich es geschafft, ständige Geschäftsbeziehungen zu größeren Senderketten aufzubauen, mit dem Ergebnis, dass sie das ganze Jahr über größere Mengen Film verkaufen können.

13.2 Das Geschäftsmodell

Das Geschäftsmodell entspricht etwa dem eines Maklers oder Agenten: Der Weltvertrieb erhält einen Film von einem Produzenten für den Vertrieb übertragen. Der Vertrieb versucht, den Film in möglichst viele Länder der Welt zu verkaufen. Wenn es geht, dann auch noch getrennt nach Verwertungsarten, also für Italien z. B. Video, TV und Kinorechte. Das hört sich so weit einfach und gut an, klappt nur meist so nicht, es sei denn, der Vertrieb hält einen Blockbuster in der Hand.

Es ist schwer zu schätzen, wie viel Geld der Gesamtmarkt-Filmhandel bewegt. Es gibt überhaupt keine übereinstimmenden Zahlen. Alles sind mehr oder weniger gute Schätzungen. Mit den US-Studios sind es viele Milliarden.

Der Weltvertrieb zahlt im besten Fall dem Produzenten eine Minimumgarantie. Wenn ein Top-TV-Event oder ein durchschnittlich budgetierter Kinofilm das Objekt der Begierde ist, sind wohl um die 60.000 Euro zu erwarten, selten mehr. Der Weltvertrieb ist berechtigt, diese Minimumgarantie mit allen Verkäufen zu verrechnen, die er in Zukunft mit dem Film macht und darf den Anteil des Produzenten behalten, bis die Minimumgarantie aufgebraucht ist.

Der Weltvertrieb erhält eine Kommission für seine Tätigkeit, die als erstes von allen Einnahmen abgezogen wird. Je nach Verhandlung und Unternehmen sind das zwischen 20 und 35 %, die Regel sind wohl 30 %. Ärgerlich und schwer nachzuvollziehen und zwar für beide Seiten sind die Kosten, die auch vorab abgezogen werden können.

Die Kosten des Weltvertriebs sind immens und schwer zurechenbar. Was gehört zu den Betriebskosten des Vertriebs, was sind tatsächlich Kosten die für die Vermarktung des Films entstanden sind? Die Flüge nach Cannes zum Filmmarkt? Der gemietete Stand auf dem Filmmarkt in Berlin? Wenn ja, wie hoch ist der Anteil, der auf einen einzigen Film entfallen kann? Andere Filme werden am Stand mit großen Plakaten beworben, müssten diesen Filmen nicht höhere Kosten zugerechnet werden?

Allerdings ist Weltvertrieb auch teuer. Ohne Werbung, Anzeigen, Flüge, Beziehungspflege geht es nun mal nicht. Dazu kommen Inkasso und komplizierteste internationale Steuervorschriften, eine sehr unterschiedliche Zahlungsmoral und die Steuern, die selbst in Ländern, die sich als zivilisiert einstufen – wie zum Beispiel Deutschland – abenteuerlich und nicht nachvollziehbar sind bis hin zum schieren Raubrittertum (§ 50a EStG ist so eine Vorschrift und der

Finanzminister kann von Glück sagen, dass er nicht ebenso vom internationalen Gerichtshof in Den Haag verfolgt wird wie Piraten in der malayischen See).

Früher gab es immer Ärger um die Kosten, weil einige Vertriebe etwas zu viel „kreative Buchführung" betrieben und die Kosten aufplusterten. Sicherlich nicht bei allen, aber bei einigen gehörte zum „Geschäftsmodell", dass der Vertrieb dem Produzenten Kosten in Rechnung stellte, die entweder nicht dem Projekt zurechenbar waren oder nicht in der Höhe oder die schon von anderen Projekten und Produzenten finanziert wurden – oder nie entstanden sind.

Auch auf der Einnahmenseite gab es Probleme: Schnell merkten die Vertriebe, dass die internationalen Käufer nur an einigen wenigen Perlen interessiert waren und der überwiegende und große Teil des Programms in den Regalen blieb.

Sie behalfen sich mit einer Methode, die bereits die US-Major Studios erfolgreich anwendete: Hollywood-Studios verkauften nur sog. Pakete, d. h. einen tollen großartigen Film mit zehn mittelmäßigen bis schlechten Filmen.

Das Problem in der Abrechnung gegenüber dem Produzenten ist, darzustellen, wie Kosten, die z. B. eine Messe verursacht, auf einzelnen Film umzurechnen ist. Das Misstrauen war und ist groß. Ein Problem war, dass die staatlichen oder semistaatlichen Vertriebe nichts verkauften und die anderen zu oft pleite gingen oder undurchsichtig abrechneten.

Nun versucht die Branche es teils mit pauschalierten Kostenbeträgen, teils mit genaueren Festlegungen, welche Kosten abgezogen werden und welche nicht.

Jedenfalls gewöhnten sich die Produzenten daran, nicht viel zu erwarten. Doch der zunehmende Verkauf deutscher Filme im Ausland führte zu einer Reihe von Verbesserungen: Die Vertriebe verkauften endlich so viel, dass ihre Existenz nicht ständig gefährdet war und sie nicht jeden vereinnahmten Cent zur eigenen Existenzsicherung brauchten.

Das Geschäft wurde dadurch auch so interessant, dass sich einige der seriösen Player dem Markt zuwandten und ein echtes Business ausmachten. Es kam Bewegung in einen lange mühsamen Markt.

13.3 Was bringt es dem Filmemacher?

Der Filmemacher bekommt eine Minimumgarantie. Die kann er zum Produktionsbudget hinzuzählen. Mehr als 60.000 Euro ist viel. Es bleibt die Hoffnung, dass durch außergewöhnlich gute Verkäufe überraschend viel Geld hereinkommt. Der Ausdruck „überraschend" ist wörtlich gemeint, denn der Filmemacher muss von „nichts" ausgehen und alles, was mehr ist, ist „überraschend". Die Kosten für den Weltvertrieb sind allerdings so hoch, dass Hoffnungen auf substantielle Ergebnisverbesserungen meist enttäuscht werden.

Dem Weltvertrieb wird es nicht gelingen, ein aus den Fugen geratenes Budget wider einzuspielen. Wer darauf hofft, wird enttäuscht.

Wer Weltvertrieb als eine Art Rente oder „Royalties" ansieht, wie die Amerikaner sagen, kann freudige Überraschungen erwarten. Wie Verwertungsgesellschaften auch stets für Freude sorgen, da mit ihrem Geld niemand wirklich rechnet. Wer dazu eine Reihe von Filmen im Weltvertrieb hat, bekommt mit Glück jährlich eine Summe, die erfreulich sein kann. Wer wirklich Geld im Ausland machen will, muss andere Wege suchen (s. zuvor „Filmrechtehandel" und „Auslandsverkauf").

13.4 Was bringt die Zukunft?

Kleine Schritte. Die Welt ist klein, aber sie wird immer größer. Noch zur Erstauflage von meinem Buch „Filmrecht", in dem ich einen Weltvertriebsvertrag komplett bespreche, war die Welt in Filmdingen nur USA und „ROW", was für „Rest of World" stand. Es gab Westeuropa, Japan, wenig Korea und Südafrika und ein bisschen Saudi-Arabien. Der Rest der Welt hat für Filme schlicht nicht bezahlt. Selbst aus Italien und Spanien bekam der gewöhnliche Filmproduzent kein Geld.

Nun ist der osteuropäische Markt erstaunlich erstarkt. Selbst aus Russland fließt Geld für Filmlizenzen. Die Filmkannibalen aus Ostasien inklusive China kommen zu Geld und immer mehr von der Piraterie ab, seit sie selber Produkte herstellen, die kopiert werden können. Italien und Spanien zahlen inzwischen. Korea und Taiwan sind potente Käufer geworden, Arabien ebenso. Es geht bergauf.

Aber die Ware Film ist nicht knapp. 25 Hollywood-Blockbuster im Jahr sind knapp, aber der Rest ist reichlich vorhanden. Das bedeutet, die Preise werden auf moderatem Niveau bleiben und es wird ein Zubrot für den Filmemacher sein, aber keine Gewinnmaximierungsmaschine.

14. Internet

Das Internet ist sicherlich die große Enttäuschung der Filmwelt. Außer den inzwischen obligatorischen Seiten zum Film (www.filmtitel-der-film.de), die allein der Werbung dienen, Geld kosten und nach der Kinosaison wie Geisterschiffe weiter durchs Netz schwappen, hat das Internet hauptsächlich dazu gedient, Film illegal downzuloaden und damit Kinoerlöse und Videoeinnahmen zu reduzieren. Dem Internet-Nutzer war es einfach nicht einzubläuen, dass er für irgendetwas bezahlen sollte.

Solange nicht ein Karton durch seine Haustür geschoben wurde, gab der Internet-Nutzer kein Geld her. Nicht für Online-Filme, Online-Musik oder irgendetwas anderes, nur das Internet-Kaufhaus (Amazon, eBay) setzte sich durch. Und der Sex. Sex ist für etwa die Hälfte der neuen Medien ein Motor. Für Sex sind Menschen (Männer) bereit, Geld zu zahlen.

Noch ist der Rummel ziemlich übertrieben, aber nach dem Untergang der Musikindustrie, die auf ein Drittel ihrer Einnahmen verzichten muss und kein Gegenmittel findet, ist die Filmbranche gewarnt. Sie weiß, was ihr blüht, wenn sie nicht ein Mittel gegen den illegalen Internet-Download findet. Der Diebstahl ist einkalkuliert, alle wissen, dass ein gewisser Prozentsatz an den Verwertern vorbeiläuft.

Das geschieht bei DVDs, auf Festplatten, früher auf Videobändern. Es ist nicht so schlimm, solange die Zielgruppe es nicht gekauft hätte (weil zu jung und ohne genügend Taschengeld oder weil sie in China leben) und die Voraussetzungen kompliziert genug sind, so dass es nicht jeder Normalsterbliche, sondern nur ein Hacker kann. Sie nehmen es billigend in Kauf. Aber es tut weh.

Die Kinobetreiber rechnen vor: Innerhalb von fünf Wochen sind zu fünf Filmen, darunter der „Da Vinci Code", 2,15 Mio. Besucher in fünf Wochen verloren gegangen. Natürlich ist nicht jeder Download ein Kinobesuch, aber die Branche rechnet konservativ: Jeder vierte wäre ins Kino gegangen.

Die Technik wird nicht stehen bleiben und der Druck wird sich erhöhen: Die Branche darf nicht stehen bleiben und muss den Download durch ein Wettrüsten (Hacker gegen Urheber) gewinnen, aber auch neue Geschäftsmodelle finden, die der Herausforderung trotzen. Sie ist etwas besser geschützt, da der Datentransport ganzer Filme ein Problem ist, aber das ist eine Frage der Zeit. Und sie könnte lernen aus der Agonie eines Dinosauriers, dessen gemächliche Fresslust und seine völlige Unlust umzudenken oder zu reagieren ihn geradewegs in den Abgrund befördern, wie man es nicht macht. Die Musikindustrie geht unter, weil sie ihr Leid beklagt, anstatt etwas zu tun.

Inzwischen passieren spannende Dinge, denn Web 2.0 heißt schlicht: Web goes Bewegtbild, ergo Film. YouTube, Myspace, IP-TV sind die Stars der web-2.0-Generation, und sie alle bringen den Film ins Netz. Probleme gibt es, weil Film Speicherplatz in unglaublichen Mengen frisst. Web-2.0-Vorboten waren Google Earth und aufwendige Bilder.

Es ist noch Platz für große Unternehmen, die nicht Video-on-Demand, sondern reines Streaming im Internet anbieten.

14.1 Was bringt es dem Filmemacher?

Web 2.0 ist eine Chance für eine neue Generation von Filmemachern und Produktionsunternehmen. Wie jedes Unternehmen auf einmal eine Website brauchte, wird jetzt jedes Unternehmen einen Film für die Webpage brauchen. Es wird nicht lange dauern und der erste Film wird aus Hollywood kommen, der die Sehgewohnheiten bedient, die wir jetzt von YouTube kennen, der erste Regisseur, der über YouTube groß wurde, wird alsbald sein Debüt auf der großen Leinwand abliefern und es wird die Quelle der Inspiration und die erste Übung der Filmhochschule sein.

14.2 Was bringt die Zukunft?

Von hier ab kann man nur raten, was passiert. Damit führende Historiker in zwanzig Jahren etwas zu lachen haben, hier eine Einschätzung:

Das Internet bleibt ein reiner Transportweg: Video-on-Demand, Streaming-Services und Filmtauschplattformen werden den Film distribuieren.

Der Schutz erfolgt über ein System, das leicht variiert heute schon die Games-Industrie schützt – ein Software-Programm meldet den Gebrauch.

Interaktive Filme wird es nicht geben, jedenfalls nicht solche, wie sie heute propagiert werden: Keine Filme, in denen der Zuschauer über „die Handlung" oder gar „das Ende" entscheiden kann. Diese „Vision" wird meist von Menschen propagiert, die noch nie einen Film gemacht haben. Sie verstehen nicht, wie unendlich teuer Film ist. Und das alternative Enden und Handlungen Film unbezahlbar machen würden. Auch kann bezweifelt werden, dass die Zuschauer das wollen. Sie wollen, dass ihnen eine Geschichte erzählt wird. Wenn sie sich selber eine Geschichte erzählen wollten, könnten sie das auch zu Hause alleine tun, sie müssten nicht ins Kino.

Wir werden eine neue Filmkultur erleben, die mit dem, was wir unter „Film" kennen, wenig zu tun haben wird: Es werden laufende Bilder sein. Weit weg von den Konfigurationen, die Film heute hat, wie: 90 Minuten Laufzeit, Animation oder Realfilm, TV-Serienfolge etc. Filme werden wild mischen, vermutlich ganz andere Formen finden und vom Internet ihrerseits wieder die „Filmwelt" beeinflussen. Es wird sich in eigene Gattung herausbilden, die von völlig anderen Künstlern kreiert wird und die eine neue Generation an Zuschauern begeistern wird.

15. Games

Die Games, einst ein Aschenputtel unter den mondänen Mediengattungen, schockt die Filmwelt 2006. Sie meldeten, dass der Umsatz der Games den Umsatz von Hollywood an der Kinokasse überholt hatte. Über 10 Mrd. Euro erlösten die Games, die Hollywood Boxoffices betragen gerade mal 8 Milliarden und ein paar hundert Millionen. Die Rechnung hinkt natürlich etwas, denn die Filmverwertung geht nach dem Kino erst richtig los, aber es war ein Meilenstein, eine Marke, die die ganze Medienindustrie aufhorchen ließ. In Deutschland betrug der Umsatz allein im ersten Halbjahr 2007 (ohne Weihnachtsgeschäft!) bereits 550 Millionen Euro – das ist deutlich mehr als für Kinobesuche ausgegeben wird.

Allein 5,2 Mio. Playstation2 wurden in Deutschland verkauft, die PS 3, Wii und die X360 werden die Zahlen spielend toppen, denn die nächste Generation setzt zum Online-Spielen an und Online-Spielen ist der definitive Suchtstoff. Es gibt schon Menschen, die stolz berichten, ihre Online-Spielzeiten strikt auf 8 Stunden am Tag zu begrenzen. Die durchschnittliche Spielzeit pro Spieler pro Tag soll 1.000 Minuten betragen. Online-Spielen ist aber auch die Rettung der Game-Industrie vor der Krankheit, die die Musikindustrie tötet und TV und Film bedroht:

Der Marktführer Electronic Arts, setzte in Deutschland 250 Mio. Euro im Jahr 2006 um. Da muss man lange suchen, bevor eine Filmproduktion gefunden wird, die die gleichen Umsätze ausweist. 700.000 „World of Warcrafts" wurden in einem Jahr verkauft und alle Spieler spielen viel, denn 35 % der Deutschen ab 14 geben Computerspiele (dazu zählen auch Konsole, Gameboy und was es sonst noch gibt) als ihre Freizeitbeschäftigung an. Ein mächtiger Competitor ist auf der Lichtung erschienen. Das hätte schon vorher bemerkt werden können, denn schon lange zuvor wurden Games verfilmt. Das waren anfangs etwas langweilige Filme, einfach weil die Handlung der Games ziemlich einfach gestrickt war und mehr der Stoff einfach nicht hergab, aber „Lara Croft" war dann schon ein echter, ausgemachter Actionreißer, der zumindest nicht weniger Handlung hatte als die üblichen Vertreter dieses Genres.

Die Games sind tatsächlich in Garagen in Kalifornien erfunden worden und wie allen erfolgreichen Garagen-Unternehmen will es der Mythos, dass ihnen dann ein großes Ding gelang, ein Millionenseller, der die Kassen füllte. Was will jemand, der Millionen verdient? Genau, sie nicht wieder verlieren! Also suchte man nun möglichst nach Erfolgsgarantien und fündig wurde man bei Film- und Sportlizenzen. Der große Name garantierte eine Aufmerksamkeit, die ein Spiel nur nach einem großen Erfolg erreichen konnte, es sicherte die Investition ab. Insbesondere der Marktführer Electronic Arts wuchs damit zu beeindruckender Größe weltweit heran. Aus eigener Sicht dienten die Lizenzen mit großen Namen wie Harry Potter nicht zum Sichern der Investition, sondern primär dazu, neue Spielergruppen zu gewinnen. Aber sicherlich war der Erhalt des Status quo eine starke Motivation.

Inzwischen gehen die Games schon wieder in die dritte Stufe. Sie brauchen die Filme nicht mehr, die Filme aber vielleicht sie. Games zu Filmen sind nicht zwingend eine Umsatzgarantie und umgekehrt werden erfolgreiche Games inzwischen mit Sicherheit zu Filmen.

Spiele und Filme – Kurze Geschichte einer erfolgreichen Liaison

Von Martin Lorber
Leiter Presse- und Öffentlichkeitsarbeit, Electronic Arts
Deutschland (oder, wenn Sie es englisch wollen: Head of PR,
Electronic Arts Germany)

Es war eine ungewöhnliche kleine Firma, die in Kalifornien 1982 als „Amazin Software" ins Leben gerufen wurde: ein Softwareunternehmen, das sich von Beginn an als ein unabhängiges Verlagshaus verstand. Talente zu entdecken und zu fördern – darin sahen die Firmengründer um Trip Hawkins ihre wichtigste Aufgabe. In Anlehnung an das unabhängige, von Regisseuren ins Leben gerufene Filmstudio United Artists gab man sich daher wenig später den Namen „Electronic Arts" als klingenden Ausdruck der Firmenphilosophie: Entwickler wurden als Künstler verstanden, Porträts auf Verpackungen und in Anzeigen rückten die „Software Artists" in den Mittelpunkt.

Auf einer der ersten Anzeigen von Electronic Arts (EA) war zu lesen: „Can a computer make you cry?" In Bezug auf Computerspiele war das zum damaligen Zeitpunkt vermessen oder, wie man heute weiß, visionär. Emotionen darzustellen bzw. beim Spieler zu erzeugen war jedenfalls vor 25 Jahren, als man mehr oder weniger große Pixelblöcke auf dem Bildschirm bewegte, kaum möglich.

Heute ist das anders. Die technischen Möglichkeiten der grafischen Darstellung in Computer- und Videospielen unterscheiden sich kaum noch von denen des Films. Zahlreiche Talente der Filmindustrie arbeiten inzwischen in der Spieleindustrie – Beleuchter, Storyteller, Animationsexperten, darunter Oscar-Preisträger und bedeutende Regisseure haben sich dem Medium Spiele zugewandt. So entwickelt beispielsweise Steven Spielberg derzeit bei Electronic Arts drei exklusive Spiele.

Längst haben die Umsätze, die mit Spielen weltweit erzielt werden, die der Filme an der Kinokasse überflügelt. Für breite Bevölkerungsschichten sind Computer- und Videospiele das Leitmedium. Durch die Verknüpfung von Computeranimation, Video, Motion Capturing, Computergrafiken und Soundtechniken überschreiten Unternehmen wir EA in Zusammenarbeit mit Autoren, Regisseuren und Musikern traditionelle Grenzen auf dem Weg zu einem der führenden High-Tech-Unternehmen in der Unterhaltungsindustrie des 21. Jahrhunderts.

Auf dem Weg zur heutigen Bedeutung der interaktiven Unterhaltung waren Kooperationen mit der Filmindustrie sehr wichtig. Alle großen Häuser haben Filmlizenzen erworben und entsprechende Spiele zu den Filmen entwickelt. Bei EA waren und sind dies beispielsweise „Harry Potter", „Der Herr der Ringe" oder „James Bond", um nur einige zu nennen.

Die Vorteile für solche Kooperationen liegen auf der Hand. Man setzt bei der Kommunikation für ein Spiel nicht bei Null an, sondern profitiert von der bereits bekannten Filmmarke. Das half auch, neue Zielgruppen für interaktive Unterhaltung zu erschließen. Neben den Kosten für solche Lizenzen gibt es aber auch Nachteile. Mitunter hat man bei der Entwicklung des Spieles, aber auch beim anschließenden Marketing mit Restriktionen zu kämpfen, die die jeweiligen Rechteinhaber selbstverständlich auferlegen. Und nicht immer ist der Idealfall gegeben, dass Film und Spiel von Anfang gleichberechtigt geplant werden und die Kommunikation Hand in Hand geht.

Es ist daher nicht verwunderlich, dass Unternehmen wie EA inzwischen verstärkt auf die Entwicklung eigener Lizenzen setzen. Nicht selten ergibt sich hierbei der umgekehrte Fall, dass Spiele oder TV-Serien zum Spiel entwickelt werden. Entscheidend sind in beiden Fällen die Qualität der Story und die Umsetzbarkeit als Film oder Spiel. Ob eine Idee dazu aus Deutschland kommt oder aus irgendeinem anderen Land, spielt dabei keine Rolle. Wichtig für international operierende Unternehmen ist nur, ob Aussicht auf einen globalen Markterfolg besteht oder nicht. Im Falle der Filmlizenzen gab es diesen Fall für EA noch nicht. Reine Spieleentwicklungen aus Deutschland, die international erfolgreich sind, gibt es aber inzwischen.

16. Filmfest

Das Filmfest ist aus zwei Perspektiven ein guter Kamerad: Wer bei einem Filmfest arbeitet, bekommt sein Gehalt fast immer fest vom Staat, so dass Filmemachern, die über ihre unsichere Lage murren, gerne geraten wird: „Gründen Sie doch ein Filmfest".

Es ist die letzte Chance, wenn sonst nichts geht. Einreichen, weltweit, überall, vielleicht findet sich doch ein Verleiher oder Käufer beim Filmfest in Burkina Faso. Oder der Filmemacher kriegt einen Preis.

17. Verwertungsgesellschaften

Die Verwertungsgesellschaften sind ein Segen. Das ist genau so gemeint. In Deutschland zahlen sie an den Künstler unkompliziert viel Geld. Für Film sind die wichtigsten die VG Bild-Kunst, die VG Wort, die GVL, die GEMA und die VFF (Produzenten).

Das Geld der Verwertungsgesellschaften gilt die Nutzungen ab, die kein Filmemacher selbst eintreiben kann, Videorekorder, Rohlinge, etc. Das Geld wird nach einem Punkteschlüssel verteilt. Es ist viel Geld für eine bereits erbrachte Leistung.

Für einen Klienten, einen Produzenten, habe ich die Anmeldung verantwortet und justiert. Daraufhin bekam er 90.000 Euro. Jährlich. Einfach so dazu.

Conclusio

„Die Spielfilmindustrie kann genau jene Technologien beherrschen, die sie zu bedrohen scheinen, indem sie die Software (die Programme) für die in Frage kommende Hardware liefert. Aber die Filmindustrie wird sich auf vielen Ebenen ändern müssen." So endet das Movie Business Book, da gibt es kaum was zu ergänzen … nur, dass das Buch 1982 erstaufgelegt wurde. Es heißt weiter, dass der Spielfilm der großen Nachfrage nach Unterhaltung allein nicht nachkommen kann und dass DVD und Kabelkanäle ihre Berechtigung haben, aber anderes Programm brauchen, das gesondert für sie produziert werden muss.

Diese in den USA schon vor einigen Jahren akute Situation steht uns auch jetzt in Deutschland bevor, noch verschärft durch Handy und Internet und Games, die um unsere Aufmerksamkeit buhlen.

Hochrangige Manager, privat befragt, wohin es geht, sagen unisono hinter vorgehaltener Hand, wenn sie das nur wüssten …

Die vielen neuen Kanäle verwirren und machen eher Sorgen, als dass sie freudige Erwartung auslösen und jeder versichert, alle Medien, auch der Film, würden weiter leben, aber so ganz überzeugend klingt keiner, der das sagt.

In den USA streiken, während ich diese Conclusio schreibe, die Guilds, die Gewerkschaften der Filmschaffenden, denn sie sagen, dass sie die Filme schaffen, die sich weltweit auf allen Kanälen verkaufen, aber ihre Mitglieder erhalten nichts dafür. Dabei geht es den Autoren, Schauspielern und Regisseuren der Guilds in den USA besser als unseren Filmemachern, denn sie erhalten bereits Beteiligungen, z. B. am DVD-Verkauf – gering, aber immerhin.

Immer wieder wird gerne gefordert, alle Filmförderungen sollten abgeschafft werden. Überraschend oft sind die vehement fordernden Personen Menschen, die erstaunlich wenig mit Film zu tun haben, wie z. B. Wirtschaftsprüfer. Sie sehen die Realität nicht: Ein Film kann in Deutschland maximal 1,4 Mio. Euro aus anderen Finanzierungs-Quellen erzielen. Dafür kann nur ein ganz kleiner Low-Budget-Film gemacht werden. Ohne Filmförderungen besteht eine Finanzierungslücke, die nicht zu überbrücken ist.

Also wird der Film sterben?
Zeichnen wir ein optimales Bild für den Film: Der Film überlebt, die Kinos schaffen eine Erlebniswelt, die von den Menschen angenommen wird. Mo-

bile-TV, Games, Web Communities gehen von Zeit zu Zeit Verbindungen mit Filmen ein und zahlen Minimumgarantien zum Budget sowie Beteiligungen hinzu. Das wäre schön, wird aber nicht reichen. Nur zwei Mega-Trends können den deutschen (europäischen!) Film unabhängig machen:

Die werbetreibende Industrie wird überzeugt, nicht nur im Wege des Product Placement Geld hinzuzugeben, sondern für mehr Geld selbst Film-Koproduzent zu werden und neben der oft schwer messbaren Werbung für das Produkt die Auswertung des Films als Erlösquelle zu haben.

Die neue Generation an Filmemachern ist international aufgewachsen und sie schafft es hoffentlich Filme zu machen, die in mehr als einem Land interessieren, so dass ein Land wie Frankreich Geld hinzugibt und einen Film bekommt, der auch in Frankreich relevant ist, da französische Filmemacher mitwirken und französische Themen mit eine Rolle spielen. Meine Zeit als Instructor an der Film Business School in Rhonda, die mit jungen Produzenten aus ganz Europa arbeitet, lässt mich sehr hoffen. Das Finanzierungsleck kann nur mit diesen Geldern geschlossen werden.

Die Filmemacher und ihre Verbände müssen eine Lösung finden, um an den Erlösen zu partizipieren. Das deutsche komplette Buy-Out-System kann keine Lösung sein. Die gesetzliche Voraussetzung ist geschaffen, nun muss die konkrete Umsetzung erfolgen.

Staatliche Hilfe aus einem Steuersparmodell ist übrigens nach wie vor eine attraktive Lösung. Für alle Seiten, wenn die Ersparnis so gestaltet wird, dass Filme, „auf deutschem Territorium" gedreht, davon profitieren. Durch die Filmfonds wurde das etwas diskreditiert, die das Geld in die USA schafften, für die Zukunft sollte es wieder auf die Agenda zurückkehren. Es haben alle etwas davon, der Staat muss kein Bargeld geben, Privatinvestoren werden an die Filmwirtschaft herangeführt, Filmemacher müssen anders wirtschaften, als sie es mit Fördergeld tun können, und Erlöse zahlen. Das trainiert für den großen globalen Markt, denn der ist heute schon da: Niemand kann verleugnen, dass die Filmemacher aus Korea heute die beeindruckenden Filme machen, die früher den großen Franzosen, Italienern und American Independents vorbehalten waren. Bollywood wird auf einmal hier gesehen, Osteuropa wird gewaltig kommen. Auch der Film muss der Globalisierung standhalten und auch der deutsche Film kann es.

Dem unbekannten Filmemacher

„Mein Zentrum gibt nach,
mein rechter Flügel ist auf dem Rückzug.
Lage hervorragend! Ich greife an!"

General Foch 1914
in einem Funkspruch
an das französische Oberkommando

Literaturliste

Mark Litwak, Reel Power. The Struggle for Influence and Success in the New Hollywood, New York/USA, 1986.

Mark Litwak, Deal Making in the Film & Television Industry, Beverly Hills/USA, 1994.

Jason E. Squire (Ed.), The Movie Business Book. Third Edition, New York/USA, 1988 (dt. Ausgabe 1995).

Robert Rodriguez, Rebel without a Crew. Or How a 23-Year-Old Filmmaker with $7,000 Became a Hollywood Player, New York/USA, 1996.

John W. Cones, 43 Ways to Finance Your Feature Film: A Comprehensive Analysis of Film Finance, Illinois/USA, 1995 (Neuauflage 1998).

Bastian Clevé, Investoren im Visier. Film- und Fernsehproduktionen mit Kapital aus der Privatwirtschaft, Gerlingen, 1998, 2. aktualisierte Auflage, 2000.

Klaus Kreimeier, Die UFA-Story. Geschichte eines Filmkonzerns. Frankfurt a. M., 2002.

Schuyler M. Moore, The Biz. The Basic Business, Legal, and Financial Aspects of the Film Industry, Beverly Hills/USA, 2002.

Patrick Jacobshagen, Filmrecht. Im Kino- und TV-Geschäft, Bergkirchen, 2. Auflage 2003.

Lothar Scholz, GEMA, GVL & KSK, Bergkirchen, 2003.

Robert Lyng, Michael von Rothkirch, Stefan Klein (Hrsg.), Lexikon der Entertainment-Industrie, Bergkirchen, 2004.

Bastian Clevé (Hrsg.), Von der Idee zum Film. Konstanz, 4., völlig überarb. Auflage 2004.

Kelly Trump (mit Werner Schlegel), Porno – Ein Star packt aus, Herten, 2005.

Patrick Jacobshagen, Filmrecht – Die Verträge, Bergkirchen, 2005.

John J. Lee, Jr., Rob Holt, The Producer's Business Handbook, Boston u. a./ USA, 2006.

Wilfried Berauer (Bearb.)/Spitzenorganisation der Filmwirtschaft (Hrsg.), Filmstatistisches Jahrbuch 2006, Baden-Baden, 2006.

EntertainmentMarkt-Guide 2007/2008, Entertainment Media, Dornach, 2007.

Roger Schawinski, Die TV-Falle. Vom Sendungsbewusstsein zum Fernsehgeschäft, Zürich/Schweiz, 2007.